数智化背景下中职数学课程教育的实践研究

刘丹华　田淑文　夏毓林　张璐璐　著

上海交通大学出版社

内容提要

本书是一本关于在数智化背景下中职数学课程教育与学科思政教育整合的教与学方面的研究书籍。全书共分三篇:第一篇介绍了数智化时代的技术理论与发展及其对我国教育实践的改革与发展的影响作用,以及数智化技术对数学课程教育改革与发展的影响和作用;第二篇阐述了数智化技术理念与数学课程教育的影响和应用,以及应用于数学信息化教与学资源开发的意义和作用;第三篇分析了中职数学课程信息化教育现状及其更新的必要性,阐述数智化背景下中职数学混合式教学模式和基于数智化技术构建中职数学课程教育评价体系的中职数学教育实践。本书的出版对一线的中职数学教师或者相关的教育工作者有一定的参考与借鉴作用。

图书在版编目(CIP)数据

数智化背景下中职数学课程教育的实践研究 / 刘丹
华等著. -- 上海:上海交通大学出版社,2024.11
ISBN 978-7-313-31758-2

Ⅰ.G633.602

中国国家版本馆 CIP 数据核字第 2024XU6852 号

数智化背景下中职数学课程教育的实践研究

SHUZHIHUA BEIJING XIA ZHONGZHI SHUXUE KECHENG JIAOYU DE SHIJIAN YANJIU

著　　者:刘丹华　田淑文　夏毓林　张璐璐
出版发行:上海交通大学出版社　　　　　地　　址:上海市番禺路 951 号
邮政编码:200030　　　　　　　　　　　电　　话:021-64071208
印　　制:苏州市古得堡数码印刷有限公司　经　　销:全国新华书店
开　　本:710mm×1000mm　1/16　　　　印　　张:19.5
字　　数:369 千字
版　　次:2024 年 11 月第 1 版　　　　　印　　次:2024 年 11 月第 1 次印刷
书　　号:ISBN 978-7-313-31758-2
定　　价:78.00 元

前　　言

在教育的广阔天地中,数学始终占据着不可替代的地位。它不仅是科学的语言,也是思维的工具。随着数智化技术时代的来临,数学教育正面临着前所未有的机遇与挑战。《数智化背景下中职数学课程教育的实践研究》一书,正是在这样的时代背景下,汇聚了主笔近三十年中职数学教学的丰富经验,以及刘丹华名师工作室团队近十年来对学科教育教学的深入研究成果,历时两年多精心撰写而成。

在数智化浪潮的推动下,教育领域正经历着一场深刻的变革。作为数学教育工作者,我们有幸见证并参与这一领域的变革。本书的撰写,旨在为我国从事中等职业数学课程教育的教师提供有益的理论与实践参考,同时为我国中等职业教育理论研究与教学实践提供指导性作用。

数智化时代的技术革新,如人工智能、大数据分析、云计算、物联网、自然语言处理、虚拟现实、增强现实、区块链、自动化与机器人技术等,正在重塑教育的形态。这些技术不仅极大地推动了社会生产力的发展,也为教育领域带来了革命性的影响。数智化技术的不断进步使得中职数学教育资源更加丰富、教学方法和手段更加多元化、学生的学习也变得更加个性化和生动有趣。同时,这些技术还为学科教育的客观评价和正确决策提供了更为精准的数据支持。

本书的编写特色如下。

1. 紧跟数智化教育趋势

本书深入研究和探讨数智化教育的理念、原则和实践,针对中职数学课程教育的实际情况,提出了数智化教育的具体实践策略和方法。书中论述的观点不仅改变了中职数学课程教育传统的教学模式,而且还为其改革与发展提供了新的思路和新的策略。个性化学习、互动沟通平台的搭建、及时反馈与评估、知识学习的合作与共享,以及基于数据分析的学科教育决策,均是数智化技术在教育领域的典型应用。

2. 结合中职数学课程教育实践

本书紧密结合中职数学课程的特点和实际教育需求,围绕学科教育方法和决策、教育手段和策略、教师专业成长和发展等方面展开论述。旨在提高中职学生(以下简称"中职生")的数学素养和数学思维能力,以及中职数学教师的学科综合素养和教学能力。在中职数学教学实践中,引导学科教师合理地利用几何画板、动态软件工具和智能化教学平台创新教学模式,更直观、更生动地展示教学内容,激发中职生积极主动参与学科学习活动,从而更好地培养他们学科的学习能力和创造力。

本书尤其注重数智化背景下中职数学教学实践的创新。通过深入阐述基于数智化技术的混合式教学模式、评价体系构建等热点问题,为中职数学教育的实践提供了新的思路和方法。

3. 实践案例与经验分享

本书通过丰富的案例分析、教学实践经验分享等方式,将数智化教育理念与中职数学学科教育的实际相结合,为学科教师提供操作性强的教学参考和指导。书中数学教学资源的开发案例为中职数学课程教育提供了极有价值的参考,示范和引领中职数学教师在数智化背景下如何开展更丰富多彩的学科教学实践活动,使中职生可以更好地体验生动、有趣的学科优质教育。

4. 聚焦中职数学教师专业发展

书中系统论述了中职数学教师的专业成长和发展的策略问题,涉及他们的专业知识、教学技能和教育理念的全面提升,以及对其专业成长的支持和引导。此外,还探讨了如何提升中职数学教师的数智化素养,激发他们的教育热情,并为其提供专业发展的路径和支持的方法。聚焦中职数学教师专业发展意味着关注并支持中职数学教师的成长,提升他们的专业水平和教学质量,以便更好地服务于学生和教育事业的发展。

总之,数智化时代既为中职数学课程教育带来机遇,也带来挑战。中职数学教师需要不断探索和实践,合理利用数智化技术,推动学科教育改革与发展。通过个性化学习、互动教学、数据分析等手段,为中职生提供高效、生动有趣的数学学习体验,从而更好地培养适应未来发展的高素质技能人才。《数智化背景下中职数学课程教育的实践研究》一书正是契合了这一时代的需要,为职业教育工作者和研究者提供很好的启示和有价值的参考。

本书虽然在出版前做了大量的修订和补充,但限于团队的能力和水平,一些不尽如人意之处,对于某些重要问题的理论研究不够系统深入,有些策略与方法还需进一步改进。希望今后本书的修订与再版,能够更好地为广大职业教育工作者提供一些新思路、新方法和新策略。

目　　录

第一篇　数智化背景下数学课程教育

第二篇 数智化技术与数学信息化教学

第三篇　数智化背景下中职数学课程教育

第一篇　数智化背景下数学课程教育

数智化这个概念最早出现在 2015 年的研究报告中,由北京大学的研究团队提出,用以描述信息技术在互联网环境下的发展转型。数智化含三层含义:一是"数字智慧化",相当于云计算的"算法",即在大数据中加入人的智慧,使数据增值增进,提高大数据的效用;二是"智慧数字化",即运用数字技术,把人的智慧管理起来,相当于从"人工"到"智能"的提升,把人从繁杂的劳动中解脱出来;三是把这两个过程结合起来,构成人机的深度对话,使机器继承人的某些逻辑,实现深度学习,甚至启智于人,即以智慧为纽带,人在机器中,机器在人中,形成人机一体的新生态。

数智化背景下的中职数学课程教育借助于数据分析、虚拟实验、数字教材、在线学习和个性化学习等技术,可以为中职生提供更灵活、个性化和实践性的学习体验。这些技术和应用可以帮助中职生更好地理解数学知识和运用数学方法,培养数学思维和解决问题的能力。同时,教师也可以根据中职生数学学习的特点和需求进行个性化指导和支持,提高学科的教学效果和学习兴趣。

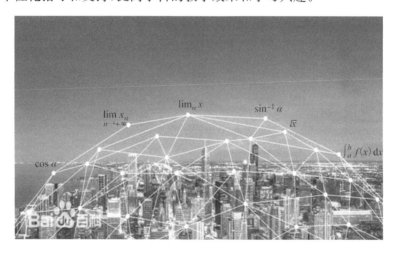

第一章　数智化时代的技术发展与应用

　　数智化时代的技术发展与广泛应用正在深刻地改变着我国民众的生活、学习和工作方式。在这个信息化高度发展的时代,众多前沿技术的相互融合和渗透,推动了数字化和智能化的发展进程。如图 1-1 所示,人工智能、大数据分析、云计算、物联网以及增强现实等技术正引领着数智化时代的潮流,并使我国社会、经济、教育、工程等各个领域不断发生了不断的更新和变革,促进了当今社会各行各业的快速发展和进步。

图 1-1　数智化技术示图

第一节　数智化时代的技术发展

　　在数智化时代,上述技术不断地更新和发展推动了许多行业的变革和创新,对于社会、经济和教育等领域均具有十分重要的意义。它们的不断进步与应用将进一步推动数智化技术的发展,为人们带来更加智能、便捷、高效的生活和工作方式。

数智化时代的技术发展趋势主要涵盖了以下各方面。

一、人工智能的发展

人工智能（Artificial Intelligence，AI）是研究开发用于模拟、延伸和扩展人的智能的理论、方法、技术及应用系统的一门新兴的技术科学。它使得机器能够模拟、理解和执行类似于人类智能的任务、功能的技术和方法。随着计算能力的提升、数据的爆发式增长以及算法的不断进步，人工智能在近年来取得了显著的发展。

人工智能不仅是智能学科重要的组成部分，更是新一轮科技革命和产业变革的重要驱动力量。人工智能虽然不是人的智能，却能模仿人类的思考和学习方式。随着机器学习、深度学习和自然语言处理等技术的不断进步，人工智能可以对人的意识、思维的信息过程进行模拟，甚至可能超过人的智能。此外，人工智能使机器能够模拟人类的智能，应用于我国各个领域和行业，如智能推荐、语音识别、图像识别等，极大地丰富了人们的生活和工作体验。

（一）机器学习

机器学习就是通过训练来调节机器内部参数，使它能够实现我们期望的功能。机器学习有很多分类的方法，最常用的分类是根据学习信号区分的，分成监督学习、无监督学习与强化学习三种。

1. 监督学习

监督学习（supervised learning，SL）又称有教师信号的学习。它的特点是用一个数据对作为训练信号，如用(x_i, y_i)表示第i个训练信号，其中的x_i是输入，它可以是一个多维的向量，y_i是输出，也称教师信号，多数是一维的，也可以是向量。训练的目的是当机器输入x_i时，期待输出就是y_i。而在学习过程中，输入x_i时，输出未必是y_i，那么我们就根据y_i与实际输出$\hat{y_i}$之间的偏差来调节机器的参数。因为机器是根据输出的偏差来调节的，因此称为监督学习。监督学习广泛用于信号识别中，如人脸识别、车牌设别，等等。

2. 无监督学习

无监督学习（unsupervised learning，UL）又称无教师信号的学习。它的特点是训练数据中只有输入x_i时，而没有期望输出y_i。通常我们是通过特定的算法设计，使得机器实现某一种功能。例如分类算法中，我们希望将数据分成三类，则将设计三个输出端，通过算法设计，机器可以自动地进行归类，最后三个输出端输出这个输入归属的类；也有用于设备故障监测，经过训练，机器可以输出异常情况的报警。

3. 强化学习

强化学习（reinforcement learning，RL）。它是介于监督与无监督的一种机器学习方式。在学习时，机器输入 x_i 后，产生了输出 $\hat{y}_i$，尽管不知道 $\hat{y}_i$ 是否是 x_i 对应的结果，但是我们对 $\hat{y}_i$ 有一个好坏的判断，好的话就减弱机器参数的调节，坏的话就加强调节。由于很多时候人们未必知道正确的结果，但是会有好坏的判断，因而强化学习有实用价值。后来很多学习算法，例如深度学习，自适应学习等都是在强化学习的基础上发展起来的。

以上只是机器学习中的部分方式，机器学习正在被我国各领域广泛应用，它涵盖了自然语言处理、计算机视觉、模式识别、推荐系统等众多领域，为智能生活、智慧教育、工业生产等带来了更多、更优的可能。尤其是在教育领域的应用，可以为教育内容的推荐和优化、个性化学习、智能化评估提供有力支持。基于机器学习的技术和方法，可以促进我国数学课程教育更加智能化、个性化的实践活动有效地开展，以及学生的学习效能和学科教学质量的提高。

（二）深度学习

深度学习是一种基于人工神经网络的机器学习方法。它是利用多层次的神经网络模拟人脑的信息处理方式进行学习。每一层神经网络都包含许多节点（神经元），这些节点将输入数据进行加权求和并通过激活函数产生输出。它的最终目标是让机器能够像人一样具有分析学习能力，使其能够识别文字、图像和声音等多种数据。

深度学习使机器能够模仿视听和思考等人类的活动，可以处理更复杂的数据和解决诸多复杂模式识别的难题。它在数据分析、多媒体学习、图像识别、语音识别、自然语言处理、推荐系统和个性化技术等领域取得了丰硕的成果和重大的突破，极大地推动了人工智能的发展。

1. 卷积神经网络

卷积神经网络（Convolutional Neural Networks，CNN）主要应用于计算机视觉领域，擅长图像识别和处理。它随着深度学习理论的提出和数值计算设备的改进得到了快速发展。

通过使用卷积层、池化层和全连接层等组件从图像中提取特征，并进行分类、目标检测或图像生成，被应用于计算机视觉、自然语言处理等领域。例如，ImageNet 图像分类竞赛中的获胜模型就是基于 CNN 的典型案例，充分展示了其强大的能力。

2. 循环神经网络

循环神经网络（Recurrent Neural Network，RNN）是一类以序列数据为输入，在序列的演进方向进行递归且所有节点(循环单元)按链式连接的递归神经网络。它主要应用于自然语言处理和序列任务,具有记忆性、参数共享并且图灵完备特点,因此在对序列的非线性特征学习时具有优势。

与传统的前馈神经网络不同,循环神经网络通过循环连接在网络内部传递信息并保持对历史上下文的记忆,使之能够处理序列数据,并在机器翻译、语音识别和情感分析等任务中取得重要成果。

3. 生成对抗网络

生成对抗网络(Generative Adversarial Networks,GAN)是一种由生成器和判别器组成的对抗性模型。生成器试图生成逼真的样本,而判别器则试图区分真实样本和生成样本。经过迭代训练,生成器和判别器相互促进并逐渐提高,最终生成高质量的样本。GAN 被广泛应用于图像生成、视频生成和自然语言处理等领域。

生成对抗网络包含了负责捕捉样本数据的分布的生成模型和判别输入是真实数据还是生成的样本的判别模型。生成对抗网络极大地推动了无监督学习、图片生成的研究。随着深度学习取得了突破性进展,可以发现它取得突破性进展的工作基本上与判别模型相关,并且生成对抗网络已经被拓展到计算机视觉的各个领域,如图像分割、视频预测和风格迁移等。

4. 深度强化学习

深度强化学习(Deep Reinforcement Learning,DRL)是机器学习的一个支领域,它将深度学习技术与强化学习相结合,使智能体能够通过与环境的交互进行学习并获得最优策略。强化学习的核心是计算代理学习通过试验和错误做出决定;而深度学习则使用有标签的数据集进行监督学习,它可以解决涉及处理复杂的高维原始输入数据(如图像)的任务。深度强化学习在许多领域取得了重大突破,如AlphaGo 在围棋中战胜人类冠军。

深度学习具有较强的感知能力,但缺乏一定的决策能力;而强化学习具有决策能力,但无法感知问题。将深度学习和强化学习结合起来,两者优势互补,可以为复杂系统的感知决策问题提供有效的解决思路。

以上只是深度学习理论的部分,深度学习被成功地应用于自然语言处理、计算机视觉、推荐系统等领域。通过深度学习模型,计算机系统能够从大规模非结构化数据中学习复杂的特征表示,并实现了精准的预测和高效的决策。而深度学习在教育中的应用体现在个性化和自适应的学习体验、推荐合适的学习资源、教学策略、教学资源、智能教学工具、教学评估和智能辅助等方面,可以提高教育的效果和质量,满足教师和学生的多元化教与学需求,从而为教育的创新和发展开辟了新的途径。

（三）自然语言处理

自然语言处理（Natural Language Processing，NLP）是计算机科学领域与人工智能领域中的一个重要领域。它研究能实现人与计算机之间用自然语言进行有效通信的各种理论和方法，是一种机器能够理解和处理人类自然语言的技术，涉及文本分析、词义理解、机器翻译等任务，它的发展使得机器能够与人进行自然的交流和沟通，催生了智能助理、机器翻译和智能客服等一系列应用。

自然语言处理是一门融语言学、计算机科学、数学于一体的科学。其理论提供了一系列算法和技术，用于分析、理解和生成自然语言文本。因此，它与语言学的研究有着密切的联系，但自成一派。自然语言处理主要应用于机器翻译、文本分类、问题回答、观点提取、文本语义对比等方面。自然语言处理在于研制能有效地实现自然语言通信的计算机系统，尤其是其中的软件系统。

1. 词向量表示

自然语言处理的一种常见技术是将单词表示为向量。词向量表示（Word embedding，WE）是自然语言处理的基础，一个好的词向量在较大程度上决定了后续任务的上限。

通过词向量表示，可以将语义相似的词语映射到向量空间中的相近位置。著名的 Word2Vec 和 GloVe 就是常用的词向量模型。通过词向量，计算机可以做出对单词和文本的更深入、更准确地理解，为后续的自然语言处理任务奠定基础。

2. 机器翻译

机器翻译（machine translation，MT）是一种重要的自然语言处理技术，是指将一种自然语言的文本自动翻译成另一种自然语言的文本。它涉及多个自然语言处理技术，包括语言模型、翻译模型、对齐模型和解码模型等，广泛应用于跨文档翻译、语言交流和信息检索等方面。例如，在国际会议上，机器翻译可以帮助参会者顺畅地进行跨中语言交流和沟通；在科技研发中，机器翻译可以帮助员工无忧地阅读和理解外文文献和资料；在搜索引擎中，机器翻译可以帮助用户搜索和理解跨国的语言文字。

在神经网络和深度学习的发展下，机器翻译方法基于神经网络的机器翻译方法。例如，变压器模型已经取得了很大的突破，机器翻译的质量和效率将得到进一步提高。又如，机器翻译既可以通过更好地理解语言的含义和上下文信息，并提高翻译的水平和质量，又可以更好地适应不同的翻译任务和环境，从而提升翻译的效率。

3. 文本分类和情感分析

文本分类（Text Classification，TC）是自然语言处理语义分析中的基础任务之一,是指根据给定的文本将其归类到预定义类别中,即将文本数据按照一定的类别进行划分的过程。文本分类的主要方法是基于规则和基于机器学习两类。前者是主要依靠手动创建规则进行分类,而后者则需要训练模型进行分类。

情感分析(Sentiment Analysis,SA)是自然语言处理语义分析中的另一个重要任务,是指识别并分析文本中所含的情绪和情感倾向,即为在判断文本中所表达的情感是积极还是消极。情感分析的主要方法是基于规则、机器学习和深度学习三类。近期,深度学习在情感分析领域中取得了很大的进步,通过训练深度学习模型,可以实现对文本的高效情感分析,并能够更加精准地把握文本背后的感情色彩。

4. 问答系统

问答系统(Question Answering System,QA)是信息检索系统的一种高级形式,它能用正确、简洁的自然语言回答用户提出的问题,以满足人们对快速、准确地获取信息的需求。不同应用需要不同形式的问答系统,从涉及的应用领域方面,可以将问答系统分为限定域问答系统和开放域问答系统。这种系统既可以基于检索,从预先准备好的知识库中搜索答案,又可以基于生成的,用自然语言生成器生成答案。它广泛应用于 Web 形式的问答网站,如百度知道、雅虎知识堂、新浪爱问等这些即问即答的网站。

近期,深度学习模型在问答系统中取得了显著的进展,如使用循环神经网络和注意力机制的模型。问答系统的深入研究在人工智能和自然语言处理领域中备受重视,并展现了广大的发展前景。

5. 文本生成

文本生成(Text Generation,TG)是自然语言处理领域中的重要分支,是指利用自然语言处理技术对输入的文本进行处理并生成新的文本,它涉及计算机生成自然语言文本的技术。还广泛应用于文本分类、情感分析、机器翻译、对话系统、文本生成模型等多元化的应用场景,并不断地推动着自然语言处理技术的创新与发展。

在自然语言处理中,文本生成是一个重要的应用领域。在自然语言生成过程中,性能优化显得尤为重要,具体体现在采用了更大规模的模型、更好的预处理技术、更高效的算法等。随着人工智能技术的发展,当下的自然语言处理技术已经成为其中的重要分支,自然语言处理技术也得到广泛的应用。

以上只是自然语言处理理论的一部分,自然语言处理的应用范围极为广泛,包括文本处理、信息检索、自动摘要、机器对话等众多领域。通过自然语言处理技术,计算机可以理解和处理人类的自然语言,从而实现更加智能化和人性化的交互与应用。而自然语言处理在教育中的应用主要体现在智能教育平台、自动化评估反馈和智能化教学辅助等方面,不仅可以提高教学效果和效率,满足学生和教师的个性化教与学的需求,而且为教育的个性化、精准化和智能化发展提供了强有力的支持。

(四) 计算机视觉

计算机视觉是人工智能中的重要分支,是一门研究如何使机器"看"的科学。即指用摄影机和电脑模拟人眼对目标进行识别、跟踪和测量等机器视觉,并做图形处理使之成为更适合人眼观察或传送给仪器检测的图像。研究如何通过图像和视频数据使计算机理解和解释视觉信息。计算机视觉理论提供了一系列算法和技术,用于感知、理解、处理和分析图像和视频数据。

计算机视觉是一门科学学科,建立能够从图像或者多维数据中获取"信息"的人工智能系统,即使机器能够理解并解释图像、视频的理论和技术。通过计算机视觉技术,机器可以进行物体识别、图像分割、人脸识别等任务,这在自动驾驶、安防监控和医学影像等领域具有广泛的应用。

1. 特征提取

特征提取(Feature Extraction,FE)是计算机视觉领域中一种常见技术,旨在从图像或视频中提取出具有代表性的特征或有用的信息,如颜色、角点、纹理、轮廓等。特征提取通常包含特征点检测和描述子计算两个过程。通过特征提取,计算机可以利用这些特征执行物体识别、目标跟踪和图像分割等复杂任务,展现出计算机视觉的强大功能。

特征提取是计算机视觉中的重要步骤,被广泛应用到目标匹配、目标跟踪、三维重建等领域。常见的特征提取算法有主成分分析(PCA)、线性判别分析(LDA)、尺度不变特征变换(SIFT)、加速稳健特征(SURF)等这些算法各有千秋,LBP算法适用于人脸识别、纹理分类等领域;HSIFT算法适用于图像匹配、物体识别等领域;SURF算子适用于图像匹配、物体识别等领域;BRIEF描述子适用于实时目标跟踪、图像拼接等领域。

2. 目标检测

目标检测(Object Detection,OD)是计算机视觉中的重要任务,其目标是识别图像或视频中所有感兴趣的目标(物体),确定它们的类别和位置。它广泛应用于交通、安防等行业图像场景的目标检测,如人脸检测、车辆检测、卫星图像轨迹检测、医学影像的病灶检测等。

常用的目标检测方法有基于传统机器学习的方法,如Haar特征和HOG特征,以及基于深度学习的方法,如Faster R-CNN和YOLO。例如,在自动驾驶中,可以用于识别和跟踪道路上的车辆、行人、交通标志等物体,帮助自动驾驶汽车做出决策。目前,许多自动驾驶汽车都采用了基于深度学习的目标检测技术,如 YOLO。

3．图像分割

图像分割(Imagesegmentation,IS)是计算机视觉中的关键过程,是指将视觉输入分割成成不同的区域或物体以简化图像分析的过程。图像分割有助于确定目标之间的关系,以及目标在图像中的上下文,应用于目标识别、图像编辑和图像理解等领域。如车牌识别、人脸识别、卫星图像分析。

许多计算机视觉任务需要对图像进行智能分割,以理解图像中的内容,并使每个部分的分析更加容易。当今图像分割技术是使用计算机视觉深度学习模型理解图像的每个像素所代表的真实物体。例如,医学影像中通过将图像分割成不同的器官、组织类型或疾病症状,这样做可以缩短运行诊断测试的时间,提高诊断的准确性。

4．图像生成和修复

图像生成与修复(Image generation and Inpainting,IGAI)是计算机视觉领域中的一项重要技术突破,通过学习图像的上下文信息和先验知识,生成缺失的图像部分或对损坏的图像进行修复。随着深度学习技术的快速发展,图像生成与修复技术广泛地应用于图像处理、医学影像、计算机图形学等领域。例如,图片超分辨率技术可以通过图像处理方法将低分辨率图像提升到高分辨率,图像填充可以在图像中补全缺失的部分,使之完整如初。

近期,基于生成对抗网络(GAN)的方法在图像生成和修复中取得了显著的进展。而未来的研究可以提高模型的可解释性和稳定性,探索出多模态图像生成与修复的方法,并提升数据集的质量和多样性,从而推动图像生成与修复技术的进一步发展。

5．视频分析

视频分析(Intelligent Video System,IVS)是对视频数据进行理解和处理的一项任务,是指运用计算机视觉通过连续处理和分析头像,将运动中的各类物体从视频中检测、分离出来,并进行有效筛选、过滤,对目标进行分析、跟踪和判断的技术。它包括视频跟踪、动作识别、行为分析等,广泛应用于安全保障、新零售、智慧城市、居家养老等多个领域。

视频分析主要是基于卷积神经网络和强化神经网络两种神经网络,其主要任务是图像分类、定位、物体检测、对象识别、对象跟踪等,如常见的视频分析应用是视频监控系统中的行人跟踪和异常行为检测。深度学习算法在视频分析中具有很大的潜力,特别是通过卷积神经网络和循环神经网络进行时空建模,为视频分析的发展提供了无限可能。

以上是计算机视觉理论的一部分,借助计算机视觉技术,可以对视觉信息进行感知和理解,实现自动化的视觉任务和智能化的应用。因此,借助计算机视觉技术,可以提供丰富的教育资源,支持实时教育反馈和评估,并促进教育的个性化发展,使我国教育更加个性化、高效和智能化,从而更好地提高学生的学习效果和教师的教学效率,为培养新时代的创新人才提供了更多可能性。

(五)强化学习

强化学习是人工智能中基于试错学习的机器学习方法,是通过智能体与环境的交互,实现对最优行为策略的探索与学习。强化学习的目标是使智能体在与环境的交互过程中,通过试错的方式不断探索环境,找到一个策略,映射每个状态到相应的动作,并基于反馈信号(奖励或惩罚)调整自己的行为,以期达到最大化持续累积的奖励。

强化学习是一种基于奖励和惩罚机制的学习方法,通过试错和反馈的方式,使机器可以从环境中不断学习和优化其行为策略。它在优化问题、机器人和游戏控制等方面都取得了重大成果。马尔可夫决策过程模型是强化学习的核心,此模型可以用状态集合 S、动作集合 A、状态转移概率 P、奖励函数 R 四元组表示。

例如,AlphaGo 是在实际应用中强化学习的成功案例。它是使用了深度强化学习算法,并通过不断自我对弈方式提升自己的棋局水平。即从大量的棋谱中学习,并通过蒙特卡洛树搜索和价值网络评估每个动作的价值和可能性。最终,AlphaGo 战胜了世界冠军围棋选手李世石,展现了强化学习在解决复杂问题上的巨大潜力。

又如,机器人自主导航的强化学习是通过不断探索环境、试错学习,从而学会如何避开障碍物、规划最优路径并到达目标位置。这种能力使得机器人广泛地应用于无人驾驶汽车、无人机等领域,展现出了强化学习广泛的应用前景。

总之,强化学习通过与环境的交互和奖励机制,使得智能代理能够逐步优化自己的行为策略,在各种复杂任务中取得突破性的表现。强化学习在教育领域的应用主要体现在通过学生和环境之间交互模型提供个性化的学习体验,通过学生的试错和反馈的建议培养其问题解决能力和决策能力,通过对学校、教育机构的决策优化构建智能的教育管理系统,从而使个性化教育更有效地实施,进一步提升学生的学习效果和综合能力。

(六)泛化能力和迁移学习

人工智能中机器具备对新问题和新领域的适应能力是重要的研究目标。泛化能力和迁移学习是指让机器能够运用已有的知识和经验推广到新情境下的能力,它们在提高机器学习系统的效率和效果方面起到重要作用。

在人工智能中,泛化能力和迁移学习是指一个模型能够在之前未见过的新情境下,有效地应用已有的知识和经验。这两个概念在实际应用中占有重要的地位,它们可以提高模型的适应性和效率。

1. 泛化能力

人工智能中的泛化能力(Generalization Ability,GA)是指人工智能系统在面对新问题或任务时,能够将之前学过的知识和经验进行有效的迁移和应用。一个具有强泛化能力的模型能够从有限的训练数据中学习到一般性的规律,并在未知的情境中做出准确的预测或决策。

泛化能力的强弱取决于模型的复杂度、正则化技术、训练数据的质量等诸多因素。其中过拟合是一个典型的泛化能力问题,即当模型很复杂时,虽在训练集上表现不错却在测试集上表现不佳。为了克服这个问题,可以采用正则化技术、交叉验证等方法增强模型的泛化能力。

泛化能力应用于教育教学中,可以帮助学生将已学知识与新知识结合起来,并形成知识的更全面的认知和理解。数学学科的泛化能力的培养,可以使学生更好地应用所学的知识解决现实生活中的相关问题,从而提高他们学科学习的实用价值。

2. 迁移学习

在人工智能中的迁移学习(Transfer Learning,TL)是一种机器学习方法,是指将已经学到的知识或技能应用到新的领域或任务中。迁移学习可以通过利用源领域的信息加速并提高目标领域的学习效果。它的基本假设是,不同任务或领域之间可能存在某种相关性,可以将已有的知识或模型迁移到新任务中。这种方式可以减少对大量新样本的依赖,节约训练的时间和资源,为机器学习的发展注入了新的活力。

迁移学习应用于数学课程教育中,可以促进学生将在学科中所学到的方法和技能应用到其他领域或学科中。这种方式可以帮助学生更好地理解和掌握数学学科与其他学科的联系,提高他们综合运用知识解决问题的能力。

例如,利用预训练的卷积神经网络在新任务上微调。在计算机视觉领域中,预训练的卷积神经网络模型已经学习到了丰富的图像特性。通过在新任务上微调模型的参数,将已经学到的特征应用到新的图像分类任务中,能够显著加速模型的训练过程并提高模型的性能,展现了迁移学习在实际应用中的卓越成效。

又如,语言模型的迁移学习。在大规模文本语料库上训练的语言模型,可以获得丰富的单词嵌入表示,还可以迁移到其他自然语言处理任务中,如命名实体识别、情感分析等,迁移学习为自然语言处理领域的发展提供了强有力的支持。

总之,泛化能力和迁移学习在人工智能中起重要作用,体现在促进知识的全面应用和迁移、学生的创新思维和问题解决能力的培养、个性化教育的实现等方面。

泛化能力使得模型能够适应新的样本,而迁移学习可以将已有的知识和经验迁移到新任务中,提高模型的学习效率和性能。根据学生的学习数据和行为模式,利用人工智能技术和算法,可以提供个性化的学习推荐和指导。此外,迁移学习可以将已有的教学资源和方法实现转化或应用,为学生提供灵活性强的多元学习方式。

综上所述,人工智能的发展不仅在科技领域带来了重要变革,而且对社会、经济、医疗、教育等方面也产生了深远的影响。不久的将来,人工智能有望在更多领域实现创新应用,助力人类解决更为复杂的问题,推动社会进步和可持续发展。尤其是通过人工智能技术的应用,可以更好地满足学生各项学习要求,全面提高教育的有效性和质量,从而推动教育的不断创新和快速发展。

二、大数据分析与处理

数据分析与处理是在数智化时代中针对庞大、错综复杂、多样化的数据集进行深入挖掘和分析的过程。随着信息技术和互联网的迅猛发展和普及,大量的数据被产生和积累,它包括结构化数据(如数据库、表格等)和非结构化数据(如文本、图像、音频等)。而大数据分析与处理旨在从这些数据中获取有价值的信息和洞察,以便用于决策支持、业务优化和科学研究等领域。

在数智化时代,随着互联网、传感器技术和物联网的不断更新,由此产生和收集的大量数据需要有效地分析和处理。不过,需要从海量的数据中提取有价值的信息和见解,支持精确的决策和合理的创新,还需要采取一定的方法。大数据分析与处理的方法一般可以通过以下四个步骤实施。

(一)数据收集和存储

大数据分析与处理首先需要收集和存储大量的数据,它可以通过各种方式实现,如传感器、日志文件、社交媒体等。数据收集是指从种类多样的数据源中收集数据并转换成相应的格式方便处理,而收集好的数据则需要根据格式、查询、业务逻辑等需求,存放在合适的存储中,便于后续的分析和处理。

(二)数据清洗和预处理

数据的清洗和预处理在数据分析和处理中起着重要的作用。这是因为数据通常存在质量差、误差和缺失等许多问题,有必要进行数据的清洗和预处理。数据清洗和预处理是指删除源数据库中无关紧要、重复冗余的数据和平滑噪声,筛掉与主题无关的数据,或纠正不准确信息的操作,处理缺失值、异常值等,从而使数据变得更准确、更完整、可应用。

通过对数据的清洗和预处理,大数据的准确性和可信度可以得到显著提升,为后续的数据挖掘和分析奠定坚实的基础。在数据的清洗和预处理中,根据数据源的实际需要,采取不同的数量清洗方法可以处理不同的数据,以确保每一步都精准无误。

（三）数据挖掘和分析

在数据清洗和预处理完成后,可以应用各种数据挖掘和分析方法,如统计分析、机器学习、数据可视化等,从数据中提取有用的信息和模式。其中,数据挖掘是一种从大规模数据集中自动发现模式、关联、异常等信息的过程。而数据分析则是对数据进行探索和解释,以从中获取洞察和知识。两者常常紧密相连,前者是把信息变成认知的工具,后者是把数据变成信息的工具。若要从数据中提取一定的规律(即认知)则需要将数据分析和数据挖掘结合起来。

大数据分析与挖掘是从大量无序的数据中将隐藏的信息集中起来提炼,以便于揭示潜在的信息价值和研究对象的内在规律。它是由可视化分析、数据挖掘算法、预测性分析、语义引擎以及数据质量管理组成。两者之间具有循环递归的关系,数据分析结果需要通过数据挖掘才能指导决策,而数据挖掘进行价值评估的过程也需要调整先验约束而再次数据分析。

（四）结果解释和应用

数据分析得到的结果需要进行解释和应用。这可以帮助决策者理解数据所暗示的趋势和规律,并采取相应的措施优化业务流程或改进产品设计。

在结果解释中,不仅需要呈现数据分析的结果,还需要对结果进行深入解释和讨论。具体表现为:解读数据的趋势和关系,找出可能的成因和影响因素;比较对照结果与已有的理论或模型,进一步验证和解释结果;比较讨论结果与相关文献或已有成果,以取得更全面、更精准的结论。

大数据分析与处理在各个领域都具有广泛的应用,如金融、医疗、物流、市场营销等众多领域。通过数据的深入挖掘和分析,可以揭示出隐藏在数据背后的规律和趋势,帮助客户做出正确的决策,提高效率和竞争力,并为创新和发展提供新的机遇和可能性,引领社会走向更加智能、更加高效的未来。

三、云计算与边缘计算

云计算是一种基于互联网的计算方式,它赋予用户通过网络访问和获取共享的、虚拟化的资源,如计算服务、存储服务、网络服务等。边缘计算是指在靠近物或数据源头的一侧,采用网络、计算、应用核心能力为一体的开放平台,就近提供最近端服务。虽然云计算和边缘计算都是为了满足不同场景下的计算需求而设计的模型,但它们在数据处理位置、计算能力分配和延迟要求等方面各有千秋,不过也可以相互结合以提供更全面的计算服务。云计算和边缘计算的主要区别体现在以下三个方面。

(一)数据处理位置

云计算将数据处理和存储放置在云端的数据中心,而边缘计算将数据处理和存储放置在离数据源更近的边缘节点上。

(二)延迟和带宽需求

边缘计算通过缩短数据传输距离和减少网络延迟方式满足对延迟和带宽敏感的应用需求,而云计算则更适用于大规模数据处理和弹性计算。

(三)数据隐私与安全性

边缘计算一般可以提供更严密的数据隐私和安全性,这是因为数据在边缘设备本地处理无需经过公共网络传输到云端,从而一定程度上确保了其安全性。

云计算和边缘计算可以相互结合和协同工作。例如,边缘设备首先收集和预处理数据,然后将部分数据传送到云端进行更深入的分析和处理。这种结合可以兼顾延迟要求和计算能力的需求,从而发挥了计算机的强大功能,提供更全面的解决方案。

总之,云计算技术和边缘计算技术的进步使得数据处理和存储变得更加灵活和高效。通过虚拟化、弹性资源分配、分布式计算等手段,将数据存储到云端服务器中,在需要时可以快速访问和处理数据,以满足不断变化的数据处理需求。而通过云边协同的方式,可以将数据处理推向接近数据源的边缘设备,使得数据处理更快捷,并实现了实时响应和低延迟的数据分析,从而为用户提供了更好的服务体验。

四、物联网与传感器技术

物联网(Internet of Things,IoT)是指通过互联网将各种物理设备,如传感器、执行器等连接起来,实现设备之间的数据交流和远程控制的技术网络。它使得人与物的互联更加紧密,打破了传统物理设备之间的孤岛状态,为智能化生活和工作提供了无限的可能性,为人类社会的发展注入了新的活力。

传感器技术(Sensor Technology,ST)是指能感受被测量并按照一定的规律转换成可用输出信号的器件或装置。它利用物理效应、化学效应、生物效应,把被测的物理量、化学量、生物量等转换成符合需要的电量,是信息获取的重要手段,与通信技术和计算机技术共同构成信息技术的三大支柱。物联网与传感器技术具备以下四种主要功能。

（一）为数智化技术提供了大量的实时数据源是物联网

物联网和传感器技术的快速发展为数智化时代提供了大量的实时数据源。通过连接各种设备和传感器,可以实现从工业领域到家庭生活的数据采集和互联,进一步加强了数据分析和应用。

此外,物联网的快速发展让各种设备和传感器互联互通,形成庞大的数据网络。这些设备和传感器收集到的实时数据为各行各业提供了深入的理解和智能化的决策支持,教育领域也不例外。例如,智能教育、智慧城市以及工业自动化等领域的应用已经成为数智化时代的典型范例。

（二）实现物联网的关键是传感器技术

传感器技术是物联网的重要组件,它是实现物联网的关键技术,起到收集和传输数据的作用。传感器可以用于监测和感知环境中的各种信息,无论是测量湿度、光照强度、温度、空气质量等物理参数,还是检测图像、声音、视频等非物理信息,都在监测范围内。通过将传感器与物联网系统相连接,可以实时地获取和传输这些数据,为决策制定和智能化应用提供了强大的支持。

随着数智化技术的不断进步和创新,物联网传感器在工业自动化、智慧城市、智能交通等领域发挥着广泛的作用。既可以通过收集和分析传感器数据提升效率、实现实时决策支持,又可以为人们的生活带来诸多方便和安全保障。

（三）信息的获取、传输和处理可以通过物联网实现

通过连接各种传感器和设备,物联网可以实现信息的全面获取、快速传输和智能化处理,并广泛应用在各个领域。其核心思想是将物理世界中的实体和虚拟世界进行无缝连接,并通过数据分析和智能算法提供实时决策和服务。

通过物联网,人们可以远程监控和控制设备,收集、存储和分析大量的数据,并根据数据生成洞察和预测。通过连接各种物理设备和传感器,物联网可以实时获取环境中的各种信息,并将其传输到云端或边缘设备进行处理和分析,从而为人们创造了更便利的生活、更智能的服务。

（四）传感器可以感知环境中的参数并将其转化为数字信号

传感器技术在物联网中扮演着至关重要的作用。通过感知环境中的湿度、温度、压力、光照等参数将其转化为数字信号。通过传感器,人们可以实时监测和收集各种物理量的数据,为决策和优化提供依据。通过与其他设备通信,传感器还可以实现设备之间的联通,构建起一个更加智能和协同的生态系统。

总之,物联网和传感器技术的结合,为人们带来了更智能化、高效率和便捷的生活和工作方式。它将继续推动科技进步和社会发展,为未来的智能化社会带来无限可能。

五、自然语言处理与语音识别

自然语言处理和语音识别(Speech Recognition,SR)是人工智能领域中与语言相关的两个重要技术。自然语言处理和语音识别技术的进步促使机器能够理解和处理人类的语言。这些技术在智能助理、虚拟客服和文本分析等方面得到广泛应用,促进了数字化交互和人机沟通的发展。

(一)自然语言处理

自然语言处理是指通过计算机对人类自然语言进行理解、生成和处理的技术。它涉及机器翻译、语音识别、文本生成、文本理解、情感分析等任务。

自然语言处理技术致力于将语言转化为计算机能够理解和处理的形式,以便实现更多语言相关的应用,如智能助理、机器翻译、问答系统等。

(二)语音识别

语音识别是一种将人类语音信息转化为文本或命令的技术。它依托于语音信号处理、模式识别、机器学习等技术,将说话人的语音信息转换为可理解的文本数据。

语音识别技术的具体步骤是语音信号的采集、预处理、特征提取、模型训练和语音识别输出等。它广泛应用于语音的控制、转写、搜索等领域。

(三)自然语言处理与语音识别的关系

自然语言处理和语音识别之间存在着密切的关系。语音识别是指将语音信息转化为文本数据,而自然语言处理则是对文本数据进行理解和处理,可以使用语音识别技术提供的文本数据作为输入,进一步进行语义理解、情感分析、信息提取等任务。同时,自然语言处理技术也可以辅助语音识别。例如,通过语言模型提供对语音识别结果进行纠正和补充。

综上所述,自然语言处理和语音识别在语言理解、生成和处理方面发挥着重要的作用,彼此之间相互补充和促进发展。这些技术广泛地应用于机器翻译、问答系统、语音控制、智能助理等领域。随着数智化技术的不断发展,可以创新和应用更多的自然语言处理与语音识别技术。

六、增强现实与虚拟现实

增强现实（Augmented Reality，AR）和虚拟现实（Virtual Reality，VR）技术可以为用户创造沉浸式的体验和互动空间。在数智化时代，增强现实和虚拟现实可以广泛地应用于教育、培训、娱乐等领域，为用户提供更加直观的感受和丰富的体验。增强现实和虚拟现实都是与现实世界紧密相连的计算机技术，它们却有着不同的工作原理和应用场景。

（一）增强现实

增强现实（AR）是一种将虚拟内容与真实世界进行融合的技术。它通过使用摄像头、传感器和显示屏等高科技设备，将计算机生成的图像、视频或音频等信息叠加或叠加到真实环境中，使用户可以在真实世界中看到并与虚拟内容进行交互。增强现实技术可以通过手机、平板电脑、智能眼镜等设备实现，为用户提供丰富的视觉和感官体验。增强现实在游戏、教育、培训、设计等领域有广泛的应用，可以提供增强的交互体验和增强的信息展示，为用户带来了无限可能。

（二）虚拟现实

虚拟现实（VR）是一种通过计算机生成的虚拟环境，使用户可以沉浸其中并与虚拟环境进行交互的技术。它通过戴上虚拟现实头盔或眼镜，将用户完全隔离于现实世界，并提供高质量的视觉、听觉和触觉体验。虚拟现实技术可以提供逼真的虚拟景观、情境和互动，使用户有身临其境的感觉。虚拟现实在游戏、电影、培训、医疗等领域都有广泛的应用，可以创造出全新的虚拟体验和交互模式，让用户沉浸在一个梦幻的世界里。

（三）增强现实与虚拟现实的区别

虽然增强现实和虚拟现实都涉及虚拟内容和真实环境的交互，但两者的侧重点略有不同。增强现实注重融合虚拟内容与真实环境，扩展现实世界的信息和互动，而虚拟现实则注重创建一种完全虚拟的环境，提供沉浸式的体验。

总之，增强现实和虚拟现实技术改变了人们与数字世界的交互方式。通过这两种技术，人们可以沉浸在虚拟环境之中，与数字内容开展互动。增强现实和虚拟现实技术广泛应用于教育和培训、游戏和娱乐等领域，为用户创造了身临其境的沉浸式体验。

综上所述，增强现实和虚拟现实是与现实世界相关的计算机技术，它们在交互模式、应用场景和体验方式方面存在着差异。随着技术的不断进步,这两种技术在娱乐、教育、医疗、设计等领域的应用将会越来越广泛,为用户带来更丰富、沉浸和创新的体验。

七、区块链技术

区块链技术(Blockchain Technology,BT)是一种采用分布式和去中心化的方式来记录和验证交易数据的技术。它运用密码学原理,将交易数据以区块的形式连接起来,并通过共识算法确保网络中各个节点数据的一致性和安全性。

区块链技术的发展促使了数据的安全性、信任建立和隐私保护的新解决方案的产生。在数智化时代,区块链技术可以应用于智能合约、数字身份认证和数据共享等领域,推动数字交易和信息安全的发展。区块链具有以下五个主要特点。

(一)分布式账本

区块链技术中的分布式账本是指一种通过去中心化的、共享的和可追溯的方式记录和存储数据。因为区块链技术将交易数据分散存储在网络中的多个节点上,并且每个节点都有完整的账本副本,所以使得数据库没有一个单一的中心化控制点,提高并确保了数据的可靠性和安全性。分布式账本为区块链应用提供了牢固的基础,广泛地应用于供应链管理、数字资产、金融交易等领域。

(二)去中心化

区块链网络中的节点通过共同维护和验证交易数据,而不依赖于中央机构或第三方的信任。这意味着没有单一的控制者可以操纵或篡改数据。

分布式账本使得数据没有单点故障,无需依赖于中心化的机构。这意味着任何参与者都有权参与到账本的维护和验证过程中,提高了系统的透明度和可信度。

(三)不可篡改性

区块链的不可篡改性是指使用了密码学技术确保数据的不可篡改性。一旦数据被写入到区块链中,每个区块都包含了前一个区块的哈希值,将所有区块串联在一起,形成一个不可更改的数据链,就具备了无法被修改、删除或伪造的特性。它广泛地应用于知识产权保护、供应链追溯、金融交易等领域。

(四)透明度和匿名性

区块链的透明度特性是指任何人都可以公开查看和验证交易记录。这种透明度使得区块链交易具有较高的可追溯性和可信度,有助于防止潜在的欺诈并提升整体的信任度。然而,参与者的身份可以是匿名的,需要隐私保护,只按要求公开与其相关联的信息。在实际应用中要平衡透明度和匿名性,需要根据不同的需求和场景,采取适当的策略进行处理,以确保参与者的数据安全和隐私。

（五）智能合约

区块链的智能合约是一种将逻辑和条款嵌入其中并自动执行、可编程的合约。在交易参与方之间实现自动化和可执行的合约,无需在第三方实时执行和验证交易,并根据约定的规则和条件自动执行相应的操作。它广泛应用于供应链管理、物流、金融等领域。然而,区块链的智能合约仍然面临一些技术和法律层面的挑战,需要随着技术的进步和监管的完善,不断地完善和优化合约的设计和实施机制。

综上所述,区块链技术被广泛地应用于众多领域。除了最为人知的加密货币（如比特币）以外,区块链还被应用于供应链管理、金融服务、医疗记录管理、电子投票、物联网设备安全等领域。通过使用区块链技术,可以提高数据的安全性、透明度和可信度,降低中间商的参与成本,实现更高效、可靠和安全的交易。虽然区块链技术也面临着可扩展性、法律法规和能源消耗等挑战,但是随着数智化技术的不断创新,有理由相信,区块链的应用前景仍然十分广阔。

八、自动化与机器人技术

自动化和机器人技术是应用于工业、服务和其他领域的重要技术,旨在实现任务或过程的自主执行和智能化。随着机器人和自动化技术的进步取代人力完成了重复性、繁重或危险性较高的工作,并提高了生产效率和质量。在数智化时代,自动化和机器人技术将继续发展,并与人工智能、物联网等技术的深度融合,实现更高程度的智能化和自主化。

（一）自动化和机器人技术的概念

自动化是指通过使用计算机技术和控制系统,对各种任务、流程或系统进行自动化操作和管理的过程。自动化技术可以替代人力、提高生产效率、减少错误和提高安全性。它涵盖了多个层面,包括物理系统的自动化、工业过程的自动化、数据处理的自动化等。自动化系统通常包括传感器和执行器,由一套逻辑和控制算法进行实时监测和反馈、执行和调整任务或流程。

机器人技术是一种实现自主操作和物理交互能力的自动化技术。机器人可以根据预定义的任务和程序执行各种操作,包括移动、操纵物体、进行感知和做出决策等一系列复杂动作。通过传感器机器人可以获取环境的信息,并通过控制算法分析和处理这些信息,以便采取对应的行动。机器人技术现已广泛应用于制造业、医疗、教育、物流等领域，为人类提供助力和支持。

（二）自动化与机器人技术的应用功能

自动化与机器人技术的功能在工业生产、服务行业、医疗保健、科学研究等领域具有广泛的应用和价值，可以提高生产效率、优化资源配置、改善工作环境，并推动社会经济发展。

1. 提高生产效率和质量

自动化和机器人技术可以实现精确、高速和一致地操作，提高生产效率和产品质量。例如，工业机器人可以代替人工精准地完成重复、危险或高强度的工作，可以提高生产效率和产品质量。又如，智能农机人代替农民种植、除草和收割等繁重农业劳作，可以提高农业生产的收益。

自动化与机器人技术的应用功能涵盖了各个领域，可以提高生产效率、降低成本、改善工作环境和提供更好的服务。

2. 降低成本和风险

自动化和机器人技术可以削减劳动力成本，并降低由于人为失误和事故而造成的风险。例如，自动仓库系统可以代替仓库管理员独立完成自动入库、出库和库存等管理工作，可以减少仓库管理员人数，从而达到降低成本的目的。

3. 提高安全性

自动化和机器人技术可以替代人类从事危险或复杂任务，提高工作场所的安全性。例如，手术机器人可以辅助医生进行精确的手术操作，从而减少手术风险，并提高手术的成功率，确保了患者的安全。

4. 实现创新和提供新服务

自动化和机器人技术为创新和新服务的实现提供了强大的支持。例如，无人驾驶汽车、智能家居系统等新兴领域的涌现；无人机可以用于有些农田的巡视、作物监测和灌溉作业；自动售货机和智能购物车可以 24 小时实现无人值守的售卖服务，为消费者带来便利。

然而，自动化和机器人技术也带来了一些挑战和问题，如社会就业影响、机器人伦理和隐私问题等。因此，合理的政策和管理措施是必要的，以确保技术的合理应用和人类的福祉。

尽管数智化时代的技术发展和应用带来了巨大的变革，但随之而来的挑战也不可忽视。隐私保护、数据安全以及人机关系等方面亟需关注和解决。因此，在数智化时代，在数智化技术发展的同时，人们需要注重伦理与法律的约束，确保技术的良性发展，最大程度地造福人类的生活与社会发展。

第二节　数智化技术对教育实践的影响

数智化技术对教育实践活动具有深远和积极的影响。它为学习者提供了更多元化和个性化的学习方式,还为教育者提供了更多有效的教学工具和教育决策支持。通过数智化技术,学生可以获得丰富的学习资源,并以自己的节奏进行自主学习。通过数据分析和机器学习的算法,教育者可以更精准地了解学生的学习需求、学习进度和困难所在,并提供及时反馈建议和个性化的指导。同时,数智化技术还创建了互动与沟通的学习环境,使生生之间和师生之间的交流更便捷、更有效。总之,数智化技术为教育实践带来了更灵活、高效和互动的学习方式,既可以提升学习参与度和教学效果,又可以有效地推动教育的不断创新和发展。

一、数智化技术对教育改革与发展的影响

数智化技术对教育改革与发展产生了重大的影响。它打破了传统教育的时空限制,同时开启了远程教育和个性化学习的新时代。通过数智化技术,学生可以自主选择学习内容和学习路径,增强学习的效果和动力。同时,教育者可以利用数据分析和机器学习算法识别学生的学习需求和问题,并提供精准的教学指导。数智化技术还促进了生生之间、师生之间和教师之间的互动与合作,培养了学生的沟通能力和团队协作能力。总之,数智化技术为教育改革带来了更加个性化、高效和互动的学习方式,推动了教育领域的创新和发展。数智化技术对教育改革与发展的影响主要体现在以下六个方面。

(一)个性化学习

数智化技术可以根据学生的学习能力、兴趣爱好以及学习风格,为他们提供个性化学习的资源和路径。通过自适应学习系统和智能教育软件,学生可以在自己的节奏和方式下进行学习,从而提高学习的参与度和效率。

在数智化的背景下,极大地推动了个性化学习的快速发展。通过数据分析、机器学习和人工智能等技术手段,使教育者能够更好地理解和满足每位学生的独特学习需求。

(二)在线学习与互动

数智化技术推动了在线学习的发展,开创了远程教育和开放教育的新时代。通过互联网学生可以随时访问全国各地的优质教育资源,开展远程学习和在线课程研修活动。因此,在线学习方式可以不受时间和空间的限制,使教育变得更加灵

活和普及。

与此同时,数智化技术也促进了学习环境的互动与沟通。在线讨论论坛、协作工具和虚拟实验室等技术使得生生之间、师生之间的交流变得更加便捷和高效。学生可以通过互动讨论、合作项目等方式增强彼此的学习理解和技能提升。同时,教师也可以更有效地与学生开展互动和指导活动,增强学生的参与度和积极性。

(三)虚拟现实和增强现实

虚拟现实和增强现实技术对学习体验带来了革命性的影响,为教育带来了全新的体验和交互方式,为学生提供了沉浸式和互动性强的学习环境,极大地拓展了传统教育的边界。

通过虚拟现实技术创造的仿真虚拟三维场景,可以使学生身临其境地开展学习实践活动。通过佩戴虚拟现实头盔和操控手柄,学生可以进入仿真虚拟环境中进行模拟实验、参观名胜古迹、体验文化活动等。这种亲身体验的方式能够增强学生的参与度和深度理解,让抽象的知识变得具体和实际,很大程度上提高了学习效果。此外,增强现实技术还可以将虚拟内容与现实世界相结合,给学生提供更真实和丰富的学习体验。

(四)数据分析与学习分析

数据分析和学习分析对教育决策和差异化教学带来了深远的影响。通过收集、整理和分析大量学习数据,教师能够更准确地评估学生的学习进展和实际需求,并制定相应的教学策略。

数智化技术使教育者能够收集、存储和分析大量的学生数据。通过学习分析和数据驱动的决策,教育者可以全面了解学生的学习过程和进展,并提供有力的支持和针对性的指导。数据分析还可以识别学生学习的弱点和难点,帮助教育者个性化和差异化地开展教学实践活动,以满足每位学生的特定需求。

(五)数字化教育资源

数智化技术的应用促进了教育资源数字化的转型。电子教材、数字媒体、线上图书馆等数字化的教育资源可以实现即时更新和共享,为师生们提供了更多的教学和学习工具。

数智化技术为学生提供了许多种类的学习资源和学习工具。通过在线学习平台、教育应用程序和仿真虚拟实验室等,学生可以获得丰富多样的教材、视频课程、模拟实验和交互式学习工具。这样使得学习资源不再受到传统教材的限制,学生可以根据自己的需求和兴趣开展自主学习活动,并以更灵活的学习方式获得知识和技能,从而培养了学生问题解决能力和创新思维。

（六）教师专业发展

数智化技术对教师的角色和专业成长也产生了深远影响。数智化背景下教师有必要学习和掌握新的教育技术工具和教育方法,以更好地引导和支持学生的学习。此外,教师还可以通过在线社区、专业网络分享经验和资源,促进他们合作交流及其专业成长。

此外,数智化技术推动了学习方法和教育决策的创新。借助数据分析和机器学习算法,教师可以更有效地追踪学生的学习进度和洞察他们的学习表现,并根据个体的学习需求提供个性化的指导和反馈。这样极大地提高了学习效果,减轻了学生的学习困难和失落感。同时,教育决策者也可以利用大数据分析确定教学策略的有效性,并针对学校和教育系统的需要做出精准的教育决策。

总之,数智化技术对教育改革与发展的影响是全面的、积极的。它们带来了更灵活、个性化和参与度高的学习方式,促进了在线学习和远程教育的发展。同时,数智化技术还促进了虚拟现实和增强现实的应用,推动了教学模式的创新。通过数据分析和学习分析,数智化技术还促进了个性化,教学和学习的实现。然而,教育者和学校决策者需要审慎权衡技术的使用,确保技术的合理应用,并始终服务于教育的根本目标。

二、数智化技术在教育领域中的应用

数智化技术在教育领域中的应用呈现出广泛和多样化的特点,涵盖了多个方面。它为我国的教育改革和发展带来了新的机遇和挑战,很大程度上推动了学习方式和教学方法的不断创新。数智化技术在教育中的主要应用体现在以下方面。

（一）个性化学习

数智化技术可以根据学生学习的能力、风格和兴趣,为他们提供个性化学习的路径和资源。利用算法和数据分析,自适应学习系统可以为学生定制个性化的学习内容和学习进度。通过个性化学习方式,学生可以按照自己的需求和节奏开展学习活动,从而增加了他们学习的参与度和效果。在数智化背景下,个性化学习已成为教育领域的变革发展方向,具体体现在以下几个方面。

1. 自适应个性化学习

利用人工智能和机器学习技术构建的自适应学习系统可以根据学生学习的进度、风格和兴趣,自动调整学习的内容和难度。同时,根据学生学习的表现和反馈,自适应学习系统也可以提供个性化的学习建议并推荐学习资源,使之更好地满足学生个体的学习需求。

2. 虚拟教师助理

通过自然语言处理和语音识别等技术,虚拟教师助理可以与学生开展个性化的对话和互动活动。它可以针对学生个人学习过程中遇到的问题和困难,提供及时的解答和个性化指导,以帮助他们更好地理解知识和掌握技能。

3. 学习分析和数据驱动辅导

通过收集和分析学生的学习数据,学习分析技术可以提供有关学生的学习行为和表现的情况。基于这些数据分析结果,教师可以制定有针对性的辅导计划,并给予学生更加精确和有效的个性化指导。

4. 个性化学习路径

根据学生的学习进度和先前知识,教育平台可以为每位学生制定个性化的学习路径。这种个性化的学习路径可以根据学生学习的能力水平和目标要求,合理地调整学习的内容和难度,同时还可以提供相应主题深入学习的机会,激发他们的学习兴趣和潜能。

5. 即时反馈和评估

通过即时反馈和评估,个性化学习方式可以帮助学生了解自己的学习进展和不足之处。利用自动化评估工具,教师可以及时发现学生学习中的问题,并提供有针对性地反馈和指导,这种及时性不仅帮助学生及时纠正错误,而且也极大地提高了他们的学习成效。

以上个性化学习展示了数智化技术在教育领域中的应用,使学习过程更具灵活性、个性化和高效性。数智化技术可以根据学生学习的个体需求和能力水平,给他们提供定制化的学习体验,并促进其自主学习和持续进步。

(二)在线学习和远程教育

数智化技术的广泛应用推动了远程教育和在线学习的不断创新和发展。借助网络平台,学生可以访问教育资源、在线课程和学习社区。远程教育打破了传统教育的时空限制,使得学习和教育变得更加灵活和普及。同时,虚拟教室和互动工具使得远程学习更具互动性和沟通性。在数智化背景下,远程教育和在线学习得到了广泛地应用,具体体现在以下方面。

1. 远程课堂

教师可以通过视频会议工具如 Zoom、Microsoft Teams 等,远程方式与学生进行实时的互动和授课。教师可以分享课件、展示解题步骤、解答学生的问题,并利用协作工具进行小组讨论和合作学习,从而促进了知识的深入探讨和理解。

2．在线学习平台

在线学习平台如 Coursera、edX、Udemy 等汇聚了大量的优质教育课程，包括数学课程。学生可以自主选择适合的课程，根据自己的节奏进行学习，并通过在线测试和作业提升自我。

3．虚拟实验和模拟

虚拟实验和模拟软件为学生提供了模拟实验的环境。如使用化学实验模拟软件进行化学实验、使用物理实验模拟器进行物理实验、应用数学软件操作实验等。因此，数智化技术可以帮助学生在仿真虚拟环境中进行探索学习和操作实验，从而加深对知识的理解和应用。

4．数字教材和电子资源

数字教材和电子资源如电子课本、学习视频、教学动画、互动练习等，为学生提供了丰富多样的学习材料。学生可以随时随地访问这些资源，并按照自己的需要进行学习。

5．社交媒体和在线学习社区

社交媒体平台如微信、微博，以及在线学习社区如知乎、论坛等，为学生提供了一个交流和分享学习经验的平台。学生可以在这些平台上与教师、其他同学互动，讨论问题、解答疑惑，促进共同学习、共同进步，实现知识的共享和思想的碰撞。

6．自主学习应用程序

有很多教育应用程序提供个性化学习体验，如 Khan Academy、Duolingo 等。学生可以通过这些应用程序进行自主学习，根据自己的兴趣和需求选择学习内容，并通过游戏化的方式增强学习动力，让学习变得更加轻松愉快。

以上远程教育和在线学习均展示了数智化技术在教育领域中的应用。通过数字资源和工具，学生可以更加灵活地学习和探索知识，同时也方便教师提供及时的帮助和指导。此外，在线学习和远程教育也扩展了学习的时空范围，使教育资源更加平等和普惠。

（三）数字教材和电子资源

在数智化时代中，数字教材和电子资源在数学教育中起到了关键作用。数智化技术极大地促进了教育资源的数字化转型和创新。传统纸质教材被数字教材代替，并提供了多元的学习互动和丰富的多媒体资源。在数智化背景下，教育领域中的数字教材和电子资源种类丰富多样，具体体现在以下方面。

1．电子教科书

传统的纸质教材正被电子教材逐渐取代。电子教材是以电子书的形式提供的，这样学生可以随时通过智能手机、计算机或平板电脑上访问，通过搜索、书签等功能开展更为便捷的学习活动和更好的学习体验。

2．音视频课程资源

教育机构和教师可以制作并分享音频和视频课程资源，包括教学讲解、实验演示、案例研究等。学生可以通过在线平台或视频播放器观看这些资源，提高学习效果和知识的吸收能力。

3．互动学习应用程序

互动学习应用程序可以为学生提供一种全新的交互式学习体验。例如，数学应用程序可以通过游戏、互动题目和演示等方式帮助学生加深对学科知识的理解。应用程序往往结合了视觉元素和动画，使学习过程更加生动有趣，更好地激发了学生的学习兴趣。

4．开放教育资源

开放教育资源是免费且完全开放的教育资源，如教科书、课程大纲、练习题等。学生和教师可以从各种开放教育资源库中获取所需的学习材料，并进行自主学习和教学活动。

5．在线图书馆和数据库

数字化的图书馆和数据库为教育活动提供了大量的学术文献、研究报告和期刊文章。学生和教师可以通过在线访问这些资源深入研究和学习特定领域的知识。

6．虚拟实验室和模拟器

教育软件和应用程序提供了虚拟实验室和模拟器，以帮助学生进行实验和模拟。例如，在数学课程教育中通过使用数学建模软件，学生可以开展数学模型构建和探索实践活动，从而加深对数学概念的理解和应用。

以上数字教材和电子资源可以为学生学习提供更具个性化、可视化和交互性的体验。学生可以根据自己的需要和兴趣选择适合自己的学习资源，从而在学习过程中更高效、更灵活。同时，教师也可以利用这些资源丰富和拓展他们的教学活动，让教育变得更加生动和有效。

（四）虚拟实验和模拟

数智化技术可以为学生的学习提供虚拟实验和模拟环境，从而增强他们的实践能力和学习体验。通过虚拟实验室，学生可以进行各种科学实验和探索，而不需要实际的物理设备。模拟软件和仿真工具允许学生在安全和可控的虚拟环境中进行实践和应用。在数智化背景下，数智化技术广泛应用于教育中虚拟实验和模拟操作，具体体现在以下方面。

1．虚拟化学实验

通过使用化学实验模拟软件，学生可以进行各种实验，如酸碱中和、溶解反应、氧化还原反应等。他们可以操作虚拟化学实验器材和调配各种试剂,并观察实验过程和结果,从而加深对化学概念和实验原理的理解。

2. 虚拟物理实验

虚拟物理实验软件可以模拟光学实验、电磁实验和力学实验等各种物理实验。通过调整参数、改变条件,学生可以更直观地观察和分析实验现象和数据,加深对物理规律和原理的认识。

3. 虚拟生物实验

通过使用生物实验模拟软件,学生可以进行生物实验,如基因转移实验、细胞培养实验和生态系统模拟等。他们可以观察生物反应和现象,探索生物科学中的各个领域,加深对生命科学的理解。

4. 虚拟地理实验

虚拟地理实验软件可以模拟地理现象和过程,如地球自转、气候变化和地形地貌形成等。学生可以改变参数、探索不同地域的环境条件,了解地理现象和相关原理。

5. 数学建模和模拟

使用数学建模和模拟软件,可以帮助学生将抽象的数学知识应用于实际问题的建模和求解。通过建立数学模型和进行仿真实验,学生可以探索数学在物理、经济、社会等领域的应用,提高解决实际问题的能力,并从中培养了他们的实践能力和创新精神。

以上虚拟实验和模拟技术为学生提供了实践操作和观察的机会,帮助他们更好地理解和应用学科知识。虚拟实验和模拟具有灵活性和安全性,允许学生反复实验和探索,加深对实验原理和科学知识的理解。同时,教师也可以利用虚拟实验和模拟软件指导学生实验,并提供及时的反馈和指导。

(五)数据分析和学习分析

利用数智化技术中的大数据和学习分析,可以帮助教师了解学生学习的过程和进展。通过收集和分析学生学习的数据和行为表现,便于教师提供个性化的反馈建议和针对性指导。此外学习数据的分析还可以识别学生学习的困难和弱项,并帮助他们调整和优化学习方法。在数智化背景下,教育领域的数据分析和学习分析对教学和学习的决策起到了重要作用,具体体现在以下方面。

1. 学生成绩分析

通过对学生的成绩数据分析,教师可以获得对学生学习情况的整体了解。可以分析学生的得分情况、各个知识点的掌握程度、学习进展等,并根据分析结果提供相应的干预和支持,帮助他们攻克学习难关。

2. 学习行为分析

通过学生的学习行为数据的分析,教师可以深入了解他们在学习过程中的行为模式和偏好。例如,分析学生的学习时间分布、学习资源访问频率、参与课堂互动的活跃程度等,发现他们的学习规律并提供针对性的学习建议,从而更好地调动其学习的积极性。

3. 学生进步和挑战预测

利用数据分析技术,教师可以预测学生的学习进步和潜在挑战的可能性。例如,基于历史成绩和学习行为,分析学生的学习趋势和模式,预测其未来的学习表现,并提前采取相应的措施进行干预和辅导。

4. 个性化学习路径设计

根据学生的学习数据和学习分析结果,可以为每位学生量身定制个性化学习的路径。通过分析学生学习的需求、风格和兴趣,可以选择适合的学习资源和实践活动,给学生提供个性化学习的体验和帮助。

5. 教师教学效果评估

通过对学生学习的数据分析可以评估教师的教学效果。例如,分析学生成绩的变化、学生的反馈和参与度等,评估教师的教学成效,并为教师提供改进和发展的建议。

以上数据分析和学习分析展示了数智化技术在教育领域中的应用,利用大数据、机器学习技术处理和分析学生的学习数据,为教师的教和学生的学提供更好的指导和支持。通过学生学习的数据分析,可以帮助教师深入了解学生学习的需求和存在的问题,并制定个性化的教学策略和学习计划,从而促进学生学习的进步。同时,通过学生学习的数据分析结果,教师也可以评估自己的教学效果,并帮助自己更好地优化教学方法和策略。

（六）智能辅助教学

数智化技术促使教学实践和学习活动更加智能化和互动性。应用自然语言处理和机器学习技术,智能辅助教学系统可以为学生提供实时的问题解答和个性辅导。利用虚拟助手和智能教具,教师可以与学生开展教学对话和互动指导活动,并提供个性化学习的支持和帮助。在数智化背景下,教育领域智能辅助教学的应用日益普及,具体体现在以下方面。

1. 智能教学助手

通过人工智能和机器学习技术的应用,智能教学助手可以为教师的即时指导和支持提供帮助。它可以深入地分析学生的学习数据和行为模式,提供个性化的建议和反馈,帮助教师优化教学策略和资源配置。

2．在线评估与反馈系统

通过在线评估与反馈系统,并根据学生的作业、问题回答和考试结果,教师可以获得即时评估和反馈建议。系统可以自动检查答案、评估学习表现,并为学生提供详尽的解释和反馈建议,引导他们理解错误并改进学习方法。

3．虚拟教学实验室

虚拟现实技术的教学虚拟实验室的应用,可以为学生提供仿真实验环境。学生可以在虚拟实验室中熟悉实验设备,进行仿真的实验操作和观察,并进行实验数据的采集和分析,极大地激发了他们探索科学的热情。

4．自适应学习系统

根据学生的学习数据和反馈,自适应学习系统可以帮助学生自动调整学习的内容和难度。此外,还可以根据学生学习的能力水平和进展程度,为其提供个性化学习的材料、习题和反馈建议,帮助他们更好地理解和掌握知识。

5．语音识别和自然语言处理

语音识别和自然语言处理技术的应用可以更好地帮助教师开展交互式教学活动。例如,学生可以使用语音助手与智能教育应用程序进行对话和提问,获取及时解答和指导,让学习变得更加高效,也使得学习过程更加生动和有趣。

6．智能辅助作业和练习

智能辅助作业和练习系统根据学生的学习数据和表现,为每位学生提供个性化的作业和练习。根据学生学习的能力和需求,智能辅助作业和练习系统可以自动调整作业和练习的难度和类型,并给学生提供合适的支持和挑战,以促进学生的全面发展。

以上智能辅助教学展示了数智化技术在教育领域中的应用。根据学生学习的能力、表现和需求,智能辅助教学可以为之提供个性化学习的体验和帮助,增强他们学习的动力和成效。同时,也可以为数学教师提供更丰富的教学工具和教学资源,从而进一步改进和完善学科的教学方法和模式。

（七）教师专业发展

数智化技术在教育实践中的应用也可以促进教师的专业成长和发展。教师可以通过在线社区和专业网络分享经验、资源和最佳实践。数字化工具和平台还可以帮助教师创建和交流课程内容,管理学习成果和评估。在数智化背景下,许多数智化技术的应用可以极大促进教师的专业成长,具体体现在以下方面。

1．数据分析和学习分析

应用数据分析工具和学习分析平台,教师可以更好地收集、整理和分析学生的学习数据及行为表现,以便深入了解学生的学习情况和需求。这些数据分析的结果可以帮助教师更好地了解学生个体的差异性,进而根据学生的特点有针对性地设计和调整教学实践活动。

2. 虚拟实验和模拟

利用虚拟实验和模拟软件,教师可以让学生在合适的环境中开展实验活动和模拟操作。与此同时,教师也可以更好地引导学生正确地开展学科实验和模拟操作活动,并实时提供实验和操作的反馈建议,帮助学生更好地理解和应用知识。

3. 数字教材和电子资源

数智化背景下,教师可以使用数字教材和电子资源来辅助教学。这些资源可以提供丰富的多媒体内容、交互式学习活动和自适应学习路径,帮助教师更灵活地设计和组织教学内容,让课堂变得生动而有趣。

4. 在线学习和远程教育

通过在线学习平台和远程教育技术,教师可以进行在线授课、网络研讨和远程辅导。这种教学方式教师可以与学生进行互动,分享资源和经验,既拓宽了学生的学习视野,以及教师教学的地域范围,又为教师的教学提供了更多的可能性和选择。

5. 个性化学习

数智化背景下,教师可以利用个性化学习平台和自适应学习系统更加精准地分析学生学习的个体差异和不同需求。通过分析学习数据和行为表现,教师可以为学生提供个性化的反馈建议和学习资源,帮助他们更有效地开展学习活动,享受学习的乐趣。

总之,数智化背景下的教师专业发展主要通过数据分析、虚拟实验和模拟、数字教材和电子资源、在线学习和远程教育以及个性化学习等方式实现。这些技术和应用丰富了教师的工具和资源,提供了更灵活、个性化和实践性的专业发展机会,进而实现教学与学习的双赢。

（八）虚拟现实和增强现实

虚拟现实（VR）和增强现实（AR）技术可以为教育实践活动带来全新的体验和交互的方式。学生可以通过虚拟环境进行沉浸式学习和探索,直观地体验并理解各种场景和相关知识。此外,增强现实技术还可以将虚拟内容与现实世界相结合,并为学生提供沉浸式的学习体验。在数智化背景下,虚拟现实和增强现实技术广泛地应用于教育领域中,具体体现在以下方面。

1. 虚拟实验室

虚拟现实技术的应用,可以使学生在虚拟实验室中进行各种仿真实验操作。这种虚拟实验室可以提供更为安全、经济和灵活的实验环境,同时还能够模拟各种复杂的实验场景,让学生获得更具体、直观的实验体验,从而培养了他们的实验技能和科学思维。

2. 虚拟考古与历史重建

通过虚拟现实技术,学生可以身临其境地参与到虚拟的考古发掘或历史场景,亲身感受古代文化和历史事件。他们可以探索古迹、虚拟重建古城或重要历史场景,深入了解历史文化的细节和背后的故事,有助于他们增强历史素养和文化意识。

3. 虚拟实践与模拟

通过虚拟现实技术,学生可以参与到各种实践场景中,模拟真实的工作环境,如医学手术、飞行驾驶、机械维修等。这种虚拟实践可以提供更安全、经济和高效的学习方式,让学生在无风险的情况下进行反复练习和实践,从而熟练掌握各种技能。

4. 增强现实教材

增强现实技术的应用,可以支持学生使用智能设备(如电脑、手机)观察和探索现实环境中的虚拟元素。例如,学生可以通过扫描教材上的二维码或图标,观看相关的虚拟模型、动画或视频,从而获得更为直观和生动的学习体验,极大地提高了学生的学习兴趣和效率。

5. 虚拟参观与远程体验

通过虚拟现实技术,学生可以参观全球各地的名胜古迹、博物馆、艺术展览等,或者体验其他国家的文化风俗。这种虚拟参观可以帮助学生更好地了解和体验不同的文化、地理和历史,拓宽他们的视野和丰富他们的文化素养。

通过虚拟现实和增强现实技术的应用,可以支持教育实践活动提供更具体、更直观、互动性强的学习体验,帮助学生更好地理解抽象性的知识和技能,增强他们学习的参与度和积极性。同时,这些技术也可以拓展教学的边界,使学生能够接触到更广泛的知识和经验。

总之,数智化技术在教育领域中的广泛应用产生了重大的积极影响,涵盖了个性化学习、在线学习、虚拟实验、数据分析、智能辅助教学等多个方面。随着数智化技术的应用和逐步提升,为教育实践活动提供了更优质、灵活性、互动性和个性化的学习,极大地推动了教育实践的不断创新和发展

综上所述,随着数智化技术在教育领域中广泛、深入地应用。它既为学生提供了多元化和个性化的学习方式、学习工具和学习资源,又很大程度上推动了个性化教学和自适应学习的发展。同时,数智化技术促进了学生之间的互动和合作,并为教育决策提供了精确的数据支持,推动教育的创新和进步。在数智化技术推动下带来的教育变革,为学生个体和教师个体成长带来了更好的学习体验和教学成果,进而开启了教育的新篇章。

第二章 数智化背景下
数学课程教育的改革与发展

数智化背景下的数学课程教育正在经历一场革命性的变革，数智化背景下的数学课程教育正以前所未有的方式进步。如图 2-1 所示，数据分析、虚拟实验、数字教材和在线学习等工具和资源推动数学教育向更加灵活、个性化和实践性的方向发展，有助于学生更好地理解和运用数学知识，促进他们的数学思维和解决问题能力的培养。同时，教师也可以为学生提供更好地个性化的学习指导和支持，提高教学质量和学生的学习成效。利用数据分析、虚拟实验、数字教材和在线学习等技术，使数学教育变得更加有针对性和实效性。

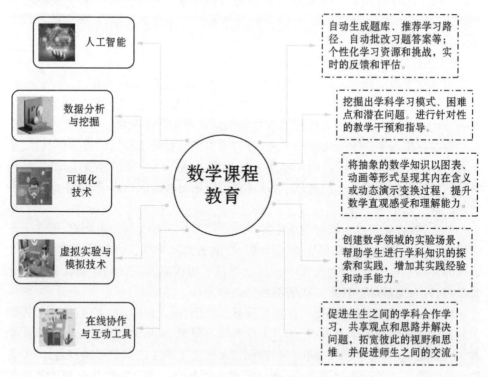

图 2-1　数学课程信息化教育

第一节　数智化技术对数学课程教育的影响

数智化技术的广泛应用对数学课程教育的影响深远且多元化。首先,数智化技术为学生提供了具有个性化数学学习的机会与挑战,根据他们的学科学习能力和需求,可以提供定制化的学习计划和资源,使学习更加符合个体学习特点。其次,通过互动和沟通工具,学生可以更加直观地理解抽象的数学概念,并积极参与到学习过程中。此外,数智化技术还能够实时监测学生的学习进展,并给予及时的反馈和建议,帮助他们发现错误并深入理解数学知识。合作与共享也成为可能,可以让学生通过在线平台和社交网络与全球的同伴互相分享学习资源和解决问题的方法。最后,基于数据的决策系统使得教育决策者能够更好地把握好教学效果、学生需求和课程改进方向,从而优化教学过程。总之,数智化技术为数学课程教育带来了更加灵活、个性化和有效的学习方式,较大程度上提升了学生的学习成效和学习能力。

数智化技术对数学课程教育具有重要的影响,主要影响体现在以下方面。

一、提供个性化的学习内容和教学方法

根据学生数学学习的能力水平和个体需求,数智化技术可以提供个性化的学科学习内容和教学方法。通过分析学生数学学习的数据和行为表现,系统能够为每位学生定制适合其个体差异的学科学习计划和教学资源。

数智化技术对数学课程个性化教育的应用有助于满足每位学生独特的学习需求和适应其能力水平,提供他们所需的个性化支持和资源。以下是数智化技术在数学课程个性化教育中的主要应用。

(一)根据学生对数学的要求制定个性化的学习路径

数智化技术可以基于学生的已有知识水平和能力制定适合他们的学习路径。通过分析学生数学学科的学习数据,系统可以识别他们在学科领域中的薄弱环节并提供特定的数学练习和学科学习资源,帮助他们有效地填补知识空缺。

例如,一个数学学习应用程序可以根据学生的兴趣选择相关的学科主题,并为他们提供相应的学习资源和提示,以激发其学科学习兴趣和动力。

(二)根据学生数学学习的水平和能力动态地调整学科教学

数智化技术能够根据学生数学学习的行为和反馈自动调整学科教学内容和方法。系统能够根据学生数学学科的学习进度和理解程度,实时调整学科学习难度

和挑战,确保他们能适应学科学习并促进其能力发展。

此外,数智化技术支持自适应学习平台的开发。例如,一个数学学习平台可以根据学生对某一数学知识的掌握程度自动调整练习题的难度,以确保他们在适度挑战下提升学习能力,并避免学科学习的过度困难或过于简单练习的现象产生。

(三)通过学生的学习数据分析提供个性化的反馈和评估

借助数智化技术,教师可以即时监测学生的数学学习表现,并提供个性化的反馈和建议。数智化技术可以收集并分析学生数学学习的关联数据,并根据他们的学科学习表现提供个性化的学习反馈。

此外,学生还可以通过详细地评估更好地了解他们在数学学科不同知识模块的优势和不足,并获得针对性的学科学习的建议和指导。例如,学生在完成数学作业或练习时,系统可以分析他们的错误模式和常见误区,并给予相应的纠正和指导,帮助学生改进并加强薄弱知识点,从而进一步提升他们的数学学习能力。

(四)应用数智化技术可以为学科强化学习设置激励机制

应用数智化技术可以为学生的数学学习设置个性化的激励机制。通过奖励系统、游戏化元素和竞争性排名,激发学生的积极性和自我激励能力。通过数据分析和学习分析的强大工具,数学教师可以了解学生的学习进度和表现,进而通过个性化学习平台和自适应学习系统提供针对性的激励措施。

通过设定目标、奖励机制和竞争激励,学生可以在数学学习中得到实时反馈和奖励,激发他们的学科学习的动力和积极性。这种设置的激励机制可以调动学生参与数学学习的积极性,并促使学科学习效率和成绩的提高。

(五)借助数智化技术为学科提供多样化的学习资源和智能学习辅助工具

数智化技术可以为学生提供多样化的数学学习资源,如交互式教学工具、模拟实验、在线视频等。同时,学生也可以根据自己的学科需求选择适合自己的学习材料,从而更好地理解和掌握数学知识。

此外,数智化技术可以开发智能学习辅助工具,如数学问题解决助手或数学学习助手。这些工具可以根据学生数学学习的具体情况和认知风格,提供个性化的解题策略和学习建议,帮助他们更好地理解和掌握数学知识,提升其学科学习成效。

(六)利用虚拟现实或增强现实技术创建数学虚拟实验室

应用虚拟现实(VR)或增强现实(AR)技术,可以创建虚拟数学实验室。在数学虚拟实验室中,学生可以在模拟实际场景中进行数学实验和探索活动,并体验沉浸式的学科学习方式,促进他们对数学知识的深入理解。例如,在虚拟实验室可以进行几何建模、统计分析等活动,加深对数学知识和原理的理解。

以虚拟现实或增强现实技术创建的虚拟数学实验室,可以为学生提供更加生动、直观和实践性的学科学习体验。这种实验室有助于学生强化数学知识的学习和探索,使之学科的理解能力和应用能力得到提升。同时,教师也可以根据学生在数学虚拟实验室中的学习表现进行及时反馈并开展个性化指导,提升数学的教学效果和学习成绩。

总之,数智化技术为数学课程的个性化教育提供了无限的可能性。根据学生学科个体的差异和要求,可以提供量身定制的学习计划和资源,充分挖掘他们学习数学的潜力,并促进有效学习的形成。这种个性化教育的方法有助于树立学生数学学习的自信心,促进他们的学科学习取得更理想的成绩。

二、搭建互动与沟通的数学学习平台

数智化技术提供了与数学内容进行互动和沟通的全新方式,如虚拟实验、可视化模拟和交互式教学工具。这种学习平台使学生能够更加直观地理解抽象的数学知识,并积极参与到学习过程中。

应用数智化技术可以搭建数学互动与沟通的学习平台。通过运用各种技术和工具,数学学习平台提供了学生与教师、学生之间、学生与学习内容之间进行互动和沟通的桥梁。以下是数智化技术对搭建数学互动与沟通的学习平台的主要应用。

(一)为学科教学提供虚拟实验和模拟

数智化技术可以提供虚拟实验和模拟环境,让学生能够亲身实践数学知识和原理。通过这些交互式的模拟场景,学生可以观察和探索数学中的奥秘,更深入地理解抽象的概念。通过应用虚拟现实技术,学生仿佛亲临一个虚拟的数学实验室。他们可以通过佩戴 VR 头盔和手持手柄,与虚拟的三维模型和工具进行互动,从而在实践中更深入地学习和理解数学知识。

例如,学生可以通过手柄操作绘制几何图形、拖拽数字对象进行加减运算、改变参数观察函数图像的变化等。这种动态的学科学习环境可以让学生更加直观地理解数学知识,并提供实践性的学习体验。

又如,几何模拟软件可以让学生进行几何问题的模拟和探索活动。学生可以使用动态几何软件如 GeoGebra、Cabri 等,在虚拟环境中构建几何图形、进行测量和变换,并通过模拟实验观察和验证几何性质。这种模拟实验软件可以帮助学生深入地探索几何知识,并培养他们的观察和推理能力。

这些虚拟模拟软件为数学教学提供了丰富的资源和工具,可以让学生在仿真教学环境中开展数学实验和模拟,加深对数学知识和原理的理解,促进数学解决问题能力和创新思维能力的提升。同时,虚拟实验和模拟也可以弥补传统实验条件的局限,拓宽学生实践的范围和深度。

(二)帮助开发学科教学的可视化工具和图形化界面

数智化技术允许开发各种可视化工具和图形化界面,将数学知识以直观、互动和实践的方式呈现给学生,以帮助他们更清晰、更直观地理解数学知识。这些工具可以通过动画、图表和图像等形式,将抽象的数学知识转化为生动的图像和实例,增强学习的可视化效果,让学生能够更清晰、更直观地理解数学知识。

例如,数据在数学教学中起重要作用,数据可视化工具可以帮助学生更好地理解数据的奥秘,并分析和解释数据。如表格软件和统计软件都提供了丰富的数据可视化功能,学生可以通过绘制统计图表、可视化数据分布和趋势,深入理解数据的含义,培养数据分析和解释的能力。

又如,数学绘图工具可以通过直观的图形界面帮助学生可视化函数知识及其之间的关系。学生可以使用函数绘图软件绘制各种函数图像、参数方程或极坐标图形,可以更清晰地洞察函数的特征和变化,从而更好地理解函数之间的联系。这种图形化界面和可视化工具增强了数学学习的体验,激发学生的学习兴趣和参与度。

这些可视化工具和图形化界面使得数学教学实践活动更加生动有趣,让学生能够更主动地参与学习,提高数学学习的效果和兴趣,为后续学习奠定了良好基础。

(三)提供学科交互式教学工具

数智化技术支持交互式教学工具,可以实现与学生实时地互动并反馈建议。学生可以通过这些交互式工具进行数学问题求解、探索和实践,与教师或其他同学互动交流学科学习心得,并得到及时的评价和指导,从而更深入地理解和掌握数学知识。

例如,数学游戏结合了娱乐和学习,在游戏过程中让学生进行数学思考和解决问题。这些游戏涵盖各个年龄段的数学知识,通过互动式的关卡和挑战,提供有趣的学习体验。

又如,通过在线平台或应用程序,学生可以进行交互式练习。这些练习根据学生的回答提供实时反馈,根据他们的学科水平调整难度,并确保在自己的学科节奏中稳步前进,同时方便教师以个性化的指导方式帮助学生掌握数学技能。

这些交互式数学教学工具利用数智化技术,通过互动性和个性化支持学生的学习,激发他们的学习兴趣和积极性。学生可以通过与这些工具的互动,以探索、实践和合作的方式更深入地理解和应用数学知识。同时,教师也可以借助这些工具进行即时评估和反馈,并提供针对性地指导和支持,促进学生的学习成果。

（四）提供学科在线协作平台

数智化技术还提供了在线协作平台,提供了生生之间、师生之间进行实时协作和交流的机会。可以通过共享资源、参与讨论和解决问题,与其他同学一起合作学习数学,并让他们在虚拟空间中交流、讨论和分享学习资源。学生可以通过在线平台进行小组项目、远程辅导和同伴合作,促进彼此之间的学习与互动。

例如,Mathigon 是一个创新的数学学习平台,提供了交互式的数学内容、游戏、故事和挑战,可以激发学生学科学习的兴趣。这种学习平台支持生生之间在线协作,可以在虚拟课堂中共享和共同讨论数学问题,实现学科知识的探索和交流。

又如,Moodle 也是一种开源的在线学习管理系统,可以提供丰富的学习和交流工具。教师可以在 Moodle 上创建数学教学视频、布置学科作业,并与学生进行在线协作、讨论和作业提交,从而实现教学与学习的无缝对接。

以上这类协作学习平台既促进了生生之间的互动和合作,又提供了更多的学习支持和机会。同时,数学教师也可以更好地管理和评估学生的学科学习进展,并提供个性化的学科指导和反馈建议,帮助他们更好地理解和掌握数学知识,从而提高其学科学习效果。

（五）提供学科学习的社交媒体和社区

数智化技术允许在学习平台上集成社交媒体和社区功能,使学生能够建立联系、参与讨论和分享学习经验。这样的互动和沟通机制可以扩大学生的学习网络和资源,并鼓励学生之间的合作与共享。数智化技术为数学学习提供了许多社交媒体和社区平台,使学生能够以社交、互动和协作的方式探索和学习数学知识。

例如,Exchange 是一个开放的问答社区,学生可以在这里提出数学问题,并与其他用户进行讨论和解答。这种社区汇集了各类数学问题以及参考答案,为学生提供了深度学习的资源和支持。

又如,Brilliant 是一个以社交互动为特色的数学学习平台,学生可以在这里参与数学问题的解答和挑战。平台提供了丰富的数学问题和解题技巧,学生可以通过与其他用户的互动和合作提高数学思维能力和解题能力。

这些数学学习的社交媒体和社区平台为学生提供了与其他数学爱好者、专业人士和教师进行交流和合作的机会。通过这些媒体或平台，学生可以分享自己的学习心得、提出疑问、参与讨论，从而加深对数学知识的理解和应用。同时，也可以通过与其他用户的互动，获得反馈和不同观点的启发，提高数学学习的效果和质量。

总之，数智化技术为搭建数学互动与沟通的学习平台提供了广阔的应用前景。这种平台不仅能够增强学生对数学的理解和应用能力，也能够促进师生之间、生生之间的积极互动与合作，提升学科整体学习的效果和体验，让数学学习变得更生动、更高效。

三、提供了学科学习情况的及时反馈与评估

数智化技术在提供数学学习情况的及时反馈与评估方面发挥着重要作用。它利用数据分析和人工智能技术监测、评估和反馈学生的学习进展，以帮助他们更好地理解数学知识并提高学习效果。

应用数智化技术可以实时监测学生数学学习的进展，准确评估他们的掌握程度。基于学习数据的分析，系统可以给予学生及时的反馈和建议，帮助他们发现错误、纠正问题，并深入理解数学知识。以下是数智化技术在数学学科学习情况反馈与评估方面的主要应用。

（一）实时跟踪学生学科学习的进度

应用数智化技术可以实现实时跟踪学生数学学习的进度，并提供个性化的学习支持和反馈建议。通过在线学习平台或应用程序，学生和教师都可以了解学生在每个学习阶段的完成情况，从而针对性地调整教与学的内容和方法。

例如，Management System（LMS）可以记录学生的学习活动和成绩，帮助教师实时了解学生的学习进度。教师可以通过 LMS 查看学生数学的提交作业、测试成绩、在线学习情况等，从而了解他们的学科学习情况并做出相应的指导和调整。

又如，智能辅导系统可以根据学生数学学习的数据和表现，提供个性化的辅导和指导。如根据学生某一数学知识的弱点和疑惑，推荐相关知识学习的教学视频、配套练习或解题策略，帮助他们攻克学习难关，并提升学科知识学习的成效。

这些数智化技术的应用，使得教师能够更好地了解学生的数学学习进度和困难点，提供及时的学科支持和反馈。同时，学生也能根据个人数学学习的进度和需求，进行调整并开展自主学习，从而更有效地提高数学学习的效果。

（二）提供自动化学习情况的学科评估

数智化技术可以提供自动的数学学习评估，通过算法和数据分析评估学生的

数学知识掌握情况和学科学习能力水平。通过数智化技术可以自动评估学生数学学习中的作业和测验的情况，还可以分析他们习题的解答情况，判断正确性，并给出相应的评分和反馈。这种自动化的评估方式可以提高教师的工作效率，并能够为学生提供及时的评估建议，从而帮助他们合理地调整学习策略，优化学习方式。

例如，数学学习平台和在线测试系统可以通过自动化评分算法，对学生提交的数学作业进行自动评分。这样可以提高教师批改数学作业的效率，同时也能够保证评分的客观性。

又如，数学学习平台和在线教育系统可以收集学生的学习数据、行为和反馈，通过数据分析和学习轨迹可视化，评估他们的学习进度和绩效。根据这些评估结果，教师和学生都可以清晰地了解学生数学学习中知识和技能的优势和不足，从而有针对性地开展教学和学习活动，实现个性化的教学和学习。

这些数智化技术的应用，通过自动化的评估和分析，提供了更快速、客观和准确的数学学习评估方式，帮助教师更准确地了解学生的学习进度及其能力水平，为学生的个性化学习指导提供可信赖的依据。

（三）提供学生个性化的学科反馈

数智化技术能够根据学生数学学习的表现提供个性化的反馈建议。根据学生数学学习的数据和行为的分析，可以识别他们学科学习的盲点和常见的误区，并运用算法和智能技术给出有针对性的反馈建议和个性化的指导。这种个性化的学科反馈可以帮助学生及时纠正学习中的错误并加深理解，同时改进自己的学习策略。

例如，数学学习平台可以分析学生的答题情况，识别出常见错误模式，同时给予正确的解答说明并提供改进策略，可以帮助学生明白错题的原因并掌握弥补知识漏洞的方法。这种个性化的错误分析和解答说明可以促使学生深入了解错误的根源，并纠正和改进学习的方法和策略。

又如，数学学习平台可以根据学生的学习轨迹和表现，提供实时的提示和指导。当学生在做练习或测验时遇到困难，系统可以提供相应的提示、示例或相关知识点，帮助他们理解问题并引导其提出解决方案。这种个性化指导可以根据学生的具体需求来提供，从而促进个体学习效果的提高。

通过这些个性化的数学学科反馈，学生可以更有效地了解自己的学习情况和存在的不足，有针对性地改进学习策略，并获得个人学科成长与进步的认可和激励。

（四）根据数据分析生成学科学习情况的可视化报告

数智化技术可以对学生学习的数据进行分析，并生成学科成绩、学习趋势和潜在问题的可视化报告。教师可以利用这些数据了解班级或整个学校的学科教与学的情况,并采取相应的干预和调整措施。

例如,数智化技术可以根据学生数学的学习历史和表现数据,生成学科个性化学习的路径建议报告。这些报告可以指导学生选择适合他们学科学习的内容和方法,从而更好地提高数学学习成效。如使用散点图或折线图显示学生在不同数学知识点的学习活动中的表现,并根据他们的学科强项和弱点提供个性化的学科学习建议。

又如,数智化技术可以整合学生数学学习的数据,生成班级或学校的学科学习绩效报告。这些报告可以比较不同学生、不同班级或不同学校之间的数学学习表现,帮助教师和主管教育部门评估学科的教学质量和改进教学方法。如使用条形图或饼图来展示不同班级或学校之间的数学平均得分、学习进展和知识覆盖率等情况。

通过学生数学学习的这些可视化报告,教师和学生均可以更直观地了解学生学科学习的具体状况,以便今后有针对性地制定学科学习计划和教学策略,从而促进学科教与学的有效性,为每位学生的成长和发展明确方向和提供支持。

(五)通过建立学生数学学习档案促进优质的个性化学习

应用数智化技术可以建立学生数学学习的个人档案,并根据他们的学习历史和兴趣提供定制化的学科学习资源。通过分析学生数学学习的数据和行为,系统可以为他们推荐适合其个体差异的学习材料和活动方式,从而促进学习效果的最大化。

例如,数智化技术可以收集、分析和存储学生数学学习的数据,建立他们的学科学习档案。这些档案包括学生数学学习的历史、成绩记录、知识点掌握情况等信息。通过学生学科学习的个人档案,教师和学生都可以追踪学生的数学学习进展,并较全面地了解个体学科知识学习的强项和待加强之处。

又如,基于学生的学习档案和数据分析,数智化技术可以提供个性化的学习推荐。根据学生数学学习的需求和特点,系统可以推荐适合的学习资源、课程内容或配套习题。如系统可以根据学生的知识水平和学习风格,推荐具有挑战性但又不过于困难的数学练习题,以促进学生的学习与成长。

通过以上的个性化学习推荐和自适应学习路径等功能,数智化技术能够帮助学生按照自身的学习需求和节奏开展学习活动。通过个性化的学习支持和引导,不仅可以提高学生数学学习的成效,而且还可以激发他们对数学学习的参与意识和热情。

总之,数智化技术可以提供数学学习情况的及时反馈与评估,帮助教师和学生了解学科学习的进展和问题,还可以提供个性化的反馈和学习资源。同时,教师也能够更好地了解和支持学生的数学学习,实现学科教学的个性化和最优化。这种实时反馈和评估机制有助于增强学生数学学习的主动性,促进他们在学科学习中取得更大的进步。通过这种技术,数学教师可以为每位学生提供更加精准、个性化的学习支持,实现学科教育的优质发展。

四、促进了学科知识学习的合作与共享

数智化技术促进了生生之间数学学习的合作与共享。通过在线平台和社交网络,学生可以互相交流、分享学习资源和解决问题的方法,扩大他们的学习网络,进而获得多样化的学习体验。

数智化技术对于促进数学学习的合作与共享起着重要的推动作用。通过利用各种技术和工具,数学学习平台提供了生生之间、师生之间进行合作与共享的机会。以下是数智化技术促进数学学习合作与共享的主要应用。

（一）提供学科在线协作平台

数智化技术可以提供数学学习的在线协作平台,使学生可以共同合作、交流和解决数学问题。学生可以在虚拟空间中开展同伴协作学习活动,共享数学学科学习资源和解决问题的方法。这种在线协作使得学生能够借鉴其他同学的学科学习经验开展更有效的学习活动,从中还能够培养他们的合作能力和团队协作精神。

例如:在线数学讨论论坛提供了生生之间、师生之间开展数学问题交流和讨论的平台。学生可以在论坛上分享他们遇到的数学问题、解题思路和解决方案,互相学习和帮助。教师也可以参与其中,提供学科相关学习问题的指导和答疑,使得学科学习更加高效和深入。

又如,远程协作工具如 Zoom、Microsoft Teams 等,可以为学生提供实时视频会议和屏幕共享功能。学生可以通过远程协作工具在数学学习中进行小组讨论、解题演示和项目合作,实现远程协作和互助学习的目的。

这些在线协作平台使得学生能够共同参与数学问题的讨论和解决,分享知识和交流思想,并从集体智慧中获益。通过这类协作平台能够培养学生数学学习的合作精神、沟通能力和解决问题的能力,拓宽他们的学科视野并加深对数学知识的理解。

（二）集成学科学习的社交媒体和社区

数智化技术允许在学习平台上集成社交媒体和社区功能,以促进学生之间的交流和分享。学生可以在社交媒体群组或学习社区中讨论问题、共享学习心得和资源。这样的互动和分享机制扩大了学生的学习网络和资源,加强了彼此之间的

合作与共享。

例如,数学学习社交平台如 Mathway、StudyBlue 等,提供一个专门为数学学习而设计的社交网络。学生可以在平台上创建数学学习的个人资料、添加兴趣标签、关注教师和其他同学,并分享学习资源、提问问题、回答疑惑等。这种社交平台可以让学生相互沟通并共同学习,从而扩大学习网络范围并获取更多的学习机会。

又如,社交媒体平台如 Facebook、QQ 群等,有许多针对数学学习的群组。学生可以加入这些群组,与其他数学爱好者或学习者交流、分享数学问题和解题思路,促进共同学习和进步。

这些社交媒体和社区的集成,为学生提供了一个互动和共享的学习平台,使学习不再是单向的传授,而是变成了一种双向的交流和互动。学生可以通过与其他人交流和互动,扩展视野、获得启发,并从集体智慧中受益。同时,这种社交化的学习环境也鼓励学生在数学学习中主动参与、探索和表达自己的想法和见解。

(三)提供学科的远程协作工具

数智化技术提供了许多远程协作工具,可以支持学生在数学学习中进行远程合作和交流。借助视频会议、实时聊天和共享文档等工具,学生可以进行在线协作,共同解决问题、完成项目和讨论数学概念。这种远程协作工具既支持了学生之间数学学习的交流与合作,又促进了师生之间学科交流与指导。

例如,屏幕共享工具如 Zoom、Microsoft Teams 等,允许学生将自己的屏幕内容分享给其他人。这对于数学学习很有用,学生们可以共享数学计算、图形、解题过程等,使得大家能够共同参与到解题过程中,并提供及时的反馈和建议,极大地提升了学习效率和互动。

又如,实时聊天工具如 Slack、Microsoft Teams 等,允许学生通过文本聊天进行实时交流和讨论。学生可以在其中讨论数学问题、分享解题思路和答案,并获得同伴的及时反馈和帮助。

这些远程协作工具通过技术手段将学生们的智慧紧密相连,提供了一个远程学习和合作的平台。学生可以在远程环境中进行讨论和合作、共同解决数学问题,可以不受时空限制获得互动和合作的学习体验,让学习变得更加生动、高效且富有成效。

(四)促使学生数学学习协作并共享资源

数智化技术使得学生能够共享学习资源,包括课件、笔记、练习题和模拟工具等。学生可以通过在线平台或应用程序分享自己的学习材料,也可以从其他同学那里获取有价值的学习资源。这种共享机制能够丰富学生的数学学习内容,并提供多样化的学科学习体验。

例如,建立在线数学学习社区,如数学论坛或协作平台。在这些社区中,学生可以发布问题、分享解决方法、讨论数学知识,并与其他同学共享数学学习资源。通过参与社区活动,学生可以从其他人的经验中学习,并与他人合作解决数学问题,相互启发,共同进步。

又如,有许多数学学习应用程序是利用数智化技术,给学生提供共享数学学习资源的更多机会。这些应用程序可以包括数学的习题库、资料、解题过程和答案。学生可以通过这些应用程序分享自己的学习资源,也可以从其他同学那里获取额外的学习材料,进一步丰富自己的学习体验。

通过这些数智化技术工具和平台,学生能够更加方便地共享数学学习资源,与其他同学合作学习,并且获得更广泛的数学学习机会。

总之,数智化技术通过提供在线协作平台、社交媒体、远程协作工具和共享学习资源等方式,促进了学生之间的合作与共享。这种合作与共享的机制不仅能够拓宽学生数学学习的视野和资源,而且能够培养他们的团队协作能力和社交技巧。通过与他人共同学习和分享,学生能够从其他人的知识和经验中获益,提升自身的数学学习效果和能力。

五、基于数据分析作出学科教学决策

应用数智化技术收集和分析大量的数学学习数据,可以帮助教师更精准地了解学科的教学情况、学生学习需求和课程优化的方向。根据学习数据驱动的教学决策,可以不断完善和优化数学教学过程,提高学科的学习成绩和教学质量。

通过数学学习的数据和行为分析,可以为教师正确的教学决策提供有力支持。以下是数智化技术在数学教学中基于数据分析作出决策的关键方面。

(一)学生数学学习情况的分析

数智化技术能够收集并分析学生的学习数据,如作业成绩、测验结果、在线活动等。通过对学生数学学习活动的数据分析,教师可以了解每位学生的学科学习情况、存在问题和学习需求,从而制定相应的教学策略。

例如,数智化技术可以分析学生在各个数学知识点上的掌握程度。通过分析学生数学作业或考试中的答题数据,系统可以评估学生对不同知识点的理解和应用能力。根据学生数学解题的正确率、答题速度以及解题步骤的合理性评估他们在代数、几何或统计等不同数学领域的掌握情况。

又如,数智化技术可以分析学生数学的学习动力和参与度。通过收集学生在数学学习过程的互动数据,系统可以评估学生学科学习的兴趣、自我激励程度和投入程度。如分析学生对于数学不同类型的学习任务的参与度、学习平台中的社交互动情况等，为教师提供促进他们积极参与数学学习的有效教学方法和策略。

通过这些数据的分析，数智化技术能够帮助教师和学生更好地了解他们的数学学习情况，及时发现问题并有效改进，以提供更有效的个性化学习支持，使每位学生都能根据自己的学习特点和需求，获得最适合他们的教学资源和指导。

（二）数学学习进度的监测

应用数智化技术可以实现对学生数学学习的进度和效果的实时监测。教师可以通过数据分析，了解学生在不同学习阶段的进展情况，判断是否需要开展进一步的教学干预和辅导活动。

例如，数智化技术可以跟踪学生在数学学习过程中的实时进度。通过收集学生在学习平台或应用程序上数学学习的活动数据，系统可以记录学生学科学习的起止时间、相关材料的访问次数和时长等信息。教师和学生通过查看这些数据，可以了解学生在数学学习中的时间分配以及学习进度的快慢，并促进他们自我反思，调整其学习策略，优化学习节奏。

又如，数智化技术可以让数学教师实时监测学生的学科学习进度，并进行及时干预。通过教师界面或详细报告，数学教师可以查看学生某一知识点的学习进度和活动数据，及时发现他们的学习滞后或困惑点，并向其提供针对性的辅导和支持。这种监督与干预方式有助于教师及时发现学生数学学习的问题，并采取相应措施帮助他们调整学习进度和解决学习中的困惑。

通过数学学习的这些监测方式，能够帮助学生和教师及时了解学科学习的进度和具体情况，并有针对性地调整学科的学习计划和个性化指导策略，从而促进学生学科学习的成效和成绩的提升。

（三）个性化数学学习计划和目标的制定

根据学生数学学习的数据和需求分析，应用数智化技术可以生成个性化学科的学习计划。同时，数学教师也可以根据数据分析的结果，为每位学生设计个性化的学习路径和资源，以满足他们个体差异的学科学习需求。

例如，数智化技术可以根据学生的学习表现和遗忘曲线，生成个性化数学学习的强化训练和复习计划。系统可以分析学生在数学不同知识点上的掌握程度和记忆保持的状况，推荐恰当的复习内容和最佳学习时间。如根据学生的遗忘曲线，设定数学知识复习任务，并提供相应的学习资源和配套的练习题，以帮助学生避免知识遗忘并巩固已学知识。

又如，数智化技术可以帮助学生设定数学学习目标，并提供个性化的学科反馈和进度追踪。系统可以根据中职生的数学学习目标设定,设置阶段性的学科学习任务和目标,并随着学科学习的推进给予及时的反馈和评估。如提供奖励机制、目标达成度的可视化展示和挑战性任务,激发学生数学学习的动力和参与度。

通过这些个性化的数学学习计划和目标制定,应用数智化技术可以帮助学生合理安排数学学习的时间并有针对性地开展学习活动,教师也可以提供有针对性的反馈和指导,以促进他们数学学习的成效。

(四)学科教学内容的优化

应用数智化技术分析学生数学学习的数据,可以深入了解他们对不同学科知识点的理解情况。根据这些数据,教师可以优化教学内容,调整讲解、示范和练习的形式,使之更加贴合学生的学习需求,以提高他们的学习效果。

例如,数智化技术可以根据学生数学知识点学习的数据和表现,提供学科教学设计的参考和优化建议。通过分析学生数学知识点学习的历史行为数据,系统可以发现教学内容中的瓶颈、常见错误及学习难点,从而帮助数学教师优化教学内容和方法。如提供有针对性的数学知识点的教学策略、案例分析或补充教材,以便支持教师更好地满足学生的学习需求。

又如,数智化技术可以建立在线协作和分享平台,促进数学教师之间的合作和资源共享。如可以共享自己的优秀课件、教学经验和教学资源,供其他教师参考和借鉴。这种信息的共享和互动有助于不断优化数学教学的内容和模式,提高数学课程教育的整体质量。

通过以上的优化方式,数智化技术能够帮助数学教师更好地了解学生的学习需求和潜在的问题,并提供学科个性化的学习资源和反馈建议。同时,也可以完善学科教学的内容和方法,为今后数学教学实践活动的有效开展奠定良好的基础。

(五)数学教学实践的反馈与改进

通过学生数学学习的数据分析,教师可以及时了解学科的教学效果,并评估教学方法的有效性,最后进行教学改进。数学教师可以根据学生的学习数据和反馈信息,及时调整学科教学策略,为学生提供更优化的教学体验和学习支持。

例如,数智化技术支持教师对学生数学的学习情况进行评估和反馈。通过收集学生数学学习的数据和表现,系统可以生成他们的学科学习报告并提供分析结果。教师可以根据这些学科学习报告,了解学生数学学习的进展、掌握程度和挑战点,并针对性地给予个性化评价和反馈。这有助于教师发现学生的学科学习问题,调整各数学知识点的教学策略和内容,以提升学科的教学质量。

又如,数智化技术可以通过收集和分析数学教学数据,帮助教师进行学科教学改进和优化。系统可以提供数学教学情况的评估报告、学生学科学习的反馈数据和学科教学资源的使用情况等信息，帮助教师发现数学实践教学中的不足和潜在问题，并根据数据制定相应教学改进策略。如教师可以根据学生学习数学的反馈数据，调整学科的教学方法、讲解方式或教材选择，以提升学生的学科教学参与度和理解效果。

通过以上数学教学与学习数据的反馈及其改进措施，数智化技术能够帮助教师和学生获取实时的学科学习反馈与个性化学习的帮助，从而促进教师对其学科教学内容和模式的优化与改进，更好地提升学生数学学习的体验和成效，为他们的学科成长奠定良好的基础。

（六）数学课程教育的评估和改进

通过对学生数学学习大量数据的分析，数智化技术能够提供对学科整体教学的评估和改进建议。数学教师可以利用这些数据，了解数学课程教学中的强项和改进空间，并有针对性地进行课程内容设计和学科教学改革，从而实现教学内容和方法的精准优化。

例如，通过数据分析，系统可以了解学生在各个数学知识点或难度级别上的掌握情况。根据学生的数学学科学习数据，可以确定哪些知识点需要进一步讲解，哪些技能需要通过更多练习来巩固，哪些部分知识可能引起他们学习的困惑。这样，数学教师可以优化课程内容，重新调整学科的教学重点和难度，以提高学生对数学知识与技能的理解和掌握程度。

又如，基于学生数学学习的数据和反馈，系统可以分析学生对不同学科学习资源的使用情况和效果。系统通过监测学生对数学教材、在线学科教学视频、数学练习题等学习资源的访问和使用情况，并根据他们的学科学习成绩和反馈，评估学科资源的有效性和适用性。根据数学教与学的数据分析的结果，教师可以选择更有效的学习资源或改进现有的学习资源，以更好地满足学生学科学习的需求。

通过以上的整体评估和改进方式，数智化技术能够帮助教师全面了解数学课程的效果和学生的学习情况，进一步优化课程内容、教学方法和学习资源，以提高数学教育的质量和学生的学习成果。

综上所述，数智化技术通过数据分析为数学教学决策提供了重要依据。它能够帮助数学教师了解学生的学习情况、个体差异和需求，并根据数据分析的结果制定个性化的教学计划和策略。同时，数据分析也为数学教师提供了评估教学效果和改进教学质量的依据，进一步推动学科教育的发展与创新。换言之，数智化技术既为数学课程教育带来了更加灵活、个性化和多元的学习方式，又激发了学生参与数学学习的积极性和主动性，更好地促进他们的学科学习能力的提升。

第二节 数智化背景下数学课程教育的改革与发展

在数智化背景下,数学课程教育的改革与发展变得至关重要。随着科技的迅猛发展和人工智能的广泛应用,数学教育已成为一项必不可少的核心素养培养的重要方式。数智化技术的引入,为数学课程教育注入了新的活力和可能性,对数学课程教育的改革与发展产生以下方面的深远影响。

一、促进数学课程教育的个性化学习

应用数智化技术可以拓宽数学课程教育个性化学习的可能性。利用数据分析和智能化平台,学生可以根据自己的学习需求和能力水平,定制数学学习计划和资源,实现精准、个性化的学科学习体验。

在数智化背景下,个性化学习在数学课程教育中成为一个重要的变革方向。个性化学习可以根据每位学生数学学习的能力和需求制定合适的学科学习计划,并提供相应的学习资源和支持。在数智化背景下,数学课程教育中个性化学习的主要体现在以下六个方面。

(一)定制学生个性化的学科学习路径

借助数智化技术,个性化学习可以根据学生以往的学科知识水平、学习风格和兴趣定制适应的学习路径。通过分析学生数学学习的数据和模式,系统可以为每位学生分析评估其学习需求和信息处理方式,为他们设计适合的学习路线。在数智化技术的支持下,可以通过适当的方式定制学生数学学习的个性化路径。

例如,自适应评估。根据学生数学的学习表现和知识的理解程度,应用智能化的评估系统,可以自动调整数学习题的类型和难度。系统还可以根据学生数学习题的答题情况,智能地推断出他们对特定知识点的掌握情况,并为其提供该知识点相应难度的练习题或挑战题。

又如,智能化辅助学习。应用人工智能算法和机器学习模型,可以帮助分析学生个体数学学习的行为和风格,并为其提供个性化学科学习的建议和资源。如系统可以根据学生的数学学习偏好和数学知识背景,推荐适合其个人需求的学科学习材料和学习路径。

以上例子说明了数智化技术如何通过个性化定制学生的数学学习路径,即可以根据学生数学学习的兴趣、能力和需求,提供更有针对性学科学习的支持和资源,以提高他们数学学习的兴趣和成效,更好地强化培养他们学科学习的意识和能力。

（二）提供了自适应数学教学环境与方式

应用数智化技术可以为学生的个性化学习提供自适应的教学环境。系统可以根据学生数学知识的学习进度和理解程度、学习能力、兴趣和需求，自动调整学科的教学内容和难度。这样的教学方式使学生能够以自己的节奏开展学科学习，并给予他们学科学习提供适当的支持和挑战。

例如，自适应题目难度。教学系统可以根据学生数学学科的学习表现和理解程度，自动调整例题和习题的难度，以适应学科不同层次的学生开展学习活动。对于数学基础比较扎实的学生，系统会提供更具挑战性的数学习题，激发他们的学习潜能；对于数学基础比较薄弱的学生，系统会提供一些简单的数学习题，以帮助他们巩固学科基础知识。

又如，多元化教学方式。自适应数学教学环境可以为学生数学学习提供多元的教学方式，以满足学科不同层次学生学习的偏好和风格。如对于视觉型学习的学生，系统可以提供丰富的图像、动画和模拟实验帮助他们开展学习活动；对于听觉型学习的学生，系统可以提供音频讲解和语音提示，帮助他们开展学习。

以上例子说明了自适应教学环境与方式如何根据学生数学学习的特征和需求进行个性化调整，以提供更有效和有针对性的学科教学支持。通过自适应教学，学生可以在适合自己的学习环境中按照自己的节奏和风格进行数学学习，从而促进学科学习的兴趣和效果的提高。

（三）提供了学生个性化的学科反馈

数智化技术可以给数学课程教育提供个性化的学习反馈。通过分析学生数学学习的相关数据和行为表现，系统可以识别学生个体学科学习的短板和需求，并给予个性化的反馈建议和指导。这种个性化的反馈方式有助于学生根据独特的学习建议，纠正在学习过程中的错误，深化数学知识的理解和掌握。

例如，个性化错题解析。数智化平台可以根据学生数学的错题数据和学习情况，提供个性化的错题解析。通过分析学科的错误模式和常见错误，系统可以为学生量身定制解析方案，帮助他们了解学科错误原因，避免在今后的学习中累犯同样的错误。

又如，学习进度跟踪。数智化平台可以跟踪学生数学学习的进度和知识的掌握情况。通过分析学生数学学习的行为和数据，系统可以生成详细的学科学习报告，显示他们在各个数学知识点上的掌握程度和进步情况。这种学习进度跟踪方式可以帮助学生了解自己数学学习的状况，并据此调整学科学习的策略和进度。

以上例子说明了数智化技术如何通过个性化的学习反馈支持学生的数学学

习。个性化的学习反馈可以帮助学生的数学知识学习过程中及时发现和纠正错误,同时了解自己学科的学习进展和知识掌握情况,并获得个性化的学习建议和辅导。这种个性化的学习反馈机制可以更好地满足学生个体对数学学习的不同需求,从而进一步提高他们参与学科学习的兴趣和效果。

(四)建立了学科强化学习的机制

个性化学习通过数智化技术提供激励机制,激发学生的积极性和自主学习能力。数智化技术可以建立数学强化学习的机制,通过智能化算法和数据分析,让学生在数学学习中能够获得个性化的强化学习体验。通过奖励系统、游戏化元素和竞争性排名,个性化学习鼓励学生参与自我探索、自我评价和自我调整,促进他们学科学习兴趣和学习动机的增强。

例如,强化学习循环。数智化平台可以建立数学强化学习的循环机制,通过学生数学学习的行为反馈不断优化和调整学习内容。学生的每个动作和选择都会被记录下来,并根据答题正确与否给予奖励或惩罚。系统会根据学生数学学习的反馈和结果,作出相应的调整,以提高他们学科的学习效果。

又如,个性化学习策略。根据学生数学学习的数据分析和反馈建议,数智化平台可以为每位学生制定个性化的学科学习策略。通过分析学生数学的学习模式、知识掌握的情况和学科学习的偏好,系统可以自动调整适合他们学科学习的内容、资源和活动,最大程度地满足学生对数学学习的不同需求,让学科学习变得更加有效和个性化。

以上例子说明了数智化技术如何建立数学强化学习的机制。不过,数智化技术还可以通过个性化的难度调整、强化学习反馈和智能化学习规划等方式,提供更具针对性的数学学习体验,促进学生更深入地理解和掌握数学知识。这种强化学习的机制可以提高学生数学学习的动力和效果,促进他们在学科学习中取得更好的成绩。

(五)为学生提供了多样化的数学学习资源

数智化技术的应用,可以为学生的个性化学习提供了多样化的学习资源。这些资源的多样性,可以满足学科不同层次学生学习的需求和风格。学生可以根据自己数学学习的兴趣和需求选择适合自己的学科资源,如在线学习软件、虚拟模拟实验室、个性化训练等。

例如,数学教学视频。数智化平台可以提供丰富的数学教学视频,涵盖各个知识点和难度级别。这些学科教学视频可以由优秀的教师或专业讲师制作,通过图像、动画和实例演示,将抽象的数学知识和复杂的解题方法变得直观易懂,帮助学生更好地理解数学知识和解题方法。

又如,虚拟实验室和工具。数智化平台可以提供虚拟实验室和工具,让学生进行数学探索和实践操作。如可以使用虚拟几何软件进行几何图形的构建和变换,或者使用虚拟计算器进行复杂运算和函数绘图,这种沉浸式的学习体验让学生更加深入地理解数学知识和应用方法。

以上例子说明了数智化技术如何提供多样化的数学学习资源。此外,数智化技术还可以提供数学的互动学习模块、练习题库以及学习社区等学习资源。这种多样性的数学教学资源可以满足学生学习的不同需求,从而引领他们在数学学习活动中获得更好的体验和成效,并为其未来发展创造更多的可能性。

(六)学科的个体差异得到教师的关注

数智化技术可以帮助教师更好地关注数学学科中的个体差异,以满足每位学生的学习需求和提供个性化的支持。个性化学习注重学生个体数学学习的差异性,尊重每位学生对学科独特的需求和迥异的学习方式。通过数智化技术,数学教师可以更好地了解学生的学科学习特点,为他们提供针对性学科的教学和支持,从而提高学生数学的学习效果并促进其个人成长。

例如,学习数据分析。数智化平台可以收集和分析学生数学学习的数据,如答题情况、学习速度、错误模式等。通过学生数学学习的数据分析,教师可以详细了解每位学生的学习状况,同时找到他们学习中的困难,并根据他们的个体差异开展针对性地指导和帮助。

又如,分层教学。数智化技术可以帮助教师进行分层教学,根据学生数学学习的能力水平将他们划分为不同的学习群体。教师可以设计不同难度和深度的数学教学实践活动,并根据学生学科个体的差异组织小组讨论或开展个别辅导,以更好地满足每位学生学科学习的需求,帮助他们在数学学习上不断地取得进步。

这些举例说明了数智化技术如何帮助教师关注数学学科中的个体差异。同时,数智化技术还可以通过个性化学习路径、实时反馈和指导以及个体订制作业等方式,使数学教师可以更好地满足每位学生数学学习的需求。通过关注和支持个体学科能力的差异性,促进每位学生在学科最近区域内学习发展,并使之学习潜力得到最大程度的挖掘。

综上所述,数智化背景下的个性化学习在数学课程教育中具有重要的影响。通过利用数智化技术,个性化学习能够为每位学生提供独特的学习体验和资源,满足他们个体差异多样化的学习需求,并促进其学习动机和学业发展。这种个性化的学习方式有助于提高数学课程教育的质量和学科的学习成绩,培养学生学科学习的综合能力和适应能力,为他们今后的继续深造和职业发展奠定坚实的基础。

二、提供了数学教育的互动与沟通多元学习方式

数智化技术提供了丰富的互动和沟通方式。学生可以通过虚拟实验、可视化模拟和交互式教学工具等手段与数学内容进行互动，并与教师、同学之间进行实时的交流和讨论。这种互动和沟通促进了知识的共享和合作，培养了学生的批判性思维和解决问题的能力。

在数智化背景下，数学课程教育中的互动与沟通方式发生了翻天覆地的变化。与此同时，教师需要借助智能化平台更好地了解学生数学学习的情况和需求，并采用有针对性的教学方法和策略开展学科教学实践活动，以及个性化的学科学习指导。在数智化背景下，数学课程教育的多元化主要体现在以下三个方面。

(一) 提供了数学学科多元化的互动学习工具和平台

应用数智化技术可以为学生的数学学习提供多样化的互动学习工具和学习平台。传统的数学课堂往往以教师为中心，学生被动接受知识。而现在教育者可以借助互动学习工具，如在线数学游戏、虚拟实验室和模拟器等，让学生积极参与数学学习。这种应用互动学习工具和平台的学习方式可以充分调动学生参与数学学习的积极性和主动性，加深他们对数学知识的理解和应用。

例如，学习管理系统。学习管理系统可以为学生提供一个集中的平台，以获取数学学习资源、完成作业和参与各类学习活动。学生也可以在线提交数学作业，同时数学教师通过学习管理系统及时给予反馈，实现教与学的即时性和互动性。

又如，数学游戏和应用程序。有许多数学游戏和应用程序可供学生使用，这些应用程序结合了游戏的趣味性和学习的内容。如 Khan Academy 和 Mathletics 等平台提供各种数学游戏和练习题，帮助学生通过互动的方式巩固和应用所学数学知识，让学科学习变得更加生动有趣。

除以上例子之外，数智化技术还可以提供交互式教材、在线学习社区、虚拟实验室等，为学生提供更多数学的互动学习工具和平台，使他们在数学学习时更加投入和积极参与，促进数学知识学习的深度。

(二) 为数学教学活动中的师生沟通提供了更多可能性

应用数智化技术可以为师生之间的交流和沟通提供了更多可能性。传统的数学课堂上，教师通常是唯一的知识传授者，学生在疑惑或困惑时难以及时得到解答。而通过数智化技术，教师可以与学生进行实时沟通，及时解答他们学习中存在的问题和困惑，并提供个性化的指导。同时，学生之间也可以通过在线平台开展数学学习的交流、合作和互助活动，促进他们彼此的学科学习相长。

例如，实时互动工具。通过数智化技术，教师可以使用实时互动工具与学生进行远程互动。如在线白板工具让教师和学生共享同一个数字白板，可以同时进行书写、标注和讨论数学问题，增加师生之间的互动和交流。

又如，即时反馈系统。数智化技术可以支持即时反馈系统，通过教师和学生之间的快速反馈改善师生沟通。学生可以使用电子设备提交数学习题的答案或解题过程，并能够立即获得教师的反馈和指导，这样可以促进更高效的学科学习和师生互动。

除以上例子之外，还可以通过在线讨论平台、虚拟辅助教学工具、多媒体教学资源等这些数智化技术的应用，教师和学生之间的沟通变得更加多样化、即时化和互动化，有助于提升数学教学的效果和学生的学习体验。

（三）为数学学科教学的正确决策提供了科学依据

数智化技术还能根据学生数学学习的数据进行分析，为教师提供教学决策的支持和帮助。通过收集学生数学学习的数据，如答题成绩、学习时间等，数智化系统可以分析学生学科学习的表现和困难点，为数学教学实践活动提供了依据和相应的教学建议。数学教师可以根据这些数据调整学科的教学内容和方法，并作出正确的学科教育决策，以满足学生个性化的学科学习需求，以期达到更理想的教学效果。

例如，教学资源优化。通过分析学生数学学习的数据和行为表现，教师可以更好地了解具体哪些教学资源对学生的学科学习有帮助。如通过观察学生在数学的不同教材、学习活动或辅助工具上的表现，教师可以确定哪些学科教学资源对他们的理解和掌握有积极影响，并对这些资源进行相应调整和优化。

又如，教学策略改进。数学学习的数据分析结果可以帮助教师自我评估学科教学策略的有效性。通过分析学生数学学习的数据，教师可以了解哪些学科的教学方法和策略对他们的学习更有效，并据此进行调整和改进，从而促进学科教学质量的提高。

通过学习数据分析获得关于学生学习情况和个体差异的深入了解，除上面例子外，教师还可以开展学生数学学习的表现评估、错误模式分析、反馈和个性化指导等，为其学科的教学决策提供科学依据，为后续的教学实践活动能够更好地满足他们学科学习的需求。

总之，数智化背景下的数学课程教育中，互动与沟通的学习方式发生了多元化的变革。通过数智化技术的应用，学生可以参与更多的互动学习活动，教师与学生之间的沟通变得更加及时且有效。同时，教师还可以利用学习数据做出更具针对性的教学决策。这种变革有助于提高学生学科学习的效果和兴趣，推动数学教育向更加个性化和优质化的方向发展。

三、基于数据分析与处理驱动数学教育正确决策

数智化技术的应用可以帮助教师基于学习数据分析结果做出更理智的教学决策。通过数据分析和大数据处理,数学教师可以了解学科教学效果、学生需求和课程改进的方向,优化学科教学过程,进而提高学生的学习成果和学科教育质量。

基于数据分析与处理驱动数学教育决策的变革在数智化背景下得以实现。通过收集、分析和处理大量的学生学习数据,教育者可以更加精准地了解学生的学习情况和需求,从而作出更为科学和个性化的教学决策。在数智化背景下,基于数据分析与处理驱动数学教育正确决策的主要体现在以下三个方面。

(一)帮助教师识别学生数学学习的困难和弱点

应用数智化技术进行学习数据的分析与处理,可以帮助教师识别学生数学学习的困难和不足之处。通过监控学生的考试成绩、作业完成情况、在线测验结果等学习表现的数据,教师可以发现学生在哪些数学知识或技能上存在不足。利用数据分析工具,数学教师还可以对这些学习困难进行深入分析,找出造成问题的原因,并采取相应的教学措施,帮助学生克服学科学习中的障碍。

例如,数据分析工具。数智化技术可以提供强大的数据分析工具,帮助教师收集和分析学生在数学学习中的表现数据。通过分析学生的答题情况、错误模式和时间分配等指标,教师可以了解学生的困难和弱点,并据此进行针对性的教学调整。

又如,智能辅助教学工具。利用人工智能和机器学习技术的智能辅助教学工具,可以为教师提供个性化的学科教学反馈和建议。这些工具可以根据学生数学学习的表现和需求,推荐匹配他们的学科学习资源和策略,帮助教师更好地了解学生数学的个体差异和学科学习的瓶颈,从而提供更具针对性的教学和个性化指导。

以上是数智化技术在帮助教师识别学生数学学习的困难和弱点的例子。此外,自适应学习系统、学习分析平台等这些技术也可以帮助教师更全面地了解学生数学的学习情况,并根据他们学科学习的需求提供更具针对性的学习支持和个性化指导,进一步促进其学科素养的全面发展。

(二)支持数学个性化的学习路径和教学策略设计

智能化的学习数据分析和处理可以支持数学个性化的学习路径和教学设计。每位学生数学学习的方式和节奏都有些不同,传统的学科教学模式难以满足不同层次学生对数学学习的各种要求。通过分析学生数学学习的数据,教师可以根据学生学科的能力水平、学习风格和兴趣选择合适的教学资源和教学方法,并设计学科个性化的学习路径。同时,数学学习的数据分析也可以揭示不同教学策略的效

果,帮助教师更加合理地优化学科教学过程。

例如,学习管理系统。学习管理系统可以根据学生数学学习的目标、兴趣以及当前能力水平创建个性化的学习计划和任务清单。教师可以根据学生数学学习的数据和评估结果,为每位学生制定独特的学习路径和教学策略,以满足其个体差异和需求,确保他们能够在适合自己的节奏下逐步提升学科学习能力。

又如,学习分析平台。学习分析平台整合学生数学学习的数据和表现,通过数据可视化和分析,帮助教师了解每位学生的学科学习特点和需求。基于这些分析结果,教师可以为每位学生设计个性化的学科学习路径和教学策略,最大程度地增强他们数学学习的兴趣和效果。

这些例子展示了数智化技术如何支持个性化的数学学习路径和教学策略设计。除此之外,通过利用智能辅助教学工具、虚拟实验室和模拟器等学习数据和智能化工具,教师可以更好地满足学生个体数学学习的差异和需求,提供个性化的教学体验,增加他们参与学科学习的兴趣和自觉性。

(三) 提供数学教育决策支持并促进学科课程教育改进和优化

应用数智化技术分析与处理学生数学学习的数据可以支持正确的教学决策,促进数学课程教育的改进和优化。通过分析大量的学生学习数据,教师可以发现教学中存在的问题和瓶颈,如教材内容不够清晰、难度设置不合理等。根据这些数据分析结果,数学教师可以对课程进行改进和优化,提高教学效果和学生的学习体验。

总之,基于数据分析与处理驱动的数学教育决策变革使得教师能够更加精准地了解学生的学科学习情况和需求,并制定个性化的学科教学策略。数据分析结果还可以为教师提供更精准的教学决策支持,促进数学教育实践的改进和课程内容的优化。这种变革既可以为数学教育提供了更加科学、精确和个性化的方向,又可以提升了学生的学习效果和教育质量。

四、提供了多样化的数学教学资源

数智化技术的应用可以为数学课程教育提供丰富多样的学科教学资源。通过在线平台和数字化内容,学生可以访问各种数学学科的学习材料、交互式工具和模拟实验等。这种多样化的教学资源,可以支持数学教师根据不同学生的需求选择适合的教学资源,从而更好地丰富学科教学内容,提升学生数学学习的积极性。

数智化技术在数学教学中的应用促进了学科教学资源的更新与变革。通过数据分析、互动学习工具和在线平台等技术手段,数学教学资源变得更加丰富、多样化和便捷,这不仅为数学教师提供了更多的教学选择,也为学生的学科学习提供了更加广阔的空间。在数智化背景下,数学课程教育资源的多样化主要体现在以下四个方面。

（一）提供了大量的、动态的在线数学学习资源

数智化技术提供了大量的在线学习资源。传统的数学教材通常是静态的纸质书籍,而数智化技术使得数学教学资源以数字化形式存在,如数字化教材、教育软件、在线课程等。这些丰富的在线学习资源既可以为学生随时随地开展数学学习活动提供便利,又可以根据他们学科学习的需求和进度进行个性化调整。

例如,交互式教材和虚拟实验室。数智化技术可以创建交互式的数学教材和虚拟实验室。这些在线学习资源通过动画、模拟和交互操作等学习活动,可以帮助学生直观地理解和探索数学知识。如 GeoGebra 就是一种实用的数学工具,提供了许多动态的几何图形演示、代数图像变换和强大的计算器功能,为学生提供了一个实用性强的数学学习平台,让数学学习变得更加直观和有趣。

又如,在线学习社区和协作平台。数智化技术支持在线学习社区和协作平台,学生可以与其他同学共享动态的数学学习资源和项目。通过这些在线学习平台,学生在学习过程中可以参与讨论、交流想法和共同合作解决数学问题。如 Math Stack Exchange 是一个知名的在线数学学习社区,学生可以在其中提出问题和回答其他人的问题,促进他们学科知识的交流和思想的碰撞。

除上面例子之外,数学应用和探索工具、在线互动活动和游戏、实时模拟和数据可视化工具等这些在线动态的数学学习资源通过数智化技术的支持,为学生提供了丰富的学习体验和多样化的学习方式。学生可以通过参与交互式活动、探索实时模拟和使用数据可视化工具,更深入地理解和应用数学知识。同时,与其他同学的互动和协作也促进学生更深层次的学科学习和知识共享,从而在无形中提升了他们数学学习的兴趣和效果,让数学学习变得更加生动和高效。

（二）创造了数学学习的多元互动工具和平台

数智化技术的应用创造了数学课程教育的互动学习工具和平台。传统的数学学科教学活动通常是以教师为中心,学生只是被动去接受、去理解数学知识。而如今可以通过互动学习工具和平台,学生可以积极参与到学习中,进行互动和探究。如数学游戏、虚拟实验室和模拟器等工具可以激发学生的学习兴趣,提高他们学习的动力和参与度,使之在轻松愉悦的学科学习氛围中,更容易深入探索数学的奥秘。

例如,在线互动课程。在线互动数学课程结合了视频、音频和互动元素,为学生打造了更适宜的个性化学习环境,使之可以在自己的节奏下开展数学学习活动。这些课程通常包含练习题和测验,以帮助学生检查对数学知识的理解程度。

又如,智能化作业和评估。智能化作业和评估工具可以根据学生数学习题的答案和解题过程,提供即时的反馈和个性化学习建议。这种工具可以帮助学生及时发现解答数学习题中的错误和涉及学科知识点的问题,并提供适当的补充练习,从而更加有效地提升他们的学科学习效率。

除以上例子之外,数学游戏、虚拟实验室、数学交互式白板等这些互动数学学习工具和平台,既为学生提供了个性化的数学学习路径和支持,又使他们更积极地参与数学学习活动。总之,数智化技术在数学课程教育中的应用,可以帮助学生在更有趣、更灵活的学习环境中掌握数学知识和技能,培养了他们的创新思维和解决问题的能力。

(三)为数学教师提供了更多的数学学习数据分析工具

此外,数智化技术还为数学教师提供更多的数据分析工具。数学教师可以借助这些工具对学生的学习数据进行分析,并了解他们的学习情况和困难点。同时,数学教师也可以借助这些工具进行教学评估和反馈,及时调整教学策略和资源。这种驱动教学资源变革的数据分析工具有助于教师更好地满足学生学科学习的需求,并提高他们的数学学习效果。

例如,学生学习行为分析。数智化技术的应用可以帮助教师追踪和分析学生数学学习的行为,如学科的学习时间、学习频次、资源使用等情况。通过学生学习行为数据的分析,教师可以深入了解他们学科学习的习惯和偏好,及其在不同知识点学习中可能遇到的困难和挑战。同时,教师还可以根据这些数据的分析结果,合理地调整数学教学策略并提供更有效的学科学习资源。

又如,教学效果评估。数智化技术可以帮助数学教师评估自己的教学效果。通过分析学生数学学习的成果和成绩趋势,教师可以了解他们学科教学策略的有效性,并在后续教学实践活动中有针对性地进行调整和改进。这种数据分析可以为数学教师提供即时的学科反馈和指导,以优化学科的教学过程方式提高他们数学学习的效果。

以上例子展示了数智化技术为数学教师提供的一些学科数据分析工具。除此之外,还可以通过学生学习进展的追踪、知识点掌握的分析等这些工具,教师可以清楚地了解学生数学学习的情况、困难点和整体表现,据此改良学科的教学策略和个性化支持的有效措施,并帮助他们制定更为合理的教学计划和个性化支持措施。

(四)促进了数学课程教育资源的共享与合作

数智化技术的应用还可以促进数学课程教育资源的共享与合作。教育者和学生可以通过在线平台分享和访问各种数学教学资源,从而获得更多的学习支持和启发。教师也可以通过在线平台与其他教师进行交流和合作,共同开发和分享优质的数学教学资源,这种资源共享和合作可以推动学科教学资源的丰富和优化。

例如,开放式在线课程。数智化技术使得在线学习平台上的数学课程更容易制作和分享。开放式在线课程(MOOCs)允许教师和教育机构将他们的数学课程提供给全球范围内的学生。这种共享模式可以为学生提供更多数学学习资源的选择,同时也促进了教师之间的教学资源共享和项目合作,从而推动了数学教育的全球化进程。

又如,数学资源库。数学资源库是一个集中存储和共享数学教学材料的平台。在这些资源库中,教师可以上传和下载各种数学课件、工作表、练习题等,以供其他教师和学生使用。这样的资源库促进了教师之间的合作和教学资源的共享,极大地节省了数学教师的时间和精力。

除以上例子之外,协作性学习平台、社交媒体和专业网络等这些数智化技术的应用使得数学教育资源的共享和合作更加便捷和高效。教师和学生可以从全球范围内的教学资源中受益,并与其他教育从业者进行合作和互动,共同提升他们的教学实践和学习体验。

综上所述,数智化技术的应用促进了数学课程教育资源的不断更新和变革。利用在线学习资源、互动学习工具和数据分析工具等,可以给学生提供更加丰富多样、个性化的学科学习资源。与此同时,数智化技术也促进了数学课程教育资源的共享与合作,促进了学科资源的优化。这种课程教育资料的变革使得数学教学活动更加灵活、便捷和有效,从而更好地丰富学生学科学习的体验。

五、推动数学课程教学方法的创新

数智化技术在数学课程教育中的应用推动了学科教学方法和手段的变革与创新。教师可以借助数学虚拟实验室和仿真模拟的教学环境,帮助学生更好地理解和应用数学知识。此外,通过游戏化元素、个性化反馈和自主学习等教学手段,也可以激发学生数学学习的动机和兴趣,从而提升他们学科学习的体验和成绩,并在享受学习的过程中不断提升自己的数学素养。

数智化技术在数学课程教育中推动了许多创新的教学方法。通过利用智能数据分析、互动学习工具和个性化教学平台等技术手段可以创新数学教学的方法和模式,从而为学生的学科学习提供更加灵活、个性化和有效的学习方式。在数智化背景下,推动数学课程教育的教学方法创新主要体现在以下三个方面。

(一)基于数据分析的个性化学习的学科教学

数学课程教育中的一种创新教学方法需要基于学生个性化学习的数据分析。

通过智能化系统收集、分析和处理学生数学学习的行为数据,可以帮助教师了解每位学生学科学习的需求和存在的困难,并为他们提供个性化学科学习的内容和路径。此外,教师还可以根据学生数学学习的行为数据分析结果调整学科教学策略,并使之更适合学生学科学习的能力和风格,从而有效地促进他们学科个性化学习的效果。

例如,智能化学习路径。通过智能化数学学习行为的数据分析,帮助教师更加深入地了解学生在学科知识学习中的优势和弱势。基于学生数学学习的表现和知识理解程度,智能化学习系统可以为每位学生设计个性化的学科学习路径。如那些在代数方面表现较好但在几何方面有困难的学生,系统可以调整几何内容和难度级别,为其提供更多几何方面的练习和资源,引导他们攻克几何学习难关。

又如,学习者进步跟踪。通过数学学习的数据分析,教师可以跟踪学生的学科学习进步和成绩变化。这些数据可以帮助教师评估教学策略的有效性,以及学生在不同时间段和难度层次下的学习表现。基于这些数据,教师可以调整数学教学方法,以满足学生学科学习的需求并提高他们的学科学习效果。

除以上例子之外,即时反馈和建议、弱点识别和强化学习等这些个性化学习可以展示数据分析在数学教学中的应用。通过利用智能化数学学习行为数据的分析,教师可以更好地了解学生学科学习的需求和困难,并为其提供更有针对性的个性化支持和指导,从而促进他们的数学学习和成长,为他们的全面发展奠定了坚实的基础。

(二)利用互动学习工具和平台互助数学的教与学

另一种创新的教学方法是利用互动学习工具和平台。数智化技术为数学学科教育者提供了各种互动学习工具,如在线数学游戏、虚拟实验室和模拟器等。这些互动学习工具和平台的利用可以激发学生数学学习的兴趣,并促使他们积极参与到学习中去。同时,数学学科教育者还可以利用在线平台与学生进行实时沟通,及时解答他们学科学习中的问题和疑点。这种互动的学习方式可以及时巩固学生对数学知识的理解和应用。

例如,虚拟教室和在线教学。利用虚拟教室和在线教学平台可以给师生的实时互动和互助搭建了便捷的通道。学生可以通过视频会议或实时聊天与数学教师进行沟通,提出学科问题并寻求解答。数学教师可以通过屏幕共享、在线白板等功能展示数学知识和解题步骤,帮助学生更容易理解和掌握学科知识。

又如,数学游戏和挑战。数学游戏和挑战是一种有趣的互动学习工具,可以让学生在数学学习比赛和竞争中互相学习和帮助。学生可以参与数学游戏和挑战,与其他同学一起解决问题、竞争得分,并从中体验学科学习的乐趣和成就感。这种寓教于乐的方式可以激发学生积极参与数学知识的学习，并提高他们学科学习的兴趣和动力，实现了学习与乐趣的完美结合。

除上面例子之外，在线讨论论坛、协作式学习平台等这些互动学习工具和平台为学生提供了与同学和教师互助学习的机会。学生可以通过互动讨论、合作学习和游戏挑战等方式分享和获取数学知识，并从中获得更好的学习体验和效果。

（三）以项目为导向的学习的学科教学

还有一种创新的教学方法是以项目为导向的学习。数智化技术可以支持学生进行实践、探究和合作，通过解决实际问题促进理解、掌握数学知识和技能。学生可以利用数据分析工具和编程语言进行实际数据的处理和分析，从而将抽象的数学概念与实际应用相结合。这种以项目为导向的学习可以培养学生解决数学问题的能力和创新数学思维的灵活性。

例如，虚拟实验室和模拟工具。数智化技术可以提供虚拟实验室和模拟工具，使学生能够在虚拟环境中进行实际项目的模拟和实验。如学生可以使用几何模拟软件设计和构建结构、解决平面图形问题；或者使用统计模拟工具收集和分析数据。这些工具使学生能够通过实践项目直观地掌握数学知识和技能，加深对数学知识的理解。

又如，数据分析和可视化工具。数智化技术提供的数据分析和可视化工具可以帮助学生处理和分析项目中涉及的大量数据。学生可以使用这些工具收集、整理和可视化数据，从而更好地理解数据之间的关系和趋势。这样的工具给数学项目中的数据提供了有效分析和解释。

除以上例子之外，在线协作平台、智能化评估工具等这些数智化技术的应用为以项目为导向的学习提供了有力支撑。它既提供了更多的工具和平台，激发了学生在数学项目中的实践探究和应用能力，又使他们能够更深入地探索和理解数学知识，培养了解决实际问题的能力，推动了数学课程教学方法的创新。个性化学习、互动学习和项目为导向的学习是其中的核心。这些通过数据分析、互动学习工具和实践探究等技术手段创新的数学教学方法，为学生提供更加灵活、个性化和实践性的学科学习方式，提高了学生数学学习的兴趣和参与度。

综上所述，数智化背景下的数学课程教育正在经历着改革与发展。个性化学习、互动沟通、数据驱动决策、多样化教学资源和教学方法创新等方面的变革，为学生提供了更加灵活、个性化和有效的学习环境，有助于推动数学教育的转型与创新。这些变革有助培养学生的综合能力和数学素养，更好地适应信息时代的需求，为未来的学业和就业挑战做好准备。

第二篇　数智化技术与数学信息化教学

数智化是指将数学知识和概念与信息技术相结合,利用计算机、互联网和其他数字工具促进数学学习和教学的方法。它涉及多种技术和工具的应用,包括计算机模拟、图形化表示、动画、虚拟实验、在线教育平台等。

数智化对中职数学课程教育改革与发展产生了重大的影响。首先,数智化提供了更加生动形象的学习环境,通过视觉化和动态化的呈现方式,能够吸引学生的注意力,增强他们对数学的学习动力。其次,数智化使得数学知识和原理更加易于理解和记忆,通过动画、模拟和可视化工具,能够直观动态地展示抽象的数学知识,并帮助学生更加深入地理解数学知识和原理。此外,数智化还提供了多样化的学习资源和交互性学习环境,如在线教学平台和虚拟实验室,可以帮助学生开展数学学科的自主学习、合作学习和实践探索,从而培养他们解决数学问题的能力和团队协作的精神。

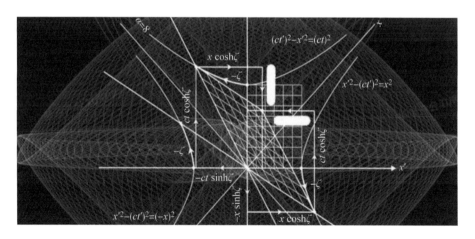

总而言之,数智化技术和工具在中职数学课程教育中起到了积极的影响和作用。不仅促进了学生数学学习的积极性和主动性,而且提高了学科学习的兴趣和成效,同时推动了数学课程教育的教学方法和教学资源的创新与发展,为学生今后的学业深造和职业发展提供了更加广阔的空间。

第三章　数智化技术理论与数学课程教育

数智化技术理论是指将数据科学、人工智能和大数据等技术应用于教育领域，为数学教育带来了更多创新性和可能性，从而更好地促进数学教育的变革和质量的提高。数学教育作为基础学科，借助数智化技术可以实现更有效、个性化和互动式的教学。数智化技术在数学课程教育的应用主要体现在以下方面。

一是为数学课程教育提供更丰富的学习资源和操作工具。学科教育既可以根据大数据分析和处理结果，全面深入了解学生数学学习的状况，并提供个性化反馈建议和针对性强的教学建议，又可以应用人工智能技术并根据学生学科学习的需求和兴趣开发个性化学习的软件和平台，并提供定制化的学科学习内容和反馈建议。

二是为数学课程教育提供更多样化的教学手段和互动学习方式。学科教育既可以借助虚拟实验、模拟演示和交互式游戏等技术生动地呈现数学知识和情景问题，又可以利用在线平台、社交网络等工具，促进学生数学学习的交流和合作，拓宽他们学科学习的时空界限和丰富多元的学习方式。

三是促进数学思维和问题解决能力的有效培养。学科教育既可以借助人工智能和机器学习技术让学生分析和解决更复杂、更实际的数学问题，从而培养他们的分析思维、逻辑推理和创新能力，又可以通过自适应学习环境和挑战性任务，帮助提升他们解决问题的能力。

总之，通过将人工智能、大数据科学等技术与数学课程教育结合起来，如图3-1所示，数智化教学模式可以增加数学课程教育的个性化学习体验和提高教学质量，并促进学生数学思维和问题解决能力的提高，使之更好地成长和发展。

第一节　教学软件几何画板

教学软件几何画板是一种用于数学教育的工具，它提供了一个可视化的平台，让学生能够进行几何图形的绘制和操作。通过几何画板，学生既可以直观地探索几何概念、形状和属性，又可以进行实时的交互和动态的变换。几何画板能够提供各种几何图形的绘制工具、属性设置等丰富的几何素材，并具有可视化和动态演示数学知识的功能。学生可以根据数学学习的需要创建、操纵和变换几何对象，并实时观察几何图形的变化，从而更好地理解和掌握几何知识。

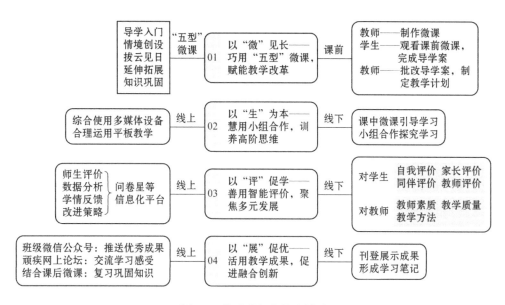

图 3-1 数学数智化教育模式

一、几何画板的起源与发展

几何学习中最重要的工具之一是几何画板,它起源于直尺和圆规等传统的物理绘图工具,用于绘制几何图形。然而,随着计算机技术的发展,电子几何画板逐渐兴起。几何画板的起源与发展是由传统物理绘图工具到电子几何软件,再到移动应用程序的演化过程。这些创新技术为几何学习提供了更加直观、互动和灵活的学习环境,同时推动了几何教育的进步和发展。

（一）几何画板的起源

几何画板的起源可以追溯到古代数学,当时人们使用物理绘图工具进行几何构造和绘图。然而,随着科技的发展,几何画板经历了从传统的物理工具到电子设备三个阶段的演变。

1. 古代几何绘图工具

在古代,人们使用直尺、圆规和罗盘等物理工具进行函数图像和几何图形构造和绘图。这些工具能够帮助人们绘制直线、角度和圆,但操作相对复杂繁琐,并且难以实现复杂的函数图像和几何图形的变换。传统上,数学知识的教与学是使用纸和铅笔进行绘图和构造的。

2. 早期的几何软件

最早的几何画板可以追溯到 20 世纪 60 年代,随着计算机技术的进步,产生了基于计算机含几何画板的几何软件。当时在大型计算机上运行的几何软件能够模拟物理画板的功能,不过受硬件设施和软件技术的影响和限制,早期几何软件的系统较复杂且不太实用,但开启了几何教育的新篇章。

3. 中期的几何软件

到了 20 世纪 90 年代,随着计算机和图形处理能力的提升,促进了基于计算机的几何学习工具的开发。如 Cabri、Geometer 的 Sketchpad 等软件为几何画板提供了直观的界面,使用户可以通过点和线的方式构建几何图形,并兼顾了交互操作的功能。这种构图方式给数学知识的学习带来了极大的便利,使数学学习更便捷、更有趣,也提高了学生学习数学的参与度和学习效果。

4. 后期的几何画板软件

随着移动设备的普及,移动端的几何画板得到进一步发展,并将它引入了数学教育中。如今可以通过 Geogebra、Desmos 等各种移动应用程序,在手机或平板电脑上开展数学知识的学习活动。这些应用程序均具有动态演示、探索性学习和实时反馈等强大的教与学功能,为教师传授函数图像和几何图形的知识提供了更灵活多样的教学手段,同时也为学生探索数学知识的奥秘提供了更便捷的途径。

总之,几何画板的起源可以追溯到古代数学中使用的物理绘图工具,经过传统几何软件的不断改进和持续发展,最终演变成现代移动应用程序的阶段。几何画板的不断创新和演进为相关数学知识的教与学提供了更加直观、互动和灵活的环境,并更好地促进了相关数学知识教学模式的变革和发展。

(二)几何画板的发展

几何画板的发展可以追溯到数学教育技术的发展过程。传统上,几何教学是通过使用纸、铅笔进行绘图和构造几何图形。随着计算机技术的进步和发展,几何画板的发展主要经历了从传统物理工具到计算机软件再到移动设备应用程序的演变。以下是几何画板发展经历的四个主要阶段。

1. 早期的 CAD 工具

最早,几何画板作为一种绘图和构造工具出现在计算机辅助设计(CAD)领域中。早期的 CAD 工具主要应用于工程制图、建筑设计和计算机辅助制造等领域。此时,它们只能提供最基本的绘图功能,并且主要用于专业领域而不是数学教育领域中,随着时间的推移,这些工具逐渐被引入到数学教育领域,危机和教学提供了新的工具和方法。

2. 数学教育中的引入

随着计算机技术的提升和发展,开始将几何画板引入数学教育领域中。其中由 Markus Hohenwarter 开发的 Geogebra 软件是一项标志性的引入,标志着几何画板在数学教育中的广泛应用。本章第二节将详细阐述 Geogebra 免费的数学软件，它集成了代数、几何、计算和统计等多个学科的功能，为数学课程的教与学提供了丰富的工具和资源。

3. 动态几何学习工具的兴起

几何画板的不断改进和发展使得学生可以通过动态几何学习工具开展实时的探索和操作。通过拖动、旋转和变换函数图像和几何图形，学生可以更容易直观地观察和理解函数图像和几何图形的形状和性质。这种互动性和可视化的功能使得数学知识学习更加有趣和直观。Geometer's Sketchpad、Cabri Geometry 等是具代表性的动态几何软件。

4. 移动设备应用的兴起

随着智能手机和平板电脑的普及，几何画板开始出现在移动设备上。如 Geogebra、Sketchometry 等诸多几何软件，使得学生可以随时随地使用几何画板开展数学知识的学习和探索活动，提升了数学知识学习的便利性和灵活性。

几何画板通过这些主要阶段发展，它已经成为数学教育中不可或缺的工具。它可以提供可视化、互动和实践的学习环境，可以为学生提供更灵活和多样化的学习方式，并获得更丰富和实践性的学习体验。此外，利用动态演示、探索性学习和实时反馈等强大的功能，也可以帮助学生更加深入地理解和应用几何知识，同时促进他们的数学思维和创造力的培养与发展。

（三）几何画板的特点

几何画板以图形的形式呈现函数图像和几何形状，帮助学生理解抽象的函数和几何知识；通过图像和图形的动态变化展示和交互操作、实时反馈，学生可以自由地探索和改变函数图像和几何图形；利用统计计算、数据分析和探索思维等多种功能，给学生提供了一个全面且灵活的数学学习环境。以下是具有强大功能的几何画板的三个主要特点。

1. 动态演示和可视化呈现

几何画板能够展示图形的动态变化过程，设置不同的参数可以自动调整图像和图形。这种动态演示的方式帮助学生观察和分析函数图像和几何图形的变化规律，并促进他们对函数知识和几何知识的深入理解。此外，几何画板以图形的形式呈现函数图像和几何形状，使抽象的函数知识和几何知识更加直观。学生通过观察图像和图形的形状、大小和位置等特征，更好地理解函数知识和几何知识。

例如，利用几何画板动态绘制圆锥，可以观察和分析圆锥体积与其高、底面半径的关系。首先，绘制一个圆锥，教师可以通过拖动圆锥的顶点改变其高，并引导学生观察和分析圆锥的高与其体积的关系；然后，拖动圆锥底面改变半径大小，再引导学生观察和分析圆锥的底面半径与其体积的关系;最后,帮助学生进一步认识圆锥的高、半径与其体积的关系,这种动态的、交互式的学习方式,极大地促进了学生对数学概念的掌握和应用。

又如,利用几何画板旋转矩形,可以观察所形成的几何体的形状。在几何画板上先绘制一个矩形,选择其中一边作为旋转轴,将整个矩形绕着这一边旋转。然后,引导学生观察矩形旋转过程中各顶点和各边的变化,以及旋转后形成圆柱体的基本特征。最后,与学生共同归纳总结圆柱体的概念和性质,从而加深圆柱体有关知识的理解,还激发了他们对几何学的兴趣。

以上例子展示了几何画板动态演示和可视化呈现特点。几何画板通过图形化的方式和参数的动态调整,使得学生可以实时观察和探索图形的变化,帮助他们更加直观、深入地理解数学相关知识的图形特征和基本性质,并促进他们对数学知识学习的兴趣和参与度,培养了他们的创造力和探索精神。

2. 交互操作和探索

几何画板提供了一个探索性和实验性的学习环境。学生可以通过自主地提出问题、设计实验和验证推断,从而在函数图像、几何图形的操作实践和探索性学习中,培养了他们的探索思维和问题解决能力。此外,还可以通过几何画板的交互操作工具,学生可以灵活地改变函数图像和几何图形的形状、属性,从而更自主地开展探索活动。

例如,探索圆柱体的侧面积公式。首先,利用几何画板上绘制一个圆柱体,并记录其底面半径和高度。然后,通过分别拖动圆柱体上底或下底的一个半径或高度的顶点,引导学生观察圆柱体的形状变化,以及侧面积的相应变化情况。最后,引导学生观察和探讨侧面积与底面半径和高度之间的规律,从中发现圆柱体的侧面积公式。

又如,探索组合立体几何图形的体积计算。首先,在几何画板上绘制一个矩形并连接其中一条对角线,并以其中一边为轴绕着它旋转一周。然后,引导学生观察和分析旋转后所形成的立体几何体的形状,并思考形成的凹形立体几何图形体积的计算方法,提升他们的空间想象能力。最后,通过拖动矩形的大小并旋转,探索形成大小不同凹形立体几何图形体积的计算方法,学生可以得出凹形立体几何图形体积是圆柱体和圆锥的体积之差的结论。

利用几何画板的交互操作功能和采用探索性学习方式,学生在学习函数知识和几何知识时可以自主地提出问题、设计实验和验证推断,并能够培养他们的数学思维能力和问题解决能力。学生通过操作、观察和探索,可以更容易、更直观地发现函数图像和几何图形的变化规律,从而更加深入地理解函数和几何概念、图形特征和基本性质。同时,几何画板还可以为学生提供实时反馈提示和交互探索,帮助他们及时纠正学生学科知识的错误以及克服学习中的困难,并促进他们积极参与函数知识和几何知识的学习与探索,并培养他们的数学思维能力和问题解决能力。

3. 多功能性

几何画板不仅可以进行几何构造和绘图,还支持统计计算、数据分析和数据管理等功能。这使得学生可以在同一个平台上进行多种数学任务和活动,提高学习的效率和便利性,让学生在探索数学奥秘的同时,享受学科学习的乐趣。

例如,球体表面积的计算。首先,利用几何画板绘制一个半圆,并绕着直径旋转一周形成球体。然后,还可以用于计算不同形状球体的表面积。通过分别拖动半圆的一个半径改变大小并旋转,引导学生观察球体的形状大小变化及其表面积的相应变化情况。最后,引导学生分析并探讨球体表面积与其半径之间的变化规律,从而发现和验证球体的表面积公式。

又如,利用几何画板将立体几何图形的投影绘制在二维平面上进行观察和分析。首先,教师可以绘制一个正三棱锥,在不同角度下演示它的正交投影。然后,引导学生观察正三棱锥在不同角度下的正交投影,并分析其不同投影的特征,帮助他们更深入地理解投影的概念,使之空间想象力得到提高。

几何画板的多功能性特点使之成为一个强大的数学教与学工具,在数学教育中具有较大的应用价值。利用几何画板开展相关数学知识的探索活动,通过互动和操作的方式,可以帮助学生更好地理解相关数学知识的概念、图形特征和基本性质,从而促进相关数学知识的应用,并使他们的观察能力和想象力得到提高。

（四）几何画板的应用场景

几何画板软件是由美国 Key Curriculum Press 公司制作并出版的优秀教育软件,于 1996 年授权给人民教育出版社在中国发行该软件的中文版。几何画板能够动态地展现出几何对象的位置关系、变化规律,在数学教育中的应用场景具体体现在以下四个方面。

1. 函数图像和几何图形的构造与绘图

几何画板可以帮助学生进行各种函数图像、几何图形的构造和绘图,如绘制线段、角、圆等。它们提供直观的界面和工具,使得学生可以轻松地构建函数图像和几何图形,还可以进行自由变换和学习探索。通过亲身实践,学生可以更深入地理解函数、几何图形的概念和图形特征,并培养他们的几何直观感和创造力。

几何画板具备的强大的工具和功能,可以进行更复杂的几何构造和绘图,例如绘制圆、平行线、垂直线等。使用几何画板,学生可以通过直观的界面和操作,轻松地进行函数图像的变换和几何图形的构建实验,从而更好地理解函数和几何概念和基本性质。

2．可视化呈现和动态演示

几何画板可以通过动态演示和可视化呈现的方式，帮助学生更好地学习和探索相关数学知识。利用几何画板的动态功能，通过拖动和调整图形的参数，教师和学生可以实时调整函数图像和几何图形的大小、形状和位置等属性。再引导学生观察、探索函数图像和几何图形的变化规律，可以使得学生更容易归纳和分析出这些数学知识的基本性质，从而在探索中发现数学的无限魅力。

这种互动和可视化的学习体验，可以提高学生对相关数学知识学习的积极性，并促使他们更好地理解和记忆这些数学知识。

3．几何知识学习和探索

几何画板为学生的函数知识和几何知识提供了一个功能强大的学习探索平台。学生可以通过实验和探索，发现函数图像和几何图形的性质、它们之间的关系及其相关定理，并能够将之应用于解决相关问题或实际问题。利用几何画板的这种学习方式可以培养学生的问题解决能力和创新思维。

此外，利用几何画板探索和观察立体几何图形的性质以及它们之间联系则更有效。通过绘制和调整参数操作正方体、棱锥、圆柱体等立体图形，学生可以更直观地分析研究其边的特点、空间关系、面积和体积的变化，有助于培养他们的空间想象力和创造思维。

4．数据分析和探索

几何画板还提供了数据输入和管理的功能，通过在函数图像和几何图形上添加标签、注释和属性等方式记录和整理数据，使学生可以更好地组织和管理几何图形的信息，方便后续学习探索活动的开展。

此外，几何画板的数据分析和统计功能，可以帮助学生分析、探索函数图像和几何图形的特征和关系，并发现其中蕴含的规律。同时，还可以进行函数值和几何图形的边长、面积和体积等自动统计计算，帮助学生进行精确和有效地计算，同时培养他们的探索和思考能力。

几何画板作为绘图和实现动画的辅助教学软件，在数学教育中具有广泛的应用场景。学科教师既能够根据教学需要绘制出函数图像和几何图形并动态地演示其变化过程，又能够帮助学生进行函数图像和几何图形的构造、可视化呈现、数据分析、统计计算和数据管理等方面的学习和实践，并提供了一个互动的学习环境，促进学生的主动参与和深入理解相关数学知识。

二、几何画板教学软件对数学教育的影响

几何画板教学软件在数学教育中对学生相关数学知识的学习产生了积极的影响。几何画板教学软件通过实践、探索、互动和合作等方式对相关数学知识的教与

学的实践活动产生了重要影响，为教师的教和学生的学提供了一个创新的教与学平台。既可以帮助教师更好地变革和创新函数知识和几何知识的教学模式，又可以帮助学生更好地理解和应用函数知识和几何知识，从而培养了他们的抽象思维能力和创造能力。

（一）为相关数学知识的教与学提供了一个互动和可视化的环境

几何画板教学软件既为相关数学知识的教学活动的设计提供了直观和可视化的教学平台，又为学生数学相关知识的学习提供一个互动和可视化的环境。

在几何图形教学中，教师通过拖动、旋转和变换几何图形实时调整函数图像和几何图形的大小、形状和位置等属性，同时引导学生更好地观察和理解函数图像和几何图形的属性，并帮助他们建立函数图像和几何图形属性的直观感。这样可以促进学生理解和掌握函数和几何图形的概念和基本性质，并培养他们在几何领域的想象力和创造力。

此外，利用触摸屏幕或鼠标并通过拖动、旋转和变换函数图像和几何图形，学生还可以更真实地实时观察函数图像特征和几何属性的变化规律。这种互动和可视化的学习环境，使得学习过程更加有趣和吸引人，更好地激发了学生对这些数学知识学习的兴趣和动力。

（二）为学生相关数学知识的探索和实验提供了积极的环境

几何画板教学软件鼓励学生在函数知识和几何知识学习中开展探索和实验活动，这种探索性学习的方式可以培养学生的问题解决能力和创新思维，并促使他们独立思考问题和应用这些数学知识。

利用几何画板探索性学习的方式，学生通过自主选择、调整和操作函数图像和几何图形，自主发现这些图形图像中蕴含的规律和关系，更深入地理解函数图像和几何图形的概念及其基本性质，不仅帮助他们建立起扎实的函数知识和几何知识基础，而且还可以培养他们的自主学习能力和问题解决能力。

（三）为学生相关数学知识的学习提供了实时反馈建议和纠错机制

几何画板教学软件还可以为学生学习几何知识提供了实时反馈和纠错机制。几何画板教学软件可以即时显示学生操作几何图形的结果的正确性，并通过对比和分析引导他们纠正学习过程中的错误，加深对几何概念和性质的理解。

这种几何知识学习中的即时反馈功能，有助于学生在自主学习过程中及时发现和纠正不足之处，加深对几何知识的理解，并促进他们的学习效果和自我调节能力的培养，从而进一步帮助他们牢固地掌握好几何知识，为其后续学科知识打好基础。

（四）促进了相关数学知识教与学的合作与交流

几何画板教学软件提供了合作和交流的平台，促进了函数知识和几何知识教与学的交流合作。利用几何画板的交互功能，教师可以绘制和变换函数图像与几何图形、展示其图形图像特性并解决相关问题。通过与学生分享屏幕或投影仪实时展示、演示或操作函数图像和几何图形，促进师生思想的交流和碰撞。引导学生积极参与并共同探索函数图像的特性和几何图形的各种属性。同时，可以在几何画板上通过标注、批注的方式交流和展示自己的想法，或提出问题和请求帮助，以便教师给予及时的指导和提供帮助。这种互动交流和反馈机制的教学环境，可以更好地激发学生学习这些数学知识的探索欲望，并促进师生之间的积极互动和合作。

此外，几何画板为学生提供了一种共享和协作的学习平台，他们可以在几何画板上合作绘图并实验操作函数图像和几何图形的变换，共同分析函数图像和几何图形的特征并探索其性质。在学习这些数学知识时可以开展探索和讨论活动，通过屏幕分享和实时交流，分享自己的想法和解决问题的方法，达到相互学习和启发的目的效果。这种协作学习环境既可以培养学生的团队合作能力和交流技巧，又可以促进他们的思维和表达能力的提升。

总之，在函数知识和几何知识的教学中利用几何画板教学软件，既可以激发学生的学习兴趣和动力，培养他们的几何直观感和创造力，又可以提供实时反馈建议和纠错机制，促进学生开展数学知识的探索性学习、合作与交流学习以及有效地解决相关问题。这些积极的影响有助于提高学生学习这些数学知识的兴趣和效果，并培养他们的数学思维和创新能力。

三、几何画板在数学教育中的应用

几何画板在数学教育中有着广泛的应用，它能够提供多种功能和交互性，帮助学生更好地理解和应用数学知识，尤其是对函数知识、几何知识的理解和应用。它提供了一个可视化的平台，让学生能够直观地观察和操作函数图像和几何图形，并通过改变这些图形图像的参数动态地设置探索函数和几何图形的概念、性质和定理，同时增加学生学习的参与度和兴趣。几何画板在数学课程教育中的主要应用于体现函数和几何教学两方面。

（一）几何画板在函数知识的教与学中的应用

几何画板在函数知识教学中有重要的应用价值。对于教师而言，几何画板可以用于教学材料的动态制作和演示,更好地演示函数图像的变化规律及其特点,帮助学生更好理解和应用函数。对于学生而言,利用几何画板自主绘制函数图像,并进行相应的变换操作,从中可以观察分析函数图像的变化特点并探索其性质。这样的实践活动可以增加学生的参与度和探索精神,提高他们对函数知识的理解和记忆。几何画板在函数教学中的应用具体体现在以下四个方面。

1. 函数图像的绘制与分析

几何画板可以用于绘制函数图像,并进行相应的分析。学生可以通过调整函数的参数值、观察图像的变化等操作,研究函数图像的增减性、奇偶性、对称性等性质。这种学科实践活动可以帮助学生更好地理解函数图像的特性,同时还可以锻炼他们分析和解决问题的能力。

例如,利用几何画板绘制和分析函数 $y=ax^2$ 中的参数 a 对其图像的影响。具体步骤如下。

步骤 1　绘制二次函数 $y=x^2$ 的图像

打开几何画板并创建一个平面直角坐标系。在 x 轴上选择一些合适的 x 值,如 $-3,-2,-1,0,1,2,3$,并计算相应的 y 值。

使用几何画板的绘制工具将这些点在直角坐标系上用点表示出来。

使用几何画板的曲线工具连接这些点,得到平方函数 $y=x^2$ 的图像。

步骤 2　观察和探索二次函数 $y=x^2$ 的图像特征

观察函数 $y=x^2$ 的图像对称性、形状、开口方向等特性,并使用几何画板的缩放工具调整比例,以更好地观察该函数图像的变化规律。

步骤 3　观察和探索函数 $y=ax^2$ 的图像特征

如图 3-2 所示,调整函数的参数,如改变参数 a 的值,绘制不同函数 $y=ax^2$ 的图像,并引导学生观察不同参数值对函数图像的影响。

教师通过以上操作和演示,学生可以更好地观察和分析二次函数 $y=ax^2$ 中参数 a 的值对其图像的影响。此外,学生还可以尝试绘制其他函数图像,并进行相应的分析和变换操作,进一步提高对函数及其图像的理解和应用能力。

2. 函数的参数变化与图像变换分析

利用几何画板并通过函数参数的设置,可以支持函数图像的平移、伸缩、翻转等各种变换操作。这种实验操作的应用可以帮助学生将抽象的函数知识与实际情境相结合,使之更好地观察函数图像的变化规律,促进他们深入理解函数参数变化对其图像和性质的影响。

例如,利用几何画板改变对数函数 $y=\log_a x$ 的参数进行图像变换,具体步骤如下。

步骤 1　绘制对数函数 $y=\log_2 x$ 和 $y=\log_{\frac{1}{2}} x$ 的图像

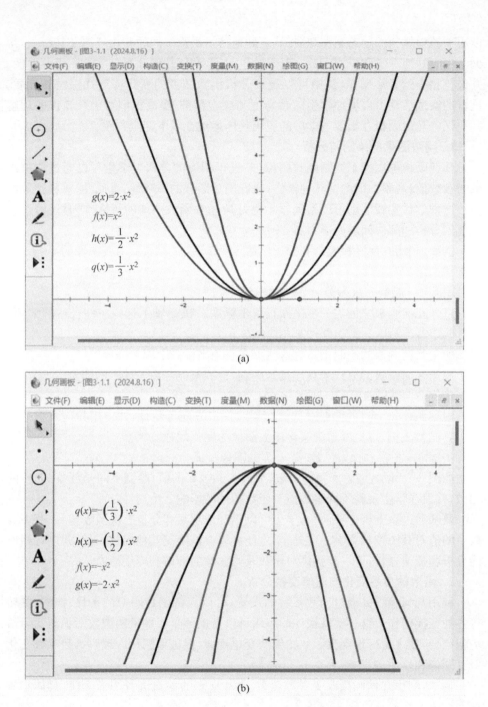

图 3-2　二次函数　$y = ax^2$ 的图像变换

利用几何画板创建一个直角坐标系。在 x 轴上选择一些合适的 x 值,如 $\frac{1}{4}$,$\frac{1}{2}$,1,2,4,并分别计算数对数函数 $y=\log_2 x$ 和 $y=\log_{\frac{1}{2}} x$ 相应的 y 值。

使用几何画板的绘制工具将这些点在直角坐标系上用点分别表示出来。

使用几何画板的曲线工具分别连接这两组点,分别得到对数函数 $y=\log_2 x$ 和 $y=\log_2 x$ 对应的图像。

步骤 2　观察和探索对数函数 $y=\log_2 x$ 和 $y=\log_{\frac{1}{2}} x$ 的图像特征

观察函数解析式 $y=\log_2 x$ 和 $y=\log_{\frac{1}{2}} x$ 中的参数对函数图像的影响,即分析对数函数的底数对其图像的影响。

步骤 3　观察和探索对数函数 $y=\log_a x(a>0$ 且 $a\neq 1)$ 的图像特征

如图 3-3 所示,利用几何画板调整对数函数中底 a 大小,动态地展示对数函数解析式的变化与其图像的变换规律。同时,引导学生分析和探索对数函数 $y=\log_a x(a>0$ 且 $a\neq 1)$ 的图像特征。

当 $a>1$ 时,对数函数 $y=\log_a x(a>0$ 且 $a\neq 1)$ 的图像位于第一、第四象限且经过点 $(1,0)$,从左到右图像呈现上升趋势且随着底 a 值的增大越来越接近 x 轴的正半轴。

当 $0<a<1$ 时,对数函数 $y=\log_a x(a>0$ 且 $a\neq 1)$ 的图像位于第一,第四象限且经过点 $(1,0)$,从左到右图像呈现下降趋势且随着底 a 值的增大越来越接近 x 轴的正半轴。

通过以上步骤,学生可以通过修改对数函数中底 a 的值来调整其图像的形状和分析其图像的特征。随着底 a 值的变化,可以观察对数函数图像的形状和位置的变化,从而使学生能够观察和探索对数图像的变化规律并分 $a>1$ 和 $0<a<1$ 两种情形进行对比分析,更加深刻地理解对数函数中底 a 的值对图像的影响。

通过几何画板进行函数解析式变化与图像变换的操作,可以帮助学生通过实际操作和观察深入理解不同变换对函数图像的影响。这种学科教学实践活动能够促进学生加深对函数中参数的改变对其图像变换的认识,提高对函数概念和性质的理解和应用能力。同时,几何画板也为教师提供了丰富的函数教学资源,可以设计出更生动有趣、互动性强的教学实践活动,促进学生更加主动地参与学习并养成良好的探索习惯,进而培养他们的探索精神和创新能力。

3. 探索函数的解析式与其图像之间的关系

几何画板可以帮助学生探索函数解析式与其图像之间的深层关系。例如,在直角坐标系上绘制函数图像,学生可以观察到函数图像与坐标轴、直线、曲线等几何图形的关联。通过这样的观察和分析,学生可以深入理解函数与几何图形之间的联系。

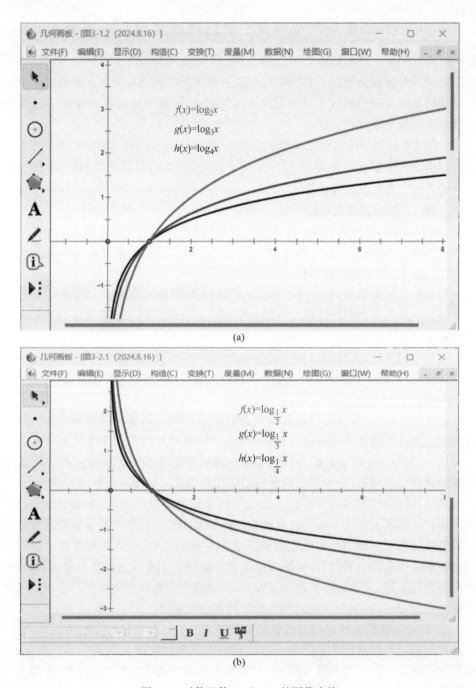

(a)

(b)

图 3-3　对数函数 $y=\log_a x$ 的图像变换

例如,利用几何画板帮助学生探索函数解析式与其图像之间的关系,可以选择一个函数 $y=-2x+3$ 操作,具体步骤如下。

步骤1　绘制一次函数 $y=-2x+3$ 的图像

打开几何画板并创建一个直角坐标系。在 x 轴上选择一些合适的 x 值,如0,1,并计算相应的 y 值。

使用几何画板的绘制工具将这些点在直角坐标系上用点表示出来。

使用几何画板的直线工具连接这些点,得到一次函数 $y=-2x+3$ 的图像。

步骤2　观察和探索一次函数 $y=-2x+3$ 的图像特征

观察解析式中各参数对函数图象的影响。即常数项对图像的纵向位移的影响,一次项系数对函数图像的倾斜度的影响。

步骤3　观察和探索一次函数 $y=ax+b$ 的图像特征

如图3-4所示,利用几何画板调整函数解析式中的常数项和一次项系数,动态地展示函数解析式的变化和函数图像的变化,并引导学生观察图像的变化规律,加深学生对函数的理解。

通过以上步骤,学生可以通过实际操作和观察深入理解函数的解析式与其图像之间的关系。学生还可以尝试绘制其他类型的函数图像,如二次函数、指数函数等,以进一步探索不同函数的解析式与其图像之间的关联和特点。这种学科教学实践活动可以帮助学生更好地理解函数的变化规律和性质,提高他们对函数解析式与图像之间关系的理解和应用能力。

4. 函数图像的动态演示与讲解

几何画板可以用于制作学科教学材料的动态演示,展示函数图像的变化过程和性质。教师可以利用几何画板进行函数图像的动态演示,帮助学生更好地理解函数的特点和变化规律。

例如,利用几何画板动态演示与讲解正切型函数 $y=A\tan(\omega x+\varphi)$ 图像,具体步骤如下。

步骤1　绘制正切函数 $y=\tan x$ 的图像

利用几何画板创建一个直角坐标系,并使用绘图工具绘制正切函数 $y=\tan x$ 的图像。

步骤2　动态演示正切型函数 $y=A\tan(\omega x+\varphi)$ 的图像

如图3-5所示,可以使用动态输入框或滑动条等功能实现参数的实时调整。通过修改正切型函数 $y=A\tan(\omega x+\varphi)$ 中振幅 A、角频率 ω 和初相 φ 展示函数图像的动态变化。

步骤3　讲解正切型函数 $y=A\tan(\omega x+\varphi)$ 的图像特征

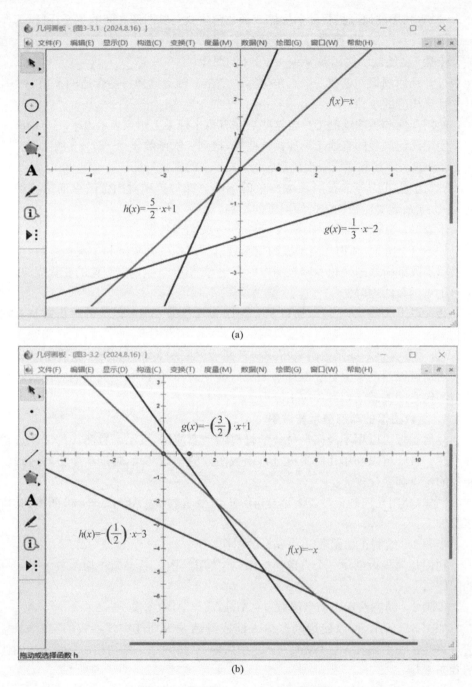

图 3-4 一次函数 $y=ax+b$ 的图像变换

　　引导学生观察函数 $y=A\tan(\omega x+\varphi)$ 的图像随着参数的变化,函数图像的振幅、周期、相位等属性的变化规律。同时,在动态演示过程中,教师可以对函数图像的特点进行讲解。

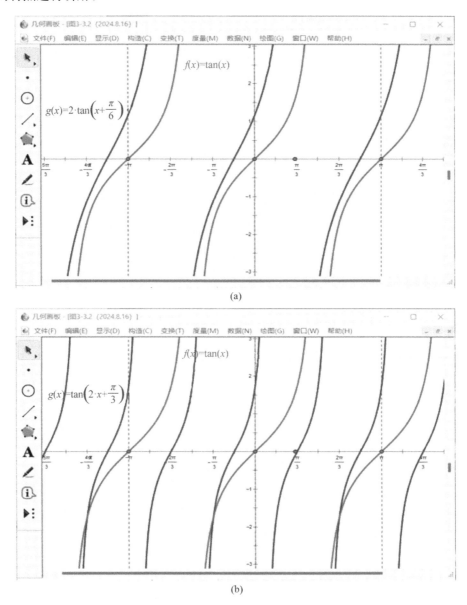

图 3-5　正切型函数 $y=A\tan(\omega x+\varphi)$ 图像变换

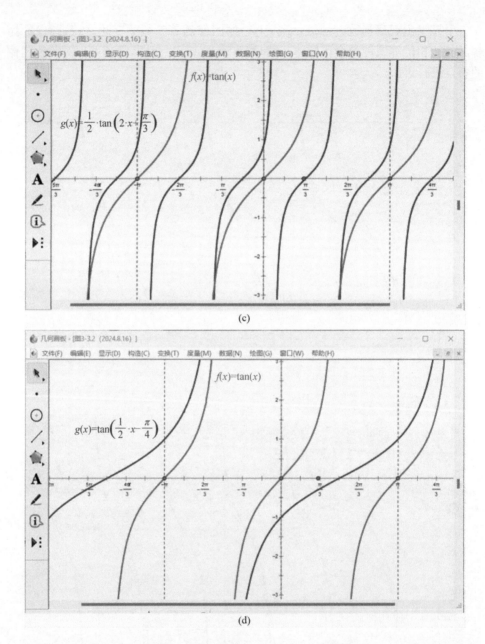

图 3-5(续)　正切型函数 $y=A\tan(\omega x+\varphi)$ 图像变换

　　当振幅 $|A|$ 增大时,函数的纵坐标绝对值扩大,其图像变得更加陡峭;当振幅 $|A|$ 减小时,函数的纵坐标绝对值缩小,其图像变得更加平缓。

　　当角频率 $|\omega|$ 增大时,函数的横坐标绝对值缩小,其图像的周期变小;当角频率

$|\omega|$减小时,函数的横坐标绝对值扩大,其图像的周期变大。

初相 φ 是决定了正切函数的相位。当初相 $\varphi > 0$ 且增大时,函数图像整体向左平移,相当于改变了函数的初相;当初相 $\varphi < 0$ 且绝对增大时,函数图像整体向右平移,也改变了函数的初相。

在教师动态演示和讲解的基础上,学生通过观察和比较图像的变化可以更深入地理解正切型函数的各个参数对图像的影响。

利用几何画板进行动态演示和讲解,除了展示函数参数的变化,还可以利用几何画板来演示不同函数之间的变化和比较。如演示正弦函数与余弦函数的图像变化和性质之间的异同。

总之,几何画板在函数教学中有重要的应用,为函数的教与学提供了一个可视化、交互式的平台。它能够绘制函数图像、改变函数的参数进行图像动态演示,并生动地展示函数图像随时间变化的过程,使学生更直观地感受函数的变化趋势。此外,还可以帮助学生通过互助合作探索出函数的变化规律,从而加深对函数的概念和性质的理解,同时还培养了他们数学学习的观察和分析能力。

(二)几何画板在几何知识的教与学中的应用

几何画板在几何教学中扮演着十分重要的角色。它为学生提供了一个可视化、交互式的学习环境,帮助他们探索和理解几何图形的概念、性质以及它们之间的关系。这种在几何知识的教与学中的应用,既促进了学生对几何图形的理解和应用能力的提升。又激发了他们学习几何知识的兴趣和参与度,从而提高了几何教学的整体效果。几何画板在几何知识的教学中的应用具体体现在以下方面。

1. 几何图形的绘制与构建

几何画板提供了直尺、圆规、角度量角器等丰富的几何工具,教师和学生均可以使用这些工具绘制各种几何图形。利用几何画板绘图功能,教师能够可视化地呈现抽象的几何概念和性质,促进学生更直观地观察和理解几何图形的形状和各种属性。而学生通过几何图形的绘制和变换操作,可以更深入地理解几何图形的概念、构造原理和基本性质,从而在实践中深化理论知识。

例如,利用几何画板绘制和构建平行六面体,如图3-6所示,具体步骤以下。

步骤1　在几何画板上选择线段和旋转工具,绘制一个长方形作为底面,调整好长方形的大小和位置。

步骤2　使用线段工具,以长方形的一个顶点为端点,绘制平行六面体的一条侧棱 a。

步骤3　使用平移和标记距离工具,绘制出与侧棱 a 平行的其他侧棱。

步骤4　使用线段工具依次连接侧棱的顶点,构造出平行六面体。

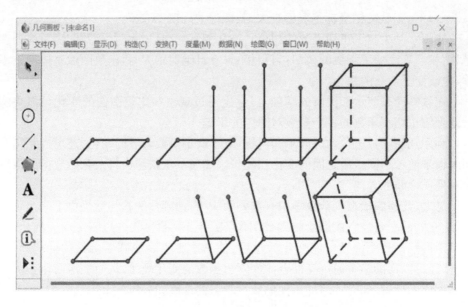

图 3-6 绘制和构建平行六面体

步骤 5 根据视角,将被遮挡的线段修改为虚线。

步骤 6 根据需要调整图形的大小、位置和角度,使其更符合要求。

通过以上步骤,利用几何画板可以绘制和构建一个平行六面体。这样的步骤可以帮助学生更好地理解和研究平行六面体的形状特点和基本性质。

通过几何画板的绘制和构建功能,可以方便教师和学生自由地绘制、构建各种几何图形。既为实时调整几何图形的大小、角度、位置等参数,帮助学生更好地观察其对应性质的变化做好准备,也为他们深入理解几何知识奠定扎实的基础。

2. 几何图形的动态演示

几何画板的动态演示功能可以展示几何图形的变换过程。在几何知识教学过程中,教师可以实时调整几何图形的参数,那么几何图形随之有规律地作出变化。这种动态演示几何图形的形成和建构的教学方式,有助于学生更好地理解几何图形的变换规律和图形特征,以及分析总结几何图形的基本性质。

例如,利用几何画板的工具演示一个等边三角形在平移变换下形成的几何图形,如图 3-7 所示,具体操作步骤如下。

步骤 1 利用几何画板的线段工具在一个新的画布上绘制一个边长为 4 cm 等边三角形 ABC。

步骤 2 利用几何画板的移动工具,向上或向下垂直移动等边三角形 ABC,并观察其形成的几何图形,并记录下每次平移的变化情况。

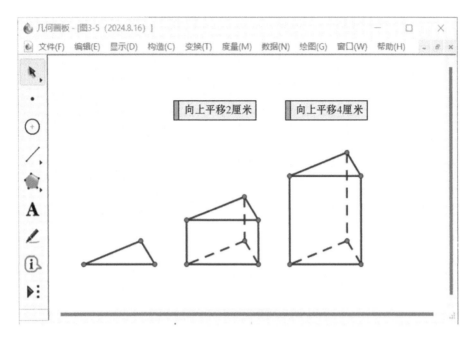

图 3-7　在平移变换下等边三角形绘制的几何图形

步骤 3　利用几何画板的动态功能,逐步改变平移的参数,并将平移的变换过程形成动画演示。可以设置适当的变换速度或延时效果,使学生更好地理解三角形在变换中的过程。

通过以上步骤的实施,利用几何画板动态演示等边三角形在平移变换下的变化过程。这种动态的演示可以帮助学生更直观地理解平移变换,以及形成直三棱柱的影响,更好地加深他们对等边三角形性质和直三棱柱的理解。

此外,还可以探索其他几何图形或更复杂的几何变换和组合操作的动态演示,使几何知识更加生动、直观地呈现出来,给学生提供更丰富的视觉效果,激发他们学习几何知识的兴趣和积极性,并加深对几何图形变换的深刻认识。

3. 几何图形的调整及其图像变换的分析

利用几何画板来调整几何图形是指通过改变几何图形的大小、角度、位置等,进行修改图形的外观和属性。缩放、旋转、平移、镜像等是常见的几何图形调整方式,其中缩放是调整几何图形的大小,但保持图形的形状;旋转是调整几何图形的角度改变它的方向和位置,但并不改变图形的形状;平移是改变几何图形的位置,但不改变其方向和角度;镜像是通过对称变换使集合图像左右对称翻转,但保持其形状不变。

例如,利用几何画板平移圆构建圆柱并分析其性质,如图 3-8 所示,具体步骤如下。

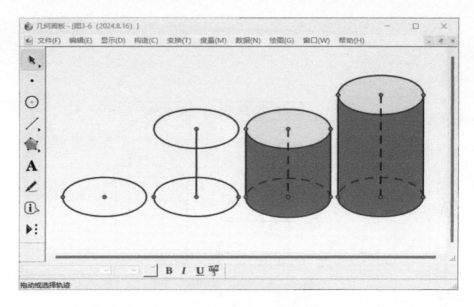

图 3-8　在平移变换下圆绘制的圆柱

步骤 1　打开几何画板并选择绘图工具。在画板上绘制一个圆作为底面,确定圆的大小和位置。

步骤 2　选择平移工具或直线工具,点击底面上的圆心,并按照需要的方向和距离进行平移。此时两个圆大小相同、互相平行。

步骤 3　绘制两个圆之间的连接线段,以形成圆柱的侧面。该线段应与底面圆和平移得到的圆相切。

步骤 4　确认所绘制的图形是否符合定义,即"圆柱是由两个大小相等、相互平行的圆形(底面)以及连接两个底面的一个曲面(侧面)围成的几何体"。

步骤 5　圆柱的性质分析。例如,可以观察底面圆和平移得到的圆的半径相等,从而推断圆柱的底面积也相等;可以探究圆柱的高度与底面圆之间的关系等。

通过以上步骤的实施,利用几何画板可以绘制和构建一个圆柱,并进行相关性质的分析。这种应用几何图形的调整及其图形变换实践方式,可以帮助学生深入理解圆柱的概念、图形特征、基本性质以及与底面圆之间的关系。

通过对几何图形缩放、旋转、平移、镜像等调整以及图像变换的分析,可以帮助学生理解不同变换对图形的影响,探索和发现几何图形的变换规律和之间的关系,以及探索数学中的模式和规律。这种操作实践方式有助于学生将抽象的几何知识转化为具体的可视化图形,从而促进他们几何思维的形成和创造力的发展。

4. 操作和探索几何图形的变换及其属性

除了教师可以利用几何画板软件绘制和演示各种几何图形外,学生也可以通过几何画板进行几何图形的构造、变换和探索实践活动,进一步增加对几何知识的理解和应用能力。通过绘制、拖拽和旋转等变换更好地引领学生观察和探索几何图形的特性;通过动手调整几何图形的长度、面积、体积等各种属性,以便学生更好地理解几何图形的基本性质。

例如,利用几何画板旋转等腰三角形构建圆锥并探索其性质,如图 3-9 所示,帮助学生深入了解圆锥体的形成过程及其属性。具体操作和探索步骤如下。

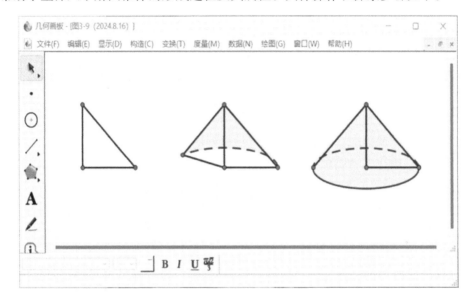

图 3-9 在旋转变换下等腰三角形绘制的圆锥

步骤 1 打开几何画板并选择绘图工具,绘制一个等腰三角形作为初始图形。

步骤 2 选择旋转工具,点击等腰三角形底边上的高作为旋转轴,操作旋转。

步骤 3 观察等腰三角形随着旋转变换而形成的立体图形特性。关注旋转后形成圆锥的轴截图、底面、侧面展开图及其对称性。

步骤 4 进行旋转体属性的探索和分析。观察旋转后形成的图形与初始图形之间的边长、周长和面积之间的关系;旋转后形成的图形的对称性或周期性等。

通过以上步骤的操作和探索,学生可以发现旋转变换对图形的影响和性质。他们可以尝试不同的旋转方式,观察旋转变换后图形的特性。同时,学生还可以探索逆时针旋转和顺时针旋转是否会得到相同的结果。

此外,学生还可以做缩放变换的探索、镜像变换的探索、平移变换的探索等变换探索几何图形,帮助学生更好地理解几何图形的变换规律,加深学生对几何图形概念和性质的理解,并培养他们的几何思维、观察力和创造力。

利用几何画板,学生可以通过操作和探索几何图形的变换,实时观察和比较图形变换前后的特性,从而深入理解它们的概念和性质。几何画板提供了交互式的平台,可以通过绘制、平移、旋转等操作改变图形的形状和位置。通过探索缩放变换,观察几何图形的大小和比例关系;通过行旋转变换,观察几何图形的角度和方向是否发生变化;通过镜像变换,观察几何图形的对称性和镜像特点。通过这些实际操作学生可以观察和感受几何变换对图形的影响,进一步理解几何图形概念和性质,培养数学思维和探索精神。

5. 几何定理和推理验证

利用几何画板,可以验证几何定理并进行推理证明。学生利用几何画板绘制、操作和观察几何图形,再经过测量就可以发现和验证几何定理,并提高他们的证明能力和逻辑思维能力。这种操作实验的几何学习方式能够增加学生的主动参与和思考,提高他们对几何定理的理解和记忆。此外,学生还可以进行推理证明几何定理,通过操作图形和推导关系,提供直观且可视地证明推导过程。

例如,利用几何画板验证勾股定理,如图 3-10 所示,具体操作步骤如下。

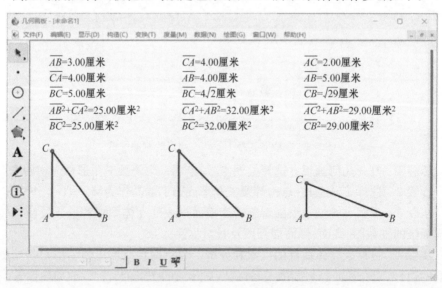

图 3-10　通过操作实验方式验证勾股定理

步骤 1　打开几何画板,创建一个新的画布。在画布上绘制一个直角三角形 ABC,其中 $\angle C=90°$。

步骤 2　设 $AB=c$,$BC=a$,$AC=b$,并使用几何画板的测量工具,测量三角形的三条边的边长 AB、BC、AC,记录下边长的数值。

步骤 3　使用几何画板的求平方工具,计算并标记出每条边的平方值。

步骤 4 比较测量得到的线段 AB、BC、AC 与对应边长平方值的大小。如果二者相等,则说明勾股定理成立。

通过以上步骤的实施,就可以验证勾股定理在这个直角三角形中是否成立。此外,利用几何画板可以进行多组实验,若每次结果都符合勾股定理,则进一步验证了该定理的普遍性。

利用几何画板验证和推理几何定理,可以帮助学生以动态演示、直观观察、交互操作的学习方式更好地理解和应用几何知识,并促进他们的几何思维、观察力和问题解决能力的发展。但需要强调的是,几何画板只是一个辅助工具,具体的验证和推理过程需要引导学生自行观察和分析。通过实际操作实验和观察思考,学生可以更好地理解几何定理,并培养几何思维和问题解决能力。

6. 相关几何实践问题建模

几何画板可以应用于几何实际问题的建模,用于解决实际问题。学生可以利用几何画板将实际问题抽象为几何模型,并通过分析和计算解决相关实际问题。这种建立模型解决实际问题的应用可以帮助学生将数学知识应用于实际情境,培养他们的问题解决能力。这种几何实际问题建模的学习方式也可以帮助学生通过绘制图形和操作几何对象,将复杂的实际问题转化为几何模型进行求解,有助于培养学生的几何思维、问题解决能力和创新思维。

例如,利用几何画板建模解决铺地砖,如图 3-11 所示,具体操作步骤如下。

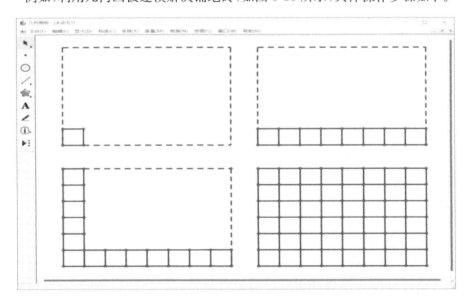

图 3-11 动态演示铺正方形瓷砖

若有一间地板是长方形的房间,地板长度为 $6.4\,\mathrm{m}$,宽度为 $4.8\,\mathrm{m}$,需要在此房间中铺设完全覆盖地板边长为 $0.8\,\mathrm{m}$ 的正方形瓷砖。

步骤 1　利用几何画板在新的画布上绘制一个长方形,代表房间的地板。使用画板的直线工具,绘制一个长 $6.4\,\mathrm{m}$、宽 $4.8\,\mathrm{m}$ 的长方形。

步骤 2　利用几何画板的线段工具,在长方形内部绘制一个边长为 $0.8\,\mathrm{m}$ 的正方形,代表一块瓷砖。

步骤 3　利用几何画板的复制工具,复制这个正方形的瓷砖,并填满整个长方形的地板,以此模拟铺设瓷砖的效果。

步骤 4　利用几何画板的测量工具,测量所铺设瓷砖的总数量。根据铺设瓷砖的方式,计算所需的瓷砖总数。例如,假设每次铺设需要使用 4 块瓷砖,则可以根据面积比例计算总数。

步骤 5　比较测量得到的瓷砖总数量与计算得到的瓷砖总数是否一致。如果二者相等,则说明建模结果正确。

通过以上步骤的操作,学生可以建模这个具体的几何实际问题,即在给定长方形房间中铺设瓷砖的问题。通过几何画板的可视化和交互性,学生可以更好地理解实际问题,并进行相关的计算和建模操作。这种方法可以促进学生的几何思维和问题解决能力的发展。

7. 几何教与学资源的分享

几何画板提供了丰富的几何图形、模型和问题等教学资源,教师既可以使用这些预设的几何资料开展生动的教学实践活动,学生也可以使用这些几何教学资源进行操作和探索、发现和解决问题。同时,几何画板还支持生生之间的分享和交流几何知识,即学生彼此之间可以分享自己绘制的几何图形、解决几何问题的经验等,促进生生之间几何知识学习的互动和合作。

例如,利用几何画板创建并分享一个由三个相等的正方形组成几何图形,如图 3-12 所示,具体操作步骤如下。

步骤 1　利用几何画板的线段工具在一个新的画布上绘制一个边长为 $3\,\mathrm{cm}$ 的正方形 $A_1B_1C_1D_1$。

步骤 2　利用几何画板的平移工具,复制正方形 $A_1B_1C_1D_1$,并将其平移到正方形 $A_1B_1C_1D_1$ 的右侧,使两个正方形有一条边相互重合。重命名复制后的正方形为 $A_2B_2C_2D_2$。

步骤 3　使用画板的旋转工具,以正方形 $A_1B_1C_1D_1$ 的边 B_1C_1 所在直线为轴,将正方形 $A_2B_2C_2D_2$ 逆时针旋转 $90°$。

步骤 4　利用几何画板的平移工具,复制正方形 $A_2B_2C_2D_2$ 并将其平移到正方形 $A_1B_1C_1D_1$ 的左上方,得到正方形 $A_3B_3C_3D_3$,使边 B_3C_3 与边 A_1D_1 重合。

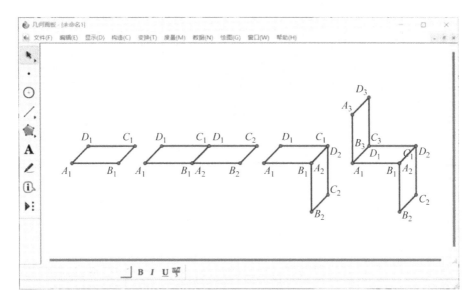

图 3-12　在平移旋转变换下正方形绘制的几何体

通过以上步骤的实施,学生将创建和分享一个由三个相等的正方形组成的独特的几何图形,并与同学们共同探讨正方形之间的关系和性质。此外,也可以帮助其他同学尝试复制、旋转和平移等变换方式构建他们自己的独特图形,发现更多有趣的几何图形,同时互相分享他们的创造思维过程,激发其他同学的灵感和兴趣,促进几何知识学习的合作和交流。

几何画板支持多人在线协作,学生们可以在同一个画板上共同开展关于几何知识学习问题的讨论和探索。学生可以在几何画板上开展几何图形的合作绘图、交流思想和讨论问题的解决方案。这种几何知识学习的合作学习方式,可以促进学生之间的交流与合作,拓展他们的几何思维能力,培养其团队合作精神。

总之,在几何教学中几何画板能够提供一个可视化、互动的平台,帮助学生更好地理解几何概念、探索几何性质和定理,并培养他们的几何思维能力和创造力。通过几何画板的可视化、交互式和动态特性,可以激发学生参与几何知识学习的兴趣和积极性,帮助他们更好地理解几何图形的概念、性质和定理,同时培养他们的几何思维、观察力和问题解决能力。

综上所述,几何画板在函数知识和几何知识的教学中具有重要的应用价值。它能够帮助学生直观地观察和分析函数图像及其与几何图形的关系,提高他们对函数知识和几何知识的理解和应用能力。同时,几何画板也为教师提供了丰富的函数和几何的教学资源,可以设计出更生动有趣、互动性强的教学实践活动,并增加学生学习这些数学知识的互动性和参与度，从而提高数学学科的教学效果，为学生打下坚实的数学基础。

第二节　动态软件工具 Geogebra

Geogebra 是一款功能强大的动态数学工具，集合了几何、代数、微积分和统计等多个数学领域的功能，用于辅助数学教学和学习活动。它结合了几何、代数、统计和微积分等数学知识，并通过动态图形和计算工具的交互性，可以帮助学生更好地理解和探索数学概念、性质和关系。

一、动态软件工具 Geogebra 的起源与发展

Geogebra 的起源和发展是由一位教师的热情和创新驱动的。它通过提供动态图形和计算工具，打破了传统数学教育的局限，为学生和教师提供了一个功能强大的数学学习和教学平台。Geogebra 的创新和实用性受到了广泛的认可和使用。它成为全球范围内数学教育领域的重要工具，被教师和学生们广泛应用于课堂教学、数学竞赛和研究等活动中。Geogebra 也在不断更新和完善，推出了 Geogebra Classic、Geogebra Graphing Calculator、Geogebra 3D 等多个版本和衍生产品，以满足不同用户的需求。

（一）动态软件工具 Geogebra 的起源

Geogebra 是由奥地利数学教师 Markus Hohenwarter 在 Graz 大学的 Eduard Zehetner 的支持下开发的动态数学软件工具。Geogebra 的起源可以追溯到 2001 年，当时奥地利数学教师 Markus Hohenwarter 意识到，传统的数学教学方式多以静态形式呈现，学生只能通过纸上的图形和计算方式理解数学知识。由此产生了灵感，Hohenwarter 认为，可以借助计算机技术，创造一个动态的数学教与学的环境，帮助学生更好地理解和探索数学知识。

2001 年初，Hohenwarter 致力于研究计算机技术如何应用于数学教育方面，开发了一个用于绘制几何图形的软件，并命名为 Geometrie-Project。随着技术的不断发展和用户需求的日益增长，该软件逐渐发展成了如今的 Geogebra。以下是 Geogebra 起源的主要历程。

1. 几何图形绘制软件 Geometrie-Project

2001 年初，Hohenwarter 着手开发一款适用于数学教育的软件工具。最初开发了一个用于绘制几何图形的软件，命名为 Geometrie-Project。该软件基于 Java 编程语言开发，可以在不同的操作系统上运行。Geometrie-Project 能够实现几何

图形的绘制、变换和探索，并且具备交互性，使得学生可以直观地观察到图形的变化和性质，深入理解几何图形的内在逻辑和规律。

2. 综合性绘图软件 Geogebra

随着软件功能的增加和改进，Geometrie-Project 逐渐发展成了现今的Geogebra。Hohenwarter 将软件扩展为包含几何、代数、统计和微积分等多个数学模板的综合性工具。他将软件的功能进一步完善，融入了代数计算、数据分析、函数图像等功能，并引入了其他数学教育家和开发人员的意见和建议。

由此可见，Geogebra 的起源可以归功于 Markus Hohenwarter 对数学教育的热情和创新思维。他通过结合计算机技术和数学教育，创造了一个动态、互动、高效的学科教与学的环境，颠覆了传统的教与学方式，提升了学生的数学学习效果和体验。

（二）动态软件工具 Geogebra 的发展

Geogebra 的发展得益于 Hohenwarter 在教学中对数学教育的热情和创新思维。他独具匠心地将数学与计算机科学有机地结合在一起，借助动态图形和计算工具，帮助学生更好地理解数学知识和解决数学问题。随着技术的发展和应用，Geogebra 也积极采纳了数据分析、统计、微积分等新的功能和特性，使得用户能够更全面地探索数学的各个领域。以下是 Geogebra 发展的主要进程。

1. 最初的 Geogebra 是一种数学工具

Geogebra 最初的目的是为学生提供一个易于理解和操作的数学工具，可以帮助他们更好地理解和探索数学概念。它的开放源代码和免费使用许可证使其受到广大教育工作者和学生的青睐。

2. 逐渐发展的 Geogebra 是一种数学软件

随着时间的推进，Geogebra 逐渐发展成为一款全面的数学软件，不仅可以用于学生的学习和实践，也可以用于教师的教学和资源分享。它结合了各种数学工具的功能，如几何绘制、代数计算、方程求解、函数图像绘制、数据分析和统计等，为数学教育的深度和广度提供了更多可能。

3. 现代的 Geogebra 是多功能教与学的数学软件

Geogebra 的发展过程也经历了多个版本的更新和改进，逐步增加了更多的功能和特性。例如，Geogebra 现在已经拥有移动端应用程序，支持在手机和平板上使用，以及在线教学和协作功能，支持学生之间、教师之间的交流和共享，极大地促进了知识的传播和思想的碰撞。

Geogebra 作为一种动态软件工具，在数学教育中发挥了重要的作用，帮助学生更好地理解和应用数学知识，促进了数学教学的创新和改进。Geogebra 的发展成为数学教育领域中数字化和技术化的一个典范。

（三）动态软件工具 Geogebra 的特点

Geogebra 的成功得益于其简单易用的界面和强大的功能，使得数学教育更加具有趣味性和互动性。它被广泛应用于各教育阶段，从中小学到大学数学课程，以及在教育研究和专业社区中被使用。Geogebra 作为一种动态软件工具，具有以下主要特点。

1. 多功能性

Geogebra 集成了几何、代数、微积分和统计等多个数学领域的功能，可以进行几何绘图、代数计算、方程求解、函数图像绘制以及数据分析和统计等操作。

例如：利用 Geogebra 可以用于绘制和探索圆、三棱锥和圆台等几何图形的形状和性质，通过改变或调整相关参数可以动态地变换几何图形的形状和大小。

又如，通过 Geogebra 强大的代数计算功能，可以帮助学生解各类代数方程。首先输入 $4x^2-7x-2=0$、$\sqrt{3x^2-4x}=2$ 等方程，Geogebra 就会自动呈现解这些方程的步骤和结果。

具备多功能特点的 Geogebra 涵盖了代数、数据分析、几何等数学各个方面。通过使用 Geogebra，可以进行制图、计算、模拟实验等各类探索活动，帮助学生更好地理解和应用数学知识，提高他们学习数学的参与度和积极性。

2. 动态性

Geogebra 的最大特点之一是可以实现数学对象的动态演示和交互操作。用户可以通过拖动、改变参数或滑动滑块等方式改变数学对象的相关属性，实时观察结果的变化。

例如，利用 Geogebra 教师创建动态的几何图形的演示。如创建一个四面体，拖动一个顶点改变相应的参数，使四面体能够随着参数的变化而动态改变形状和大小，从而帮助学生学习和探索四面体的概念和性质。

又如，利用 Geogebra 动态绘制对数函数的图像。教师首先输入对数函数式绘制图像，然后通过调整参数的值动态改变对数函数的图像，可以帮助学生直观地观察和分析对数函数的图像变化规律，从而加深对对数函数性质的理解。

具备强大动态特点的 Geogebra，可以帮助教师创建函数图像的动态绘制、几何演示、数据可视化和学科模拟实验，能够促使学生直观地观察和探索数学知识及其变化规律，从而激发他们数学学习的兴趣，并使之更好地理解和应用学科知识。

3. 可视化

Geogebra 通过直观的图形界面，将抽象的数学知识转化为可视化的表达，使学生更容易理解和掌握学科知识。通过动态展示，学生可以直观地观察和探索数学原理和关系,从而更深刻地理解数学的本质。

例如,利用 Geogebra 可以绘制可视化的平面几何图形。教师可以绘制三角形、椭圆、抛物线等平面几何图形并直观地展示在屏幕上,这样可以帮助学生更好地理解平面几何的概念和性质,并激发他们对几何知识的好奇心和学习兴趣。

又如,利用 Geogebra 可以可视化呈现函数的参数改变状态。教师可以通过创建函数的动态参数,并将其可视化的方式动态地呈现出来。并引导学生通过观察函数的参数值的变化规律,更好地理解函数的概念、图像和性质,提高了他们的学习效果。

具备强大的可视化特点的 Geogebra,它可以帮助教师将函数图像、几何图形、图形演示、数据分析图等以更直观的方式呈现给学生,帮助他们更深入地探索和应用数学知识,促进数学知识的理解和应用,从而进一步提高他们数学学习的效果。

4. 互动性

Geogebra 支持学生与软件进行互动,并与教师、其他同学进行交流和合作。学生可以通过创建和展示自己的数学模型,深入理解数学概念,同时也可以分享和讨论自己的作品,从中培养他们的合作精神和交流能力。

例如,利用 Geogebra 中的滑块和按钮可以用于控制椭圆的参数值的变化。先让学生点击并拖动滑块动态地改变椭圆的参数值,同时引导他们观察和分析变化规律,这种互动和实验操作方式可以帮助学生更好地理解椭圆的概念,也可以激发他们的探索精神和创新思维。

又如,利用 Geogebra 可以支持师生之间的交流和合作。学生可以与教师共享某一数学知识的学习活动,就学习过程中存在的问题进行探讨,并提出反馈建议。这种互动性方式促进了师生之间的互助学习,培养了学生的批判性思维和解决问题的能力。

具备强大互动性特点的 Geogebra,它通过滑块和按钮的使用、对象的拖动和变换、师生的交流和合作等多种方式,可以激励学生积极参与数学活动的学习和探索。这种互动的交流方式促进了数学学习的趣味性和有效性,培养了学生的自主学习能力和终身学习能力。

5. 跨平台性

Geogebra 不仅可以在计算机上运行,还可以支持移动端应用程序,如在手机和平板电脑设备上使用。这使得学生和教师可以随时随地使用 Geogebra 进行数学学习和教学活动,从而提高了学科教与学的便利性和灵活性。

例如,Geogebra 提供了适用于 IOS 和 Android 操作系统的移动应用程序。可以在手机和平板上安装 Geogebra 应用,这样教师和学生更方便使用 Geogebra 开展数学教学与学习活动,从而提高学科教与学的灵活性和便捷性。

又如,Geogebra 支持 Geogebra 文件(.ggb)、动画文件(.ggb 动画)等多种文件格式。在不同的平台和设备上这些文件格式可以进行共享、交流和导入导出,确保了文件的兼容性和可移植性。

跨平台的 Geogebra 提供了桌面端应用、Web 应用、移动端应用和在线资源库等方式,可以让教师和学生在不同的操作系统和设备上随时开展数学教学和学习实践活动,并与教师、其他同学共享或访问 Geogebra 资源,提高了数学课程教学和学习的便利性和互动性。

6. 开放源代码

Geogebra 是开放源代码的软件,用户可以自由获取、使用和修改。这促进了全球范围内的合作和资源分享,使得 Geogebra 的功能和应用不断得到拓展和改进。

例如,Geogebra 的开源性就是指教师和学生可以根据自己的需求定制教学和学习软件,修改现有功能或添加新的功能达到优化性能的目的,使得 Geogebra 更好地适应学科的教与学实践活动的个性化要求。

又如,利用 Geogebra 的开源代码。可以帮助学校开展教育活动。学生可以通过学习和修改 Geogebra 的源代码,了解软件的内部工作原理,并且获得实践编程的机会,增强了学生的逻辑思维和问题解决能力。

Geogebra 的开源代码特点为数学教育实践活动提供了更大的灵活性和适应性,进一步促进了生生之间的交流和合作,以及师生之间的沟通和指导,从而更好地满足了教师、学生的个性化需求,让教学和学习变得更加高效和愉快。

Geogebra 具有的多功能性、动态性、可视化、互动性、跨平台性和开放源代码等特点,使教师能够以更直观、有趣和互动的教学方式帮助学生学习数学,同时也能够更好地引导学生主动探索、实验建模数学,从而发展他们的数学思维和解决问题的能力,为数学教育的创新和发展开辟了新的途径。

(四)动态软件工具 Geogebra 的应用场景

Geogebra 的创新和实用性在数学教育界得到了广泛的认可和使用。它帮助学生通过动态图形和计算工具更好地理解数学知识,促进了他们的学习兴趣和探索精神。Geogebra 作为一种功能强大的动态软件工具,广泛应用于数学的课堂教学、竞赛和研究等活动中的教育场景。以下是一些常见的 Geogebra 应用场景。

1. 动态几何绘图

Geogebra 提供了丰富的几何绘图工具,可以帮助教师和学生绘制、编辑和变换几何图形。通过拖动和改变参数进行旋转、平移等变换,学生能够实时观察到几何图形的变化规律,从而深入理解几何知识。这种互动式学习方式不仅让几何知识变得生动有趣,还有助于培养学生的空间想象力和逻辑思维能力。

此外,Geogebra 的几何绘图功能还可以帮助学生探索几何建模的思想方法。通过绘制图形、构造几何关系和变换等模拟操作,学生可以更直观地观察和验证几何图形的相关性质,并探索几何定理和推理过程。

2. 代数计算和方程求解

Geogebra 具有强大的代数计算功能,可以进行方程求解、函数值计算和图形绘制等操作。输入函数的解析式和方程后,Geogebra 会自动计算并呈现结果,帮助学生进行代数运算和求值,并引导他们开展代数计算的实践和探索活动,使这些活动巩固学生的代数知识并提高其解题技能。

3. 数据分析和统计

Geogebra 还具有强大的数据处理和统计分析功能,可以进行数据可视化、统计指标计算和统计模拟等操作。学生可以使用 Geogebra 进行数据的收集、整理、分析和解释,即先导入和处理实际数据,再通过绘制柱状图、散点图等图形分析和探索数据的分布规律和相关性,从而培养学生的数据思维能力和统计分析能力。

4. 动态演示和建模

通过动画和滑块等功能,Geogebra 可以创建动态演示,使学生能够直观地观察和理解数学知识及其性质。同时,学生还可以利用 Geogebra 构建数学模型,模拟和验证实际问题,从而加深对数学的应用和实际意义的理解。

此外,Geogebra 可用于中小学到大学数学课程的各学段教学。教师可以使用 Geogebra 创建动态演示和模拟实验,帮助学生直观地理解和掌握数学知识。同时,学生也可以借助 Geogebra 开展自主学习和实践,通过探索和操作数学模拟实验帮助他们更深入地理解数学知识。

5. 在线共享和合作

Geogebra 提供了在线平台,学生可以将自己创建的 Geogebra 文件分享给其他人,进行交流和合作。这有助于在数学学习过程中学生之间的知识共享、互动学习和集体探究,不仅能够激发他们的创造力,而且还能够培养其团队协作能力。

6. 研究和探索

Geogebra 不仅是教学工具,也是一种用于研究的工具。数学教师可以使用 Geogebra 开展数学建模、仿真实验和数据分析等研究和探索活动,从中发现数学教学中的新规律和新策略,从而推动数学策略研究的进展。

7. 数学竞赛和竞赛培训

Geogebra 常被用于数学竞赛的准备和培训。通过使用 Geogebra,学生可以在竞赛题目中进行几何推理、代数计算和数据分析等操作,提高解题能力和创新思维。这种实践性的学习方式,不仅锻炼了学生的逻辑思维能力,而且还为他们在数学竞赛中取得优异成绩奠定了坚实的基础。

Geogebra 的应用场景非常广泛,涵盖了数学教育的各个层面和模块,包括中小学课堂教学、数学建模与研究、数据分析与统计、数学竞赛等。它的灵活性和易用性使得教育者可以根据具体的需求和目标,发挥出其最大的教研价值。

二、Geogebra 对数学教育的影响

具备互动性、可视化性和多功能性的 Geogebra,为数学教育带来了革命性的改变。它鼓励学生积极参与数学知识的探索和数学问题的发现,并将数学知识与现实世界联系起来,同时提供了解决问题的支持。因此,Geogebra 对学生的数学理解、问题解决和数学思维能力的培养起到了积极的推动作用。

(一)提高学生数学学习的参与度和趣味性

Geogebra 为学生提供了可视化呈现、互动性学习、探索式学习等有趣和动态的学习环境,能够提升他们对数学学习的趣味性和参与度,从而更好地促进他们理解数学知识和提高学科学习的能力水平。

此外,Geogebra 为生生之间数学学习的沟通和合作提供了平台。学生可以共享彼此学科学习的经验和问题的解决方法与策略,促进相互借鉴提高探讨解决学科问题能力。这种学习方式不仅促进了生生之间数学学习的互动和合作,还极大地激发了他们参与数学学习的意识,并促进他们的沟通能力和团队协作能力的提升。

(二)培养学生的数学思维

通过提供探索性学习、抽象思维与具象表达的结合等强大功能的 Geogebra,为学生提供的探索性学习方式,既能引导学生深入思考,还有助于培养他们敏锐的数学思维。

通过模型建立与问题解决、探索发现、抽象符号化、推理证明与合作交流等数学学习的实践活动,以及几何图形变化、函数参数改变等操作实验,学生可以观察和推理分析数学知识的特性和变化规律,并进行验证。这种亲身体验的实践活动可以促进学生的独立思考和问题解决能力的培养,并从中提升他们的数学素养和综合学习能力。

(三)促进数学教师学科教学模式的创新

借助 Geogebra,通过个性化学习、实践与探究导向、合作与交流、反馈与评估以及跨学科整合等方面的创新,推动了数学教学模式的变革和创新。这些创新的

教学模式使学生成为主动学习者,培养了他们的创造性思维、问题解决能力和合作精神,使学生更好地适应了现代化的教育需求。

此外,学生可以使用 Geogebra 进行模型建立、问题解决和探索性学习,通过亲身实践操作和实验可以更好地发现数学知识的内在规律和相互联系。这种实践与探究导向的教学模式,促使学生成为数学学习的主动者,并培养他们的创造性思维和问题解决能力,为其未来的学业和职业生涯奠定了坚实的基础。

（四）增强数学教育实践的师生互动

利用 Geogebra,通过促进学生之间的合作与交流,以及师生之间、生生之间的互动,创造了一个开放和互动的学习环境。学生可以相互分享和学习,从中获得帮助和启发。教师可以及时地反馈和评估学生,并开展个性化的指导。这种互动促进了数学知识的共享和交流,激发了学生学科学习的兴趣和动力。

此外,学生可以利用 Geogebra 拖动、调整和改变参数等方式与图形进行实时交互。这种动态和互动的学科学习方式可以进一步促使学生探索数学知识及其内在的规律,从而加深他们对数学知识的理解。

（五）优化数学学科教学资源

Geogebra 拥有的官方网站和应用中心,为教师和学生提供了一站式的教学资源和学习资源,涵盖了代数、几何、统计、微积分等方面的教学视频、教学活动、教学示例等适用于不同年级、不同教学目标的数学教学资源,极大地方便教师教学实践的组织和实施,以及学生数学学习活动的开展。

Geogebra 除了有官方网站和应用中心外,还提供了社区论坛和自制资源功能,为师生提供了丰富多样的数学教学资源和学习资源。这些资源不仅可以帮助教师开展动态的教学设计和内容的直观展示,而且还可以激发学生数学学习的兴趣和参与度。此外,提供的这些教学资源也为师生之间、生生之间数学的教与学提供了一个交流和合作的平台,促进了师生间的教学相长、生生共同学习和成长。

总之,Geogebra 作为一种功能强大且开源的数学软件工具,对数学教育具有积极的影响,为其新的变革和创新带来更多可能性,为学生提供了多样化、交互式和实践性的数学学习体验。通过数学知识的可视化呈现、动态演示和探索性实践操作等创新教学模式,促进学生数学学习活动的积极参与和协作学习,帮助他们更好地理解数学知识及其蕴含的规律,并培养其数学思维能力和问题解决能力。此外,数据统计分析的应用,可以引领学生从实际问题入手,深入挖掘数学知识后面涵盖的现实意义和应用价值,不仅提升了数学教学质量和学生的学习效果,而且对人才的培养和数学教育改革的推动具有现实意义。

三、Geogebra 在数学教育中的应用

在数学教育中 Geogebra 应用于几何、代数、数据统计、教与学资源的丰富。通过可视化呈现和动态演示,帮助学生更直观地理解几何知识和推理,并通过自主探索和实验验证,培养了独立思考、问题解决和证明推理的能力。通过数据统计分析的应用,可以帮助学生收集、整理和分析数据,深入理解统计的有关概念及其数据蕴含的规律。提供丰富的教学资源和个性化学习工具,帮助教师更生动地开展教学活动,并促进学生的参与和深入学习数学。换言之,Geogebra 在数学教育中发挥了重要的作用,既促进了学生数学思维的培养,又提高了他们的数学学习兴趣和学科成绩,以下是 Geogebra 在数学教育中的主要应用体现在以下四个方面。

(一)在代数知识教与学中的应用

具备强大的代数计算功能的 Geogebra,可以帮助教师和学生开展数学符号运算和各类方程的求解。尤其学生在开展数学自主学习时,可以使用 Geogebra 解决复杂的代数符号计算和方程等问题,能够呈现计算过程和解方程的详尽步骤及其结果,还可以验证结果。以下是 Geogebra 在代数知识教与学中的具体应用。

1. 方程和不等式求解

Geogebra 可以提供了强大的方程和不等式的求解功能,帮助学生解决各种代数方程和不等式的问题。通过输入方程或不等式,并借助 Geogebra 的求解工具,学生便可以快速获得解方程或不等式的步骤和解集,并对结果进行验证。

例如,帮助解决各种类型的不等式。学生可以先输入较复杂的一元一次不等式、一元二次不等式、分式不等式等,之后使用内置的求解器求解以上各类不等式,最后可以得到输入不等式的解题步骤和解集或得到图形表示,这不仅训练了学生们的解题技巧,也提高了他们对各类不等式求解原理的理解。

又如,可以用于递归方程的求解。学生可以先输入递归方程的迭代公式并设置初始条件,然后使用 Geogebra 的迭代工具计算递归方程的不同解。

以上只是利用 Geogebra 解方程和不等式的部分举例。它在方程和不等式的求解方面提供了很强大的功能,可以帮助学生更好地理解和掌握解方程和不等式的方法和技能,为他们提供了解方程和不等式更好的学习体验。

2. 几何与代数关联

Geogebra 可以关联几何图形与代数表达式,促进学生理解几何和代数之间的关系。通过在 Geogebra 中创建几何图形,并使用代数变量进行相关计算,学生可以深入地理解几何形状与代数表达式之间的内在关系。

例如,关联直线方程及其几何图形。学生可以先在 Geogebra 中输入直线的方

程 $y=ax+b(a\neq 0)$，其中 a 为斜率，b 为在 y 轴上的截距（纵截距），会在平面直角坐标平面上自动生成相应的直线并显示出来；然后，分别调整直线方程中的斜率和纵截距的正负值，则可以关联几何图形使学生更直观地观察直线的位置和特性。

又如，关联函数解析与几何图形。学生可以先在 Geogebra 中输入对数函数式 $y=\log_a x(a>1)$，并使用函数图像工具绘制出函数的图像；然后，调整对数函数中大于 1 不同底 a 的值，则可以引导学生关联几何图形并观察这类函数图像的变化规律，从而可以探索出底 a 大于 1 的对数函数的性质。

以上只是利用 Geogebra 关联几何与代数的部分举例。它将几何图形与代数表达式进行关联，可以帮助学生更好地探索和研究几何概念及其性质，从而深入地理解几何与代数之间的关系。

3. 函数图像绘制与分析

Geogebra 可以绘制和分析各种函数的图像，引领学生理解函数的图像变化规律和特性。学生可以输入函数表达式，并使用 Geogebra 的绘图功能生成相应函数的图像。通过观察和分析图像的特性，学生可以探究函数图像的变化规律及其性质。

例如，余弦型函数的绘制和分析。学生可以先输入余弦型函数 $y=A\cos(\omega x+\varphi)$（$A$、$\omega$、$\varphi$ 为常数），并绘制出对应的函数图像；然后，根据参数 A、ω、φ 的不同值调整曲线的振幅、周期和相位，使学生能够直观地观察出随着不同参数值余弦型函数的图像变化规律；最后，引导学生研究余弦型函数图像的变化规律蕴含的特性，有助于他们深入理解各参数对余弦型函数图像和相应性质的影响。

又如，指数函数的绘制和分析。学生可以先输入指数函数 $y=a^x(0<a<1)$，并绘制出对应的指数函数图像，然后，根据在 $(0,1)$ 上不同值的底调整指数函数图像的变化规律，并使学生能够直观地观察出随着底 a 的不同值指数函数图像的变化规律；最后，引导学生研究和分析指数函数图像的变化规律中蕴含的特性，有助于他们深入理解底 a 对于指数函数的图像和相应性质的影响。

以上只是利用 Geogebra 绘制与分析函数图像的部分举例。利用 Geogebra 的函数工具和分析功能，学生可以更好地探索和研究各种类型函数的图像及其性质，并进一步加深对函数的图像和性质的理解，同时还可以提高他们的作图能力和分析问题的能力。

4. 代数操作与运算

Geogebra 提供了代数式化简、因式分解、多项式计算等丰富的代数操作和运算工具。学生可以使用这些工具进行代数表达式的简化和运算，帮助他们加深对代数知识和运算技巧的深入理解。

例如，可以对较复杂的代数式化简。如学生先输入较复杂的代数表达式 $\dfrac{x^3-8}{x^2-4}$

x,之后利用 Geogebra 简化工具,可以呈现将此复杂的代数式转化为简单形式的步骤和结果。

又如,较复杂多项的因式分解。如学生先输入复杂的代数表达式 $a^4 - a^2 + a^3 + 1$,之后利用 Geogebra 的因式分解工具,即可以给学生呈现此多项式的分解因式的过程和结果。

以上只是利用 Geogebra 代数操作与运算的部分举例。它的代数操作和运算工具,可以帮助学生更便捷地进行代数计算和探索,进一步加深对代数运算概念、性质及其运算法则的理解和应用。

5. 变量与参数研究

Geogebra 可以给学生提供更多数学问题的探索和实验的学习机会,使之深入理解代数知识。学生通过使用 Geogebra 改变变量和参数的值进行数学实验来开展代数知识的探究,观察函数图像或方程的变化,并研究其蕴含的数学规律,有助于他们深入理解在代数式中变量和参数的作用和意义。

例如,可以探索各种几何图形的性质和关系。如学生可以尝试构造不同形状的圆柱体,并研究它们的边长、面积、体积等参数之间的关系,从而深化对空间几何图形的理解。

又如,还可以提供数据的统计处理和分析功能。如学生可以先可以输入一组数据,并使用 Geogebra 的统计功能计算这组数据的平均值、中位数、标准差等指标;之后绘制成需要的统计图表,学生能够更清晰地了解数据的分布与趋势,并挖掘隐藏在数字背后的数学规律。

以上只是利用 Geogebra 变量与参数研究的部分举例。通过这些实验和探索活动,学生可以更深入地理解数学知识和原理,并促进他们数学思维能力的培养。此外,Geogebra 还给学生数学学习提供了丰富的教学资源和典型案例,学生可以通过这些资源开展自主学习和有效练习,巩固学科知识并提升学科学习能力。

总之,通过 Geogebra 提供的丰富教与学的资源和工具,可以帮助学生更好地探索和理解代数知识和运算技能。它能够使代数知识更加具体化、可视化,还能够提供更多实践和探究的机会,从而促进学生对代数知识的学习和应用。

（二）在几何知识教与学中的应用

在几何知识的教与学中,Geogebra 可以提供一个可视化、动态和互动的学习环境,既可以为教师的各类几何教学活动提供丰富的资源和实例用于支持学生的自主学习和合作学习,又可以帮助他们通过几何图形的绘制、变换和分析及其探索几何问题的方法,使之更好地理解几何概念、图形和性质,并促进其几何思维能力和创造性解决问题能力的培养。在几何知识教学中,Geogebra 可以起到很多重要的功能和应用。以下是 Geogebra 在几何知识教与学中的具体应用。

1. 可视化呈现和动态演示

Geogebra 提供了丰富的绘图工具,可以将几何图形直观地展示出来。学生可以通过操作和观察这些几何图形的变化规律,更好地理解几何概念、性质和之间的关系。

例如,可以创建动画演示展示几何图形的变化过程。学生可以先利用 Geogebra 创建平面四边形,并通过拖动其中一个顶点改变四边形的形状,来验证任意四边形的内角和等于 360° 的几何定理。

又如,还可以调整参数或滑动条改变几何图形的属性。学生可以先创建一个圆锥体,通过调整其顶点位置改变圆锥体的形状大小,然后观察和分析圆锥体的半径、母线长的变化与其侧面积大小的关系,从而更好地理解和验证圆锥体的侧面积公式。

以上只是利用 Geogebra 可视化呈现和动态演示的部分举例。通过 Geogebra 的可视化呈现和交互动态演示的功能,不仅可以使教师能够更好地展示几何知识和几何定理的推导过程,促进学生积极参与和师生互动,而且还可以帮助学生更直观地理解几何形状、概念及其性质,并培养他们的几何想象力和推理能力。

2. 探索性和自主性学习

Geogebra 提供了强大的探索性学习工具,如拖拽、旋转、改变参数等。学生可以通过自主探索的方式,深入理解几何知识,发现其中蕴含的图形变化规律和共同特性。

例如,可以提供平移和旋转的学习探索工具。学生可以利用 Geogebra 先构建一组奇函数的图像,并绕原点旋转这组奇函数的一部分图像,观察是否跟另一半图像重合,从而实现对奇函数图像特征的自主探索。这样的过程不仅训练了学生的观察力,而且也加深了他们对奇函数的图像特征的理解。

又如,还可以提供证明几何定理的探索工具。如学生可以创建一个菱形,并拖动其中一个顶点改变它的形状大小,Geogebra 会自动显示各边的边长,使学生可以观察并分析出菱形的各边长都相等的性质,从而培养他们的逻辑思维和几何想象力。

以上只是利用 Geogebra 探索性和自主性学习的部分举例。通过 Geogebra 的强大的学习和探索工具,可以更好地帮助学生深入学习和探索几何知识,并加深几何的形状、概念和性质的理解,从而培养他们的几何思维能力和问题解决能力。

3. 模型建立和数学思维培养

Geogebra 还可以帮助学生建立各种几何模型。通过这些几何模型,学生可以更好地学习和探索抽象的平面几何知识和立体几何知识,并促进他们的几何建模能力和抽象思维能力、空间想象能力的培养。

例如,创建多面体模型。学生可以利用 Geogebra 创建四面体、六面体、球体等各种多面体模型,并通过调整多面体的形状大小、旋转角度和投影视角,帮助他们观察和探索多面体的棱边、表面积、体积等性质,从而提升了抽象思维能力,对于学生理解和掌握抽象的几何知识起重要作用。

又如,创建平面图形。学生可以利用 Geogebra 绘制圆、多边形等各种平面图形的模型,并通过调整平面图形的形状大小、平衡位置和角度变换,学习和探索平面图形的边与边的关系、周长、面积等性质,从而促进抽象思维能力的提升,对于学生理解几何图形的本质属性具有重要意义。

以上只是利用 Geogebra 模型建立和数学思维培养的部分举例。Geogebra 鼓励学生进行自主思考、独立解决问题,培养其数学思维能力。通过使用 Geogebra,学生可以进行实验、验证和推理,提高他们的证明和推理技巧。

总之,学生利用 Geogebra 既可以支持平面几何的建模,又可以支持立体几何的建模解决实际问题,并培养他们的数学思维能力和问题解决能力。在这种实际问题解决的过程中,可以促进学生发展问题抽象化、策略选择、模型构建和问题求解等能力,并使之数学思维能力得到有效地提升。

(三)在数学课程教育中教与学情况统计分析的应用

在数学课程教育中,Geogebra 提供的数据分析和统计功能可以用于学科教与学情况的数据统计分析。学生可以输入和处理数据,并进行统计分析、绘制图表以及做出预测。这使得学生能够将数学与实际数据应用相结合,培养数据分析和统计思维能力。以下是数学课程教育中教与学情况统计分析的主要应用。

1. 数据收集整理与数据可视化呈现

Geogebra 提供了数据输入和管理的功能,学生可以使用它收集和整理实际或模拟的数据。他们可以将数据以表格的形式输入到 Geogebra 中,或者通过导入文件的方式导入已有的数据。

例如,测量实验数据的收集和整理。学生可以使用 Geogebra 先记录测量物体的长度、重量、温度等实验数据,再创建一个数据表格并在适当的行或列中输入物体测量的实验数据,并给每个数据添加描述性标签。这样的操作不仅训练了学生的数据处理能力,而且也为后续的数据分析奠定良好基础。

又如,统计问卷调查数据。学生可以使用 Geogebra 先收集和整理统计问卷调查数据,再创建一个问卷表格并将所有问卷的回答填入数据表格相应的行或列中,最后以条形图、散点图、折线图等图表的形式呈现出来。这种数据的收集和管理方式,方便学生开展如平均值、标准差、调查结果的百分比等数据的分析和统计。

以上只是利用 Geogebra 数据收集整理与可视化呈现的部分举例。通过 Geogebra 的数据输入和管理功能,学生可以简化数据的收集和整理过程,并进行数据分析和可视化。通过使用图表、统计指标和动态可视化等工具,学生可以更好地理解和展示数据,还可以通过数据验证和支持他们的推理证明和问题解决过程。

2. 统计指标计算与数据预测分析

Geogebra 提供了丰富的统计计算功能,如平均值、中位数、众数、标准差、相关系数等。学生可以利用这些功能计算并分析数据的统计指标,进一步了解数据的特征和规律。

例如,离散程度的计算和分析。学生利用 Geogebra 可以先计算方差、标准差等数据的离散程度,然后再使用这些统计指标评估数据的变异程度,进而比较不同数据集之间的差异。

又如,分布图表的绘制。学生利用 Geogebra 可以先绘制直方图、散点图和箱线图等分布图表,然后再根据这些图表呈现的可视化数据观察分布特征和关系,进一步分析数据的规律和趋势,从而对数据的分布特性有深刻的认识。

以上只是利用 Geogebra 统计指标计算与数据预测分析的部分举例。通过 Geogebra 的统计计算功能,学生可以深入分析数据和从定量角度评估数据,并了解数据的特征、规律趋势和变异程度,建立数据与数学模型之间的联系,进一步发现和探索数据背后的数学规律。

3. 探索性数据分析

Geogebra 鼓励学生进行探索性数据分析,通过对数据进行可视化和统计分析,学生可以提出问题、假设和猜想,并通过实际操作和数据分析的方式验证和探索这些问题,同时还可以培养他们的分析能力和创造性解决问题的能力。

例如,数据关系的探索性分析。学生可以利用 Geogebra 进行数据之间关系的探索性分析,通过绘制的散点图并使用拟合曲线探索变量之间的可能关系。这种探索学习方式有助于学生发现变量之间的关系,进一步研究其内在的变化规律。

又如,数据分析中的假设检验。学生利用 Geogebra 可以进行假设检验,他们先输入数据并使用适当的统计检验或推翻某个假设。这种探索式学习有助于学生评估数据的可靠性和推断的有效性,从而提升他们的统计分析能力。

以上只是利用 Geogebra 探索性数据分析的部分举例。通过 Geogebra 进行探索性数据分析,学生可以主动参与数据的研究和发现过程。他们可以提出问题、探索数据、发现规律,并从中推断和解释数据的含义。这种探索性学习方法能够培养学生的分析思维能力和创造性问题解决能力。

总之,Geogebra 提供了强大的数据分析和统计功能,广泛地应用于数学课程教育中的数据统计分析方面。教师和学生可以通过输入和处理数据来进行统计分析、绘制图表以及做出预测，不仅可以帮助教师创新数学知识与实际数据相结合的教学模式，而且还可以帮助学生更好地理解和应用统计概念，并提高他们的数据处理和分析能力。

（四）丰富数学教育课程教与学资源的应用

Geogebra 还提供了丰富的工具和功能，帮助教师和学生均可以自行创建和定制数学各种教学资源和学习资源。通过使用 Geogebra 的绘图、模型建立、数据分析和动画等功能，教师和学生可以创造性地设计和制作学科各种可视化的数学资源和学习资料，满足学科个性化的教学要求和学习需求。以下是数学课程教育中丰富数学教育课程教与学资源的主要应用。

1. 可视化和动态演示的教学手段

Geogebra 提供了丰富的可视化工具和动态演示功能，教师可以利用这些工具进行教学演示。通过绘制几何图形、展示数学模型、进行统计分析等，教师可以更生动地呈现数学知识及其发展过程，吸引学生的注意力并加深他们的理解。

例如，正切函数图像的可视化呈现。教师利用 Geogebra 可以绘制和分析不同类型的正切函数的图像，通过相关参数的调整可视化展示正切函数的图像特征、变换规律以及其之间的联系，可以帮助学生更好地理解正切函数的图像和性质。

又如，动态演示直线和圆的位置关系。教师利用 Geogebra 可以动态地展示直线与圆的位置关系以及交点的坐标计算，从而帮助学生更直观地理解直线和圆的位置，并更好地掌握直线与圆的位置关系的解析判断方法。

以上只是利用 Geogebra 可视化和动态演示的教学手段的部分举例。通过 Geogebra 的可视化工具和动态演示功能，教师能够将抽象的数学知识转化为生动的视觉体验，激发学生学习数学的兴趣，并帮助他们更好地理解抽象的数学知识和原理。

2. 自主学习和互助学习的多元学习资源

数学教学模式的创新不仅可以利用 Geogebra 以图形和动画的形式呈现数学知识和原理，使抽象的数学知识和原理变得更直观和可视化，而且也可以为学生数学学习的多元方式提供了丰富的工具和资源，更方便他们根据自己的不同需求和学习进度，摆脱时空的限制，开展学科的个性化自主学习和互助交流学习。这种多元的学习方式能够促进学生主动参与数学学习的意愿，并帮助他们更好地巩固理解数学知识和原理。

例如，自主学习和探索函数的单调性。学生可以利用 Geogebra 选择自己需要或感兴趣的学习主题——函数单调性，并按照自己的节奏和方式深入学习探索或巩固复习。同时，也可以自主选择相应难度和挑战的练习题进行解答，以巩固函数单调性的知识和技能。这种自主学习方式有助于学生根据自己原有知识水平在自己的节奏下开展数学学习活动,既能激发他们学科的学习兴趣,又能培养其独立思考的能力。

又如,交互式学习和探索等比数列的概念和性质。学生可以利用 Geogebra 教学视频、教学示例和应用案例等在线资源,先自主探索等比数列的概念和性质。然后再运用 Geogebra 的交互式工具,分享与交流等比数列的概念和性质学习的体会以及存在的问题。通过彼此交流和借鉴,不仅可以激发学生数学学习的好奇心和投入度,而且可以增强他们对等比数列的概念和性质的巩固理解,从而使之学习效果得到提高。

以上只是利用 Geogebra 多元化学习方式的部分举例。Geogebra 还提供了游戏、模拟实验和实践练习等多种学习方式,旨在增加学生数学学习的乐趣和动力。通过 Geogebra 的这些功能,可以促进学生学习数学的主动性和积极性,使之更深入地理解数学知识,并提高他们学科的自主学习能力和独立思考问题的能力。此外,通过互助学习方式,学生可以互相学习和借鉴某一数学知识的有效学习方法和策略,不仅加深了他们对数学知识的理解,而且还培养其沟通和协作能力,让数学学习变得更加生动、高效、有趣。

3. 跨学科或专业整合的教与学资源

利用 Geogebra 允许跨学科融合数学与其他学科或专业的教与学资源。可以将数学的教与学跟化学、物理、金融等学科或专业知识相结合,创建交叉学科或专业的教学资源和学习资源,既能够为教师开展直观、生动的教学实践活动提供更多素材,又能够帮助学生拓宽自己的学科视野,深入了解数学知识在现实中的应用和价值,从而提高跨学科的综合素养,并更好地应对今后的学习和工作挑战。

例如,物理学中简谐振动现象的模拟演示和分析。学生可以利用 Geogebra 创建简谐振动的模型进行模拟演示活动,帮助更好地探索正弦型函数的图像和性质,并促使他们更深入地了解数学知识在其他学科的应用价值,从而增强其学科知识的应用意识。

又如,经济学中投资理财单利和复利产品的学习资料。学生可以利用 Geogebra 对各种单利和复利产品进行模拟计算,并绘制收益曲线图分析不同理财产品的投入产出特点,从而合理作出投资决策,进而使之意识到数学知识在金融决策中的重要性,同时也培养了他们的实践操作能力。

以上只是利用 Geogebra 跨学科或专业整合的教与学资源的部分举例。在数学课程教育中 Geogebra 极大地丰富了学科教与学资源,既为数学教师提供了多样化的教学资源,推动了学科教学模式的变革和创新,又使学生更好地理解数学知识在实际应用中的重要性,并激发了他们积极主动参与数学学习活动的热情与自觉性。

综上所述,作为一款功能强大的数学软件 Geogebra 被广泛应用于数学教育实践活动中。通过可视化呈现和动态演示、探索性数据分析、统计计算、数据输入和管理等丰富的功能,不仅为数学教师的教学设计、知识的呈现和教学活动的创新等提供了丰富的工具、资源和更多的可能性,而且为学生提供了个性化自主、互动的学习探索环境和丰富多样的学习资源,他们可以根据自身的学习要求和进度自主地开展数学学习的探索活动和互动活动,更好地激发其对数学学习的热情与参与度。此外,通过模拟实验和数据分析,学生能够更好地理解数学知识和掌握数学技能,从而促进他们学科学习综合能力的提升。

第三节　智能化教学平台

随着智能化教学平台的不断改进和发展,对数学课程教育产生了更加积极的影响。它为学生的数学学习提供了更灵活、更自主的学习方式,学生可以根据个人的需要和进度安排学科学习。同时,当下的智能化教学平台也为学生提供了更丰富和多样化的数学学习资源,学生通过电子教材、教学视频、习题库等各种数学资源开展学习活动,从而可以更深入地理解数学知识并及时巩固。此外,通过实时反馈和个性化指导,智能化教学平台也可以帮助学生及时发现和纠正数学学习中的问题,并提供有针对性的学习建议,从而提高学科学习效果。最后,通过智能化教学平台的交互式学习和模拟操作,可以极大地激发学生数学学习的兴趣和参与度,让他们更好地体验学科学习的乐趣,以及学科知识在现实生活中的广泛应用。

总之,随着智能化教学平台的更新和发展,对数学教育产生了积极的影响。它将促使数学课程教育更加注重个性化学习,增强了更灵活、更丰富的个性化和互动性的学习体验。而利用数据分析和人工智能还可以为更具针对性的学科教与学实践活动的开展提供有力的依据。

一、智能教学平台的起源与发展

智能教学平台起源于对传统教育模式的挑战和改进。随着科技的不断进步,人工智能、大数据和云计算等技术广泛应用于教育领域。智能教学平台借助这些技术,提供了更加个性化、灵活多变和互动体验的学习环境。

(一)智能教学平台的起源

随着计算机技术的发展和互联网的普及促进了智能教学平台的产生。之后,随着计算机硬件和软件技术的不断进步和发展,人们开始探索如何将这些技术应用于教育领域,以提供优质的教学服务和更好的学习体验,从而催生了智能教学平台的诞生与成长。

1. 电脑的兴起促进了教学辅助工具和资源的开发

20 世纪 80 年代个人电脑的兴起，为教育领域的变革带来了新的机遇和挑战。教育工作者开始借助计算机软件开发各类教学辅助工具和软件，如教学演示软件、交互学习软件等。因为这些教学软件和工具可以为学生提供更加直观、互动和多媒体的学习方式，使得教学内容更加生动有趣，从而为教学平台的诞生奠定了基础。

2. 互联网的兴起催生了早期的网络教学平台

随着互联网的兴起，人们开始将教育资源和服务移植到网络平台上，形成了最早的网络教学平台。通过网络这些教学平台将教师和学生连接起来，并提供了在线课程、学习讨论区、作业提交与批改等在线教学和学习的各种功能，使得学生既可以灵活地选择学习时间和空间，又可以与教师、其他同学开展学习交流和互动，为智能教学平台的发展注入了源源不断的动力。

3. 人工智能技术促进了智能教学平台的产生

早期传统的网络教学平台面临着个性化缺乏、互动性不足、教学内容和评估方式单一等问题，为了解决这些问题，人们开始将人工智能技术应用于教育领域，从而推动了智能教学平台的形成。

利用智能教学平台，通过分析学生的学习数据和行为模式，可以提供个性化的学习计划和教学资源。同时，还可以根据学生的学习兴趣和能力水平，推荐适合他们的学习材料和活动方式。其中，自适应学习系统就可以根据学生的学习进度和理解程度，调整教学内容和难度，并提供精准地辅导和反馈。此外，智能教学平台的网络和社交功能，还为学生提供了互动和合作学习的可能。学生可以与教师、其他同学实现共享学习资源、经验交流和问题讨论，促进互助合作学习。

总之，智能教学平台的起源是建立在计算机技术和互联网的基础上，并结合教育需求和人工智能技术的发展而产生的，为教育提供了全新的教学理念和智能教学工具，使得学生的学习更加个性化、智能化和互动化，从而开启了教育的新篇章。

（二）智能教学平台的发展

智能化教学平台随着数智化技术的不断改进和数学教育领域的新要求而不断改良和更新。随着数智化技术的进步，智能化教学平台能够根据学生的学习风格、兴趣爱好和能力水平，为个性化学习提供个性化内容和路径，确保每位学生都能够获得定制化的学习体验。同时，随着虚拟和增强现实技术应用于智能化教学平台，可以为学生创造身临其境的学习环境，从而提供更具互动性和沉浸感的学习体验。此时，数据分析与人工智能将发挥更大的教学评估作用。通过对学生学习数据的分析,智能化教学平台可以提供更准确的学习指导和个性化支持,帮助他们更好地理解和掌握知识。

智能教学平台的发展主要经历了以下四个主要阶段,每个阶段都标志着数智化技术的进步和教育需求的演变。

1. 基础阶段的智能教学平台

早期的智能教学平台主要是基于电脑软件,提供课程管理、资源分享和在线测试等基础的教学功能。通过电脑软件,学生可以开展学习和测试活动,而教师也可以对课程资料和学生的成绩评估进行管理。这一阶段主要关注教学工具的功能性和在线学习功能的基础性。

2. 移动阶段的智能教学平台

随着移动设备的广泛普及,智能教学平台逐渐走向了移动应用的形式,为学生提供了更加便捷的学习途径。通过手机或平板电脑的移动应用,学生可以随时随地在移动教学平台上开展学习活动。这一阶段的智能教学平台提供的在线课程、学习资源、作业提交和考试评测等功能,可以让学生根据自己的时间和地点灵活开展学习活动,从而极大地提升了学习的灵活性和便捷性。

3. 智能化阶段的智能教学平台

随着人工智能技术的快速发展,智能教学平台开发出智能推荐系统、自适应学习和个性化辅导等功能。通过学生的学习数据和行为模式的分析,智能教学平台可以根据他们的兴趣和需求、能力水平和学习风格,为其定制个性化的学习计划和学习内容。这一阶段的智能教学平台为学生提供了更加高效的学习方式,从而促进了学习效果的提升。

4. 社交阶段的智能教学平台

通过智能教学平台的网络和社交功能,可以促进学生之间的互动和合作学习。利用社交阶段的智能教学平台,学生可以与教师、其他同学进行学习交流和问题讨论,还可以分享学习资源和学习经验,从而促进生生之间的合作和互助学习。此外,教师也可以通过平台与学生互动,并提供有针对性的反馈建议和个性化指导。社交学习功能的引入使得教学更加富有趣味性和互动性,更能激发学生的学习热情和参与度。

总之,随着技术的不断进步和广泛应用,智能教学平台将提供更加全面、智能化和个性化的教与学辅助功能。通过不断优化算法和提升技术性能,智能教学平台将能够更加准确地、高效地分析学生的学习需求和问题,并提供更有针对性的个性化学习建议和辅导。此外,智能教学平台也将更加注重师生之间、生生之间的互动和合作,增强学习的互动性和趣味性,推动学习的实践创新和社会性发展,从而为教育带来革命性的变革。

（三）智能教学平台的特点

通过利用人工智能技术,智能教学平台能够根据学生的兴趣和能力提供个性化的学习计划和教学资源,提供多种形式的教育内容,并实时记录学生的学习进度并提供及时反馈。智能教学平台利用大数据分析学生的学习情况和预测学习趋势,为教师的教学工作提供了更好的指导和支持。同时,还为师生之间、生生之间的互动和合作学习提供了更大的自由度和灵活性。以下是智能教学平台具有的主要特点。

1. 个性化学习

利用智能教学平台,通过数智化技术分析学生的学习行为和数据,可以给他们提供个性化的学习计划和教学资源。同时,还可以根据学生学科学习的兴趣、能力和风格,推荐适合的学习材料、活动和难度,并根据学习进度提供精准的辅导和反馈,帮助他们更好地理解和掌握数学知识。此外,在智能教学平台上,学生可以通过自主选择感兴趣的数学主题开展学习活动,确保学生根据自己的节奏开展学科知识学习。

例如,如果学生甲需要巩固复习对数函数知识,那么他打开智能教学平台后,可以看到由平台根据他的兴趣爱好和能力水平推荐的对数函数的教学视频和相关的练习题、检测题。学生甲也可以根据自己的学习进度和理解程度,选择适合自己的对数函数学习资料,并按照自己的节奏进行巩固复习。

又如,在智能教学平台上的学习过程中,系统会自动记录学生的答题情况,并根据答题表现提供实时个性化的反馈建议。如果学生乙在证明函数 $y = -\dfrac{1}{x^2}$ 在区间 $(-\infty, 0)$ 上的单调性时遇到困难,智能教学平台可以针对这位学生的问题提供相应的辅导和解释,并帮助克服困难,使之在数学学习的道路上稳步前行。

通过智能教学平台的个性化学习,学生可以根据自己学习的需求和兴趣,选择合适的学习路径和资源。同时,平台还能够提供实时的反馈和辅导,帮助学生解决问题并提高学习效果。这样的个性化学习环境可以帮助学生更好地掌握数学知识,培养他们的自主学习能力和问题解决能力。

2. 多样化的教与学资源

智能教学平台整合了电子教材、教学视频、实验模拟等丰富多样的教学资源。通过智能教学平台获取各种类型的学习资料,通常是以多种形式呈现的教育内容,既为学生提供了更加直观、生动和多元化的学习方式,又极大地丰富了他们的学习体验。

例如,智能教学平台可以提供录制好的数学微课、公开课等教学视频,这些视频都是由教学经验丰富的数学教师讲解数学知识及其相关题型的解题方法。学生可以根据自己的学科学习进度和需求,自由选择资料进行学习探索和复习。

又如,智能教学平台中提供的数学模拟实验和演示模块可以帮助学生更好地理解抽象的数学知识。如学生可以使用几何画板进行函数图像的绘制和变换,观察函数图像随着参数变化而发生的奇妙变化,探索函数的图像特征和基本性质,从而加深对函数知识的理解。

智能教学平台上提供的多样化的教与学资源,可以满足学生在数学学习过程中的不同需求,并为他们提供更加灵活和个性化的学科学习体验。这些教与学的学科资源不仅能够激发学生数学学习的兴趣,而且能够增强他们数学学习的主动性和探索精神,为其学科学习增加了更多可能性。

3. 实时反馈与评估

智能教学平台能够及时记录学生的学习数据,并通过自动化评估和反馈系统提供实时的学习反馈。学生可以即时了解自己数学学习的进度和成绩,同时也可以根据学科反馈建议及时调整和改进学科学习的方法和策略。

例如,学生甲做了一套关于集合知识的检测题练习,智能教学平台会立即对其答案进行自动评估和反馈。而教师则可以根据这位学生学习集合知识的统计数据和评估报告,及时了解他学习集合单元知识的情况,并根据需要提供个性化的学习补充资料和针对性的指导。

又如,如果学生乙做一道判断函数的奇偶性习题的答案是正确的,那么平台会给予肯定的回馈,并鼓励他继续做下一道题目;如果学生乙的答案有偏差,那么平台会给他分析出错的原因,并给予相应的指导和提示,最后呈现详细的解题过程,确保学生从错误中汲取教训,同时促进其思维的深化和能力的提升。

通过智能教学平台的实时反馈与评估功能,不仅可以帮助学生及时纠正学习数学过程中的错误而实现强化学习和巩固复习,而且还可以帮助教师更好地了解他们的学习情况,提供个性化的辅导和支持。这种即时的反馈和评估有助于提高学生的学习效果,更好地激发他们的学习主动性和热情。

4. 互动与合作学习

智能教学平台的网络和社交功能可以促进学生之间数学学习的互动和合作。学生可以与其他同学、教师开展交流和讨论,分享数学学习资源和经验,共同解决学科问题或完成某项任务。这种互动性和合作性的学习环境,可以激发学生数学学习的兴趣和主动参与性,提高学科学习效果。

例如,某班第 2 学习小组学生丙在灵活应用直线的斜截式方程和点斜式方程建立直线方程时遇到了困难,于是他登录智能教学平台并进入了小组讨论区,发起一个关于"如何根据已知条件恰当地应用直线的斜截式方程和点斜式方程建立直线方程"的问题。他提供了一道建立直线方程的习题,并询问小组其他同学如何恰当地应用直线的斜截式方程和点斜式方程建立直线方程。发出之后,小组的部分同学也表示存在这一困惑,也希望得到其他同学的帮助。接着,小组中数学学习能力较强的同学分享交流了解决这一问题的方法和技巧,促进了小组互动与合作学习,并提高了整个小组的学科学习效果。

又如,周末学生丁在智能教学平台上预习完终边相同角的知识后,在师生互动区提出"能否不通过写出与−950°角终边相同的集合去判断其角所在的象限,而是直接利用终边相同角的知识判断其角所在的象限。"这种学习平台使教师在非正常教学时段也可以在师生互动平台上及时回复学生丁的问题,帮助学生及时解决非上学时段数学学习存在的问题,较大程度上激发了他们利用业余时间开展学科学习活动的积极性。

智能教学平台的互动和合作学习功能能够支持组建数学学习小组,开展学科项目或任务的合作学习。学习小组可以共享学科学习资源、经验和见解,加深对数学知识的理解和掌握;可以共同完成数学项目或解决数学问题,开展实时的讨论和反馈,互相补充知识;可以提出问题和疑惑并协作解决困难。智能教学平台的这种功能不仅可以提高学生数学学习的参与度和兴趣,而且还可以鼓励他们积极思考、分享和合作解决学科问题,并从中培养其团队合作精神和沟通技巧,为今后的学业成长和综合能力发展提供了更多可能性。

5. 灵活的学习时间和地点

智能教学平台提供了灵活的学习时间和地点选择,使得学生通过电脑、手机或平板电脑可以随时随地开展数学学习活动。不再局限于传统的线下学习场所和固定的学习时间,学生可以根据自己的需求和喜好安排学科学习计划,更加方便他们开展自主学习和巩固复习。

例如,学生甲下午放学回家后在家里舒适的环境中,打开智能教学平台的应用程序回顾今天所学的数学知识。还可以随时随地选择符合自己节奏、精力较充沛的时段开展学习活动,而不受传统课堂的学习时间的限制。这种个性化的学习安排,不仅提高了学科学习效率,而且让他享受到了学习的乐趣。

又如,周末时间学生乙可以根据个人情况和喜好选择学习数学的地点。他可以在公共图书馆、家中的书房等能够使自己静心的地方开展数学学习活动,可以有效地提高学科学习效率。换言之,无论身处何地,只要有网络和智能设备,学生都能够通过智能教学平台开展有效的数学学习。

通过智能教学平台提供的灵活学习时间和地点选择,学生们可以根据自己的喜好和生活节奏,自由地安排数学学习的时间和地点。这种学习的灵活性使得学生能够更好地满足数学学习的个性化需求,并提高学科学习的效率和体验。此外,智能教学平台的灵活性还体现在支持学生随时随地开展数学知识的片段学习。学生们可以将课堂学习内容分成几个小部分并根据自己的时间安排,使之在等待的碎片化时间里进行学科学习或复习,让学习变得更加高效和便捷。

6. 数据分析和预测

智能教学平台的大数据功能可以分析学生的数学学习历史和行为模式,并预测他们的学科学习趋势和潜在问题。通过深入挖掘学生数学学习的数据,教师可以更好地了解学生的学科学习情况,并及时采取相应的教学策略和措施,帮助他们更好地理解和掌握数学知识并取得更理想的学科成绩。

例如,智能教学平台可以通过收集错误率、学习时间、解题速度等学生在某数学知识学习中的各种数据,深入了解他们就某一知识点的学习状况,并根据这些数据生成知识学习报告,及时提供给教师和学生,帮助他们更好地调整教学策略和学习策略。

又如,智能教学平台可以通过对某位学生的数学学习数据的分析,了解他的学科学习偏好、薄弱环节和潜在的兴趣点,并据此为这位学生提供个性化的学习推荐。如智能教学平台可以根据学生丙以往数学学习的数据,就某一数学知识点的学习推荐适合其水平和兴趣的教学视频、相应习题和辅助学习资料,帮助他更有效地开展这一数学知识点的学习。

智能教学平台的大数据功能可以帮助教师和学生更好地了解数学学习状况,并提供个性化的学习支持和反馈建议,从而促进学生数学学习的兴趣和效果。

此外,智能教学平台可以通过收集全班学生或小组学生在数学学习中的数据,对学习群体进行分析。例如,教师可以分析班级其中一组学生数学学习的表现,并比较他们在不同数学知识点上的差异。这样做可以帮助教师更好地了解这一学习小组的数学学习特征,并开展更有针对性地指导和帮助。

总之,智能教学平台具备个性化学习、多样化的教学资源、实时反馈与评估、互动与合作学习、灵活的学习时间和地点,以及数据分析和预测等特点。这些特点使得数学教学实践活动更加智能、个性化、互动化和灵活,并提供了丰富的学科学习体验,同时提高了教学效果,更为学习活动的开展提供了极大的便利和较大的推动力。

(四)智能教学平台的应用场景

智能教学平台在数学教育中的应用场景主要体现在个性化学习、实时反馈与评估、互动与合作学习、多样化教学资源和数据分析与决策支持等方面。它可以根据学生数学学习的数据和表现,提供个性化的学科学习推荐和指导;实时监测并评估学生数学学习的状况,及时提供针对性的学习反馈建议;促进学生之间数学学习的互动和合作;提供丰富多样的教与学资源;通过数据分析帮助教师了解学生数学学习的特点和需求,制定个性化的教学计划和策略。通过这些应用场景既可以增强学生数学学习的效果和兴趣,还可以为教师提供了强大的教学支持,使数学教学更加高效和个性化。以下是智能教学平台在数学教育中的主要应用场景。

1. 个性化学习

智能教学平台通过收集和分析学生的数学学习数据和行为表现,可以为每位学生提供个性化的学科学习内容和进度安排。智能教学平台可以根据学生数学学习的水平、偏好和兴趣,帮助他们自动调整数学学习的难度和进度,使每位学生都可以在适合自己的学习节奏下开展学科学习活动,帮助他们更好地理解和掌握数学知识,有效地避免了传统教学中"一刀切"所产生的问题,极大地提高了学科学习效果。

此外,智能教学平台通过收集和分析学生数学学习的数据,也可以为数学教师有针对性地指导学生开展个性化学习提供依据。教师可以根据学生数学学习的数据和反馈信息,深入了解每位学生的学科学习特点、薄弱环节和潜在兴趣,为他们推荐合适的学科学习内容,并提供个性化学习方法和策略的指导。这种个性化指导可以增强学生数学学习的动力和积极性,使他们更有效地学习数学知识,并提高学科学习的成效。

2. 实时反馈与评估

智能教学平台通过收集学生在数学学习中的各种数据,可以实时对他们的学习情况进行监测和评估,并生成数学学习报告提供给教师。教师也可以根据平台提供的学生数学学习报告,深入了解学科学习的进展、掌握程度等学习状况,以便教师及时调整学科教学进度和教学策略,更好地促进他们学科学习效果的提高。

此外,智能教学平台可以实时对学生在数学学习中的表现实施监测和评估,并给予及时反馈建议和评估结果。平台通过收集学生在数学学习中在线学习时间、解题速度与正确率等各种数据,让学生及时了解自己的学习进展,并及时发现和纠正数学学习中存在的问题及其解题的误区。

3. 互动与合作学习

智能教学平台的互动功能可以有效地促进师生之间教与学的沟通与交流。通过在线讨论、协作任务等多元化的方式,教师和学生可以在平台上共同探讨和解决数学问题,分享和交流数学学习的经验和建议。这种教与学的互动性所提供的开放和包容的学习环境,让学生敢于提问和表达自己的观点,帮助他们更深入地理解数学知识,激发其学科思维的灵活性和创造力,同时也加强了师生之间的沟通和交流。

此外,智能教学平台也可以促进学生之间数学学习的互动和合作。通过在线讨论和协作任务的功能,学生可以在平台上分享自己学习数学的经验,提出困惑,与同学们展开交流和讨论,提升彼此的学习能力并解决学科学习中存在的问题。这种互动和合作学习的方式可以帮助学生更好地理解和应用数学知识,充分调动他们参与数学学习的热情和积极性,实现知识的内化和能力的升华。

4. 多样化的教学资源

数智化教学平台提供的多样化教学资源对数学教师的学科教学具有积极的影响和促进作用。它可以帮助教师根据自己的教学需求选择合适的资源,使之更全面、更深入地展示数学知识,从而增强学生对学科知识的理解;数智化平台提供的数学软件、模拟实验等学科教学辅助工具,可以帮助教师更有创意地进行教学设计,更直观地展示数学知识并使抽象的数学知识可视化,易于学生理解和掌握;教师还可以根据学生数学学习的数据和平台反馈信息,针对性地调整学科教学的策略和资源,以更好地满足学生不同水平和兴趣的需求。

此外,智能教学平台集成了电子教材、教学视频、习题库等丰富多样的数学教学资源,为每位学生提供个性化的学科学习支持方案。学生可以根据自己学习数学的需求和兴趣,自主地选择和使用这些学科教学资源,开展学科学习和巩固复习。同时,平台也可以根据学生数学学习的数据分析结果,推荐适合他们学习的学科教学资源,帮助他们更好地开展学科学习活动。

总之,数智化平台提供多样化的教与学资源,既为数学教师提供了丰富、便捷的教学工具和素材,并实现了更有趣味性、更有效的学科教学,又为学生开展个性化的学科学习活动提供了充足的学习资料,从而使之数学学习方式多元化。

5. 数据分析与决策支持

利用智能教学平台的大数据功能可以对学生的学习数据进行收集和整理、分析和处理。它既为教师提供学生数学学习的详细学习报告和教学分析,教师可以根据这些数据的分析建议,深入了解学生学科学习的特点和需求,从而为他们制定更适合的个性化教学计划和教学策略,进一步促进学科教学效果的提高。

此外,智能教学平台的大数据功能也可以为数学教师提供学科教学决策的支持和帮助,能够根据学生数学学习的数据分析结果,优化学科教学内容和教学方法,使之更加符合学生的实际需求和学习特点。同时,平台的数据分析和决策支持功能也有助于学校管理层对数学学科的教学质量和学生学习表现进行监测和评估,从而作出更加科学、合理的教育决策。

总之,智能教学平台在数学教育中可以提供个性化的学习支持、实时的反馈与评估、互动与合作学习、多样化的教学资源以及数据分析与决策支持等应用场景。这些应用场景帮助数学教师更好地开展教学实践活动并作出正确的教育决策,同时为学生的学科学习提供有针对性的帮助和指导,并促进他们学科学习的参与度和学科学习效果的提升。因此,教师应当充分利用智能教学平台的大数据功能,以推动数学教育的创新与发展。

二、智能教学平台对数学教育的影响

智能化教学平台在数学教育中发挥了重要的作用。个性化学习能够根据学生数学学习的需求和能力水平提供定制化的学科教学内容;实时反馈能够帮助学生及时纠正数学学习中的错误并改进学科每类题型的解题方法;交互式学习能够激发学生数学学习的兴趣和参与度;丰富的教与学资源可以给教师和学生提供多样化的资料和工具;数据分析和个性化指导可以为学生提供更具针对性的学科学习指导和帮助。通过智能化教学平台,数学教育活动变得更灵活、有趣,让学生更加个性化、高效地体验学习,并更好地提高他们参与学科学习的积极性。

(一)促进学生数学学科的个性化学习

智能化教学平台可以根据学生数学学习的状况和能力,自动调整学科教学内容和难度,并提供更好的个性化学习体验。学生可以根据自己的学习进度和兴趣,自主选择学习的内容和方式,从而更好地适应和发展自己的数学能力。

此外,智能化教学平台还可以通过分析学生数学学习的情况和表现,并根据学生个体的兴趣需求和能力水平,自动调整学科学习的内容和难度,以满足每位学生的学习需求。这种利用智能化教学平台开展个性化的学习方式,可以促进学生的主动参与和自主学习数学,进而提高了学科学习的效果,这种创新的教学模式,无疑为数学教育的未来发展开辟了新的途径。

(二)为教师和学生提供数学学习的实时反馈

智能化教学平台通过评估系统,为学生提供即时的数学学习反馈,帮助他们及时了解自己学习中的弱点和错误。学生可以及时了解自己解题过程和答案是否正确,并清楚地认识到自己的知识盲点和技能短板,帮助他们及时调整和改进数学知识和技能学习的方法和策略。这种实时反馈方式可以帮助学生更高效地学习和掌握数学知识与技能。

此外,智能化教学平台的实时反馈功能还可以帮助学生加深对数学知识的理解和应用。学生提交数学习题解答后,智能化教学平台可以实时自动批改,并提供针对性的反馈建议和评估结果。这种实时反馈方式可以促进学生在数学学习中积极思考问题同时纠正学习中的错误,并改进学科某种题型的解题方法,从而使之更有针对性地开展学科学习和复习,让学科学习变得更有针对性并富有成效。

（三）为学生数学学科的交互式学习提供更多可能性

智能化教学平台的交互式学习功能，为学生数学的交互式学习提供更多可能性。它可以激发学生共同参与数学学习的积极性，鼓励他们积极思考问题和解决问题。学生还可以与教师和同学们进行数学问题探讨、分享彼此想法，共同探索数学知识的学习方法和策略，从而激发他们参与数学学习的主动性，并进一步增强其学科学习的体验。

此外，智能化教学平台还给学生的数学学习提供了各种模拟实验，让他们能够以沉浸式的方式学习学科知识，使之更深入地理解学科知识，并培养解决问题的能力和创新思维。通过几何图形构建、函数绘制等操作和实验，学生可以深层次地探索数学知识，更好地理解数学知识的本质和应用，从而提高他们学科学习的参与度和动力，使数学学习更生动、有趣且富有成效。

（四）为教师和学生提供丰富的数学教与学资源

智能化教学平台为教师提供了电子教材、教学视频、习题库等丰富多样的数学教学资源。数学教师可以根据自己的教学需求和学生的学习特点，选择合适的学科教学资源，用于辅助和丰富教学实践活动，以满足学科不同层次学生的需求和学习风格，同时促进全方位的数学学习活动的开展。平台提供的这些教学资源不仅能够帮助教师更直观地展示数学知识和原理，而且教师还可以利用平台中的学科软件、模拟实验等辅助工具，促使学生更好地理解和应用数学知识，从而提升学科教学效果并促进学生的学科学习发展。

此外，智能化教学平台为学生提供了电子教材、教学视频、检测题库等丰富多样的数学学习资源。学生可以根据自己学习数学的需求和兴趣，自主地选择和利用这些学习资源。通过反复阅读电子教材和观看教学视频，学生可以深入地理解和掌握数学知识和原理。同时，平台提供的章节知识对应的习题库或检测题库，可以帮助学生更好地巩固和应用所学数学知识。这些丰富的学习资源不仅能够满足学科不同层次学生的数学学习需求，并促进学科学习方式的多元化，而且还能够很好地激发他们参与数学学习的兴趣，并提高他们学科学习的效果和动力，从而为教师和学生搭建了一个高效、互动、个性化的学科教与学的平台。

（五）为教师开展数学个性化学习指导提供数据分析和反馈建议

智能化教学平台可以收集学生数学学习的数据和表现，并进行深入分析和挖掘。教师则可以借助这些学科学习数据的分析结果，全面了解学生数学学习的状况，尤其是学科学习中的困惑，并提供个性化且针对性强的指导，帮助学生进一步理解和掌握学科知识,确保每位学生都能得到最适合自己的学习指导。

此外,通过智能化教学平台的数据分析结果,学生也可以较全面地了解自己数学学习的优势和不足,并合理地调整和改进学科学习方法和策略。智能化教学平台通过学生数学学习的数据分析和反馈建议,可以帮助学生深入了解某一学科知识的学习情况和存在的问题,并通过教师的个性化指导帮助克服该知识学习中的困难,进而达到学科知识强化学习和巩固复习的效果。

综上所述,智能化教学平台在数学教育中的影响和作用是显著的。它促进了个性化学习、提供实时反馈、激发学生的兴趣和参与度,并通过数据分析和个性化指导提供了更精准的学科学习指导和帮助。这种智能化教学平台对于数学课程教育的变革和创新产生了积极、深远的影响,更好地促进学生积极参与数学学习活动的热情,并提升他们的学科学习效果,为数学教育的创新和发展提供了一条新的途径。

三、智能教学平台在数学教学中的应用

智能教学平台在数学课程教育实践中具有广泛的应用。它可以根据学生的数学学习的数据和表现,为他们提供个性化的支持和帮助,即提供个性化的学科学习内容和进度安排,使之更好地理解和掌握数学知识。还可以实时监测学生数学学习的状况,提供即时的反馈建议和评估结果,帮助教师更好地了解学生的学习状况并及时调整学科教学策略。而平台的互动和合作学习功能可以增强学生之间数学学习的交流和合作,并促进彼此学科学习的共同成长。平台中丰富多样的教学资源是教师开展数学教学和选取针对性教学素材的得力助手。尤其是,智能教学平台的数据分析和决策支持功能,为教师提供学生详细的学科学习报告和教学分析,帮助他们深入了解学生的学科学习特点和需求,并制定个性化的学科教学计划和策略,确保每位学生都能够在数学学习中获得最大的收益。在数学课程教育实践中智能教学平台的主要应用体现在以下六个方面。

(一)个性化学习支持

根据学生数学学习的数据和表现,智能教学平台可以为每位学生提供个性化的学科学习指导和帮助。通过分析学生数学学习的能力、偏好和兴趣,智能教学平台可以自动调整其学科学习的内容和难度,帮助他们更好地理解和掌握数学知识。

例如,制作自适应的数学学习路径。根据学生的数学学习表现和知识水平,智能教学平台可以自动调整学科学习的内容和难度,为每位学生提供针对性的学科学习路径。若学生已掌握数学基础知识,系统则会推荐应用所学数学知识解答富有挑战的相关习题进行练习;而对于需要巩固数学基础的学生,系统则会提供一系

列精心设计的相关习题进行练习，帮助他们巩固基础并稳步提升。

又如，实时个性化学科反馈建议与评估结果。智能教学平台可以实时监测学生数学学习的进度和答题情况，并提供及时反馈建议和评估结果。若学生完成一道数学题后，系统会自动给出评价，并指导他们发现解题中的错误并改正，进一步促进其学科知识的有效掌握。同时，教师也可以随时查看平台上学生数学学习的状况并发现问题，并及时给予针对性的指导。

除以上例子外，给学生的数学学习提供的个性化学习资源、多样化的学习方式等也是智能教学平台在数学个性化学习方面的应用。学生可以根据自己的数学学习风格和喜好选择适合自己的学习方式，也可以根据自己的学习进度和时间安排自主学习，还可以根据自身数学学习的需求和兴趣选择个性化的学习资源，从而更加有效地开展学习活动，并使得学习过程更高效、更有趣，进而提高学科学习效果。

（二）实时反馈与评估

智能教学平台可以实时监测学生数学学习的情况并提供即时反馈建议和评估结果。平台通过收集学生数学学习中的答题正确率、解题速度等数据，可以给学生实时提供详细的答题情况反馈，并帮助他们及时发现错误和纠正错误，同时了解自己的学习进展情况，从而更有针对性地开展学科学习活动。

例如，实时统计学生数学学习的数据。智能教学平台可以收集学生数学学习的答题耗时、解题准确率等相关数据，帮助教师随时查看学生数学的学习进度和表现，了解他们对某一数学知识的掌握程度和需要改进的地方，并给予针对性的反馈建议和学习指导，帮助他们更有效地学习。

又如，数学学习的即时答疑和在线辅导。学生在智能教学平台上开展数学自主学习时，能够提供即时答疑和在线辅导。学生在平台学习过程中可以随时向教师或其他同学提出问题并请求帮助。而教师或其他同学则可以通过平台及时回复学生提出的问题，引导并帮助他们解决遇到的数学难题和困惑。这种即时的反馈和辅导能够更好地帮助学生理解和掌握数学知识，还能够促进师生之间的交流，增强学科学习的互动性和趣味性。

除了以上例子外，为学生的数学学习提供的学习报告和汇总分析、自动批改和评分等也是智能教学平台在数学学习实时反馈与评估方面的应用。学生和教师均可以通过平台查看学生数学学习的反馈和报告，使两者均可以了解到学科学习的进展和改进方向，这不仅让教师提供更有针对性的指导，也让学生及时调整学科学习方法和策略。这些实时反馈与评估的应用体现了智能教学平台是如何帮助学生及时了解和改善数学学习状况，使他们更好地掌握数学知识和技能，进一步提高学科学习效果。

（三）互动与合作学习

智能教学平台可以促进学生之间数学学习的互动性和合作性。通过平台的在线讨论和协作任务的功能,可以鼓励学生在平台上分享和交流数学学习的经验和体会,并共同探索和解决数学问题,从而激发学生数学学习的动力和提高数学思维能力。

例如,数学在线讨论和互动活动。智能教学平台的在线讨论和互动功能,可以让学生在平台上与其他同学开展数学问题的探讨和交流活动。在平台的互动区域,学生彼此之间可以分享自己的学科解题思路和方法,促进互相学习和启发。通过这种互动式的学习方式,学生可以从不同角度的思考和观点中得到学科学习的启发和解决问题的灵感,从而提高其数学思维能力和解题能力。

又如,数学协作项目和作业。智能教学平台支持学生在数学学习中开展协作项目和作业的共同完成活动。在平台上,学生可以共同建立一个数学模型、解决一个实际问题等数学项目,在合作过程中他们可以探讨和共享自己的想法和观点,同时相互补充和协作完成,并从中提升彼此间解决问题能力和团队合作能力。

除以上例子外,给学生的数学学习提供的群组学习和竞赛、共享学习资源等也是智能教学平台在数学互动与合作学习方面的应用。可以设置学科学习群组共同探索和解决数学问题,充分调动学生数学学习的兴趣和动力。通过学习资源的功能可以让学生上传和分享自己的数学学习资源,供其他同学参考和学习,促进学科学习的共同进步和提高。这些例子体现了智能教学平台如何通过互动和合作的方式促进学生的数学学习。通过与同学和教师的互动,学生既可以拓宽数学学习的视野,获得更多学科学习的启发和帮助,又可以培养其团队合作精神和解决问题的能力,这些宝贵的经验和技能,将对他们未来的学术和职业生涯产生深远的影响。

（四）多样化教学资源

智能教学平台为教师提供了电子教材、教学视频、练习题库等丰富多样的数学教学资源。教师可以根据数学教学目标和学生学科学习的需求选择合适的教学资源,帮助学生更好地理解和掌握数学知识。同时,学生也可以根据自己的学科学习需求和兴趣,自主选择和使用这些教学资源,提高他们数学学习的效果。

例如,数学教学课件或数学游戏。智能教学平台会提供一些数学教学课件、数学迷宫或拼图等游戏趣味活动。这些教学课件可以涵盖各个数学知识模块和难度层次,供教师按需选择和使用,较大程度上提高了工作效率。而平台提供的一些数学游戏趣味活动,不仅可以很好地调动学生参与学科学习的兴趣,激发他们学习数学的积极性,而且还可以在轻松愉快的学习氛围中培养其逻辑思维和解决问题的能力。

又如,数学练习题库和单元知识检测题库。智能教学平台上一般都会提供大量的数学练习题库和单元知识检测题库,并包含不同类型的题目和不同难度级别的题目。教师可以根据学生数学学习的能力水平和教学目标,选择适合不同层次学生的练习题或单元检测题提供给学科不同层次的学生进行练习或测试,从而有效地激发他们数学学习的潜力。

除以上例子外,给学生的数学学习提供的课堂互动工具、数据分析和报告等也是智能教学平台在数学多样化教学资源方面的应用。教师可以利用课堂互动工具,引导学生课堂上积极参与到数学教学实践中,共同探讨和解决数学问题,从而实现学科教学的深度和广度。此外,教师还可以根据数据分析和报告,调整自身的学科教学内容和策略,并更好地实施个性化的学科指导。总之,这些例子体现了智能教学平台如何提供丰富多样的数学教学资源,帮助教师更好地开展数学教学实践活动,以满足学科不同层次学生的个性化学习需求,同时又支持教师开展个性化和互动式的学科教学,为学生提供了一个更加高效、有趣、富有挑战性的数学学习环境。

(五)数据分析与决策支持

智能教学平台的大数据功能可以对学生数学学习的数据进行收集、整理和分析,为教师提供详细的学生学习报告和教学分析。教师则可以根据这些学科学习数据和分析结果,深入地了解学生的学科学习特点和需求,有利于调整教学策略和教学资源,增强学科教学活动的有效性。

例如,数学学习进度分析。智能教学平台可以根据数据分析学生的学习进度,了解每位学生在不同数学知识和技能的掌握情况。通过查看完成作业或练习的时间线,以及各个知识点的答题正确率等数据,教师可以判断学生对于不同类型知识点的理解程度,并相应地调整教学计划和内容,使之更加贴合他们的学科学习的实际需求。

又如,数学知识掌握情况分析。智能教学平台可以跟踪学生在各个数学知识点上的掌握情况。通过分析学生在每个知识点上的答题情况和准确率,教师可以了解学生在哪些知识点的学习存在困惑和障碍,从而有针对性地进行讲解和辅导。此外,教师还可以根据学生对不同知识点的兴趣和表现,调整教学策略,激发他们学科学习的积极性。

除以上例子外,给学生的数学学习提供的学习行为分析、学习群体比较与分析等也是智能教学平台在数学数据分析与决策支持方面的应用。通过分析学生数学学习的行为,教师可以了解学生学科学习的习惯和效率,并进行有针对性的建议和引导。通过查看学生数学学习的进步或退步情况,并将其学习表现与班级整体水平进行比较,教师可以识别出学习进步较快或退步较大需要帮助的学生,及时给予相应的奖励或帮助。这些例子体现了智能教学平台如何利用数据分析和处理来帮助教师做出正确的教学决策。通过分析学生数学学习的进度、行为、群体差异和知识点掌握情况等数据,教师可以给学生提供个性化的学科教学指导和帮助,以满足学科不同层次学生的学习需求,并促进他们在数学学习中取得更大的进步。

（六）智能化辅助工具

智能教学平台提供的数学软件和模拟实验等智能化辅助工具,既可以帮助教师更好地开展数学教学实践活动,将抽象的数学知识可视化、形象化,又可以帮助学生更直观地理解数学知识和原理,增加他们学科学习的互动性和参与度,提升学科学习的有效性。

例如,交互式白板操作工具。智能教学平台上的交互式白板可以模拟传统的黑板和白板,在数字屏幕上实现绘图、演示和书写功能。它方便教师使用这个工具进行数学公式的书写、图形的绘制和解题过程的演示,从而更生动地呈现学科知识,进而提升学科教学的互动性和有效性。

又如,几何画板、图形绘制工具等系列数学工具包。利用智能教学平台的系列数学工具,教师可以在平台上使用这些工具开展数学教学活动。几何学习中,教师可以使用几何画板和图形绘制工具创建各种几何图形,并提供给学生观察和分析;涉及计算课,教师可以利用计算器工具进行复杂运算的演示和验证,使师生共同见证数学的精确性和严谨性。

除以上例子外,给学生的数学学习提供的多媒体资源库、课程设计模板、学生跟踪与管理工具等也是智能教学平台在数学数据分析与决策支持方面的应用。教师可以利用这些多媒体资源丰富数学教学内容,激发学生学科学习的兴趣和思考。利用数学教学设计模板,教师可以根据自己的教学需求更好地规划和优化数学教学活动,使之符合学科教学目标和学生学习的特点。利用跟踪和管理的功能,教师可以实时查看学生数学学习的进度、作业完成情况等,使之更好地了解每位学生的学习状况,并对其开展个性化的指导,确保每位学生都能在最适合自己的方式下学习数学,充分发挥他们的学习潜能。这些例子体现了智能教学平台如何通过辅助工具帮助教师开展数学教学活动,增强了学科教学的互动性和效果,使数学教学活动更生动、更有效。

综上所述,智能教学平台在数学教学中的应用包括个性化学习支持、实时反馈与评估、互动与合作学习、多样化教学资源以及数据分析与决策支持,使教师能够更好地了解学生的数学学习情况并针对性地调整教学策略,促进了学生数学学习的互动与合作。此外,智能化辅助工具也丰富了数学教学实践活动,既可以为教师提供数据分析与教学决策的支持,又可以提升数学课程教育的效果并优化学生学科学习的体验。为教师和学生提供了丰富的数学教学工具并优化学科学习体验,使得学科学习变得更加生动、高效和愉悦。

第四章　数智化技术与
数学信息化教学资源开发

数智化技术很大程度上推动了数学信息化教学资源的开发与创新。数智化技术为数学信息化教学资源开发的应用提供了坚实的技术支撑。数学课程教育可以利用数据分析、机器学习和人工智能等技术手段,深入挖掘学生学科学习的需求并解决其困惑,并可以根据他们的个性差异提供个性化的学科教学资源。

数智化技术还可以帮助教师更好地理解数学知识的学习难点和学生的认知过程,从而设计出更符合学生学习规律的教学资源。通过数据分析,可以识别学生在数学学习中常见的错误和认知的误区,进而针对性地设计交互式的学科教学资源,以帮助他们避免或及时纠正错误,同时提高学习成效。同时,数智化技术还能为数学教师提供快速生成、评估和更新教学资源的便利条件,提高学科教学资源的质量和实用性,满足学生不断变化的学习需求。

此外,数智化技术还可以为数学信息化教学资源开发提供创新的方式和形式。通过结合虚拟现实、增强现实、多媒体等技术,可以设计出更生动、直观、趣味的教学资源,激发学生的学习兴趣和积极性。这样的数学教学资源能够更好地满足学生的视觉、听觉和互动需求,提高数学学习的效果和质量。

当今数学信息化教学资源呈现品种多样的趋势。图 4-1 所示一些常见的数学信息化教学资源。这些只是数学信息化教学资源的常用部分,随着技术的不断发展,将会有更多创新和多样化的教学资源出现。这些数学教学资源类型极大丰富了数学学习的多元方式和各种途径,并为学生提供了更加灵活互动以及个性化的学科学习体验。

第一节　数智化技术与数学教学动画制作

数智化技术的应用为数学教学动画制作提供了强大的支持和创新的可能性。借助数智化技术,可以利用数据分析和算法更深入地理解学生的学习需求和难点,从而针对性地设计和制作数学教学动画。这种个性化数学教学动画的制作能够帮助学生更好地理解和掌握抽象的数学知识和技能、思维和解题方法,并培养他们的思维敏捷性与逻辑严密性。

图 4-1 数学信息化教学资源

数智化技术还可以为数学教学动画制作提供高效的工具和平台。通过使用虚拟现实、增强现实等技术的巧妙融合，可以将数学概念可视化和实例演示的方式直观呈现给学生，帮助他们更加深入地理解和掌握知识。此外，数智化技术还能够实现自动生成教学动画的功能，较大程度上减少了制作的时间，降低了成本，提高了教学资源的数量和质量。因此，数智化技术为数学教学动画制作提供了丰富的创新空间和便利条件，能够以更有效的方式辅助教师开展学科教学活动，从而更好地增强学生学科学习的效果和兴趣，让学科教育变得更加生动、高效、富有成效，并为教育事业的发展注入了新的活力。

一、数学教学动画的概念和特点

数学教学动画是指用数学软件编写的程序绘制的曲线和曲面等可动的数学教学图形。它是利用动画技术将抽象的数学概念以视觉化、生动化的方式呈现给学生的教学资源。这种教学方法主要通过融入图形、图像、声音等多媒体元素，激发学生学习数学的兴趣和参与度，促进他们深度学习，使之更好地理解和记忆数学知识，从而提高学科的教学效果。

（一）数学教学动画的概念

数学教学动画是利用动画技术呈现数学知识、过程和解题方法的教学资源，通过视觉化和动态化的方式帮助学生更好地理解和记忆数学知识。它通过图形、图像、声音等多媒体元素,将抽象的数学知识和技能以视觉化、生动化的方式展示给学生,易于他们理解和掌握数学知识。

(二)数学教学动画的特点

数学教学动画具有视觉化呈现、生动活泼、互动性与自主性、多维度表达和强化记忆与理解等特点,能够提供数学学习的交互性体验,并结合情景设计帮助学生建立学科知识点之间的联系,形成完整的学科知识体系。

特点1　视觉化呈现

数学教学动画通过图形、图像、动画等可视化手段,将抽象的数学知识转化为直观的图像,使学生能够看到、感受到数学知识的具体表现形式,更能感受到数学知识的变化过程。

例如,几何形状和变换。通过绘制教学动画展示立体几何图形的构造、平移、对称、旋转等变化过程,如通过三棱锥的图形动态变换,学生可以直观地理解其变化规律和共同属性,从而加深对这一几何知识的理解。

又如,图表和数据分析。可以利用教学动画演示统计图表的详细绘制过程,如条形图、散点图、折线图、柱状图等,图标以及数据在其中的表示和分析。通过教学动画,学生可以更清晰地理解统计数据之间的关系和趋势。

以上例子展示了数学教学动画中视觉化呈现特点。通过动画的这一特点,学生可以更直观地观察到数学知识、过程和应用的运算和变化,从而加深对数学知识的理解和记忆。同时,教学动画还能够增加数学的趣味性和互动性,激发学生学科学习的积极性和参与度,并提高他们的学习效果和培养其创新能力。

特点2　既生动又活泼

数学教学动画的动态、流畅以及声音配置的动画效果,给学生一种身临其境的体验。目睹数学知识的逐步展示过程,使之更好地理解和记忆学科知识。

例如,数学游戏和互动。设计数学游戏的动画,帮助学生参与其中并进行互动。动画游戏可以要求学生在限定时间内解决一系列数学题目,每答对一道题目,角色就跳跃或前进一步。这种生动的互动学习方式可以提升学生对数学知识的兴趣和学习的参与度。

又如,角色展示和情景模拟。通过动画中具有个性鲜明和特点突出的角色,将数学知识、问题和解决方法置于生动的情境中。通过角色的对话和行动,模拟真实生活中的数学应用情景,让学生更直观地感受数学知识的实际应用价值。

以上例子展示了数学教学动画的生动活泼特点。通过动画的这一特点,能够将抽象的数学知识以生动活泼的方式呈现出来,既可以激发学生学习数学的兴趣和意识,又可以提高他们学科学习的积极性和有效性。

特点3 互动性与自主性

数学教学动画通常具有交互性,学生可以根据自己的节奏和需求进行操作和探索。他们可以自主选择数学的学习内容、调整学科学习的进度,从而更好地满足个体的学科学习需求。

例如,交互式问题解决。在数学教学动画中引入问题场景,并提供给学生一些选择或让他们进行操作,以此促使学生思考和互动。同时,学生可以根据提示选择不同数学学习的路径或策略,然后观察结果并进行反思,从而培养他们的学科问题解决能力和自主学习能力。

又如,自主探索和实验。通过数学教学动画提供一些可调节的参数或变量,让学生自主探索和实验,观察如二次函数图像不同情况下的结果和变化趋势。这样的设计可以激发学生探索数学知识的欲望,让他们在实践中发现规律并更深入地理解数学知识。

以上例子展示了数学教学动画的互动性和自主性特点。通过动画的这一特点,学生可以更加主动地参与数学学习,探索问题和发现规律,并根据自己的兴趣和需求进行学科学习方式的选择和创作。这样的互动性和自主性有助于激发学生的学习动力,提高他们的学科自主学习能力和创造力。

特点4 多维度表达

数学教学动画不仅可以运用图像、图表和动画进行视觉表达,还可以通过声音、文字和互动界面等多种形式,提供全方位的信息呈现。这种教学方式可以促使学生以多种感官参与学科学习活动,进而加深对数学知识的理解。

例如,三维几何形状展示。利用动画技术呈现不同正棱锥形状,从不同的角度和视角展示其外观、属性和变化。通过多维度的表达,学生可以更全面地理解正棱锥的特征和性质,从而更加深入地理解其本质。

又如,多种图形表示方式。利用动画展示同一数学知识点或问题的不同图形表示方式,如解一元二次方程的因式分解法。通过动画,将抽象的方程式转换为几何图形、符号图形、表格等多种可视化形式,以帮助学生从多个角度理解数学概念,还能够培养他们的抽象思维能力和创新思维能力。

以上例子展示了数学教学动画通过多角度表达的特点。通过动画的这一特点,学生可以更全面、更深入地理解数学知识的能力,并能够将抽象的数学知识与具体实例联系起来。这种多角度动画表达知识的形式有助于拓宽学生数学的思维广度和深度,提升他们学科的综合分析水平和解决问题能力。

特点5 强化记忆与理解

数学教学动画通过情景设计和故事讲解,将数学知识融入生活情境中。这种展示知识的情景可以帮助学生更好地记忆和理解数学知识,并促进他们建立起数学知识点之间的联系。

例如,关键步骤演示。通过动画逐步展示数学问题的解题步骤,突出每个关键步骤的执行过程,如解一元二次不等式。在动画中,可以通过动态效果和重点标注,强调每个步骤的重要性和执行顺序,帮助学生更好地理解和记忆解题过程。

又如,强调关键特征和模式。通过动画突出数学问题中的关键特征和模式,以便学生更好地识别和应用数学规律。如通过动画演示一系列类似数学问题的例子,突出其中的模式和规律,引导启发学生理解和记忆相似数学问题的解决方法。

以上例子展示了数学教学动画能够以生动、直观、重点突出的方式,帮助学生更深入地理解和记忆数学知识。这种通过视觉化和互动性特点设计的数学教学动画,可以激发学生参与学科学习的积极性,并增强他们的记忆和学习效果。

总之,数学教学动画利用多媒体元素和动画技术,以视觉化、生动化的方式呈现数学知识。使之具有视觉化呈现、生动活泼、互动性与自主性、多维度表达和强化记忆与理解等特点,为学生提供更好的学科学习体验,并促进对数学知识和技能的深入理解和掌握。

二、数学教学动画制作的意义与作用

制作数学教学动画能够提高学生对数学学习的兴趣和数学知识的理解,促进个性化学习,并加强学生学科知识的记忆和学科思维能力。制作数学教学动画的意义与作用主要体现在以下几个方面。

(一)以视觉化的方式展示抽象数学概念和原理

数学知识和原理通常是抽象的,学生难以直观地理解和记忆。利用数智化技术制作的数学教学动画,可以以图形、图像、动画的形式将抽象的数学知识和技能呈现出来,帮助学生更容易理解和掌握学科内容。

(二)以生动有趣的画面吸引学生数学学习的注意力

数学是一门需要抽象思维和逻辑推理的学科,对许多学生而言可能显得枯燥乏味。而具有生动、有趣特点的数学教学动画,却能够吸引学生参与学科学习的注意力,并提升他们学科学习的有效性。

(三)以多维度的表达方式满足学生学习数学学科需求

教学动画可以同时结合文字、图形、声音等多种表达方式,使得数学知识的呈现更为全面和多样化。每位学生的学习风格和偏好各不相同,通过动画的多维度表达,可以满足不同学生对数学的学习需求。

（四）以互动性和灵活性的方式促进数学学科的个性化教与学

教学动画可以通过交互式设计增加学生的参与感，并提供学科反馈和互动的机会。学生可以根据自己的节奏进行数学学习，并独立调整和探索所需的学习进程，提高学科学习的效果和效率。

（五）以场景和情节的设计帮助数学知识的强化记忆和理解

教学动画可以通过场景和情节的设计，将数学知识点互相联系，帮助学生更好地理解和记忆学科知识。教学动画中的视觉元素和故事情节能够激发学生数学学习的想象力和联想能力，加深对数学知识的认知。

总之，制作数学教学动画可以较大程度上增强学生对数学学习的兴趣，帮助他们更加有效地展开学习并深入理解知识。同时，具备多维度表达和互动性特点的数学教学动画，也为学生的个性化学科学习提供了更多机会。

三、数学教学动画制作的方法与技巧

教学动画制作的作用是利用图像化、多角度、互动性和自主性等特点，能够提高学生对数学知识和技能的学习参与意识，激发他们学科学习的积极性和主动性，从而促进数学教学的有效性。而优质的数学教学动画制作需要通过一定的方法与技巧完成，使教师制作的动画能满足教学需求，进而调动学生学科学习的积极性。

（一）数学教学动画制作的方法

通过恰当的方法制作数学教学动画是必要的。这样做能够提高数学教育效果，增加学生的学科参与度，丰富学科表达方式，支持个性化学习，充实并优化数学教师的教学资源。制作数学教学动画的方法可以通过以下步骤实施。

步骤1　确定教学目标和内容结构

当制作数学教学动画时，确定教学目标和内容结构是至关重要的。首先，明确教学目标和所要讲解的数学知识、过程或问题。然后，对教学内容进行结构化整理，确定主要的步骤和重点、难点。

例如，教学目标：理解平面向量加法的几何运算、运算法则和性质。

内容结构：解释向量加法的概念和表示方法，展示其运算的几何方法，说明运算规则，提供实例说明平面向量加法的应用。

又如，教学目标：引导学生理解和掌握概率的基本概念。

内容结构：介绍随机变量、概率、事件的概念，演示频率和概率之间的关系，展示常见的概率分布，如二项分布和正态分布的基本原理。

在确定教学目标和内容结构时,需要根据学生数学的年级水平、前置知识和教学目标的重点调整。在制作数学教学动画时,确保教学目标明确、内容结构清晰,并通过图示、示例和实际应用等方式帮助学生理解和应用所学数学知识。同时,注意使用多媒体元素和互动性设计,以增加学生学科的参与度和学习体验。

步骤2 编写脚本和故事板

编写脚本和构建故事板是制作数学教学动画的关键步骤。根据教学内容和结构,编写详细的脚本和故事板。脚本应该包括对话、解题步骤和关键提示等内容,以便指导动画制作工作,确保每个环节都富有教育意义。

例如,正弦函数的动画脚本。

场景1:引入。背景音乐响起,画面显示数学书籍和一张正弦函数的图表。

Narrator:"欢迎来到数学世界!今天,我们要一起探索正弦函数的神奇世界。"

场景2:正弦函数概述。动画展示正弦函数的概念和基本性质。

Narrator:"让我们先回顾一下正弦函数的基本概念,正弦函数是通过任意角的终边上一点的坐标定义,它有着独特的性质和广泛的应用。"

场景3:图像展示。动画演示描点法绘制不同角度和正弦函数的图像。

Narrator:"让我们看看不同大小的角及其对应的正弦值,并在直角坐标系中进行描点、连线,得到正弦函数的图像。正弦函数是周期性函数。"

场景4:正弦函数性质解释。动画展示正弦函数的性质,如周期、幅度、对称等。

Narrator:"正弦函数具有很多有意义的性质。设 $y=f(x)$ 是定义在数集 D 上的函数,如果存在非零常数 T 具有性质:$f(x+T)=f(x)$,则称 $f(x)$ 是数集 D 上的周期函数,常数 T 称为 $f(x)$ 的一个周期。如果在所有正周期中有一个最小的,则称它是函数 $f(x)$ 的最小正周期。函数周期性指当自变量变化到一定值时,函数值有规律地重复出现。而函数的幅度是指函数的最大值和最小值之间的差距。"

场景5:实际应用。动画展示正弦函数在实际生活中的应用,如音乐、建筑和天文学等。

Narrator:"正弦函数在很多领域都有广泛的应用,如音乐中的声波频率、建筑设计中的角度计算,甚至天文学中的星球运动模型等。"

场景6:总结和练习。动画总结正弦函数的重点知识,并配置一个简单的练习题。

Narrato:"现在,我们回顾一下正弦函数的主要知识,并共同解决一个简单的练习题,巩固我们的理解。"

又如,余弦函数的故事板。

引入:介绍要探索的主题和引起兴趣。

概述:简要介绍余弦函数的概念和基本性质。

图像展示:展示描点法绘制余弦函数的图像。

性质分析:深入分析余弦函数的周期、单调性、奇偶性、振幅等性质。

实际应用:简介余弦函数在实际生活和生产中的应用,增强学习的实用性。

总结和练习:总结余弦函数的重点知识,并提供一个简单的练习题。

脚本和故事板的编写需要考虑语言描述简明扼要、引人入胜,同时结合图示和动画展示数学知识,使学生能够更好地理解和记忆数学知识。故事板可以帮助数学教师组织教学内容,并确保流畅的转场和逻辑连接,让每一堂课都如同一场精彩的演出。

步骤 3 设计角色和场景

设计角色和场景是制作数学教学动画的关键环节。根据步骤 2 编写的脚本和故事板,设计数学教学动画中的角色和场景。角色应具有吸引力和可辨识度,并能够与学生产生情感共鸣,场景则应该符合数学教学内容的背景和需求。以下案例是关于概率与统计的设计角色和场景。

例如,概率实验场景。

角色设计

主角/学生:一个对数学感兴趣、活泼好学的学生,代表着观众群体。

辅导/老师:一位友善热情的教师,负责解答数学问题并引导学生。

小组成员:几位学生作为主角的同伴,一起参与学习和讨论。

场景设计

教室:一个充满活力的教室,包含黑板和桌椅等常见元素。

实验室:用于展示实际统计数据收集和分析的实验室环境,包含数据收集设备和实验工具等。

游乐园:一个有趣的场景,用于模拟概率的实际应用情境,如游乐设施上参与人数的统计等。

在动画中,可以通过以下方式使用角色和场景:

场景 A:在教室中展示学生与教师互动的场景。学生提出问题,教师通过解释和示范帮助学生理解概率的概念。

场景 B:展示小组成员之间合作学习的场景,通过小组讨论和分享加深对概率的理解。

在实验室中展示数据收集和分析的场景,如通过观察掷硬币出现正面的次数进行实际统计实验,并用图表和图像展示数据结果,让学生能够直观地感受到概率的真实存在和统计的重要性。

在游乐园中模拟概率的应用场景,如统计参与不同游乐设施的人数,展示事件发生的可能性。通过探讨背后的数学原理,让学习变得有趣又富有教育意义。

通过角色和场景的设计,可以使数学教学动画更具吸引力和趣味性,并帮助学生将数学概念与实际情境联系起来。同时,还可以创造更真实的数学学习环境,促进学生主动参与学科学习,从而更深刻地理解和掌握数学知识。

步骤4 创建动画素材和图形

当制作数学教学动画时,可以使用不同的软件和工具创建动画素材和图形。利用专业动画软件或制作工具,创建动画所需的数学素材和图形。这包括绘制几何形状、图表、函数图像,以及添加文字、标注等元素。以下方式可以创建动画素材和图形。

利用矢量图形软件(如 Adobe Illustrator)创作和编辑矢量图形的工具。这些软件提供了强大的绘图和编辑工具,可以帮助教师轻松地绘制各种几何形状、函数图像、方程等。这些矢量图形软件都具有不同的特点和功能,可以根据个人需求和偏好选择适合自己的制图软件。

使用 3D 建模软件(如 Blender)创建数学立体图形。通过这些软件,可以创建立方体、圆锥体、球体等三维模型,以及复杂的几何图形。这样的三维视觉呈现,不仅加深了学生对空间形状的认识,而且还激发了他们对数学的兴趣。

利用动画软件(如 Adobe After Effects)创建运动图形和变换效果。这些软件提供了许多动画和特效功能,可以用于展示数学变换、动态图表的演示等。通过这些动画效果,学科教师可以将枯燥的数学知识变得生动有趣,从而提高学生的学习效率和兴趣。

使用数学插件或库(如 Mathematica、Matplotlib)创建数学函数图像和数据可视化。这些工具可以生成函数图像、方程曲线、向量图等各种数学图形,帮助学生更好地理解数学概念。

使用特殊效果软件(如 Desmos)创建交互式学科教学图形。这些软件具有交互功能,可以让学生自由探索数学图形,并进行实时的变换和调整,同时观察数学对象如何随着参数的变化情况,从而培养他们对数学的深刻洞察力。

无论使用哪种软件,关键是选择适合学生数学知识学习和理解的图形和动画样式,并确保其准确性和易于理解。通过设计可视化的内容,教师不仅能够激发学生的兴趣,还能帮助他们建立对数学概念的直观理解,从而提高学习效率。

步骤5 完成动画制作

在制作数学教学动画时,动画制作是非常重要的步骤,它可以帮助学生更好地理解和记忆数学知识。根据脚本和故事板,使用动画软件将素材和图形进行动态呈现。在制作过程中,注意使用适当的过渡效果、动画速度和呈现手法,以提升视觉吸引力和学生的注意力。以下是一些常见动画类型的制作。

(1)运动轨迹动画:通过展示物体在坐标平面上的运动轨迹,如抛物线的路径或者函数图像的变化,解释说明数学知识。在讲解过程中可以使用动态的点、线条或者颜色变化表示不同的元素,使得抽象的数学知识变得直观易懂。

(2)变形动画:通过逐步变形或扭曲,展示几何图形的变化过程。例如,通过将一个正方形变形为一个矩形,可以帮助学生理解长、宽的变换对四边形的形状和特性的理解,从而深化他们对于几何图形本质的理解。

(3)数据可视化动画:通过图表、曲线图、散点图等形式将数学数据进行可视化展示。例如,散点图可以用于显示两个变量之间的关系及其分布情况,如显示身高和体重之间的相关性,可以一目了然地感受到两者之间的相关性与分布规律。

(4)数学操作动画:通过动画演示数学运算的步骤,如因式分解、方程求解等,帮助学生理解数学的运算过程和规则,使抽象的数学运算变得具体可感。

(5)互动动画:通过设计交互式元素,让学生参与其中,如拖拽几何图形、调整参数,以探索数学知识和属性。这种互动体验不仅增强了学生学习的参与感,更激发了他们对数学属性的好奇心和探索欲。

在动画制作过程中,关键是确保动画内容与教学目标一致,并采用清晰、简洁的动画效果,并确保学生能够准确理解和记忆数学知识点。同时,教学动画的节奏需要适中,避免因信息过载或过于复杂而产生的学习干扰,从而帮助学生有效地学习和掌握数学知识。

步骤6 添加声音和音效

在制作数学教学动画时,添加声音和音效可以增强学生的注意力和理解力。为数学教学动画添加背景音乐、声效和语音解说等声音元素,以丰富学生的学科听觉体验和理解,同时加深他们对数学知识的理解。采取以下方式选择合适的音乐和声效可以衬托数学教学动画的内容和情感氛围。

(1)说明声音:在解释数学知识或过程时,可以使用解说员的声音提供解释和指导。这样制作可以更好地帮助学生接受和理解数学教学内容。

(2)特定音效:对于特定操作或转换,可以使用特定的音效进行强调。例如,当展示函数图像平移时,可以添加滑动或移动的音效,以加强动画效果,使学生对这些变化有更直观的感受。

(3)反馈音效:在演示数学解题步骤或练习时,可以添加不同的音效表示正确和错误的反馈。这有助于学生区分数学习题的正确和错误的做法。

(4)背景音乐:适当的背景音乐可以帮助创造轻松的学习氛围,并增强学生数学学习的兴趣和投入度。不过,需要重视选择与数学知识点相匹配的音乐作为背景音乐。

(5)动画元素音效:对于图形的旋转、缩放或变形等动画中出现的数学元素,可以添加相应的音效,使动画更加生动和有趣,从而更好地吸引学生学科学习的注意力。

无论添加何种声音或音效,都要确保它们与教学内容相互呼应,而不能干扰学生对于数学知识点的理解。此外,教学动画应该选择适度的音量和音效,以免分散学生数学学习的注意力或混淆相近信息。

步骤 7　测试和修订

在制作数学教学动画时,测试和修订是不可或缺的步骤,以确保教学目标的达成和动画内容的准确性。完成数学教学动画制作之后,需要采取恰当的方式进行测试,并根据测试结果对于不妥之处进行修订和改进,使数学教学动画具备准确性、适宜性,从而达到理想的教学效果。采取以下方式可以测试和修订数学教学动画。

(1)同行评审和反馈:邀请其他数学教师或专业人士观看数学教学动画并征求他们的意见和建议。根据他们提出的教学流程、教学方法、内容准确性和教学效果等方面的反馈建议,对数学教学动画进行进一步修订和优化。

(2)学生测试和反馈:可以向一些学生展示动画,提供一些与之相关的数学问题或练习以评估他们对学习内容的理解程度和表现。此外,还可以通过问卷调查或小组讨论的方式收集学生对此项数学教学动画的反馈和意见,全面了解学生对于动画的理解程度、易用性和吸引力情况,以便为后续修订工作提供根据。

(3)定期修订:根据前述测试和反馈结果,定期安排时间对数学教学动画进行修订。这可能包括修改教学内容、调整动画时长、改进视觉效果或声音设计等,反复测试和修订是确保动画质量的关键。

通过以上测试和修订过程,可以不断改进数学教学动画的教学效果和用户体验,提高学生的数学学习成效和理解数学知识的深度。

步骤 8　导出和发布

在制作数学教学动画后,导出和发布是将动画分享给学生和其他教师的重要步骤。最终将动画导出为常见的视频格式,以便在在线平台、网站或教学软件中使用和分享。为保障导出的动画视频具有良好的音视频质量和兼容性。采取以下方式可以导出和发布的数学教学动画。

(1)视频格式导出:将数学教学动画导出为常见的视频格式(如 MP4、AVI、MOV),以便在各种设备上播放和共享。确保选择一个广泛支持的视频格式,以确保学生和教师可以方便地访问和观看动画。

(2)平台发布:将数学教学动画上传到在线教育平台或学校的学习管理系统(LMS),以便学生可以通过网络进行访问和观看。这样做可以方便学生随时随地学习数学,并开展在线互动活动,同时也为教师提供了丰富的教学辅助材料。

(3)社交媒体分享:利用社交媒体平台(如 YouTube、Facebook、Instagram)分

享数学教学动画，以便更多的学生和教师能够看到和受益。添加相关标签和描述，以便他们能够轻松地搜索并找到此项数学教学动画。

（4）网络共享：将数学教学动画上传至共享文档库或网站，如 Google Drive、Dropbox 或学校的在线资源库。提供可靠的访问链接，以便学生和教师下载并使用数学教学动画。

（5）制作 DVD 或存储设备：将数学教学动画刻录到 DVD 光盘或存储设备，以便离线时学生也可以使用。这样做既方便在课堂上播放教学动画，也方便学生在没有网络连接的情况下进行数学学习。

在导出和发布时，确保选用适当的视频分辨率和文件大小，以便平衡视频质量和访问速度。此外，了解并遵守学校或教育机构的政策和要求，以确保在合规框架内进行发布和共享数学教学动画。

数学教学动画制作除了以上方法外，还可以考虑通过与教师、教育专家或其他领域专业人士进行合作，以获得更好的教学效果和专业指导。但需要注意的是，在制作数学教学动画时，要保持数学教学内容的简明扼要并突出重点，并关注学生的理解和记忆需求。同时，选择合适的动画效果、声音和互动元素，以提高学生数学学习的参与度和效果。

（二）数学教学动画制作的技巧

通过特殊技巧制作数学教学动画是必要的。这样做可以提高视觉吸引力、增强表达力、增加互动性，强化记忆和理解，并提供学科个性化学习支持。这将有助于增加学生数学学习的积极性，并促进教学方法的创新和发展。制作数学教学动画时，可以应用以下特殊技巧提升学科教学的效果和吸引力。

技巧1　使用视觉效果

通过运用粒子效果、光影效果、变形等特殊的视觉效果，可以增加教学动画的视觉冲击力。如在解释几何形状变换时，可以使用特殊的过渡效果，使形状的变化更加生动、直观。

例如，粒子效果。通过在动画中添加粒子效果，如雪花、星星、火花等，可以增加画面的生动感和立体感。如在解释平面几何时，可以使用粒子效果展示点、线和面之间的关系和运动，让学生在视觉上感受到几何图形的动态美。

又如，时间流逝效果。采用时间流逝的视觉效果，可以更好地展示数学知识或图形的演变过程。通过在动画中呈现出时间上的连续性，学生可以更好地理解数学变化和发展的规律。如在解释函数图像时，可以用时间流逝效果展示自变量的变化和函数值的变化。

数学教学动画的视觉效果技巧可以根据具体的数学知识及其教学目标进行灵

活运用,使数学教学动画更生动、直观,能够更好地帮助学生理解和记忆数学知识。

技巧2　运用动态图表

数学中的数据和关系可以通过动态图表展示。利用线条、曲线、面积的动态变化,可以增强动画的表达力和清晰度,并能够更清晰地说明数学知识和原理。同时,通过观察动态更新的图表,学生可以实时看到数据的变动和走势。

例如,动态曲线。动态曲线的绘制可以清楚地展示函数图像的变化规律和特性。如在解释二次函数时,可以展示改成抛物线的绘制过程并设置相关参数进行变换,让学生观察、理解函数参数对图像形状和位置的影响,从而深刻理解数学之美。

又如,动态运动图解。通过动画演示物体的运动图像,可以更直观地展示运动过程中的速度、加速度等概念。如自由落体运动时,可以通过教学动画演示下落物体的轨迹和速度的变化,以便更好地解释速度、加速度等概念在数学上的应用。

数学教学动画的动态图技巧能够使数学教学动画更加生动、直观,并帮助学生深入理解数学知识和应用技巧。通过采用这些技巧,学生能够以互动的方式探索数学知识,并加深对数学知识的理解和记忆。

技巧3　利用3D模型

对于几何和立体形状的讲解,可以使用3D模型进行展示,增强动画的展示效果和立体感。通过放大、缩小、平移、旋转等操作,学生可以真实、全面地观察并理解几何图形的性质和关系。此外,使用3D模型还可以展示复杂的数学结构和算法。

例如,使用3D模型可以展示各种柱体的特点和关系。如通过使用3D模型呈现长方体、立方体等柱体的顶点、侧棱、侧面、底面和对角线,可以帮助学生更直观地理解和记忆各种几何体的性质和计算方法。

又如,3D立体投影。使用3D模型演示立体投影的原理和方法。如通过投影光线和阴影效果,可以展示物体在不同方向上的平行投影和中心投影,帮助学生理解位置关系和投影长度等有关的几何概念,从而深化对几何知识的认识和理解。

通过利用3D模型技巧,可以提供更真实、直观的视觉效果,让学生更好地理解和应用几何知识,尤其是立体几何图形。这种动画的呈现方式,可以使学生更具有立体感去观察和分析相关的几何问题,加深对几何知识的认识和理解,提升对数学的热爱和追求。

技巧4　设计交互式环节

在数学教学动画中,设计一些交互式的环节可以增加学生的参与度和动手实践的机会,促进他们学科学习的参与度和积极性。

例如,选择题互动。设置选择题、拖拽元素、填空等互动形式选择正确的答案,让学生积极参与到解答问题的过程中,巩固和应用所学的数学知识。如在解释几何形状时,可以设计一个选择题,要求学生选择对应的图形属性或名称,这样的设计既能检验他们对学科知识的理解,也能加深其对知识点的记忆。

又如,排序活动。设计某种排序活动,要求学生按照一定的规律将已知元素进行排序。如在数列的概念中,可以设计一个排序环节,让学生将给定数列的项按照大小或规律进行排序。

通过设计交互环节,学生能够积极参与到教学动画中思考和解决数学问题,巩固和应用所学的数学知识。这种互动学习形式可以提高学生参与数学学习的积极性,并促进他们的学科学习效果。

技巧5　创造趣味性

通过引入有趣的角色、故事情节或幽默元素,可以增加数学教学动画的趣味性。在数学知识学习前设计有趣的故事情节或角色进行新知识导入可以激发学生的好奇心,促使他们更好地投入数学知识的学习活动中去。

例如,利用角色和故事情节。可以通过创造与数学知识学习有关的角色和故事情节,并将其与生活情境结合起来。如设计一个勇敢的数学超级英雄,通过解决数学难题拯救地球,这样的设计不仅能够激发学生的好奇心,还能让他们在故事的引导下,更好地理解和掌握数学知识。

又如,视觉效果技巧。运用恰当的视觉效果可以增强数学教学动画的吸引力和趣味性。如使用颜色变化、粒子效果、旋转动画等视觉效果突出重点和引起学生的注意,这样的设计不仅能够吸引学生的眼球,还能帮助他们更直观地理解数学概念。

动画的趣味性技巧可以使数学教学内容更加生动有趣,激发学生的数学学习兴趣,使之更好地理解和记忆数学知识。同时,创造趣味性的技巧也能够提升学习效果,使学生更主动地参与学习过程,享受数学学习的乐趣。

技巧6　强调重点和关键步骤

利用动画特效和声音效果强调数学知识中的重点和关键步骤,有助于学生更加清晰地理解和记忆数学知识。

例如,通过放大关键部分、增加动画速度或使用独特的声音效果,可以突出数学知识的重要性和逻辑顺序。

又如,重复和强化。在动画中反复强调和重复关键概念。可以通过运用不同的视觉效果、措辞或场景,确保学生充分理解和记忆重要的数学知识。

数学教学动画的强调重点和关键步骤技巧可以引导学生更好地理解和掌握重点知识和关键技能。强调重点的教学动画可以让学生集中这一知识学习的注意力,同时加深数学知识的理解和记忆效果。在设计动画时,请确保以简洁清晰的方式呈现数学知识的重要信息,以避免学生产生混淆和困惑。

技巧7　添加音效和配乐

通过合适的音效和背景配乐,可以增加数学教学动画的氛围和感染力。在解答问题时,可以添加提示声音;在展示图形变换时,可以配上流畅的音乐,使学生在欣赏动画的同时感受到音乐的节奏和美感。

例如,效果音的应用。利用适宜的效果音增加教学动画的吸引力和趣味性。如在展示几何图形转换的动画中,可以添加"咻咻"或"变形"的声音效果,以突出对象的变化和形状的改变。

又如,选择背景音乐。选择适合的场景和情绪背景音乐,可以营造适宜的氛围。如在解决难题时可以选择激昂而紧张的音乐,而在讲解数学概念时可以选择轻松愉快的音乐,有助于学生放松心情,更好地吸收知识。

需要注意的是,音效和配乐的选择应符合教学内容和目标,不应过于繁琐而分散了学生数学学习的注意力。同时,在添加音效和配乐时,要确保音量适中,确保不会干扰到学生对于学科讲解内容的理解。

这些特殊技巧可以根据具体的数学知识及其教学目标进行灵活运用,以提升数学教学动画的教学效果和吸引力。同时,根据不同年龄和学习能力的学生,可以适度调整和个性化设计动画的特殊技巧,以满足不同学生的需求。

四、数学教学动画制作的案例

制作数学教学动画的精心策划与创意融入至关重要。通过设计角色和场景、编写脚本和故事板、制作动画素材和制作动画,结合合适的声音和音效,可以创造出具有趣味性、适宜性的数学教学动画,从而帮助学生深刻地理解和记忆数学知识,增强他们的记忆。

（一）滚动的圆的制作

如图 4-2 所示,通过以下步骤的操作可以制作数学教学动画中滚动的圆,有效提升学生的学习兴趣和效率。

步骤1　绘制一个固定的大圆

使用矢量绘图软件或动画软件,在画布上绘制一个大圆,表示整个轨迹。这个大圆将成为滚动圆的参考,因此需要确保其形状规整且大小适宜,以吸引学生的注意力。

步骤2　绘制一个小圆

绘制一个小圆,表示滚动的圆。确保小圆的大小适当,以便在大圆上无缝滚动。

步骤3　创建关键帧

利用动画软件,在圆的起始和结束位置设置关键帧,可以创建动画的运动路

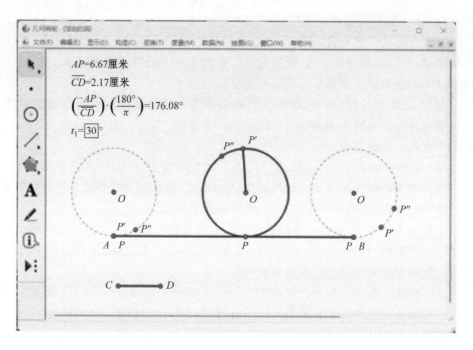

图 4-2　动态滚动的圆

径。将小圆放置在起始位置上，然后将其移到大圆的下方。

步骤 4　动画路径设置

使用动画软件的路径或运动工具，定义小圆沿着大圆的轨迹移动。确保小圆在每一帧中都保持接触并与大圆无缝对齐，以展示圆的滚动特性。

步骤 5　调整速度和帧率

根据需要，调整小圆在大圆上滚动的速度和动画的帧率。这样可以控制滚动效果的流畅度和速度，进而影响学生的学习体验。

步骤 6　渲染和导出

在动画制作完成后，使用动画软件将动画渲染为视频文件或逐帧图片序列。选择适当的输出格式和参数，以便在不同的设备和平台上播放和共享。

采用以上方法可以制作出一个滚动的圆动画，可用于演示圆的运动特性、轨迹或周期性等数学概念。根据具体需求和软件的功能，可能还可以添加其他效果和细节，如阴影、颜色变化或背景元素，以增强动画的视觉吸引力和教学效果。

（二）二次函数图像的制作

如图 4-3 所示，通过以下步骤的操作可以制作二次函数的动态图像。

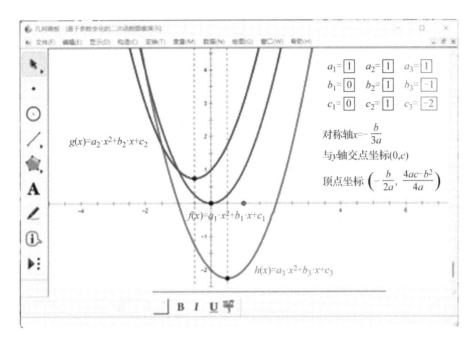

图 4-3　二次函数图像的动态演示

步骤 1　使用图形软件或数学绘图工具,创建坐标轴

在画布上创建一个平面直角坐标系,并确保坐标轴的比例和范围适合显示二次函数的图像。

步骤 2　设计二次函数的解析式

确定二次函数的一般形式,即 $f(x)=ax^2+bx+c(a>0)$。根据需要设置 a、b 和 c 的值,以控制二次函数图像的形状和位置。

步骤 3　计算顶点坐标和对称轴方程

将二次函数式配方,得 $f(x)=a\left(x+\dfrac{b}{2a}\right)^2+\dfrac{4ac-b^2}{4a}(a>0)$,则其顶点的坐标为 $\left(-\dfrac{b}{2a},\dfrac{4ac-b^2}{4a}\right)$,对称轴的方程为 $x=-\dfrac{b}{2a}$。

步骤 4　绘制静态图像

使用计算得到的顶点和对称轴信息,在坐标系中绘制二次函数的静态图像。确保绘制足够多的点,以便能够清晰地展示二次函数图像的形状。

步骤 5　创建关键帧和动画路径

使用动画软件或图形软件,创建关键帧并设置动画路径。根据需要,可以添加多个关键帧,以展示动态变化过程。

步骤 6　调整动画参数

根据需要,调整动画的速度、帧率和其他参数。确保动画的流畅性和观看体验。

步骤 7　渲染和导出

在动画制作完成后,使用动画软件将动画渲染为视频文件或逐帧图片序列。选择适当的输出格式和参数,以便在不同的设备和平台上播放和共享。

在制作二次函数动态图像时,可以考虑使用不同颜色标记其顶点、对称轴和特殊点,以便更好地突出展示。此外,还可以添加文字标签、箭头或其他辅助元素,以帮助解释和说明二次函数的性质和变化。

（三）正弦型函数图像的制作

如图 4-4 所示,要制作正弦函数的动态图像,可以通过以下步骤的实施完成。

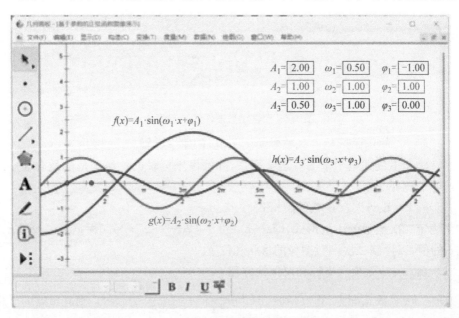

图 4-4　正弦函数图像的动态演示

步骤 1　创建坐标轴

使用图形软件或数学绘图工具,在画布上创建一个平面直角坐标系,确保坐标轴的比例和范围适合显示正弦函数的图像。

步骤 2　设计正弦函数的方程

确定正弦函数的一般形式,即 $y = A\sin(\omega x + \varphi)(A > 0)$。根据需要设置 A、ω 和 φ 的值,以控制正弦函数图像的振幅、周期和位置,准确传达数学信息。

步骤 3 绘制静态图像

根据需要在一段特定区间(如[0,2π])内绘制正弦函数的图像。通过列表计算得到的函数值,在平面直角坐标系中绘制正弦函数的静态图像,以便清晰地展示正弦曲线的波动。

步骤 4 创建关键帧和动画路径

使用动画软件或图形软件,创建关键帧并设置动画路径。根据需要可以添加多个关键帧,以展示动态变化过程,让观者感受到数学的节奏和活力。

步骤 5 调整动画参数

根据需要可以调整教学动画的速度、帧率和其他参数,确保教学动画的流畅性提升观看体验,完美呈现数学动态美。

步骤 6 渲染和导出

在动画制作完成后,使用动画软件将动画渲染为视频文件或逐帧图片序列。选择适当的输出格式和参数,以便在不同的设备和平台上播放和共享。

在制作正弦函数动态图像时,可以考虑使用不同颜色突出波峰、波谷和特殊点,以便更好地展示正弦函数图像的特点。此外,还可以添加文字标签、坐标轴的刻度和单位,以帮助解释和说明正弦函数的性质和变化。

第二节 数智化技术与数学教学课件制作

数智化技术为数学教学课件制作提供了丰富的工具和资源,使教师能够设计和开发更具互动性和个性化的学习教材。通过数智化技术,教师可以利用多媒体元素、虚拟实验室、数据分析工具等,提供更生动、实践和针对性的数学学习体验。教师还可以根据学生的需求和水平,运用数智化技术定制和调整教学内容,让每位学生都能够在自己的节奏下学习和理解数学知识。此外,智能化评估工具也帮助数学教师对学生的学习进展和理解情况进行即时评估和反馈,从而更好地调整和优化学科教学设计和教学模式。总而言之,数智化技术为数学教学课件制作提供了创新和增强的方式,促进了个性化、互动式和实践导向的数学学习体验,让数学变得更加高效、有趣和富有成效。

一、数学教学课件的概念及特点

数学教学课件是使用计算机软件或多媒体工具制作的教学资源。它是针对特定数学主题或教学内容编制的电子化教材,包括文字、图片、图表、动画等多种元素,可以通过电脑、平板或投影仪进行展示和演示。旨在帮助教师有效地传授数学知识和技能,并提供互动和个性化的学科学习体验。

（一）数学教学课件的概念

数学教学课件是以电子形式呈现的教学资源，通过图表、图像、动画、音频等多媒体元素，可视化展示抽象的数学知识和解题过程，帮助学生更好地理解和应用数学知识。

（二）数学教学课件的特点

数学教学课件是一种使用计算机软件或多媒体工具制作的数学教学资源。它是数学课程教育的一种重要且有效的学科教学资源，并且具有以下主要特点：

特点1　可视化呈现

通过融入图表、图像、动画等多媒体元素的数学教学课件，能够以可视化形式将抽象的数学知识展示给学生。这样的可视化展示方式可以帮助学生更好地理解和记忆数学知识。数学教学课件的可视化特点具体体现在以下方面。

（1）图形和图表：数学教学课件可以使用图形和图表显示数学知识及其之间的关系。例如，用折线图比较不同数据集的趋势，用几何图形说明角度和形状性质。这种可视化呈现方式，可以帮助学生更直观地理解数学知识。

（2）动画和模拟：通过动画和模拟多媒体手段，可以模拟数学问题的具体解决过程。例如，在代数学习中，可以使用动画演示方程的求解步骤。在平面几何和立体几何的学习中，可以使用模拟工具演示函数图像和几何图形的各类变换过程。这种动画和模拟方式可以使抽象难懂的数学知识变得更具体、更形象并易于理解。

（3）视频和多媒体素材：数学教学课件可以包含视频和多媒体素材，以展示实际应用场景和数学问题的解决方法。例如，使用实地拍摄的视频介绍数学在建筑和工程中的应用，或者使用实验视频展示数学原理的实验过程，从而加深对数学原理的理解。这类视频和多媒体素材可以激发学生数学学习的兴趣和探索欲望。

（4）虚拟实验室和模拟工具：数学教学课件可以整合虚拟实验室和模拟工具，让学生能够在计算机上进行实际项目的模拟和实验。例如，使用虚拟几何软件进行函数图像的绘制和几何图形的构建与变换操作，或者使用统计模拟工具分析和解释数据。这样的可视化工具可以让学生通过互动的实践方式理解和应用数学知识。

通过这些可视化特点呈现，数学教学课件能够更生动、直观地展示数学知识和问题的解决过程，增强学生的参与度和理解能力。同时，可视化呈现也使得抽象的数学知识更具体和易于理解，促进学生在学科学习中深入思考和主动实践。

特点2　互动性

数学教学课件通常具有交互性特点，使得学生可以主动地参与学科学习，并积极探索和理解数学知识。他们可以与数学教学课件互动,通过点击、拖拽、输入等方式与内容进行操作和互动探索,从而深度参与到学科的学习过程。这种互动性特点能够激发学生数学学习的主动性和参与度,从而提高他们学科学习的有效性。数学教学课件的互动性特点具体体现在以下方面。

（1）交互式问题:可以提供交互式问题,让学生在课件中进行实时的问题解答。例如,课件可以在某一步骤设置一个问题,学生需要在课件上选择正确的答案或输入解答。这种互动式的数学问题促使学生积极思考,增强他们的参与意识。

（2）数学游戏和挑战:可以提供各类数学的游戏和挑战活动,使学生在数学教学课件中开展互动式学习活动。而通过数学游戏和挑战练习,学生可以掌握数学技能和应用数学知识的方法。这种互动式学习活动既可以增加学生数学学习的趣味性和挑战性,又可以提高他们学科学习的效果。

（3）拖拽和放置:可以使用拖拽和放置功能,让学生将选项或图形拖拽到正确的位置上。例如,学生可以将几何图形拖拽到相应的属性描述上,以加深对图形性质的理解。这种互动操作方式使学生可以直接参与到数学教学课件中开展学习活动,更好地强化他们对学科知识的理解和记忆。

（4）实时反馈和评估:可以提供即时的学习反馈和评估功能,帮助学生实时了解他们练习的答案是否正确或知识理解是否准确。数学教学课件可以根据学生的答案自动给予反馈,并显示解答过程或提示。这样的互动性特点可以鼓励学生进行自我评估和修正,从而促进他们对数学知识的深入学习和反思。

通过这些互动性特点,数学教学课件鼓励学生积极参与和互动,让他们更深入地理解和应用数学知识。互动性特点使得学生能够在数学学习过程中发现和纠正错误,增强解决问题的能力,同时提供个性化的学科学习体验和支持。

特点 3　多媒体元素

数学教学课件融入多媒体元素可以丰富教学内容,并强化学生对数学知识和技能的理解和记忆。例如,图表可以展示数据的变化趋势,动画可以演示图形的变换过程,音频可以协助讲解知识,视频可以演绎实际情景。这些多媒体元素能够直观地展示数学知识和过程,从而激发学生的感官体验和认知能力,帮助他们更深入地理解和应用学科知识。数学教学课件融入多媒体元素特点具体体现在以下方面。

（1）动画和模拟:通过使用动画和模拟,可以展示抽象的数学知识,如几何形状的变换、曲线形状的变化和图形图像的变形等。例如,借助单位圆绘制三角函数图像的动画可以很好地展示三角函数的周期性;借助平移工具可以很好地展示平行四边形对边平行的性质,学生可以更清晰地把握几何图形的属性。

（2）交互式图表和图形:通过交互式的图表和图形,学生可以直接探索数学关系并进行实时的数据分析。例如,学生可以通过拖动点改变函数图像,并观察其变化所对应的数学关系。

（3）视频教学和讲解:通过录制视频教学方式,教师可以用更生动的教学方式讲授数学知识和解题方法。例如,通过视频演示解多项式方程的详细步骤,或者使用实景拍摄展示数学知识在现实生活中的具体应用,可以让学生更直观地感受到数学的实用性和趣味性。

（4）互动练习和测验:通过添加可操作按钮,学生可以直接在课件中进行练习和测试,并获得即时的反馈和解析。例如,学生可以在课件中填写空缺的数学公式,或者通过拖拽和连线方式解决几何问题,这种互动性不仅能够提高学生的参与度,还能够帮助他们及时纠正错误,加深对知识点的掌握。

（5）虚拟实验和探索:通过利用虚拟实验平台模拟现实世界中的情境,帮助学生开展数学实验和探索。例如,学生可以使用虚拟实验软件对立体图形进行平面展开,进而验证多面体的面积公式,或者使用虚拟尺子进行测量和计算。

这些多媒体元素的融入使得数学教学课件更加生动、具体和互动,有助于激发学生数学学习的兴趣和参与度,并提高他们对数学知识的理解和应用能力。

特点4　个性化学习

数学教学课件可以根据学生个体的学习水平和需求进行个性化调整,并为他们提供定制化的学科学习体验。它可以根据学生数学学习的表现调整难度和深度,通过设置不同的难度级别、提供自适应学习路径和即时反馈等方式,可以帮助他们根据自己的学习节奏和能力水平开展更有效的个性化学科学习。此外,还可以根据学生数学学习的能力、兴趣和风格提供个性化的指导和支持,更好地满足学科不同层次学生的学习需求。数学教学课件的个性化学习特点具体体现在以下方面。

（1）自适应难度:可以根据学生数学学习的能力水平自动调整学习内容和难度。例如,对于一个正在学习算术的学生,数学教学课件可以根据他们的答题情况自动调整练习题的难度,以确保他们在适度的挑战下开展学科学习活动,并使之在挑战中成长。

（2）分层教学:可以提供不同层次的数学教学资源,以满足学生学科个体差异的不同需求。例如,对于学科优等生,数学教学课件可以提供更深入的扩展内容和挑战性的数学问题;而对于需要额外帮助的学科困难生,数学教学课件则可以提供更多的解题提示和示范,帮助他们克服学科学习的困难,并增强学习的自信心。

（3）个性化反馈:可以根据学生的数学习题答题情况提供实时个性化反馈。例如,对于某种数学题型的错误解答,数学教学课件可以给出针对性地解析和纠正建议,帮助学生理解错误的原因并找到正确的解决方法,这种反馈不仅能够及时纠正学生的错误,而且能够引导他们进行深入的思考和反思,从而提高学科学习效果。

(4)学习路径选择:可以提供不同数学学习路径的选择,以适应学生学科学习的风格和兴趣。例如,数学教学课件对于几何感兴趣的学生可以选择一个几何方向的学习路径,而对于代数感兴趣的学生可以选择一个代数方向的学习路径。

(5)自主学习和探索:可以鼓励学生开展自主数学学习和探索,并提供自主学习的相关资源和任务。例如,数学教学课件可以提供一个开放性问题,让学生进行实际数学建模和解决问题的探索,从而培养他们的问题解决能力和创造力。

数学教学课件的个性化学习特点是指根据学生的个体需求和差异提供定制化的学习支持,可以增强他们学科学习的动力,并提高其学科成绩。

特点5　可持续利用性

数学教学课件可以保存和共享,使其成为长期有效的、可持续利用的教学资源。因此,教师便可以在不同时间和场合进行使用,也可以根据实际情况进行修订和更新,并与其他教师共享和借鉴,促进教学资源的共享和交流,从而提高数学学科的教学效率和质量。数学教学课件的可持续利用性特点具体体现在以下方面。

(1)可重复使用:数学教学课件可以被多次使用,无需耗费很多时间和精力重新制作。例如,一个针对特定数学概念的课件可以在不同学年或不同班级中使用,为学生提供相同的学习资源。

(2)可扩展性:数学教学课件可以根据学生的需要进行扩展,以支持学科不同层次学生的学习和不同学习目标的完成。例如,一个初始版本的数学教学课件可以根据授课班级学生的学习进展和需求添加更多的内容和挑战性的问题。

(3)可更新性:数学教学课件可以随着时间和知识的发展进行更新和改进。例如,数学教学课件可以根据学生对某一数学知识的理解情况进行改进和修订,以提供更准确、更有效的学习资源,从而帮助他们更好地理解和掌握学科知识。

(4)可共享性:数学教学课件可以通过网络平台或资源库进行共享,让更多的教师和学生受益。例如,一个优质的数学教学课件可以被上传到在线教育平台,供本校、跨校甚至全国范围内的教师和学生使用,这种共享不仅促进了教育资源的均衡分配,而且还为教师之间的交流和协作提供了平台,共同推进学科教育的发展。

这些可持续利用性特点使得数学教学课件成为一种高效、灵活和可持续的学习资源。通过长期有效地使用和不断更新,数学教学课件可以提高学科教学效果和学生学习成效。同时,教师和学校也可以通过共享和定制的形式推广和优化数学教学课件,促进学科教学资源的共享和协作。

总之,数学教学课件是以电子形式制作的教学资源,通过多媒体元素和互动性,提供了视觉化、个性化和可持续利用的学习体验。它可以促进学生主动学习数学知识和深入思考数学问题,从而增强他们对学科知识的巩固理解和应用。

二、制作数学教学课件的意义与作用

制作数学教学课件的意义与作用在于提高教学效果、强化学生理解和记忆、支持学生的个性化学习和巩固复习,并增加学科教学资源的可持续利用性。制作数学教学课件的意义与作用主要体现在以下方面。

(一)以融入多媒体元素的方式展示数学知识可以提高学生学习的注意力

在制作数学教学课件中,通过融入动画、图表、图片等多媒体元素形象直观地展示数学知识及其产生过程,可以提高学生学科学习的注意力,激发其学习的兴趣,进而更好地理解和掌握数学知识。优质的数学教学课件能够促进学生主动参与学科学习活动和提升他们的专注力,从而提高学科学习的成效。

(二)以直观的方式展示数学知识可以强化知识的理解与记忆

经过精心设计的数学教学课件,可以将抽象的数学知识转化为直观形象的视觉表达,帮助学生更深入地理解数学知识并强化记忆,培养他们的思维能力和创造力。动画、图像、实例等多种形式的呈现方式能够让学生更好地理解数学理论部分的内容,并且加强他们对数学知识的理解和记忆。

(三)以视觉化的展示方式呈现数学知识可以提高学生学科学习的参与度

通过精心设计的数学课件,以视觉化展示方式呈现所学内容,能够直观地帮助学生理解和掌握数学知识。同时,可以提高学生数学学习的参与度和兴趣,并提供清晰的认知思维图像,促进学科学习的思维与推理、互动与合作,从而更好地提高学科教与学的有效性。

(四)以个性化的方式设计教学内容可以促进数学的深度学习和发展

数学教学课件可以根据学生学科个体的差异性和需求,进行个性化的设计和调整。教师可以根据学生数学学习的个体差异和不同需求,运用数智化技术合理地调整学科教学内容的难易程度和深度,帮助学生巩固学科知识。同时,还可以根据提供定制化的学科学习资源和指导,促进学生数学学习的深度。通过激发学生的主动学习,可以强化学科认知建构;提供挑战与拓展,可以优化数学学习的体验,并深化学科知识的理解和应用。

（五）教学资源的可持续利用性可以提升数学教师的教学工作效率

制作数学教学课件可以将丰富的教学资源整合起来，形成完整的教学内容。这些教学课件可以被保存和共享，使得教学资源能够长期有效地被利用，较大程度上提高数学教师的工作效率。同时，之前制作的数学教学课件，教师在后续每次教学前均可以根据学生的实际情况进行修订和更新，从而进一步增加学科教学资源的适应性促进共享度，并推动数学教师的专业发展。

综上所述，制作数学教学课件为学生提供了深入学习和主动参与的学习体验，强化学生对数学知识的理解与记忆，支持学科的个性化学习和巩固复习，能够提高数学学科的教学效果。同时，也增加了数学教学资源的可持续利用性，这种教学工具可以促进学生的主动参与和深入学习数学，进而提升学科教育的有效性。

三、数学教学课件制作的方法与技巧

在制作数学教学动画时，还需要根据不同的教学目标、学习者特点和教学环境进行调整和创新。通过一定的方法与技巧应用，可以提高数学教学动画制作的质量和效果，以更好地促进学科教与学的活跃性和有效性。

（一）数学教学课件制作的方法

数学教学课件制作能够符合教学目标、吸引学习者的注意力、清晰地展示数学知识及其产生过程，并促进学科学习效果的提升，需要通过规范的制作方法完成。优质的数学教学制作可以通过以下步骤来实现。

步骤1　确定教学目标

确定教学目标是数学教学课件制作中很重要的一步。首先确定教学动画的目标和内容范围。明确要讲解的数学知识点、问题或解题方法，以及学习者需要达到的目标和能力。

例如，掌握对数函数的概念、图像和性质。通过教学课件的学习，学生可以理解对数函数的概念、图像和性质，也可以分析和解决涉及对数函数的问题。

又如，掌握解一元二次不等式的解法。通过教学课件的学习，学生能够理解一元二次不等式的概念，掌握一元二次不等式的解法，并能够应用它解决相关的实际问题。

以上例子表明，在制作数学教学课件时，教学目标需要明确，并与学生学科知识水平、学习内容相匹配。确定了教学目标后，教师可以根据目标设计相应的教学资源、活动和评估方式，以便有效地引导学生开展学科学习活动并达到预期的教学效果。

步骤 2　设计角色和场景

根据数学知识的教学目标,确定需要使用的角色和场景。可以设计一些卡通形象或幽默的场景以及适合的角色形象,并考虑场景的背景设置和布局。角色和场景的设计应符合数学知识的教学目标和受众特点,能够引起学生学习的共鸣,他们的学习更有趣。

以下案例展示了在设计数学教学课件时,可以考虑引入适当的角色和场景增加学生学习三角函数概念的兴趣和参与度。

案例 4-1　三角函数的概念

主角:小林是一名年轻有趣的探险家。

辅助角色:小芳是小林的好朋友,一位数学天才。

场景设定

小林和小芳正在一次神秘的数学探险中,他们需要解决各种与三角函数相关的谜题和难题。

引入情境

小林和小芳来到了一座隐藏着宝藏的古老迷宫中。为了找到宝藏的准确位置,他们需要运用三角函数的知识进行测量和导航。

问题提出

小芳向小林提出了一个问题,我们在迷宫的某个位置,需要知道离宝藏还有多远,并向学生提出如何运用三角函数知识解决这个问题。

角色互动

小林和小芳一起探索迷宫中的各个房间和通道,利用三角函数的概念进行测量、计算和导航,每一次成功的解算,都让他们离宝藏更进一步。

解决难题

在迷宫的一些房间中,设计一些与三角函数相关的难题,如求解角度、计算边长等。通过小林和小芳的努力,学生可以亲身体验三角函数的应用,并尝试解决这些难题。

总结与归纳

小林和小芳找到了宝藏,并回顾了他们在数学探险中所遇到的问题和解决方法。通过师生共同总结和归纳,巩固学生对三角函数知识的理解和应用。

通过设计角色和场景,学生可以将数学知识与故事情节相结合,增加学习的趣味性和实践性。这种教学活动方式的开展可以引导学生积极参与数学学习活动,并促进他们对数学知识的巩固理解和应用。

步骤 3　制定故事板

根据教学目标和内容,制定故事板或剧本,将要呈现的数学知识和技能按照顺序进行组织和安排。故事板可以包括文字描述、草图或简单的示意图,帮助学科制作团队更好地理解和规划动画的流程和结构。编写数学课件的脚本和故事板,将教学内容以流畅的方式展示出来,并确保其逻辑清晰。

以下案例展示了在制作数学教学课件时,可以使用故事板的方法引入和解释二次函数的概念和性质。

案例 4-2　二次函数的概念和性质

引入情境

可以设计一个故事情节,若小黄是一名篮球教练,他想要根据篮球抛物线的形状帮助球员提高投篮命中率。

问题提出

小黄希望了解投篮点在不同时间点上的高度,并让学生思考并回答这个问题。

引入二次函数的概念

在故事情节中,可以通过小黄测量篮球抛物线的高度引入和解释二次函数的概念。如小黄发现篮球的高度可以通过二次函数的配方形式求得。

绘制抛物线图像

通过故事情节,可以引导学生使用二次函数的公式绘制篮球抛物线的图像,并观察不同时间点上的高度变化。

理解二次函数的性质

在故事情节中,还可以组织学生分小组探索二次函数的相关性质,如顶点坐标、对称轴、最大值或最小值等,通过小组合作,学生不仅加深了对二次函数的理解,还学会了如何将这些性质应用到实际问题中。

练习与应用

合理设计练习题,让学生在故事情节中的篮球抛物线上进行实际的计算和分析,如求解顶点坐标、判断抛物线开口方向等。

总结与归纳

总结和归纳二次函数的概念和性质,并回顾故事情节中的操作和应用。

通过制定故事板,学生可以在一个具体且有趣的情境中,更好地理解和掌握数学中难以理解的概念和性质。这种教学方法可以增加学生学习数学知识的兴趣和参与度,提高他们对数学知识的理解和掌握程度,并增加他们的学习效果和应用能力。

步骤 4　制作教学素材

根据数学知识点的教学内容,收集和准备数学图表、公式、实例等所需的教学素材。对于复杂的数学知识或过程,可以使用动画软件或绘图工具制作示意图或模型,以便更好地展示和讲解。在制作数学教学课件时,可以使用各种教学素材辅助学生的数学学习和理解。

在制作数学教学课件时,需要综合运用各种教学素材,促进学生更好地认识和理解数学知识。

(1) 图像和图表:可以使用数学相关的图像和图表直观地展示数学知识。例如,在讲解函数的单调性时,可以使用增函数和减函数的图像分别讲授和说明。又如,在讲解统计学时,可以使用柱状图或折线图展示数据分布和趋势。

(2) 动画和模拟:可以通过动画和模拟的方式演示数学知识及其产生的过程。例如,在讲解几何图形的形状变换时,可以使用动画展示平移、旋转和缩放变化所产生的效果,帮助学生理解图形的动态特性。又如,在讲解微积分中的极限概念时,可以使用模拟软件进行数值逼近的演示,使学生能够直观地感受到极限的逼近过程,从而更好地理解极限的概念。

(3) 视频教学和演示:可以录制数学教学视频进行演示。例如,可以录制学科的带头人或专家讲解数学知识、解题方法和应用实例,教师也可以自己录制数学实验或演示过程,以加深学生对学科知识的理解和应用。

(4) 互动游戏和练习:可以设计互动游戏和练习帮助学生巩固理解并掌握数学知识。例如,可以设计数学习题的答题游戏,通过这种互动的学习方式促使学生主动参与,并在游戏中使之更好地理解和掌握数学知识。

(5) 实际应用和案例分析:可以通过实际应用和案例分析的方式展示数学知识的实际运用。例如,在讲解理财投资获利时,可以通过实际的投资案例计算利息和收益。又如,在讲解概率与统计时,可以根据真实数据进行案例分析和预测评估。

通过制作并使用教学素材,可以使学生更加直观地理解和应用数学知识。同时,使用多样化的学科教学素材也可以激发学生参与数学学习的兴趣,促进他们对数学知识的理解和应用,培养他们的创新思维和实践能力。

步骤5 制定动画脚本

根据故事板和教学素材,制定文字描述、动作流程、镜头切换等详细的动画脚本。这样做能够确保学科教学动画能够按照预期的方式呈现,并与语音解说或文本说明相匹配。制定动画脚本是制作数学教学课件中的重要步骤之一,可以通过动画演示的方式生动地展示数学知识和解题过程。

以下案例展示了在制作数学教学课件时,制定动画脚本可以帮助引入和解释数学知识。

案例4-3 平移变换的概念

背景介绍

故事发生在一个神秘的数学世界中,主角小林是一名勇敢的冒险者,他将带领学生进行平移变换的探险之旅。

情节设计

第一幕介绍平移变换的概念和特点

小林来到一个神秘的数字迷宫中,他看见迷宫的每个房间上都标有不同的数字。小林想要将每个房间向右移动两个单位,于是他使用了平移变换的操作,把数字迷宫整体平移了。

第二幕演示平移变换的过程

小林通过动画演示,展示了如何进行平移变换。他将数字迷宫的每个房间都向右移动两个单位,并解释了平移变换的特点和效果,让学生对这一概念有更直观的认识。

第三幕练习和实践

小林邀请其他同学一起参与,并帮助他们进行平移变换操作。其他同学在屏幕上看到一个数字图形,他们需要将图形按照指定的向量进行平移变换,并观察变换后的结果。

第四幕总结和应用

小林回顾了平移变换的概念、操作和应用。他提供了一些实际生活中使用平移变换的例子,如地图上的位置标记和移动物体的坐标,让学生深刻理解平移变换的实用价值。

通过制定动画脚本,学生可以通过视觉和听觉的方式更加生动地理解和记忆数学知识。这种教学方式可以提高学生数学学习的参与度和趣味感,培养他们的观察能力和解题思维。同时,数学教学动画也可以使抽象的数学知识更具可视化和直观性,帮助学生更好地理解和应用学科知识。

步骤 6　运用动画技术

根据动画脚本,使用动画软件或工具创建动画素材。可以使用 2D 或 3D 动画软件,根据需要添加动画效果和过渡效果,如绘图、关键帧动画、形状变换、运动路径等。同时,还需要考虑动画的时间长度和流畅性,使得学习者能够顺利跟随和理解。

以下案例展示了在数学教学课件中使用动画技术,可以增加学生对数学知识的理解和记忆。

案例 4-4　几何形状的属性与关系

动画设计

(1)场景设置:创建一个平面几何的背景,几何形状如三角形、四边形、圆等。

(2)形状展示:通过动画逐步展示不同的几何形状,从简单到复杂,如以三角形为起点,逐渐引入更多的边和角。

（3）属性讲解：针对每种几何形状，通过动画呈现和讲解它们的边长、角度、对称性等属性，使学习者能够清晰地理解每个形状的特点。

（4）关系演示：通过动画演示不同几何形状之间的关系，如相似性、全等性、垂直关系等。可以使用变换效果显示形状之间的转换和变化。

（5）交互体验：在动画中插入一些交互元素，让学生根据问题选择或拖拽正确的几何形状，以检验他们对属性和关系的理解，还能提高学习的参与度。

效果与优势

（1）直观展示：通过动画，学生可以直观地看到几何形状的属性和关系，更容易理解和记忆。

（2）可视化比较：通过动画演示不同几何形状之间的变化和转换，帮助学生比较它们之间的异同，加深对概念的理解。

（3）互动参与：通过插入交互元素，让学生积极参与互动，加深他们对几何概念的理解和应用。

使用动画技术制作数学教学课件可以提供更直观和生动的学习体验，帮助学生深入理解抽象的数学知识。同时，数学教学动画还可以增加学生参与数学学习的主动性和自觉性，增强他们的学习效果和应用能力。

步骤 7　添加声音和音效

在动画制作完成后，在确保清晰地传达数学内容基础上，可以添加声音和音效，增强学习效果。选择适合的背景音乐、声音效果和解说词，使得课件更加生动和具有沉浸感，并增加动画的趣味性和参与度。

以下案例展示了在数学教学课件中添加声音和音效，可以增添数学教学的趣味性和吸引力。

案例 4-5　三角函数的周期性与振幅

添加声音和音效的设计.

（1）背景音乐：在整个课件的背景中添加轻松愉快的背景音乐，以营造积极的学习氛围，这种背景音乐不仅能够激发学生的兴趣，还能帮助他们更好地集中注意力。

（2）声效提示：在示例或练习中，当学生选择或完成一个正确的答案时，添加正面的声音提示，如欢呼声或奖励音效，以增加学生学习数学的积极性。

（3）特定场景音效：在讲解三角函数图像的周期性时，可以通过适当的音效强化性质的理解和记忆。例如，当同时展示正弦函数图像和简谐运动的动画时，可以添加类似波浪声或钟摆声等音效突出简谐运动的特征，强化学生对三角函数图像特性的理解和记忆。

（4）音效转换：当讲解三角函数的周期性和振幅变换时，可以使用音效突出关键步骤或过程。例如,当展示三角函数的振幅变换时,可以添加类似拉伸或压缩的音效,以帮助学生更好地理解三角函数的振幅概念。

语音讲解。除了文本和图像,可以使用录制的语音进行讲解,以更直观地引导学生理解三角函数的周期性和振幅。通过语音的节奏、重音和音调变化,可以强调三角函数的周期性和振幅知识的关键点,这种语音讲解不仅能够提高学生的学习效率,还能增加课件的互动性和趣味性。

通过添加声音和音效,可以增加数学教学课件的趣味性和吸引力,并提供多感官的学习体验。这种教学方式可以增强学生数学学习的趣味感,提高他们的专注度和参与度,从而加深对数学知识的巩固理解和记忆。

步骤 8　完善和调整

在发布之前,需要对数学教学动画进行检测,确保没有任何错误和问题。对制作好的动画进行反复修改和完善,确保信息的准确、连贯并易于理解。此外,根据学生学前和学后的反馈和评价,及时对学科教学动画进行修订和改进。

在制作数学教学课件时,经常需要采取以下方式对课件内容进行完善和调整,以提高学科的教学效果。

(1)完善示例和解题步骤:检查数学教学课件中已有的例题和解题步骤,确保它们清晰、易懂,符合学生的学科学习水平。如果有一些例子或步骤难以理解,可以重新修改或增加更详细的说明,以确保学生能够跟随讲解节奏并正确理解。

(2)调整难易程度:评估数学教学课件中知识点和习题的难度设置,并根据学生对知识点的掌握程度合理修改和调整。如果发现学生对某个知识或题型普遍存在困难,可以增加更恰当的讲解或更明了的练习题提示,并提供更多的实例和解题思路。对于学生而言相对简单的知识内容和习题,可以考虑进一步深入或扩展,以挑战他们的数学思维能力的极限。

(3)多样化的练习形式:在数学教学课件中,除了传统的选择题和计算题外,可以增加不同的练习形式,如应用题、推理题、证明题等数学习题。这样可以培养学生多元的思维能力,并促进他们将数学知识应用到实际问题中。

(4)引入互动元素:在数学教学课件中加入一些互动元素,如拖拽、填空或抢答游戏等。这种做法可以提高学生参与数学教学活动的积极性,同时还可以促进他们在实践中更加自信地运用数学知识。

(5)反馈和评估机制:在数学教学课件中添加自动化的反馈和评估机制,可以帮助学生更好了解自己对数学知识的学习进度和掌握程度。通过数学学习的实时反馈,学生可以查漏补缺,及时纠正学习中的错误并加深数学知识的理解和记忆。

根据数学教学课件的信息反馈,通过不断完善和调整,使之更好地适合学科知识教学并满足学生的学科学习需求。此外,积极收集学生数学学习的反馈建议,并根据实际情况进行适当的调整,可以保持数学教学课件内容的准确性和适应性。

步骤 9　导出和发布

完成数学教学动画制作后,导出为常见的视频格式(如 MP4)或网页格式(如HTML5),确保学科教学动画在不同设备和平台上的兼容性,以便在不同平台和设备上播放。选择合适的发布方式,如在线平台、移动应用、教学软件等,让学习者能够方便地访问和使用数学教学课件。

在制作数学教学课件后,可以采用以下方式将其导出并发布,供学生进行学科学习使用。

(1) PDF 格式:将数学教学课件导出为 PDF 格式,这样学生可以在电脑、平板电脑或手机上阅读和学习。PDF 格式可以确保内容的格式和布局保持一致,并且可以方便地打印出来开展离线学习活动。

(2) PowerPoint 演示文稿:将数学教学课件导出为 PowerPoint 演示文稿(PPT)格式,这样学生可以在 Microsoft PowerPoint 中打开课件,并跟随教学过程。PPT 格式可以让学生自主查看和控制学习进度,PPT 的交互性可以激发学生的参与感,教师也可以根据需要进行实时的编辑和更新。

(3) 网络平台发布:将数学教学课件上传到教育平台或学校的在线学习管理系统中,供学生在网页上访问和学习。通过计算机或移动设备,学生可以随时随地访问和学习数学课件,并可以与教师、其他同学开展互动教与学活动,提高学科教学的灵活性和有效性。

(4) 视频格式:将数学教学课件制作成教学视频形式,可以让学生在在线视频平台上学习。视频格式相对生动和直观,可以加入讲解声音、动画效果和实例演示,增强学生的理解和记忆,使得数学概念更加生动易懂。

(5) 云存储分享:将数学教学课件上传到云存储服务(如 Google Drive、OneDrive 等),生成共享链接,然后通过电子邮件或学校的学习平台与学生分享链接。这样学生可以直接在线访问和下载课件,实现了资源共享并方便了学科学习。

通过导出和发布数学教学课件,可以使学生更方便获取所需要的学科教学内容,并以自己喜欢的方式进行学科学习和复习。此外,还可以根据学生的学习反馈和新要求,对已发布的数学教学课件进行更新和改进,不断提高它的教学适应性和学习体验。

总之,制作数学教学课件时需要关注教学目标的确定、角色和场景的设计、脚本和故事板的编写、动画素材的制作、声音和音效的添加、导出和发布动画以及测试和修订动画等步骤。通过合理的设计和技术运用,并通过以上步骤逐步规划和实施,可以制作出生动有趣、富有教育意义的数学教学课件。

（二）数学教学课件制作的技巧

在制作数学教学课件时，可以利用一些特殊技巧提高学科的学习效果和教学质量。以下是数学教学课件制作的一些特殊技巧，可以提升数学课件的教学效果。

技巧1　明确目标和结构

在开始制作之前，明确数学教学课件的教学目标和整体结构至关重要。确保每个部分和页面都有清晰的目标和合理的布局，便于学生学习和理解记忆。

在数学教学课件制作中，采取以下措施明确教学目标和知识结构，是确保教学有效性的技巧之一。

（1）设定明确的教学目标：在制作数学教学课件之前，明确学生知识点的学习需要和教学目标很重要。例如，希望学生能够理解和运用特定的数学定理、掌握某种解题方法，或者应用数学知识解决某类实际问题。确保目标明确并与学科课程标准保持一致。

（2）选用清晰的标题和章节结构：在数学教学课件中使用清晰的知识标题和结构，可以帮助学生更好地组织和理解所学数学知识和技能。每节课应该有一个明确的主题，并以一定逻辑顺序进行排列，以便学生能够有条理地跟上数学教师的授课进度。

（3）编写简明扼要的导入和总结：在每个数学教学课件开始，设计一个简短的导入目录，引起学生学科知识学习的好奇心，激发他们对所学数学知识点的兴趣。在每个课件的结尾，需要编写简明扼要的总结帮助学生回顾并强调重点知识，加深他们对所学知识的巩固理解。

（4）分阶段展示和引导：若所学数学知识比较复杂或抽象，可以将其分为多个阶段展示。逐步引导学生在每一阶段理解不同难度的知识点。例如，先介绍数学基本概念，然后逐渐引入更复杂的扩展知识或应用示例，这种由浅入深的教学方式，有助于学生逐步建立起对数学知识的理解框架。

（5）提供典型例题和解题步骤：在课件中，提供典型例题和解题步骤，以帮助学生进一步理解和掌握相关知识点和解题方法。例题应该包含解题思路和详细的解题过程，以便学生能够模仿和应用到类似的习题解答中去。

（6）强调关键知识和地位：通过视觉化的方式强调关键的数学知识，加深学生的理解和记忆。使用精确的术语和图表清楚地表达数学知识，同时引导学生理解不同概念之间的联系，并展示它们在数学中的重要性。

通过明确目标和结构，学生能够更好地组织和理解所学的数学知识，从而提高学习效果和应用能力。同时，也有利于数学教师更好地把握知识点的教学进度，确保学科教学的连贯性和有效性，为学生打下坚实的数学基础。

技巧 2　突出关键内容

数学教学课件应突出强调数学知识的关键点、重要定理或解题的关键步骤。可以通过使用颜色、加粗、下划线等方式,突出数学中的关键内容并易于学生强化记忆。

在数学教学课件制作中,采取以下措施突出关键内容,是突出学科教学重点和难点的技巧之一。

(1)强调关键知识:使用不同颜色或字体样式突出数学知识的关键词汇、公式或概念。可以使用粗体、不同颜色或下划线等方式使数学关键内容更加醒目。

(2)使用图表和图像:通过图表、图像和示意图说明关键的数学知识和问题解决过程。例如,在解析几何中,使用图形展示几何形状的特征和变化,增强学生的直观理解能力。

(3)利用标签和箭头:在图表和图像上使用标签和箭头引导学生注意数学教学中的关键部分。这样做让学生更好地关注图表和图像,理解相关的数学知识。

(4)设计思维导图:利用思维导图的方式呈现数学知识的结构及其关系。这种方式可以将重点数学知识以层次结构的形式呈现,帮助学生整体把握数学知识框架。

通过以上突出关键内容技巧的实施,可以使制作的数学教学课件更加生动并有层次性,促进学生学科知识学习的成效。

技巧 3　图像和图表引导

通过合适的图像和图表引导学生学习和理解数学知识。使用示意图、示例图等展示抽象的数学知识点,帮助学生更容易形成直观的认知,并易于知识点的理解和记忆。

在数学教学课件制作中,采取以下措施通过图像和图表,是引导学生理解和掌握数学知识的技巧之一。

(1)图解几何形状:在几何图形的教学课件中,使用图示展示各种几何形状的特征和性质。例如,通过绘制图形和标注关键尺寸,可以帮助学生理解三角形、四边形、圆形等几何形状的属性,加深对几何知识和原理的理解程度。

(2)数据统计图表:在统计与概率的教学课件中,使用柱状图、折线图和饼图等数据统计图表呈现实际数据和相关概念。例如,使用柱状图展示不同年龄段的人口分布,帮助学生理解数据的分布情况,还能训练他们进行数据分析和比较的能力。

(3)函数图像:在函数与方程的教学课件中,使用函数图像展示各种函数的形态和特性。例如,通过动态绘制二次函数的图像,引导学生观察和分析它的开口方向、对称轴和顶点等图像特征。

（4）解题示意图:在解数学习题的教学课件中,使用示意图展示习题的解题思路和步骤。例如,在解决平面几何问题时,绘制平行线、垂直线和角度等示意图,帮助学生理解几何问题和推导过程。

数据分析图表:在数据分析与应用的教学课件中,使用条形图、折线图和散点图等呈现数据关系和趋势。例如,通过绘制折线图展示温度变化的季节性特征,让学生观察和分析数据的变化规律。

通过以上图像和图表引导技巧的措施实施,可以使学科教学课件更好地帮助学生理解和应用数学知识。在制作数学教学课件时,选择合适的图像和图表形式,并配以清晰的标注和说明,将有效地提高学生对数学知识和问题的认知与理解。不过,需要注意图像和图表的选择应该与教学内容紧密相关,以有效地促进学生学科学习的效果。

技巧4　适当使用动画和过渡效果

在数学教学课件中适当使用动画和过渡效果可以增加视觉吸引力,并帮助学习者更好地关注和理解内容。

在数学教学课件制作中,采取以下措施适当使用动画和过渡效果,是增加课件的生动性和吸引力,并帮助学生更好地理解和记忆数学知识的技巧之一。

（1）逐步展示解题过程:使用逐步动画效果展示数学习题解题过程的每个步骤,以帮助学生跟随思路。例如,在解代数方程的课件中,可以逐步显示代数方程式的变化过程,从而让学生更加清晰地理解解方程的方法和技巧。

（2）强调关键知识点或公式:利用动画效果将数学的关键知识点或公式从整体中突出显示。例如,在数列的教学课件中,可以使用放大或高亮动画效果突出显示重要的数列公式,让学生更易于注意和记忆。

（3）图像和图表的过渡效果:在呈现图像和图表时,使用过渡效果引导学生关注关键数学知识点。例如,通过淡入淡出、滑入滑出等过渡效果,将图像和图表的重要信息逐渐呈现给学生,帮助他们逐步理解和分析数学知识。

（4）触发或手绘动画:设计点击触发或手绘动画,可以让学生主动参与课件中的教学内容,增加数学教学实践的趣味性和互动性。例如,在几何形状的教学课件中,设置点击触发动画显示不同角度的大小关系,让学生根据提示点击进行验证和比较。又如,在数学证明的教学课件中,使用手绘动画效果逐步揭示证明过程,让学生更好地感受到学科推理的思维过程。

需要注意的是,在数学教学课件制作中使用动画和过渡效果时,需要避免过度使用或过度复杂化,以免分散学生的注意力甚至导致混淆。选择与教学内容相适应的动画效果,可以提高学生对数学知识的理解和记忆,从而激发他们的学习兴趣,提高学习效率。

技巧 5　配备实例和案例分析

在课件中引入实例和案例分析,可以将抽象的数学概念与实际问题联系起来。通过实例的应用和案例的分析,可以帮助学生更好地对所学数学知识理解和应用。

在数学教学课件制作中,采取以下措施配备实例和分析案例,是提升学生理解和应用数学知识的能力的技巧之一。

(1) 实际问题的应用:将实际问题与数学知识相结合,以案例的形式展示数学在现实中的应用。例如,在函数与方程的教学课件中,可以使用物体的运动轨迹、投资收益等实际场景的例子,说明函数的概念和应用。

(2) 典型案例分析:选取一例典型的数学问题或历史事件,通过案例分析的方式逐步讲解解决方法。例如,在概率与统计的教学课件中,可以选取一个具体的统计问题,如抽样调查或调查结果的分析,用案例分析的方式引导学生理解并掌握统计方法。又如,在一则数学史的教学课件中,可以介绍柯西收敛准则的发现历程,并通过案例分析说明其在数学分析中的应用。

(3) 错误案例的分析:选取常见的错误思路或答案,并通过分析这些错误案例帮助学生理解正确的解题思路和方法。例如,在三角函数的教学课件中,可以列举常见三角函数式求值的计算错误,通过对其进行分析,指导学生掌握正确的解题方法。

(4) 模拟和推理案例:设计一系列模拟实验或推理案例,让学生通过观察和推理的方式理解数学原理和知识点之间的关系。例如,在几何证明的教学课件中,可以设计一些模拟实验,让学生通过拖动和改变图形形状观察和分析几何属性,从而加深对几何概念的理解。

通过以上措施的实施,可以帮助学生将抽象的数学知识与具体的实例相联系,提高他们的学习兴趣和理解能力。同时,在制作数学教学课件时,需要注意案例的选择及其设计符合学生学习水平和课程要求的情景,以便有效地促进学生学科的学习和思考。

技巧 6　互动元素的加入

课件中添加互动元素可以提高学生的参与度和积极性。例如,添加互动题目、拖拽元素等,让学生主动参与到学科教学课件的学习过程中。

在数学教学课件制作中采取以下措施添加互动元素,是提高学生学科学习的参与度和效果的技巧之一。

(1) 交互式问题:设计一些交互式问题,让学生通过点击或选择答案参与数学教学课件内容的学习。例如,在代数运算的教学课件中,可以设计一些填空题或选择题,让学生通过点击相应的选项回答问题。又如,在数学竞赛的教学课件中,设置一些快速计算的问题,让学生通过投票方式选择答案,并实时呈现结果,这种即时反馈的方式能够帮助学生快速理解并掌握知识点。

（2）拖放活动：使用拖放元素的方式，让学生进行排序、分类或匹配等活动。例如，在集合概念的教学课件中，设计一个拖放活动，让学生将不同的元素分配到相应的集合中，这种直观的学习方式有助于加深学生对概念的理解。

（3）点击触发动画和说明：利用点击触发动画和说明，让学生主动探索和发现数学知识。例如，在三角函数的教学课件中，设置点击触发动画展示角度的变化和三角函数值的对应关系，帮助学生构建知识体系。

（4）对话框和解释：引入对话框和解释功能，让学生与数学教学课件进行互动交流。例如，在数列与级数的教学课件中，设置对话框解释递归公式的意义和使用方法。

（5）制作小游戏：设计一些小游戏巩固和应用数学知识。例如，在平面几何的教学课件中，设计一个迷宫游戏，让学生根据几何性质寻找正确的出口，这种寓教于乐的方式能够极大地提高学生的学习兴趣和参与度。

通过以上措施的实施，在数学教学课件制作中可以增加学生与课件的互动性，激发他们学科学习的兴趣和积极性。此外，还需要确保互动元素与教学目标一致，不能仅仅是为了增加趣味性，更重要的是帮助学生理解和深化数学知识。

技巧7 渐进式展示内容

对于复杂的数学知识或解题步骤，可以采用渐进式方式展示内容。逐步呈现数学知识或解题步骤的关键信息，可以帮助学生循序渐进地理解和掌握相关知识。

在数学教学课件制作中采取以下措施渐进式展示内容，是帮助学生逐步理解和掌握知识的技巧之一。

（1）逐步显示或引入内容：将解题步骤分解成多个小步骤或逐步引入和拓展数学知识，并通过渐进式展示方式逐步呈现出来，使学生学习能够跟上授课进程。例如，在解方程的课件中，可以逐步展示消元、配方法等求解步骤，让学生跟随思路进行解题。又如，在函数的教学课件中，可以首先介绍函数的基本概念，然后逐步引入较复杂的函数图像及其变换、基本性质等知识。

（2）隐藏部分答案或图形：在图表或图像中，隐藏部分答案或图形元素，通过渐进式展示逐渐揭示或增加新的信息。例如，在平面几何的课件中，可以隐藏某些几何关系或角度，让学生先观察和推理，然后逐步呈现相关信息，引导学生进行更深层次的思考。

（3）分步展示解决问题过程：将数学问题解决过程分为多个关键阶段，并通过渐进式展示逐步呈现。例如，在数学建模的课件中，可以将问题分为问题理解、数据收集、模型构建、结果分析等阶段，逐步展示每个阶段的重要内容，这种方法不仅帮助学生理解问题解决的全过程，还能培养他们的系统思维能力。

通过以上措施的实施,在数学教学课件制作中渐进式展示内容可以帮助学生分步、分阶段掌握学科知识,并培养他们的思考问题和问题解决能力。在制作数学课件时,需要根据学生的学习进度和能力水平合理安排渐进式的呈现方式,以促进学生数学知识的深入理解。

技巧8 给予反馈和提示

在数学教学课件中给予学习者及时地反馈和提示,帮助他们发现知识错误或加深理解。可以通过弹出窗口、提示信息等方式进行反馈。

在数学教学课件制作中采取以下措施给予学生及时地反馈和提示,是帮助学生及时纠正学科学习过程中的错误的技巧之一。

(1)错误提示:当学生在数学教学课件中练习或答题时,若中间受阻或出现错误,可以给予相应的错误提示。例如,在数学选择题中,如果学生选错了答案,可以显示正确答案并解释为什么是正确的。又如,在解代数方程的课件中,可以逐步给出解题步骤的提示,帮助学生找到正确的解法。

(2)进阶提示:对于已经掌握了数学基本知识和解题思路的学生,可以提供进阶的提示,鼓励他们尝试更复杂的问题或解决方法。例如,在几何证明的教学课件中,可以给予学生一些思考角度和额外的提示,激发他们挑战更高难度的证明。

(3)实时反馈:在课件中设置学习实时反馈环节,可以让学生及时了解自己做的习题答案是否有误。例如,在数学游戏的教学课件中,设置出题和答题的环节,并根据学生的回答给予实时的反馈,帮助他们及时调整学习策略。

(4)解析说明:在课件中给予解析说明,详细讲解问题的解决思路和方法。例如,在数学难题的教学课件中,给予学生详细的解题解析,并展示问题的多个解法和解题的思考方式。

(5)自主学习提示:在课件中给予学生自主学习的提示,鼓励他们深入探索和思考。例如,在数学拓展的教学课件中,提供一些额外的学习资源或阅读材料,并给予学生相应的指导和建议,激发学生的探索精神和思考能力。

通过以上措施的实施,在数学教学课件制作中给予学生及时的反馈和提示,可以帮助他们发现并解决学科学习中的错误,促进他们学习进步。在制作学科教学课件时,需要根据学生的学科水平和需要,合理安排反馈和提示的方式,以提高学生数学的自主学习和问题解决能力。

技巧9 多媒体资源的融入

通过利用多媒体资源可以丰富数学教学课件的内容和形式。包括配乐、视频、演示等,增加视听效果,使学习者更加感兴趣和专注。

在数学教学课件制作中采取以下措施融入多媒体资源,是增加学生学科学习的兴趣和参与度的技巧之一。

（1）视频教学：引入数学相关的教学视频，可以通过展示实际问题的解决过程或演示数学实验帮助学生理解数学知识和应用方法。例如，在微积分的课件中，可以包含一个视频演示求导的过程，让学生对这一抽象概念有更直观的认识。

（2）音频讲解：配备音频讲解，可以为学生提供额外的解释和说明。例如，在几何图形的课件中，除了文字和图像，配备音频讲解详细解释图形的形状特性和基本性质，增强学生的理解力。

（3）插图和图片：使用插图和图片解析数学知识和问题。例如，在平面几何的课件中，使用插图展示图形的特征和变换过程，帮助学生形成直观的几何概念。

（4）实例模拟：使用动画或模拟器模拟实例，帮助学生直观地理解数学原理。例如，在统计学的教学课件中，使用模拟器模拟随机抽样和统计分析的过程，让学生在实践中掌握统计学的应用。

（5）在线资源链接：提供相关的在线资源链接，让学生可以进一步深入学习和拓展数学知识。例如，在数学竞赛的教学课件中，提供一些在线数学竞赛平台的链接，让学生参与挑战和实践。

通过以上措施的实施，在数学教学课件制作中融入多媒体资源可以使数学教学活动更加生动有趣，并可以提供多元的学习方式和参考材料。在制作课件时，还需要确保多媒体资源的内容准确性和与教学目标的一致性，以促进学生的学习效果和兴趣。

技巧 10　简洁明了的语言

使用简明扼要的语言表达数学知识和解题步骤。避免使用很复杂或晦涩难懂的术语，尽可能采用通俗易懂的语言讲解和表达数学知识。

在数学教学课件制作中采取以下措施使用简洁明了的语言表示，是帮助学生更好地理解数学知识和原理的技巧之一。

（1）精简文字说明：将文字说明精简到最核心的内容，避免冗长和繁琐地叙述。例如，在代数方程的教学课件中，使用简练的语句解释方程的概念和解题方法。

（2）使用简洁的实例：选取简单明了的实例说明问题或应用概念。例如，在三角函数的教学课件中，使用简单的角度值计算正弦和余弦的具体数值，避免使用复杂的小数或无理数。

（3）简短的问题陈述：在问题描述中，用简洁明了的语言陈述问题，避免过多的废话和冗长的叙述。例如，在几何证明的教学课件中，使用简短的语句陈述所需证明的几何关系。

（4）提供结构化总结：在课件的结尾或复习部分，提供清晰的结构化总结，以简明扼要的方式回顾和概括数学知识点的学习内容。例如，在代数运算的教学课件中,提供一个简洁的总结表格,列出各种运算规则和示例。

通过以上措施的实施,简洁明了的语言表示可以使数学教学更清晰和易理解。在制作数学教学课件时,要注重语言的简练性和精确性,以帮助学生更加准确地理解数学知识。

通过运用这些特殊技巧,制作出高质量、有效果的数学教学课件,能够提升学生对数学知识的理解和应用能力,同时也提高了学科的教学效果。

四、使用数智化技术制作数学教学课件的案例

在数学学科教学中,教师利用数智化技术制作了两例关于三角函数概念和概率概念的教学课件。在以下两例教学课件制作中,数智化技术发挥了充分作用,将三角函数和概率的概念直观地呈现给学生,同时营造了这两个数学概念学习的探索情境,并帮助了学生深入地理解和掌握这两个抽象的数学概念。

案例 4-6　三角函数概念的教学课件

数据分析

教师利用数据分析技术收集了学生在之前的测试中与三角函数概念相关的成绩和常见错误,通过对数据的分析,确定了之前学生对于三角函数概念掌握的薄弱点,并在教学课件中设置了相应的重点内容。

教学内容优化

教师根据数据分析的结果,优化了三角函数概念的教学内容。通过数智化技术在课件中设计了动态图表和可视化实例,帮助学生更好地理解和应用三角函数的概念。

学习进度监测

在课件中,教师利用数智化技术嵌入了自动化的三角函数概念学习进度监测系统。学生可以通过完成这一例教学课件中的小测验评估自己学习三角函数概念的进度,并纠正了学习过程中的错误,从而加深了对三角函数概念的理解。

学习个性化推荐

基于学生的学习进度和测验表现,数智化技术还为学生推荐了个性化的三角函数概念的学习资源和相关练习题。这样可以让学生根据自己学习三角函数的具体需求有针对性地开展学习,并增加了这一知识的学习效果。

通过应用数智化技术制作数学教学课件,教师能够更好地根据学生的需求和表现进行个性化教学,提高学生对数学知识的理解和掌握程度,同时也有助于教师对教学过程和学生学习情况的监测与分析。这种基于数据分析和个性化推荐的数智化教学方法有利于提高学生学科学习的效果和兴趣,推动数学课程教育的进步和发展。

数智化技术也常应用于制作一款虚拟实验室数学教学课件,旨在提供实践性和交互性的学习体验,促进学生对数学知识更好地理解和应用。信息化的数学教学课件,可以为学生提供更加交互性、个性化的学习体验,进而促进学科教学效果的提升。

案例 4-7　概率概念虚拟实验的教学课件

该课件模拟了一个掷硬币的虚拟实验室环境,学生可以在其中进行概率概念的具体实验和学习探索,让他们在实际操作中深入理解概率概念。

实验操作

学生可以使用鼠标、键盘或触摸屏等设备,与掷硬币的虚拟实验小组之间进行互动。他们可以通过拖放、点击等操作与实验器材和元素进行交互,模拟真实掷硬币的实验过程,实现与实验器材和元素的直接交互。

数据收集与分析

在实验过程中,教学课件会自动收集和记录相关数据。学生可以观察和分析这些数据,并进行合理地解释和推断。教学课件还可以利用数据可视化工具,如图表和图像,以便引导学生更好地理解数据的趋势和数据之间的关系。

虚拟实验设计

教学课件提供的掷硬币虚拟实验项目,涵盖了数学主题——概率的概念。学生可以分小组选择不同的实验进行探索,他们可以改变实验参数、观察实验结果,并通过反馈建议获得具体指导,从而培养科学探究能力。

个性化学习和评估

根据学生的学习进展和表现,教学课件可以实时调整数学实验的难度和深度。学生可以按照自己的学习节奏开展适合自己学习的学科实验,并获得个性化的学习推荐和评估。这样更有利于学生参与数学知识学习,并促进学习效果的提高。

这种嵌入了虚拟实验室的数学教学课件,可以为学生在学习活动中探索数学知识提供更多机会。学生不仅在虚拟实验活动中能够更好地理解数学知识,而且还能够促进他们解决数学问题能力和创造性思维的发展。同时,教师还可以实时监测学生的学习情况,通过收集学生的学习数据和表现,给予实时反馈建议和个性化辅导。这样的虚拟实验室数学教学课件极大地丰富了数学课程教育的方式和效果,激发了学生对数学学习的兴趣和动力。

第三节　数智化技术与数学微课制作

数智化技术的应用为数学微课制作提供了丰富的工具和平台,使得制作过程更加高效、精确和个性化。通过数智化技术,可以利用数据分析和人工智能算法了解学生的学习情况和需求,从而根据他们的差异性进行个性化教学和辅导。此外,数智化技术还能够实现数学教学内容的自动化生成和评估,极大地降低了制作成本和提高了学科教师制作的效率。因此,数智化技术为数学微课制作提供了更多可能性,可以更好地满足学生的学科学习需求,并提升学科的学习效果和教学质量。

一、数学微课的概念及特点

数学微课是一种精炼短小的数学教学方式,以简明扼要的形式向学生展示。通过简洁明了地讲解和多媒体元素的运用,帮助学生快速掌握重要数学知识。数学微课具有个性化、互动性、可重复性和灵活性等特点,给学生提供了便捷、有效的学科学习方式,更好地促使他们对数学知识的理解和应用。

(一)数学微课的概念

数学微课是一种基于互联网和多媒体技术的教学模式,是一种短小精悍的视频教学资源。它通过简明扼要地讲解和示范,帮助学生理解数学知识、解题思路或解题技巧。数学微课旨在通过短小精悍的视频、动画、演示等形式,对于特定的数学知识或问题进行有针对性地讲解和演示。它可以通过在线平台、移动应用或其他数字媒体渠道传播和教学数学学科知识,使得学科知识的教学更加生动、直观。

数学微课充分利用了图像、动画和声音提升学科教与学的效果。通过图像和动画展示具体的问题和解决方法,配合解说引导学生深入理解数学知识,使学科学习更加直观和生动。此外,根据学科不同层次学生的需求和水平进行个性化设计,并通过问题的设计和交互式的环节,引导学生积极参与,思考和回答问题,从而提高他们学科学习的主动性和参与度。数学微课这种教学方式打破了传统数学教学的时空限制,通过在线平台发布和传播,可以方便学生随时随地访问和学习,使得学科学习变得更便捷和灵活。

(二)数学微课的特点

数学微课是一种简短但内容丰富的数学教学视频,在十分钟内通过图像、动画和解说的方式传达数学知识及其相关应用题的解题方法。数学微课以精简而重点突出的方式呈现数学知识,具备视觉和听觉融合、个性化和互动性以及打破时空限制等特点,可以增强学生数学学习的主动性和积极性,引领他们更好地理解和应用数学知识。数学微课具备以下主要特点:

特点1　短小精悍

数学微课通过精心策划的教学内容,将数学知识以简洁而清晰的方式呈现给学生。它聚焦于重点知识和关键解题思路,帮助学生快速理解和掌握重要的数学知识。数学微课通常以短片的形式呈现,其时长范围一般控制在十分钟以内。

例如,精选关键概念。聚焦于关键的数学概念和核心知识点,并以简明易懂的方式讲解,避免过多的细节和冗长的讲解。通过精心设计和突出教学重点,使学生能够集中注意力理解和掌握重点数学知识,从而更深入地理解数学的本质。

又如,简明语言表述。使用简洁明了的语言表述数学知识点和解题步骤,避免使用复杂的学科术语和繁琐的表达方式。通过简洁明了的语言表达,有助于引导学生更轻松地理解和消化所学数学知识和技能。

以上例子体现了数学微课的短小精悍特点,通过简洁明了的语言和重点展示促使学生更有效地学习和掌握数学知识。数学微课的短小精悍特点意味着它具有简洁明了的表达方式,以简洁方式呈现复杂数学知识和技能,有助于提高学生数学学习的参与度和效率。

特点 2　多媒体元素

数学微课使用图表、图像、动画、声音等多媒体元素支持学科教学内容的展示。抽象的数学知识通过视觉化处理,能够增强学生对数学知识的理解和记忆。

多媒体元素融入数学微课,使得其教学内容更加生动、直观和有趣。通过多媒体元素的运用,数学微课能够以图像、动画、演示等形式展示数学知识和问题,提供视觉化的表现形式,从而增强学生对学科知识的理解和记忆。多媒体元素融入数学微课主要包括以下方面。

(1)图像和图表:可以使用图像和图表呈现数学知识和相关数据,如函数图像、几何图形、统计图表等。通过直观的图像和图表展示,学生能够更好地理解数学知识的相互联系、变化趋势等。

(2)动画和模拟:可以利用动画和模拟技术展示数学运算、变化过程和解题方法。通过动态地演示,学生能够更清楚地观察数学问题的变化过程,并掌握相关的解题思路和方法。

(3)演示和示例:可以通过变换、演示的方式验证数学定理和推导过程。数学教师可以利用多媒体工具制作演示文稿或演示软件,在视频中进行详细的演示和讲解,展示学科问题的解题步骤和思路,让学生在学习中思考,在实践中领悟。

(4)声音和音乐:能够添加声音和音乐元素,为教学内容增添情感和节奏感。通过语音解说和背景音乐的运用,能够吸引学生学习数学知识的注意力,提供更好的学习氛围和学习体验,让他们在轻松中学习,在愉悦中成长。

融入多媒体元素的数学微课不仅使教学内容更加生动有趣,而且也能够激发学生学科学习的兴趣和积极性。通过直观、动态的呈现方式,数学微课能够帮助学生更好地理解和记忆数学知识,提高他们的学习效率和学习成绩。

特点 3　个性化学习与辅导

数学微课的个性化学习与辅导特点是指根据学生学科学习的需求和程度,提供个性化的学习体验和针对性地辅导。数学微课通常采用个体化、自主性的学习方式,学生可以在自己的节奏下学习学科知识。也可以随时暂停、回放或跳过特定部分,根据自己的学科学习需求进行灵活调整。

此外,教师还可以根据学生数学知识学习的表现和需求,提供个性化的反馈建议和学习指导。在线学习平台上,教师根据学生的数学习题解答情况和学习进度,给予针对性地反馈建议,帮助他们更好地开展数学知识的学习与探索。

例如,智能化反馈。根据学生的数学习题解答情况和回答问题的准确性,可以智能化地提供相应的反馈和提示。如果学生答错了,可以给予相应的解析和指导,帮助他们理解错误之处并加以纠正。

又如,个性化练习。根据学生个体数学学习的表现和需求,提供个性化的练习题。也可以根据学生数学学习的弱点和需求,设置特定的训练,帮助他们突破难点,从而提高学科学习的成效。

以上例子展示了数学微课的个性化学习和辅导特点,根据学生学科学习的需求和程度提供个性化的学习体验和支持。个性化学习与辅导特点有助于激发学生数学学习的内在动力,使之取得更好的学习效果,激发学习兴趣,培养自主学习能力。

特点 4　互动性

尽管数学微课是预先录制的视频或幻灯片,但它们通常鼓励学生积极参与。它可以通过数学问题和练习的插入实现,学生可以在学习过程中进行思考、回答问题或完成任务。

数学微课不仅仅是简单地讲解数学知识和相关例题,而是通过图像、动画、演示、实例等多媒体元素,以视听交互的方式呈现内容,使学科学习过程更加生动、直观和有趣。

例如,拖拽交互。创建一个可拖拽的界面,让学生将数字、符号或图形拖放到正确的位置上。这种教学方式可以帮助学生更加直观地理解和运用数学知识,培养他们的学科操作和思维能力。

又如,互动模拟。利用交互式模拟工具,引导学生实现数学学习的操作和实验。如在几何知识的微课中,学生可以自己探索平移、旋转和缩放的效果,加深对几何变换的深入理解,提高他们的空间想象能力。

以上例子展示了数学微课如何通过互动性元素激发学生积极参与学习和提高学科学习的效果。互动性特点可以引导学生深度参与数学学习活动,并深入地理解和应用数学知识,培养他们的自主学习能力和解决数学问题的能力。

特点 5　可自主或重复学习

数学微课的可自主或重复学习特点是指学生可以根据自己的需求和节奏,自由选择学习时间和学习次数。数学微课通常以自主学习的形式呈现,学生可以根据自己的学习风格和学习偏好,以及对于数学学习的需求和节奏选择学习的内容和进度。

作为数字化学习资源的数学微课可以被学生反复观看,帮助他们巩固所学的数学知识。学生通过反复观看、暂停、回放课程内容,可以巩固和加深对数学知识的理解。这种可重复学习的特点可以帮助学生巩固复习所学数学知识,从而更有效地掌握数学概念和技能。

例如,可随时访问。数学微课通常以在线视频或在线学习平台的形式呈现,学生可以随时访问并进行学习或复习。无论是在家里、在学校还是在其他地方,学生都可以根据自己的时间和需求开展数学学习活动。

又如,自主学习时间。可以根据自身的学习习惯和时间安排,学生选择适合的学科学习时间。即数学微课允许在需要时开展学科学习或复习。学生根据需要可以随时巩固复习之前所学的数学知识,并加深该知识的理解和记忆,增强知识的巩固程度。

以上例子展示了数学微课的可自主或重复学习特点,学生可以自由选择学习时间和次数,根据自己的需求和进度进行学习。这种自主性和灵活性可以帮助学生更好地掌握数学知识,并根据自己的学习节奏进行学科学习,从而促进他们学科学习的自主性和灵活度。

特点 6　灵活性

数学微课的灵活性特点是指它能够根据学生的需求和特点进行调整和适应。学生既可以根据自己的时间表和节奏学习随时随地访问数学微课,又可以根据自己的需求选择特定的微课和学习进度。

例如,学习速度。每位学生学科学习的进度不同,数学微课可以根据个体的学习要求调整学习进度。学生可以自由选择自己的学习节奏和时长,确保他们充分理解和掌握每个数学知识点。

又如,练习选择。数学微课可以提供多样化的练习题和检测题,以适应不同学生的技能水平和学习目标。学生可以根据自己的需求选择适合自己的数学练习题或检测题,并可以在熟练掌握基础知识后挑战更复杂的练习题,帮助他们挖掘自己的学习潜力,挑战自我,实现自我超越。

以上例子展示了数学微课的灵活性特点,它能够根据学生学科学习的需求和特点进行调整和适应,提供个性化、灵活的学习体验。这种灵活特性可以激发学生数学学习的自觉性和主动性,并促使他们学科学习效果的提高。

数学微课的出现为数学教学改革与发展带来了新的机遇和可能性。它不仅可以提供高质量的数学教学资源,而且还可以充分满足学生自主学习的需求,促进他们对数学知识的理解和掌握。同时,数学微课也打破了时间和空间的限制,为学生提供了便捷的学习方式,使之可以随时随地开展学科学习活动。

二、制作数学微课的意义和作用

数学微课制作是指通过视频、动画、图像和互动式元素等多媒体技术,将数学知识精确简要地呈现,促使学生能够高效地获取学科知识和技能。微课在数学教学中的意义和作用主要包括以下方面:

(一)提供视听感受

数学微课通过多媒体资源的融入和精心设计的视觉效果,为学生提供了丰富的视听感受。它可以帮助教师通过多媒体资源融入技巧,将抽象的数学知识以图像、图表、动画等形式直观地展示给学生,使之更容易理解和记忆数学知识。同时,数学微课能够生动地展示抽象的数学知识和问题的求解过程,使学生能够直观地感受到数学的美妙与实用性。

相比传统的纸质教材或黑板讲解,这种学科教学模式可以更好地提高学生数学学习的兴趣和参与度,帮助他们巩固理解和记忆数学知识。此外,融入了图像、动画、声音等元素的数学微课,为学生提供了多元的学习渠道和工具,可以更好地满足学科不同层次学生的学习需求和爱好。

(二)促进个性化学习

数学微课可以促进学生个性化学习潜力的挖掘。通过使用数学微课,学生可以按照自己的节奏和需求、理解程度开展学科学习,并随时自主选择有必要的学科知识点进行重复学习或巩固复习。数学教师还可以根据学生的学习进展和反馈情况,调整数学微课的内容和难度,更好地满足每位学生学科学习的不同需求。

此外,数学微课还可以提供个性化的反馈和提示,帮助学生识别自己的学习差距和错误,并提供相应的解决方法和补充资料。通过数学微课,学生能够灵活选择学科学习的时间、地点和内容开展个性化学习,使之巩固理解和掌握数学知识,从而提高学科学习成绩。

(三)强调关键概念和思维过程

数学微课通常会突出或强调数学的重要知识点、基本原理和解题思路。通过简洁形式的呈现,复杂数学知识和技能的梳理,清晰而逻辑地讲解,帮助学生更好地理解和掌握数学知识的重点和难点,并引导他们建立起正确的学科思维方式。

数学微课的设计强调重点知识和思维过程的呈现。通过精心策划和组织微课内容,数学微课能够突出数学知识的重点和难点,使学生在有限的时间内更好地理解和记忆重要的知识点。

此外,数学微课还注重展示数学问题的解决思路和过程,帮助学生培养问题解决的正确思维方法。在数学微课制作中,教师可以运用渐进式展示内容的技巧,逐步引导学生更好地理解和掌握数学知识,培养他们分析问题和解决问题的能力。

(四)提供示例和案例分析

数学微课通过提供典型例题和案例分析,能够丰富学生的学习体验和理解深度。在数学微课制作中,教师可以选择具有代表性和实际应用的案例,将抽象的数学知识与具体情境相结合。这样的设计能够帮助学生更好地理解数学知识和原理,并能够将其应用到实际问题中去。

此外,数学微课还可以通过案例分析和互动元素的引入,让学生通过协作与互动共同探究数学知识及其运用,从中提高他们的思维能力和问题解决能力。通过分析真实的数学问题,并采取一种新颖、有趣的学习方式,学生可以从中学习解决实际问题的思路和方法,进而培养问题解决的能力。

(五)提供自主学习机会

数学微课的制作可以让学生在需要的时候随时回看相关数学知识内容,帮助他们巩固复习学科知识。同时,可以鼓励学生主动学习和独立思考,凭借对数学知识的理解,通过应用互动元素进行巩固练习,有助于提高他们的学科学习效果。

此外,数学微课可以作为补充教材,弥补学科教学中的空缺和不足。尤其对于远程教育或自主学习的学生而言,数学微课可以提供及时且全面的学习资源。

(六)激发学习的趣味性和互动性

数学微课通过图像、动画和声音等多媒体元素的融入,增强了学科学习的趣味性和生动性,提高了学生学习数学知识的注意力,同时使之积极主动地参与。

此外,在线平台或社交媒体等平台上,学生可以开展数学微课的学习和交流,与同学、教师进行数学问题探讨,促进学科的合作学习和学习经验分享。

总之,数学微课在学科学习中起重要的作用,它不仅改变了传统的学科教学模式,而且也是学生学科学习中的一种便捷、灵活且具个性化的学习方式。它可以有效地增加学生数学学习的兴趣和参与度,帮助他们更好地理解和掌握数学知识。同时,数学微课也为教师提供了一种新型的教学方式和多样化教学工具,促进了学科的教学效果和学习成绩的提高。

三、数学微课制作的方法与技巧

数学微课的制作方法与技巧对于有效的数学课程教育具有重要的意义,在数学教学实践中起着关键的作用。信息化数学微课制作需要一定的方法和技巧,以确保教学内容生动有趣、易于理解和有效传达。采用适当的方法与技巧可以帮助教师制作出优质的信息化数学微课,提高学科教学效果和学生的学习体验。

(一)制作数学微课的方法

采取恰当的方法制作数学微课是为了进一步提高学生学科学习的效果和参与度。通过精心设计的教学内容和结构,以及多媒体元素和互动设计的运用,可以帮助学生更好地理解数学知识以及相关习题的解题方法。同时,数学微课的精简特性使学生可以灵活安排时间开展学科学习,还可以增强他们的自主学习意识和学习的自觉性。个性化辅导的特点也可以满足学科不同层次学生的学习需求,帮助每位学生可以获得适合自己的学习资源和指导。数学微课的制作可以通过以下具体步骤实现。

步骤1 确定教学目标和内容

确定教学目标和内容是数学微课制作的重要步骤。在数学微课制作中,首先需要明确教学目标,同时确定讲解的数学知识和需要解决的问题,并将课程内容细化成具体的知识模块,以适应不同学习者的需求。

例如,教学目标:理解和掌握二次函数的基本性质和图像特征。

相应内容:叙述二次函数的标准形式、顶点形式和因式分解形式,讲解二次函数图像的平移、伸缩、翻转等变换规律,使学生能够直观感受数学之美。

又如,教学目标:理解复数的概念,并掌握其运算规则。

相应内容:介绍复数的概念和基本性质,讲解复数的加减乘除运算规则,以及复数在几何中的应用场景。

以上例子展示了具体制作数学微课时,可以根据教学要求和学生的学习需求确定合理的教学目标和内容。

步骤2 编写教学设计

教学设计的编写是数学微课制作过程中的关键步骤。根据教学目标和内容,编写教学设计,明确每个知识点的学习目标、教学重点和学习顺序。将整个教学进行合理的分段和组织,确保教学内容的逻辑性和连贯性。

例如,数列的概念和相关性质的教学设计。引入阶梯函数的概念,并解释其与数列的联系。通过具体的数列实例,介绍数列的概念和常见性质,如公差、通项公式等。提供针对性强的典型例题和练习题,可以帮助学生巩固数列的概念和性质。

又如,概率的基本概念的教学设计。通过实际情境,引出概率的概念并共同探讨其计算方法,可以激发学生学习概率知识的强烈意念。

以上例子展示了在具体制作数学微课时,可以根据教学目标和学生需求编写合适的教学设计,激发学生的学习兴趣,培养他们的数学思维和解决问题的能力。

步骤3　准备教学素材

教学素材的准备是数学微课制作中的重要环节。收集并准备所需的教学素材,包括图像、图表、演示文稿、实例、题目等,确保素材的质量和准确性,一定程度上提升了学生的学习兴趣和参与度。微课教学素材的准备可以通过以下方式实现。

(1) PowerPoint 演示文稿:创建一个有吸引力的 PPT 幻灯片,包括数学知识的文字说明、图像、图表和动画效果等,用于呈现数学知识和解题方法,使抽象的数学知识变得生动形象。

(2) 视频剪辑:制作教学视频,通过讲解、演示和示范等方式展示数学知识及其相关问题的求解过程,可以使用屏幕录制软件或专业的视频编辑工具,确保视频的清晰度和流畅性。

(3) 图像和图表:收集适合的数字图像和图表,如函数图像、几何图形、数据分析图表等,可用于辅助讲解和说明数学知识,这些视觉元素能够帮助学生更直观地理解数学概念和原理。

(4) 练习题和答案:准备一组与所学数学知识相关的练习题和参考答案,覆盖该知识点的不同难度和类型,以适应学科不同水平学生的需求,帮助他们巩固所学知识点并提高解题能力。

(5) 互动教具和模型:如拼图、立体模型、数学游戏等,可以帮助学生通过实际操作理解和掌握数学知识,增强学习的实践性和趣味性。

(6) 数学应用实例:收集与数学相关的实际应用案例和问题,如金融、工程、自然科学等领域,用于展示数学在现实生活中的应用和意义,激发他们的学习动力。

(7) 网络资源:利用互联网上的开放教育资源,如在线课程、教学视频、数学工具等,可以为学科教学设计与实践提供丰富的素材和参考资料。

(8) 实验设备和装置:特定的数学实验可能需要一些实验器材和装置,如量角器、直尺、计时器等,用于进行数学实验和观察活动。

以上只是准备教学素材的一部分,微课制作时需要根据不同主题和教学需求,视具体情况选择适合的教学素材,以提升数学微课的质量和教学效果,激发学生的学习热情。

步骤4　设计脚本和剧情

设计脚本和剧情是数学微课制作方法中的重要一步,可以增加学科教学的趣

169

味性和吸引力。根据数学教学大纲,设计制作微课数学知识点的脚本和剧情。考虑如何结合教学素材和讲解内容,以及何时使用动画、案例演示等方式,以增强教学效果。

例如,实际应用脚本和剧情。制作一个与实际应用相关的情景,通过实例展示和应用数学知识。剧情:学生扮演一个工程师,需要根据给定要求设计一个桥梁或建筑物。他们需要运用几何知识和计算方法进行设计和优化。

又如,探索探究脚本和剧情。设计一个探索性学习的情景,通过实验和观察的方式发现数学规律和性质。剧情:学生利用几何工具和试验,观察不同形状和角度的关系,并总结出相关的几何定理和性质。

以上例子展示了在具体制作数学微课时,通过设计脚本和剧情,创造性的情景和角色扮演,可以使数学微课的表现形式更加生动有趣,从而提高学生的参与度和趣味性,进而获得更好的教学效果。根据不同的教学目标和内容,可以自由发挥并根据实际情况进行设计。

步骤5 制作动画和演示

制作动画和演示是数学微课制作方法中常用的技巧,可以通过视觉效果生动地展示数学知识和问题解决过程。利用动画软件或演示软件制作动画和演示。根据脚本和剧情,制定每个页面的布局、动画效果、转场等,以增强教学的直观性和互动性。

例如,几何图形变换。利用动画展示平移、旋转、镜像等几何图形的变换过程,帮助学生理解几何图形的变换规律和性质,从而加深对几何知识的理解。

又如,函数的变动和图像。通过动画展示函数参数的变化对函数图像的影响,如平移、伸缩、翻转等,让学生直观地感受函数图像的变化规律对其性质的影响。

以上例子展示了在制作数学微课时,通过制作动画和演示、动态展示和视觉效果,可以增加学生对数学知识和问题求解过程的理解和记忆,提高学科教学的效果和吸引力。在数学微课具体制作时,可以根据教学内容和学生需求进行创造性地设计和制作,以达到最佳的教学效果。

步骤6 添加语音解说或字幕

添加语音解说或字幕是数学微课制作方法中提升教学效果的重要手段。为动画或演示添加语音解说或字幕讲解数学知识和解题步骤。但需要确保语音解说清晰、准确,并适当控制语速和语调。

例如,典型例题解题演示。通过语音解说或字幕,对典型例题的解题过程进行示范,引导学生跟随并理解解题思路。例如,在展示几何证明的过程中,可以逐步解说每个步骤的目的和推理依据,使学生能够逐步构建起对问题的理解。

又如,补充说明与提示。在知识关键处的前后添加语音解说或字幕,补充说明和提示,可以帮助学生更好地理解和掌握数学知识点。如在介绍函数图像的变化规律时,可以加入语音解说或字幕提示学生注意横坐标和纵坐标的变化,从而更好地掌握函数的性质。

在制作数学微课时,通过添加语音解说或字幕,可以帮助学生更好地理解和吸收数学微课所授的学科知识和解题方法,从而提高学科学习的效果和积极性。具体使用何种方式应该取决于数学知识点的内容和学生群体的实际需求,以实现最佳的教学效果。

步骤7　调整时长和节奏

调整微课的时长和节奏是非常重要的,因为它可以确保学生在学习过程中能够保持专注并掌握知识。对每个模块的动画或演示进行调整,使得时长合适,能够呈现数学知识的关键点。以下措施可以调整数学微课的时长和节奏,保持节奏适中,避免过快或过慢的节奏。

(1)分解内容:将较长的微课内容分解为多个短视频,每个视频聚焦于一个特定的子主题。这种处理方式可以帮助学生更容易理解和掌握数学知识,并可以避免信息过载,确保学科学习过程的连贯性和条理性。

(2)渐进式增加难度:在微课中逐步增加数学知识的复杂性和难度。从简单的概念开始,逐步引入更复杂的相关知识和解题技巧。这种处理方式可以帮助学生更好地消化和理解数学知识,并形成层次分明的递进感。

(3)控制讲解速度:确保教师的讲解速度适中,既不过快也不过慢。过快的讲解可能导致学生跟不上,过慢的讲解可能使学生感到无聊。可以通过适当的语速控制讲解内容的节奏,帮助学生更好地理解和吸收数学知识。

(4)添加提示和反馈:在微课中添加学习的提示和反馈,可以引导学生检查和思考。提示可以引导学生进行思考,反馈可以及时纠正他们的错误。这种做法可以帮助学生巩固数学知识,并提高学科学习的效果。

(5)引入互动元素:通过在微课中添加互动元素,如问答、练习题等,可以促使学生积极参与学习。这种处理方式不仅可以加强学生对数学知识的理解和记忆,还可以提高学科学习的趣味性和参与度,从而提高学习效率。

以上措施展示了如何通过调整微课的时长和节奏优化学习体验,使学生更好地掌握数学知识。不过,需要根据具体情况和学生的需求灵活应用这些方法,以达到最佳的教学效果。

步骤8　设计互动元素

设计互动元素是提高数学微课效果和吸引学生参与的重要方式。根据教学目标和内容的需要,设计适当的互动元素,如问题、练习、填空等。增加学生数学学习的参与度和理解程度。

例如，问答环节。在微课中加入问答环节，可以通过设置选择题、填空题或简答题等形式帮助学生思考和回答问题。这样可以促使学生积极参与数学学习活动，还可以检验他们对所学内容的理解和掌握程度，并在解答过程中锻炼他们的逻辑思维和问题解决能力。

又如，视频互动。在微课视频中设计一些暂停点，让学生停下来思考并回答问题。可以在暂停点提出问题，鼓励学生思考并回答问题。这种处理方式可以帮助学生及时巩固刚学的知识点，并加深对学科知识的理解。

以上例子展示了在制作数学微课时，如何通过设计互动元素增加学生参与度和提高互动效果。不过，恰当互动形式的选择需要根据数学知识点的难易程度和学生的学习需求。此外，互动元素的设计需要尽量简洁明了，以保持学生的专注度，并有效地传递学科知识。

步骤9　完善和测试

完善和测试数学微课是确保其质量和有效性的关键步骤。反复修改和完善制作好的微课，可以确保内容准确、清晰，使学习过程流畅有序。这就需要开展课件的内部测试，检查是否达到学科的教学目标和预期效果。以下措施可以完善和测试数学微课。

（1）内容校对：在制作数学微课之后，开展教学内容的校对很有必要。校对过程中需要认真检查数学微课中的文字描述、图表、公式等是否准确无误，避免误导学生。

（2）试听和反馈：邀请教育专业的人士或有关领域的专家试听你的数学微课，并提供反馈意见。他们可以帮助你发现可能存在的问题或改进的空间，并提供宝贵的建议。也可以邀请一些学生进行试听，观察他们的学习反应和反馈建议，确定微课是否需要进行修改或进一步改进。

（3）测试学习效果：通过设计测验、考试或问卷调查等方式评估学生对微课内容的掌握程度和满意度。教师需要根据测试结果，对微课内容和设计进行调整和改进。

（4）视频和声音质量检查：确保数学微课视频和声音质量良好。检查视频的清晰度、色彩准确性以及音频的清晰度和音量平衡。这种处理方式可以增强学生对微课内容的理解并提升学习体验。

以上措施说明了如何通过完善和测试的方式优化数学微课的质量和效果。要求数学教师根据各方面的反馈建议进行改进和完善，确保微课内容准确、易懂，更好地满足学生学科学习的需求。

步骤10　发布和评估

发布和评估数学微课是确保其传播和效果的重要步骤。将制作完成的数学微课发布到合适的平台,如在线教育平台、学校网站等。收集学生学习微课的反馈和评估数据,并据此不断优化和改进。数学微课发布和评估的具体方式如下。

(1)平台选择:选择一个适合的教育平台或在线学习平台发布你的数学微课。如可以使用教育网站、学校内部学习平台或社交媒体平台等,确保选择的平台能够满足学生的学习目标并提供良好的学习体验。

(2)反馈收集:鼓励学生和使用过微课的其他教师提供反馈意见。可以提供一个评价表格、问卷调查或评论区域,让学生和使用过微课的其他教师分享他们对微课的观点和建议。这样可以帮助数学教师更好地了解微课的效果和需要改进空间。

(3)学习成果评估:开展学习成效评估,可以确定是否达到了预期的教学目标。通过设计知识的检测、考试或作业评估学生对数学微课内容的理解和应用水平。根据评估结果,可以进一步改进和优化数学微课的内容和教学策略。

上述方式说明了如何在发布和评估阶段对数学微课进行管理和优化。通过评估学生的学习成果和收集使用微课教师的反馈建议,可以不断改进和提升数学微课的质量,以更好地满足学生学科学习的需求。

通过以上步骤,能够制作出质量高、教学效果好的数学微课,提供更有效的教学资源,提高学生学科学习的积极性和成效。同时,提供给学生更加灵活、便捷的学习方式,并促进对数学知识的理解和掌握。

(二)数学微课制作的技巧

制作数学微课时需要运用一些特殊技巧,以提供更有效的学习体验。运用特殊技巧能够帮助数学教师在有限的时间内准确传达数学知识的关键点,高效解释解题方法,引起学生学习的兴趣、激发思考和互动,有效地开展个性化学习。以下制作数学微课的技巧能够提升学科教学效果,使学生更好地体验数学知识的学习过程。

技巧1　简短精悍

数学微课的特点是简洁明了,所以在制作过程中要尽量保持时长短小。它通过使用简洁明了的语言表示技巧,使学生能够快速理解知识要点,并提升他们对数学知识的接受程度。数学微课的简短精悍技巧是确保内容简明扼要、清晰易懂的关键。

例如,简洁明了的语言表述。使用简洁明了的语言表述数学知识和解题步骤,避免使用复杂的术语和冗长的叙述。确保数学微课的语言简练、通俗易懂,使学生不仅能够轻松地理解和消化所学知识,而且还能够减少他们学科学习的时长。

又如,渐进式展示。采用进式展示内容能够逐步引导学生从基础到高级学习,有助于逐步学习和消化数学知识,将复杂的数学知识分解为易于理解的步骤,从而帮助他们建立起系统的数学思维。

以上例子展示了简短精悍的技巧有助于让数学微课内容更紧凑、清晰,并使学生更容易理解和掌握数学知识。数学微课的简短精悍特点可以提高学生的学习效率,帮助他们更好地理解和掌握知识的重点以及相关题型的解题方法。

技巧2 打破难点

针对数学中的难点和容易出错的地方,通过特殊技巧进行解释和演示。可以使用动画、示意图、步骤分解等方式,帮助学生理解和掌握数学中的难点知识,使学生更容易理解和掌握。

例如,示例演示。通过具体的示例演示如何应用数学知识解决难题。这种做法可以引导学生将抽象的数学知识与实际问题相联系,还可以激发他们的学习兴趣和探索欲望。

又如,错误分析。通过常见错误和误区的分析,可以帮助学生理解并避免犯类似的错误,还可以强化学生对于数学解题方法的理解和记忆,提高他们的解题能力。

以上举例说明了如何突破数学微课中的难点知识,促进学生的理解和掌握。同时,也可以提高学生的学习动力和兴趣。

技巧3 强调关键信息

在数学微课中,通过强调关键信息的方式突出数学重点知识。可以使用字体加粗、颜色变化等方式,使学生更容易注意到并记住重要的知识。

例如,重复强调。在数学微课中重复强调知识的关键信息,可以帮助学生深入理解和记忆学科知识。使用不同的表达方式、示例或角度加深学生对数学重点知识的印象。

又如,引用实例。通过引用真实世界的案例或问题,突出关键知识的实际应用。这种做法可以帮助学生理解数学知识中关键点的重要性和实用性,能够提高学生的学习兴趣,而且还能够帮助他们将所学知识应用于实际问题的解决。

以上例子展示了在设计数学微课时,如何更好地强调和突出关键信息,帮助学生理解和记忆重要的数学知识和解题方法,进而提高他们的学习动力和兴趣。

技巧4 示范演示

通过示范演示的方式,展示数学习题的解题过程或计算方法。逐步演示每个步骤,确保学生能够跟随并理解某种数学题型的解题思路。

例如,逐步演示。通过逐步演示的方式展示解题过程。从简单到复杂,一步一步地引导学生理解和掌握数学某题型的解题方法。

又如,可视化工具。利用数学软件、绘图工具或计算器等可视化工具演示数学问题的解决过程。以图形、表格或计算结果呈现,帮助学生直观地理解和记忆这类数学问题的解决方法和技巧。

以上例子展示了在设计数学微课时,有效地进行示范演示,帮助学生理解和掌握数学某种题型的解题过程。同时,也可以激发学生的思考和探索欲望。

技巧5 利用多媒体元素

数学微课融入多媒体元素是关键之一。通过使用图像、动画和视频等形式,以丰富内容表达形式,帮助学生直观地理解抽象的数学知识。通过图像直观地展示和动态地演示,可以增加学生对数学知识的理解和记忆效果。

例如,动画和图像。使用动画和图像呈现数学知识及其相关题型的解题步骤。通过动态的图像和动画效果,使抽象的数学知识更加直观可视化。

又如,音频解说和资源链接。在微课中配备音频解说,可以用文字或语音说明数学概念、性质和相关题型的解题步骤,帮助学生从听觉上理解和记忆数学知识。此外,在数学微课中提供相关的网站链接、视频资源或应用程序,让学生可以进一步深入学习和探索感兴趣的数学领域,激发他们对数学的兴趣和主动学习的态度。

以上例子展示了在设计数学微课时,融入多媒体元素可以增强微课的吸引力和互动性,并提供更多样化、生动的学科学习体验。同时,也可以激发学生的兴趣和主动学习数学的积极态度。

技巧6 互动性设计

互动元素加入技巧可以激发学生的参与度,促进积极思考和应用所学知识,并提高他们数学学习的积极性。通过增加互动元素,如选择题、填空题、拖拽题等,提高学生的参与度和积极性。让他们在微课中进行思考和回答问题,巩固所学数学知识。

例如,填空题和交互式练习。设置填空题或交互式练习,在微课中引导学生积极参与数学习题的解题过程。这样可以促进学生更主动地思考问题并在问题解决过程中提高应用能力。

又如,角色扮演和小组合作。通过角色扮演或小组合作的方式,让学生在微课中扮演特定角色或分工合作解决问题。这样可以培养学生学科学习的合作能力和交流能力。

以上例子展示了在设计数学微课时,互动性设计可以增强学生数学微课学习的参与度和动力,帮助他们更深入地理解和应用数学知识。同时,也可以提升学生的思考能力和合作能力。

技巧7 引导思考

在制作数学微课中需要提出探索知识的问题引发学生深入思考,之后再给出参考答案。通过引发学生探索思考,培养他们解决问题的能力和逻辑思维能力。

例如,开放性问题。提出开放性的问题,促进学生深入思考和探索。开放性问题可以促进学生独立思考、提出自己的见解和解决问题的方法与策略。如在一张标准的国际象棋棋盘上,用多少个米粒才能够填满整个棋盘?

又如,引导反问或反思。可以提出反向思考的数学问题,引导学生从不同的角度和逆向思维的方式去解决。这种做法可以培养学生的创新思维和解决问题的能力。通过提出反问的方式,激发学生主动思考并解决问题。如引导学生思考为什么某个数学原理成立,或者提出一些反向推理的问题。

以上例子展示了在设计数学微课时,引导反问或反思可以帮助学生在数学微课中发展批判性思维和创造性思维,培养他们独立思考和解决问题的能力。同时,也可以促进学生数学学习的合作和交流。

技巧8 多角度讲解

数学微课可以从不同的角度讲解同一学科知识或问题。通过多角度地解释和实例,帮助学生更全面地理解和掌握数学知识。

例如,故事化讲解或真实案例分析。与学生的已有经验和兴趣相联系,将数学知识融入有趣的故事或实际案例中去。可以提升学生参与学科学习的主动性,使之更好地认识到数学的实用价值。通过分析真实世界的数学问题和案例,从不同的角度揭示数学背后的原理,可以加深学生对数学知识重要性和实用性的认识。

又如,与其他学科建立联系。将数学与其他学科相结合,讲解数学在其他学科领域中的应用和相关性。如与金融、计算机、工程等学科开展交叉学习和探讨,拓展数学知识的广泛应用场景和范围,理解数学的跨学科重要性。

以上例子展示了在设计数学微课时,多角度讲解可以帮助学生从不同的角度、视角和领域探索并理解数学知识。同时,也可以激发学生的学科思维和探索数学知识的兴趣。

技巧9 实例应用学科

配备实例和案例分析技巧可以让学生在真实的情境中应用所学数学知识,提升解决问题的能力。在微课制作中增加实际案例,将数学知识与实际应用相联系。通过实际案例的分析,可以帮助学生更好地理解和应用所学数学知识。

例如,金融和投资。通过实际的金融和投资案例,演示利息计算、复利计算、投资回报率等数学知识在投资理财中的广泛应用。

又如,数据分析和统计。以真实的数据集为例,演示如何应用数据分析和统计理论,包括平均值、中位数、方差、相关性等概念,解读和分析数据趋势,培养学生的数据敏感性和分析能力。

以上例子展示了在设计数学微课时,如何通过实例应用帮助学生将抽象的数学知识与实际问题的解决相结合,使之对数学知识的实用性有较深刻的认识。这种做法可以增强学生学习数学的意识和动力。

技巧 10　反馈和提示

在数学微课制作中给予学生学习的及时反馈和建议很有必要。给予学生数学学习的实时反馈和提示,可以帮助他们发现错误,并通过及时纠正错误加深对数学知识的正确理解,指引他们学科学习的正确方向。此外,可以在数学微课中设置问题,并给出相应的解答和讲解。

例如,及时反馈。在数学微课中提供及时的反馈,可以通过实时互动、即时测验或在线讨论的方式实现。这样可以帮助学生及时纠正学习中的错误并强化他们对数学知识的理解。

又如,互动性设计。设计一些互动环节,如小组讨论、合作学习或在线问答等,以增加学生数学学习的参与度和积极性,使他们更加投入于数学学习。

以上例子展示了在设计数学微课时,学生学科学习的反馈和提示可以根据实际情况和教学目标选择适合的方法和策略。

除此之外,还可以使用动画和过渡效果技巧,可以增加视觉上的吸引力和趣味性,使学生更加专注和投入数学学习;图像和图表引导技巧能够帮助学生集中注意力,突出重要的数学知识和核心思想。通过运用这些特殊技巧,制作出高质量、有效果的数学微课,能够提高学生对学科知识的理解水平和掌握能力,并提升教学效果。

四、优秀数学微课的案例

按上述制作数学微课的方法和技巧,可以完成优秀的数学微课。确保数学微课的内容简洁明了,教学重点突出,并适时使用不同的教学工具和方法提高学生学科知识学习的效果。

在一例数学教学中,教师利用数智化技术制作了一堂关于二次函数的图像与性质的微课。在这一例微课中,数智化技术发挥了充分的作用,提高了这一数学知识点教与学的效果,使得学科知识点的传授与学习变得更加生动和高效。

案例 4-8　二次函数的图像与性质

教学目标

理解二次函数的图像和性质,如它的开口方向、顶点坐标、对称轴等,并掌握应用二次函数的图像和性质解决相关问题的方法和技巧。

教学时长为 10 分钟。

1. 教学过程

(1) 知识引入(1 分钟):使用有吸引力的实例或问题引起学生的学习兴趣,如:"如何根据二次函数 $y=ax^2+bx+c(a\neq0)$ 中的参数确定其形状,了解它的主基本性质? 这就是将要学习重要知识——二次函数的图像和性质。"

（2）概念讲解（2 分钟）：通过图示和文字说明，介绍二次函数的一般形式及其相关参数，如顶点坐标、对称轴和开口方向等。

强调顶点坐标在二次函数的图像与性质中的地位，并知道如何根据它绘制函数的图像。

（3）图像分析和函数性质（3 分钟）：用具体二次函数 $y = x^2 - 2x - 3$ 的图像演示和分析二次函数的图像特性，如顶开口方向、点坐标和对称轴等。

利用二次函数的对称轴解释其对称性，强调二次函数图像的特点和变化。

（4）实际应用（2 分钟）：展示一个实际应用问题，如喷泉水珠的运动轨迹问题，引导学生利用二次函数的性质去解决。

引导学生思考如何根据给定条件绘制二次函数的图像，以及如何利用二次函数的图像得出所需的信息。

（5）总结和练习（2 分钟）：对所学二次函数的内容简要总结，强调重要性质和关键信息。

提供一组二次函数的图像和性质的练习题，让学生运用所学解答习题，并鼓励他们课后再巩固练习。

2. 辅助工具和资源

（1）演示板或电子画板：用于图示、演示和解题步骤展示。

（2）多媒体元素：使用图表、动画等多媒体元素，使抽象的概念更加具体和生动，从而加深对概念的理解和记忆。

（3）实例问题和习题：提供相关的实际问题和习题，帮助学生理解和应用二次函? 的图像和性质。

3. 教学策略

（1）多角度讲解：以图示、文字说明和语音解释等方式，从不同角度传达二次函数的图像和性质的概念和特点，确保学生能够从不同视角理解知识点。

（2）引导思考：采取提出问题和引发思考的教学方式，引导学生积极地参与分析问题和解决问题，培养他们的批判性思维和解决问题的能力。

（3）实例演示：通过示范演示和解题步骤展示，帮助学生理解二次函数的图像与性质的应用方法，加深理解，提高应用能力。

（4）反馈和检验：通过相应习题的解答检验学生对二次函数的图像与性质的理解和掌握程度，并提供实时反馈和建议，帮助他们及时调整学习策略，优化学习方法。

在另一例数学教学中，教师利用数智化技术制作了一堂关于三角函数的应用的微课。在这例微课中，数智化技术发挥了充分的作用，提高了这一数学知识点教与学的效果。

案例 4-9 余弦型函数的应用

教学目标

巩固理解余弦型函数的概念和基本性质,并掌握它在实际中的应用。

教学时长为 10 分钟。

1. 教学过程

(1) 情景引入(1 分钟):使用真实生活场景或问题引起学生的兴趣,如:"你曾经在旅行中使用过地图距离计算功能吗?这背后其实涉及了三角函数的应用,让学生感受到数学的实用性和趣味性。"

(2) 余弦型函数的相关知识(3 分钟):解释余弦函数的概念、图像和性质。

列举余弦函数 $y = 3\cos\left(-2x + \dfrac{\pi}{6}\right)$ 为例,分析和说明余弦型函数的图像和性质;强调振幅、周期等概念,并与实际应用联系起来。

(3) 三角函数的应用(3 分钟):展示余弦型函数在实际生活和科学领域中的应用,如音频信号处理、描述行星和恒星的周期性运动等。

解释如何使用余弦函数分析信号的频谱,地球绕太阳的公转、月球绕地球的运动等。

(4) 三角函数的解题技巧(1 分钟):提供解题技巧和常用公式,如海伦公式、余弦定理等,用于解决实际问题。

(5) 总结和练习(2 分钟):对余弦型函数所学知识简要总结,并强调余弦型函数知识的实用性和应用范围。

提供一组相关的练习题,组织学生应用余弦函数知识去解答,并鼓励他们课后巩固和练习。

2. 辅助工具和资源

(1) 演示板或电子画板:用于图示、演示和解题步骤展示。

多媒体元素:使用图表、动画等多媒体元素,使应用余弦型函数解决的实际问题更加具体和生动。

(2) 实际问题和练习题:提出与余弦型函数相关的实际问题和习题,帮助学生巩固理解和应用知识。

3. 教学策略

(1) 多角度讲解:以图示、文字说明和语音解释等方式,从不同角度讲授余弦函数的概念、性质和应用,确保学生能够全面理解。

(2) 引发思考:以问题提出和引发思考的教学方式,帮助学生积极参与解决问题。

（3）示例演示：通过余弦型函数典型例题的演示和分析过程的展示，帮助学生更好地理解和掌握余弦型函数知识的应用方法和技巧。

（4）反馈和检验：通过练习题检验学生的理解和掌握程度，并提供及时反馈，确保学生能够及时纠正错误，加深理解。

以上两例数学微课展示的方法和技巧，能够制作适合学生学科学习的优秀课例。需要确保教学内容简明扼要并突出重点，并通过使用适合学科教学的数智化技术和平台，提高数学教学的效果和学生学科学习的成效。同时，还需要鼓励学生在课后深入学习和巩固复习，使之进一步巩固理解所学的数学知识和技能。

第三篇　数智化背景下中职数学课程教育

随着大数据、云计算、人工智能和区块链等数智化技术在教育领域的广泛应用和深入发展,中职数学课程教育正面临着前所未有的机遇与挑战。传统的"一支粉笔、一本教材、一块黑板"的线下师生面对面教育模式已经不适应新时代的要求,无法满足中职生对数学课程学习方式的新期待以及他们学科学习能力的发展需求。因此,中职数学课程教育亟须在教育观念、教学方法、教学内容、教学模式、教学评价等多个方面进行创新与变革。

作为中职数学教师,为了适应数智化技术对学科课程教育的深刻变革,亟需提升自身的数智化教育能力。数学教师需要借助数智化技术,创新课堂教学手段,激发中职生学科学习的兴趣。通过运用数智化互动软件,将抽象的数学知识形象化,帮助中职生更好地理解和掌握学科知识。同时,利用几何画板软件将数学知识与几何图形进行结合,既能培养中职生的学科思维能力,还能提高他们解决实际问题的能力。通过融合数智化技术与数学课程内容,以及不断更新学科教学思想,从而促进中职生学科核心素养的培养。

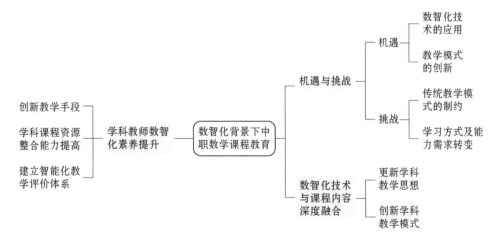

在深入推进数智化技术应用的过程中,中职数学教师需提升自身的数智化素养。他们应该熟练操作在线教学平台,创建互动性强的数学教学空间,并开发整合

丰富的数智化课程资源。同时,学科教师还需不断完善智能化教学评价体系,以充分发挥数智化技术在中职数学教育中的作用。这将为实施混合式教学模式提供坚实的技术支撑,进一步推动数学课程教育的创新发展。

总体而言,中职数学教育的未来发展将更加依赖于数智化技术的创新应用。教师、学生和教育政策制定者需要共同努力,把握时代脉搏,不断探索和实践,以确保中职数学教育能够适应不断变化的教育环境,培养出更多适应未来社会和经济发展需求的高素质技能人才,这不仅是对教育者的要求,也是对整个社会的责任和期待。

第五章 中职数学信息化教育现状

在当前的教育体系中,信息化技术在中职数学教育领域的应用已日趋显著。多数中职学校配备了相对先进的信息化教学设备,并且积累了较丰富的教学资源。中职数学教师可以通过运用信息化教学设备整合这些资源,为学科课程教育提供便利,并促使学科教学活动更加高效地开展。此外,网络教学评价系统也在逐步建立,并不断完善,为数学教学质量的监控与评估提供了有效的工具,从而进一步提升了学科教学效果。

然而,尽管信息化技术为中职数学教育带来了诸多便利,但在实际应用中仍存在一些挑战。首先,信息化教学设备更新缓慢,影响数学信息化教育教学的效果。其次,数学教师的信息化教学能力尚需提升,他们可能缺乏将信息化技术有效融入教学过程的经验和技能,从而限制了教学资源的充分利用和教学活动的创新。比如,部分中职数学教师的课程资源开发与整合能力不足,导致现有的网络教学资源未能充分发挥其应有的作用,从而影响了教学效果的最大化。此外,部分中职学校在提升教师信息化能力方面缺乏系统的培训和支持机制,这不仅影响了教师个人的专业成长,也阻碍了整个学科的信息化教育进程。同时,对于信息化教学资源的整合、利用以及网络教学评价系统的维护和优化,也缺乏行之有效的策略和措施。这些问题的存在,无疑会影响了学科信息化教学活动的推进和实施效果。

如图 5-1 所示,中职学校应该积极地应对数学信息化教育中的问题,不断地完善信息化教学设备,提高平台资源的开发与整合能力,优化网络教学评价系统,并加强对教师的信息化教育培训与支持,从而提高学科教师的信息化教育技能,进而提升数学课程的教育质量,让信息化技术成为推动进步的强大引擎。

第一节 中职数学课程教育现状

目前,中职数学课程教育正面临着诸多挑战。数学是中职教育的重要基础学科,长期以来并未得到足够的重视,导致课程内容更新滞后,难以满足中职生专业学习的需求。同时,数学教师的教学方法也亟待改良和创新,以激发中职生的学科学习动力。在普通高中扩招的背景下,中职生源的数学基础和学习能力普遍有所下降。这些问题的根源在于社会对中职教育的轻视,以及课程内容与中职生实际学习能力之间的脱节。

尽管中职数学课程教育面临挑战,而新职业教育法的颁布实施、数智化教育技术的融入以及高职类高考的兴起等使其迎来了新的发展机遇。新职业教育法的实施为职业教育注入了新的活力,社会对技能型人才的渴求也提升了职业教育的地位。同时,数智化技术的引入为课程创新提供了更多可能性,高职类高考的兴起也提高了对中职数学教育的重视度。尽管如此,数学课程与专业技能的融合、学科教师教学能力的提高、课程地位的提升以及中职生学习能力的增强等方面仍需进一步加强。

因此,如图 5-1 所示,面对中职数学课程教育的现状,作为中职数学教育者,需要借助数智化教育技术实现课程内容与专业技能的深度融合、学科教师教学能力的提升,课程教育地位的提升,以及增强中职生的学习能力等措施,有效地推动中职数学课程教育的进步与发展。

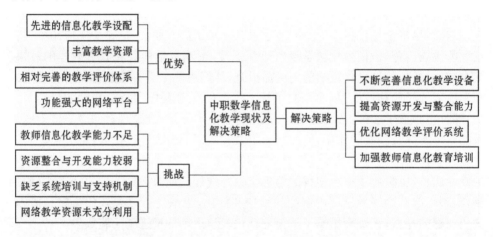

图 5-1　中职数学信息化教学现状及解决策略

一、中职数学课程教育面临的困境及成因

目前,虽然新职业教育法的实施与高职类高考的兴起为中职数学课程教育带来了转机,不过受社会环境、师资力量、学生基础和课程设置等因素的影响,使得学科课程教育仍然存在一些问题。具体表现为教学资源不足、教学方法单一、实践教学环节缺失以及学生学习积极性不高等。这些问题亟须解决,以提升中职数学课程的教育质量,为培养高素质技能型人才奠定坚实的基础。

(一)中职数学课程教育面临的困境

在中职数学课程教育中存在多重困境。首先,数学教学资源不足限制了教学实践的需求。其次,数学教学方法的单一难以激发中职生学科学习的积极性。再者,实践教学环节的缺失限制了中职生将数学知识应用于解决实际问题的能力。同时,中职生普遍对数学学习缺乏兴趣,从而进一步加剧了学科教育的困境。

1. 教学资源不足

在中职数学课程教育中,教学资源的匮乏对学科教育质量和中职生的学习成效产生了直接影响。具体表现在教学设施更新缓慢,限制了教学手段的现代化和多样化;教学材料更新也不够及时,使得教学内容与实际应用脱节,难以激发中职生的学习兴趣和积极性。这些问题的存在,严重制约了中职数学课程教育的发展,亟须通过多方努力共同解决。

(1) 教学设施更新缓慢。中职数学课程教育发展不可忽视的因素之一是教学设施更新缓慢。多数中职学校的教学设施的更新速度难以跟上数学教育教学发展的需要,有些学校甚至可能仍然停留在使用传统的黑板和粉笔阶段,缺乏现代化的教学工具,如多媒体投影、智能化教学软件等。这种状况限制了学科教学手段的现代化和多样化,难以为中职生提供互动性强、信息量大的学科学习体验。例如,如果将一些数学知识和原理通过多媒体进行展示,可以更加直观地呈现从而易于中职生理解,而传统的教学方式则难以达到这样的良好效果。

(2) 教学材料更新不及时。教学材料更新不及时是中职数学课程教育中的另一个重要问题。一些中职学校的数学教材多年未更新,内容陈旧,无法反映最新的数学理论和应用实践。例如,现代数学教育强调数学建模和算法思维,但一些教材仍然停留在传统的计算和公式记忆上,与当前社会对数学人才的需求严重不符。此外,缺乏与实际应用相结合的案例分析和实践活动,也使得中职生难以将所学知识与现实问题联系起来,影响了他们解决实际问题的能力。

总之,中职数学课程教育中教学资源不足的问题表现在教学设施更新缓慢、教学材料更新不及时等方面。这些问题的存在,严重制约了中职数学课程教育的发展,影响了中职生的数学素养和综合素质的培养。为了解决这些问题,需要从多方面入手,包括及时更新教学设施和教学材料,以提高中职数学课程教育的质量和效果。

2. 教学方法单一

中职数学课程教育在教育体系中长期处于边缘地位,导致学科教师在专业成长过程中缺乏动力和资源支持。因此,许多中职数学教师的教育实践能力相对较弱,教学方法缺乏多样性和创新性。教学理念的更新缓慢使得教师过分依赖传统的教学手段,不仅难以激发学生的学习热情,而且也限制了中职数学课程教育对于他们学科素养的培养。

(1) 对传统板书教学方式的过度依赖。在中职数学课程教育中,许多教师仍然主要采用传统的板书教学方式。例如,教师可能在黑板上详细推导复杂的数学公式,而中职生则被动地抄写笔记。这种方法虽然直接,但缺乏形象性和互动性,难以吸引中职生,也不利于他们对抽象数学概念的掌握。随着数智化技术的不断进步,这种单一的教学手段远远不能满足当代中职生对数学学习多样化的需求。

(2)教学互动性的缺失。多数中职数学课堂仍以教师讲授为主,这种传统的"以教师为中心"的教学模式,虽然保证了教学内容的系统性和教学进度,但很大程度上忽视了学生的主体地位。例如,在讲解概率论时,如果数学教师仅讲授理论知识而不引导中职生主动参与学科的教学活动,这种被动式的教学实践活动会使他们容易感到学科学习枯燥乏味。为了提高互动性,数学教师可以设计小组讨论、案例研究和数学游戏等活动,让中职生在实践中学习并应用数学知识,从而激发他们学科学习的积极性和主动性。

(3)对学生个体差异的忽视。学生的学习能力和数学基础均存在不同程度的差异,这就要求中职数学教师在学科教学实践中充分考虑到这些差异性。例如,一些中职生可能代数学习方面能力较强,而在几何学习方面则能力相对薄弱。如果中职数学教师采用"一刀切"的教学策略,可能导致这部分中职生跟不上学科教学进度,久而久之会丧失学习数学的兴趣。为了解决这个问题,中职数学教师可以实施分层教学,根据中职生在学科不同知识模块的学习能力提供个性化的指导和支持。此外,数学教师还可以利用智能教学系统跟踪每位中职生的学科学习进度,及时调整教学策略,以满足不同中职生对数学学习的个性化需求。

总之,中职数学课程教育的质量受到了教学方法单一的严重影响。为了提升教育质量,中职数学教育者需要积极学习信息化教学方法、增强课堂互动性、关注学生的个体差异等措施,提高学科课堂教学的趣味性和互动性,激发中职生对数学学习的兴趣和积极性,这不仅有助于培养他们学科的学习能力和综合素养,而且为其未来的职业生涯打下坚实基础。

3. 实践教学环节缺失

实践教学是中职教育中不可或缺的一环,它有助于中职生将理论知识与实际操作相结合,从而提升其职业技能和解决问题的能力。然而,在中职数学课程教育中,实践教学环节未能得到充分重视,导致中职生在理论学习与实际操作之间存在明显断层。

(1)缺乏实际操作机会。目前,在不少中职学校,数学学科教学依然主要依赖传统的讲授方法,这在一定程度上限制了中职生实际操作的机会。特别是在几何知识的学习中,如果中职生仅通过阅读课本知识和教师的课堂讲解方式学习,而没有机会亲自使用绘图工具进行实践操作,那么他们对几何概念的理解和掌握则难以深入透彻。

（2）与实际问题的联系不够紧密。在中职数学教学过程中，一个常见的问题是数学知识与实际问题之间的联系不够紧密。这种脱节导致中职生难以深刻领会数学在现实生活中的应用和重要性。以概率统计为例，中职生如果仅仅停留在记忆和练习计算公式的层面，而没有机会将这些概念应用于分析市场调查数据、预测销售趋势等实际情境，那么他们就无法充分认识到数学知识的实际应用价值。

（3）综合应用能力的培养不足。中职数学教学普遍存在的问题是，过分强调对单一知识点的理解和掌握，而忽视了培养中职生综合运用数学知识解决复杂问题能力的培养。从而使之在面对涉及多个知识点的实际问题时，他们难以有效地整合和应用所学知识进行分析，更难有效地解决实际问题。

以函数学习为例，中职生可能仅停留在理解函数的定义、性质和图像等基础知识层面，而缺少将这些知识应用于解决现实世界问题的实践经验。例如，尝试应用函数知识设计一个能够根据天气变化自动调整灌溉量的智能灌溉系统，以优化水资源的使用。这就说明，中职生不仅需要理解函数的变化规律，还需掌握如何将函数知识与现实问题的解决相结合。

因此，为了改善中职数学实践教学环节缺失的问题，学科教师应该增加实践教学的比重，加强与实际问题的联系，为中职生的学科学习提供更多的实际操作机会，并落实了综合应用能力的培养，使他们能够灵活运用所学知识解决实际问题。

4. 中职生的数学学习积极性不高

在中职数学课程教育中，学生学习积极性不高是一个普遍且复杂的问题，其成因是多方面的，需要全面分析和有效解决。

（1）数学学习兴趣不高。由于入校前的大多数中职生在初中阶段数学基础薄弱，导致对数学缺乏兴趣，这种状况往往延续至中职阶段，进而造成学习动力不足。例如，中职生在解决一些数学问题时遇到困难，如果学科教师未能提供适时的引导和帮助，他们可能会感到沮丧，随着问题的积累会丧失对数学的兴趣。为了激发学生的学习兴趣，数学教师可以多采用与生活实际紧密联系的教学案例，通过实际问题的解决引入学科新知，使中职生能够感受到学科知识的实用性和趣味性，并真切感受到数学的魅力。

（2）自信心缺乏。自信心的缺乏也是一个重要因素。数学学习中的连续挫折也会削弱中职生的自信心。他们可能会开始怀疑自己学习数学的能力，认为自己不适合学习数学。例如，在数学测试中多次失败后，中职生可能会产生逃避学科学习的心理，进一步影响其学习的积极性。为了增强中职生的自信心，数学教师可以采取鼓励和正面反馈的方式，强调努力的过程和进步的重要性，而不仅仅是关注结果。与此同时，提供针对性的个性辅导，帮助他们克服数学学习中诸多障碍，从而使之逐步建立学科学习的自信心。

（3）学习动力不足。学习动力不足的问题同样不容忽视。在应试教育的影响下，一些中职生对数学学习的目标和意义感到困惑，不清楚学科学习与自己的未来职业发展的联系，如会计专业的学生可能不明白为什么需要学习概率、几何等数学知识。为了提高中职生的学习动力，教育者应该加强职业规划教育，明确数学知识在不同职业领域的应用价值和功能，帮助他们理解数学学习的实际意义和重要性。

总之，中职生数学学习积极性不高的原因主要包括基础薄弱导致兴趣缺失、连续挫折削弱自信心，以及缺乏数学学习价值和重要性的充分认识而丧失了主观能动性。为了提升中职生的学习积极性，数学教师需要结合实际案例进行学科教学，鼓励中职生学习并提供个性化辅导，同时加强职业规划教育，明确数学知识的应用价值，以增强他们的学习动力。通过这些措施的实施，可以有效提升中职数学的教学质量和学习效果。

综上所述，中职数学课程教育面临教学资源不足、教学方法单一、实践环节缺失等多重困境，这些问题导致中职生学习数学的积极性不高。作为中职数学教育者，迫切需要创新学科教育理念和更新教学手段，以更好地增强中职生的学习体验，从而提高中职数学的教育质量。这不仅是一场数学教育的革新，更是一次对学科传统教学模式的深刻反思与超越。

（二）中职数学课程教育困境的成因

当前，中职数学课程教育面临多重困境，这些困境的主要成因在于社会环境对职业教育的认知偏见，这导致师资力量相对薄弱。此外，数学课程设置未能较好地契合中职生的学习实际需求，与之普遍存在的学科基础薄弱问题相互交织，共同制约了教育质量的提升。

1. 社会环境的影响

社会环境对中职数学教育的影响不容忽视，它在很大程度上塑造了公众对中职教育及数学课程的看法和态度。当前，社会普遍存在对中职教育的偏见，认为其地位低于普通高中教育，这种认知偏差不仅影响了中职生和家长对中职数学课程的重视程度，也阻碍了中职教育改革的推进和全面发展。

（1）社会对中职教育的认知偏差。由于社会对中职教育的认知偏差，导致人们对中职数学课程教育的接受度不高。许多人片面地以为中职教育仅仅是技术技能的培训，而忽视了学科教育在其综合素质方面的重要作用。这种偏见使得中职生在学习数学时缺乏自信和动力，进而影响了他们学科学习的态度和参与度。此外，社会对职业教育的低估也导致了对中职数学教育投入的不足，影响了教学资源的配置和课程质量的保障。

（2）社会对中职数学的认知偏差。社会对中职数学的认知偏差还体现在对其实际应用价值的忽视。一些人认为数学在中职教育中缺乏实际应用场景,这种观点忽视了数学作为一门基础学科,在培养逻辑思维、解决问题能力方面的重要性。此外,过分强调专业课程而忽视数学基础教育的现象也很普遍,这种认知偏差一定程度上削弱了数学的工具性功能,限制了中职生在分析和解决实际问题中的能力发展。再者,社会普遍对数学教师在职业教育中的地位认同度不高,这种看法削弱了数学教师的职业认同感和教学热情,进而影响了学科教学质量和教师的专业发展。

总之,社会普遍存在对中职教育及其数学课程的偏见,在一定程度上影响了中职生对数学的重视程度。然而,随着科技的快速发展和人才需求的不断变化,具备较高数学素养的综合素质人才在社会发展中扮演着越来越重要的角色。因此,呼唤社会改变对中职教育和数学教育的传统看法,提升中职数学教育的地位,充分发挥其在培养具备综合素质的技能人才中的核心作用,为中职生的长远发展奠定坚实的基础。

2. 课程设置不合理

中职数学课程设置的不合理性也是影响学科教育实践有效性的重要因素。学科课时量的不足、难度设置的不适宜以及课程结构的不合理,较大程度上制约了中职数学教育的整体质量和中职生的学科综合素养的培养。

(1)课时量不足。数学课程通常在中职一年级开设,并且目前的课时分配往往难以满足构建扎实数学基础的需要。一些中职学校可能只分配了有限的课时用于传授基础数学理论,而未能充分重视实践操作和应用问题解决的教学。这种学科教学课时安排的不足导致了中职生在后期专业学习面临数学知识储备不足的困境,如需要数学知识支撑的工程计算或数据分析,从而难以应对专业领域的挑战。

(2)难度不适宜。中职数学课程的难度设置未能充分适应学生学科学习的多层次要求。课程中存在过于抽象的数学知识,并缺乏与实际应用相结合的背景和案例。例如,概率的讲授未能结合保险计算等现实生活中的应用场景,这使得学生难以将抽象的数学知识与实际问题联系起来。

此外,课程内容缺少一定的层次性,未能根据中职生不同的数学基础、学习能力和需求进行个性化调整。这种"一刀切"的做法也不能满足不同专业领域对数学知识的不同深度和广度的差异化需求,导致基础薄弱的中职生跟不上学科进度,而基础较好的中职生则可能觉得课程内容过于简单,无法满足他们对数学学习的进一步需求。

(3)课程结构不合理。中职数学课程结构的不合理性是中职教育领域面临的一个重要问题。课程内容与中职生实际需求和职业发展之间的脱节,直接影响了教育质量和中职生的学习成效。

首先,课程内容过于理论化,缺乏实践应用环节,使得中职生难以将所学知识应用于解决实际问题。在教学过程中,实践应用环节被削弱,而理论知识的传授则成为主导。这种偏重理论知识的教学模式,削弱了中职生对数学知识的掌握程度,限制了他们在实际问题中运用创新思维和解决问题能力的发展。

其次,教材结构的单一性未能满足不同专业的具体需求。目前,中职数学教材在内容设计和教学方法上缺乏多样性,未能为不同专业的中职生提供差异化的教学内容。这种单一性限制了中职生与专业紧密相关的数学知识接触的机会,同时对于数学知识要求较高的专业而言,这种教育资源的分配也显得极不合理。

总之,中职数学课程设置的不合理性,未能充分发挥数学作为基础学科和实用工具的作用,影响了中职生职业技能的发展。课时量的不足、难度设置的不适宜以及课程结构的不合理,共同制约了中职数学课程教育的整体质量。

3. 师资力量薄弱

在中职教育领域,数学课程的师资力量薄弱问题尤为突出,这一问题的存在,不仅影响了数学课程的教育质量,也制约了中职生数学学科素养的提升。

(1)数量短缺。由于社会对中职教育的认知偏差,导致数学专业毕业生更倾向于普通高中就业,而中职学校在师资引进上偏重专业课程,因此数学教师数量严重不足。这种情况使得中职在岗数学教师的工作负担过重,难以保障学科教学质量。

(2)素质参差不齐。由于难以吸引优秀的专任数学教师,且在职培训机会有限,中职数学教师队伍的素质呈现参差不齐的状况。部分教师教学专业知识不够扎实,难以有效地应对学科教学中的专业知识和教育技能的挑战。教学能力的差异也导致课堂效果不一,影响了中职生的学习积极性。此外,一些中职数学教师不仅教育理念落后,缺乏创新精神,仍沿用传统的讲授模式,而且也不能适应数智化技术在学科教育中的应用,并忽视了中职生素质教育的需求。

(3)培训与发展不足。中职教育的快速发展要求教师持续专业成长,而目前中职数学教师面临培训机会缺乏和专业发展支持不足的问题。培训内容与实际教学需求脱节,缺乏针对实践教学的培训,使得教师难以在教学实践中得到提升。同时,相当多的中职学校缺乏对中职数学教师专业发展的足够重视和长远规划,导致他们缺乏持续发展的机会。

总之,中职数学教师数量的短缺、素质的不均衡以及专业发展的局限性,共同导致了中职数学教育质量难以提升。教师是教育质量的关键,因此要改善中职数学教育,就必须从根本上解决师资队伍的建设问题,提升教师的教学能力和专业素养,以满足教育发展的需求,为培养高素质的中等技能人才打下良好的基础。

4. 生源基础薄弱

生源基础薄弱是中职数学教育面临的一大问题，并对学科课程教育效果产生了明显影响。随着普通高中招生规模的持续扩大，中职学校的生源质量面临着严峻挑战，学生的学科水平呈现下降趋势，在数学学科上尤为表现突出。

（1）知识基础薄弱。中职生的数学基础知识普遍薄弱，这主要源于他们在初中阶段对数学知识的掌握不够扎实。这一问题直接影响了学生在中职阶段数学学习的理解和掌握能力。在教学中，中职生常在理解新概念和解决复杂数学问题时感到困难，导致教学进度受阻，教学质量下降。

（2）学习能力不强。除了知识基础薄弱外，中职生的逻辑思维能力、实践应用能力和自主学习能力也相对不足。逻辑思维能力的不足，使得学生在面对需要逻辑推理的数学问题时，难以进行有效地分析思考，更难找出正确的解答方法。实践应用能力的薄弱，则导致学生难以将数学知识与实际问题的问题相结合，缺乏将理论应用于实践的能力。此外，自主学习能力的缺乏，也影响了中职生的自我发展和终身学习的能力。这些能力的不足共同制约了中职生数学素养的培养，并影响了他们解决复杂学科问题的能力和未来的学习及职业发展。

（3）学习毅力缺乏。学生的学习毅力和动力也是影响数学学习的重要因素。由于数学学科的抽象性和较强的逻辑性，需要学生投入更多的时间和精力进行学习和思考。然而，部分中职生在学习数学时缺乏持之以恒的毅力，使之面对学习困难时容易放弃，从而影响了学科学习的效果。

总之，生源基础薄弱对数学课程教育质量及其中职生学科素养的提升构成了严重阻碍。因此，数学教师需要积极补充中职生的学科基础知识，提高他们的学习能力，并培养其坚强的学习毅力，从而突破生源基础薄弱造成的学科教育困境，进而为中职生提供高品质的数学学科教育。

综上所述，中职数学课程教育面临的困境源于社会环境、课程设置、师资及生源素质等多方面因素。为了突破困境，需要从多方面入手，包括提升社会对中职教育的认可度，优化课程结构，加强师资培养，以及提升生源质量，从而全面提升中职数学教学的成效。

二、中职数学课程教育面临的挑战及机遇

当前，社会对技能型人才的强烈需求、数智化技术的融入、新职业教育法的实施以及高职类高考的兴起，为中职数学课程教育提供了前所未有的发展机遇。然而，中职数学教育领域也面临着诸多挑战，如数学课程与专业技能融合度不足、教师的数智化教育技能有限、中职数学课程教育的重视程度不够以及学生学科学习能力不高等问题。这些因素共同影响着中职数学教育的质量和效果。

（一）中职数学课程教育面临的挑战

随着经济的快速增长，社会对技能型人才的渴求不断上升，这也使得中职教育的重要性日益凸显。作为中职教育的核心基础课程，数学在培养学生的逻辑思维和数学分析能力方面扮演着至关重要的角色。尽管如此，中职数学教育在提高教学质量方面仍面临着多重挑战。作为中职数学教育者需要积极应对这些挑战，并确保学科教育成效的最大化。

1. 中职数学教师教学实践水平偏低

尽管职业教育逐渐受到重视，但社会对中职教育的长期偏见以及数学课程在中职教育体系中的边缘化地位，导致中职数学教师的专业发展被忽视。这种情形较大程度上削弱了数学教师的教学实践能力，从而影响了学科教学质量，且不利于中职生职业技能的提升。

（1）教学理念落后。数学教育的核心目标是培养中职生运用数学理论解决实际问题的能力，这对他们的职业发展具有重要意义。然而，目前中职数学教学普遍存在的问题是教学理念落后，在很大程度上制约了学科教学的实效性和中职生实践能力的发展。

首先，中职数学教师普遍偏重于理论知识的传授，而相对忽视了数学知识在实际应用中的教学。这种单向度的教学模式，往往采用填鸭式教学方式，偏重知识的灌输而忽略了学习能力的培养，导致中职生在应用数学知识分析和解决问题上的能力无法得到有效提升。这种教学现象不仅限制了中职生实际应用能力的培养，也阻碍了他们创新思维的发展。

其次，中职数学教学方法的创新不足。受数学学科课时量不足的影响，一些教师过分依赖传统的教学工具，如黑板和粉笔，对现代教育技术的运用持保守态度。而这种传统的教学模式难以激发中职生的学习兴趣，使课堂缺乏互动和活力，影响了学科教学效果的提高。

此外，部分数学教师在教学中过于关注中职生的应试成绩，而忽视了对他们学科综合素养的培养。他们通常按照教材顺序进行教学，以考试成绩作为评价教学效果的主要标准，这种做法忽视了中职生的个体差异，不能全面地评价他们的学科学习效果，导致学科教学缺乏针对性和灵活性，影响了其全面发展。

总之，数学教师在教学实践中需要更新教学理念，重视学科知识的应用，教学手段和方法的创新，并关注中职生的个体差异。学科教师应该从单一的知识传授者转变为学习的引导者和促进者，通过多样化的教学活动和评价机制，激发中职的学习兴趣，培养他们的实践能力和创新精神，为其未来的职业生涯打下坚实的基础。

（2）跨学科融合能力薄弱。数学教育在培养中职生综合素养方面扮演着关键角色，但目前学科教师的跨学科融合能力还存在不足，这在一定程度上制约了学科教育质量和中职生学习能力的发展和提升。

首先，中职数学教师普遍缺乏跨学科融合的意识和知识储备。他们往往将数学教学视为独立于其他学科的过程，未能充分认识到跨学科学习的重要性。这种局限性导致教师在整合其他学科知识的能力受限，从而限制了教学内容的深度和广度。

其次，中职数学教师在跨学科融合的方法和策略上显得力不从心。他们往往只是简单地将不同学科知识拼凑到一起，缺乏创新和策略性，这样的教学方式不仅达不到预期的教学效果，而且还可能使中职生感到困惑。此外，教师在学科融合度的把握上也存在一定的困难，有时过度地强调跨学科元素可能会削弱数学的基础性和工具性，从而影响中职生对数学知识的理解和掌握。

再者，中职数学教师在整合跨学科资源方面能力不足。他们缺乏将教材、教具、网络资源等教学资源进行有效整合的能力，这限制了教学资源的最大化利用，影响了跨学科融合的实施效果。

最后，中职数学教师在跨学科沟通协作上也存在欠缺。由于学科间的差异和教师团队文化的不同，数学教师与其他学科教师之间的沟通和协作不够充分，导致限制了不同学科间的深度融合。

总之，中职数学教师需要提升跨学科融合的意识和能力，创新教学策略和方法，加强资源整合和沟通协作，以提高学科课程的教育质量，促进中职生的全面发展。通过不断学习和实践，教师可以更好地将数学知识与其他学科知识有效结合，拓展教学内容，激发中职生的学科学习兴趣，培养他们的学科综合素养和创新能力。

（3）课堂管理能力不强。在中职数学教育领域，教师的课堂管理能力对于提升教学质量至关重要。然而，由于优质教师资源的引进困难和在职教师专业发展的培养欠缺，中职数学教师在维持课堂秩序、组织互动和时间管理等方面存在明显短板，从而直接影响了学科教学效果。

首先，课堂纪律管理是中职数学教师亟须改进的领域。传统权威式的管理方法与青春期中职生的特点不相匹配，导致他们频繁挑战教师权威，这不仅破坏了课堂秩序，也严重干扰了教学的正常秩序。这种管理方式的局限性在于忽视了学生个性的发展和自我管理能力的培养，从而导致学科教学效果不佳。

其次，课堂互动的组织也是中职数学教师需要加强的方面。有效的课堂互动能够更好地提升中职生的学习兴趣和参与度，促进师生间的沟通与交流。然而，在教学实践中，不少数学教师常采用单向讲授的方式，缺乏创新和互动性，这种填鸭式教学法难以激发中职生对数学的学习热情，课堂参与度自然不高，课堂的活力程度和互动性难以得到提升。

此外，中职数学教师的时间管理能力也是影响教学质量的关键因素。教师需要合理分配课堂时间，确保每个教学环节都能得到充分展开。然而，数学教师在这方面的能力有所欠缺，有时教学进度控制不当，导致中职生难以跟上学科教学节奏，影响了他们的学习效果。例如，一次中职数学课，教师试图在有限的时间内完成过多的教学内容，结果导致中职生对关键概念的理解不够深入。另一方面，如果数学教师在某个环节耗费了过多时间，又可能使得后续的教学任务无法按时完成。

总之，中职数学教师在课堂管理能力上的不足，直接影响了学科教学质量和学生的学习效果。为了提高教学效果，教师需要不断地加强课堂纪律管理、课堂互动组织和时间管理等方面的能力。通过提升这些能力，数学教师可以更有效地开展学科教学活动，从而更好地提高中职生学科学习的参与度，并增强他们的学科学习效果。

（4）实践反思与改进意识薄弱。在中职数学教育领域，教师的实践反思与改进意识对于提升自身的教学水平和提升学生的学习成效至关重要。然而，当前中职数学教师的实践反思与改进意识相对薄弱，这在一定程度上制约了学科教学质量和学生学科能力的发展。

首先，中职数学教师在自我反思方面存在不足。教师的自我反思是提升教学实践能力的关键，而部分中职数学教师缺乏这一习惯，不能及时对学科的课堂教学效果、作业反馈以及测验成绩进行深入分析和反思。这种缺乏反思意识的状态，导致中职数学教师难以发现并改进学科教学中的问题，从而影响了教学策略的有效性和教学活动的针对性。

其次，中职数学教师的创新意识不强，在教学方法和教学理念上表现得尤为明显。一些中职数学教师习惯于传统的满堂灌教学方式，对于新的教学理念和方法持保守态度，不愿意尝试创新的教学模式。这种创新意识的缺乏，不仅阻碍了教师个人教学实践能力的提升，也不利于培养中职生的创造性思维和探索精神。

此外，中职数学教学的反馈机制急需完善。目前，部分中职学校仍以考试成绩作为评价教师教学水平和能力的主要标准，缺乏多元化的评价体系，如学生评价、同行评价和自我评价等。这种单一的评价方式难以全面反映中职数学教学效果，也不利于学科教师根据反馈建议进行教学改进。

例如，一次中职数学课上，某数学教师采用了一种新的教学方法，但由于缺乏有效的反馈机制，使上课教师无法准确了解中职生对新方法的接受程度和学习效果，也就无法对相应学科知识的教学方法进行及时调整和优化。

总之，中职数学教师在实践反思与改进意识上的薄弱，不仅阻碍了教师个人教学能力的提升,而且也影响了学科的教学质量和学习效果的提高。为了促进中职数学教育的发展,教师需要加强自我反思,提升创新意识,并建立完善的学科反馈机制,从而不断地提高教学实践水平,并促进中职生学科素养的全面发展。

综上所述,目前学科教师的教学实践水平较低,这是中职数学课程教育面临的重要挑战。作为中职数学教师,需要更新落后的教学理念、增强跨学科融合能力、提高课堂管理能力、提升实践反思与改进意识,从而适应中职数学课程教育改革与发展的需要。

2. 中职数学课程教育重视程度不够

中职数学教育在培养技能型人才中扮演着关键角色,然而,受传统观念的影响,这一学科在中职教育体系中未得到应有的重视。这种观念普遍认为,相对于专业技能的教与学,文化课程的教与学显得不那么重要,这一观念直接影响了中职数学课程的教育质量和发展前景。

(1)学校层面对于数学课程教育重视不够。在中职教育体系内,学校普遍侧重于专业技能课程的教育,而对包含数学在内的文化基础学科教育一定程度上关注度不够。这种倾向产生了数学学科课时量减少、师资配置不足、教学资源投入不足等问题,使得中职数学课程教育缺乏系统性和连贯性,进而削弱了数学在中职教育体系中的重要性及其发展动力。

(2)教师层面学科教学理念更新滞后。中职学校在数学教师专业发展方面的规划不合理,使他们的培训和进修机会有限。直接导致了数学教师的专业知识更新滞后,教学方法和教育理念不能与时俱进,进而影响了中职数学教学的整体质量。

(3)学生层面对数学教育认识不足。中职生普遍认为语文、数学等文化基础学科的教育与专业技能的培养相比,对其今后的职业发展贡献较小,导致他们对数学学习缺乏足够的重视,从而学习动力不足。同时,中职数学教育的课时量不足、教学资源匮乏等问题,进一步削弱了中职生学科学习的积极性。

(4)课程内容层面陈旧且与实际脱节。中职数学教材的更新速度缓慢,导致课程内容陈旧并与实际应用脱节。再加上过于偏重理论而忽视实践的教学方法,更使得中职生难以看到数学知识在专业技能学习和今后的职业发展的价值,从而影响了他们对数学学习的兴趣和效果。

总之,中职数学课程教育的忽视是教育领域面临的严峻挑战。为了提升教育质量,中职学校需确保数学课程拥有充足的课时并提供必要的教学资源。同时,加强数学教师的专业培训,更新他们的学科教学理念,以适应现代中等职业教育的需求。此外,学校还应该积极引导中职生正确认识数学学科的重要性,激发他们的学科学习热情。学科教学内容也需要与时俱进,与专业教学实践、实际情景紧密结合,以确保数学课程具有更强的相关性和吸引力。通过这些措施的实施,可以逐步提升数学在中职教育中的地位,从而推动数学教育不断改进,并为中职生提供更优质的学科教育。

3. 教育评价机制不健全

教育评价机制不健全是中职数学课程教育中亟待解决的问题,其不完善的现状已成为制约学科教学质量提升的关键因素。目前,许多学校仍然依赖单一的考试成绩评价中职生的数学学习成效,这种方式无法全面反映他们学科的学习能力和知识掌握情况,从而影响了对学科教学效果的准确评估。

(1) 评价方式单一。当前,中职学校在数学教学评价上往往仅关注考试成绩,这种以分数为主导的评价体系,过于强调理论知识的记忆和复述,而忽视了中职生将数学知识应用于解决实际问题的能力。这容易导致中职生将数学学习的目标转化为追求高分,而忽视了数学思维的培养和数学知识应用能力的训练,限制了他们对数学深层次理解和应用的探索,进而影响了其综合素质的提升。

(2) 评价内容片面。现行中职数学教育的评价体系过于偏重于理论知识的考查,缺乏对中职生实际应用能力、思维能力、创新能力和实践能力的全面评估。这种片面的评价内容导致中职生对数学学习的认识只停留在记忆层面,缺乏对数学概念深层次理解和创新性应用的动力。

(3) 评价标准缺乏个性化。在中职数学教学评价中,学校和教师往往采用一刀切的方式,以统一考试的成绩作为评价标准,而忽视了中职生的个体差异性和学习基础的多层次性。这种做法可能导致一些努力学习的中职生因未达到既定标准而被忽视,从而打击他们学习数学的信心和兴趣。

(4) 评价过程不够客观。在部分中职学校的数学教学评价中,存在一定程度的主观偏向性。评价结果主要依赖于任课教师的个人主观判断,这导致评价结果可能受到教师个人情感和偏好的影响,缺乏客观性和公正性。例如,数学教师可能会因为中职生个性张扬而对他们产生厌恶情绪,从而在课堂表现上给予低分;学科教师也可能会对作业书写工整的中职生赞赏有加,而忽视了作业可能并非其独立完成的这一状况。

(5) 评价结果无法全面反映实际情况。当前中职数学教育的评价机制往往无法准确反映学生的实际应用能力和综合素质。例如,一些中职生虽然在数学考试中取得了高分,但在实际工作中却难以运用数学知识解决具体问题。而另一些中职生虽然考试成绩一般,却在实际工作中能够灵活运用数学知识解决问题。这表明单一的考试成绩不能全面衡量中职生的实际应用能力和综合素质。

总之,中职数学课程教育评价机制的不完善已经对学科教学质量的提升和学生综合素质的培养产生了负面影响。为了改善这一现状,中职学校需要构建一个更加全面、多元和客观的评价体系,从而促进数学课程教育的高质量发展。

综上所述,随着中职教育改革的深入推进,中职学校可以从转变教育观念,深化课程改革,加强教师队伍建设,完善教育评价机制等方面入手,正确认识并积极应对中职数学课程教育所面临的一系列挑战,从而不断推动中职数学教育观念、课程体系、教师队伍、评价机制等方面的创新与完善,进而促进数学课程在中职教育中持续发挥基础性作用,为中职生未来的职业发展提供必要的数学素养。

(二)中职数学课程教育面临的机遇

随着我国经济的快速发展和教育改革的不断深化,中职数学课程教育正迎来前所未有的机遇。首先,经济的持续增长催生了对技能人才的大量需求,这为中职生提供了广阔的就业前景。其次,教育改革的不断推进,特别是对职业教育的重视,为中职数学课程教育提供了更多的资源和支持。此外,信息技术的迅猛发展,为中职数学课程教育提供了丰富的教学手段和实用的教学工具,有助于提高学科教学效率和中职生的学科学习兴趣。同时,社会对数学素养的日益重视,也为中职数学课程教育的发展营造了良好的社会环境。

1. 社会对技能型人才需求旺盛

随着我国经济的快速发展和产业结构的持续优化升级,社会对技能型人才的需求日益增长,这为中职数学课程教育带来了前所未有的发展机遇。作为培养技能型人才的关键环节,中职数学课程教育需要紧跟社会的变化需求,不断提升技能人才培养的质量与水平。

(1)中职数学课程教育应该深刻认识市场需求的变化。在当前经济社会发展的背景下,社会对具备创新能力、实践能力和综合素质的技能型人才的需求日益增加。因此,数学课程教育需要积极适应这一变化,着重培养中职生的创新思维和独立思考能力。在教学实践中,数学教师应该引导中职生运用数学理论,结合发散性思维分析和解决问题,从而培养他们的创新思维和独立思考能力。同时,数学课程教育还应该注重培养中职生的实践能力,通过实践教学环节,引导他们将学科知识与专业实践相结合,解决实际问题,提高他们的专业实践技能。此外,数学课程教育还应该重视培养中职生的综合素养,包括思想品德、人文素养和团队合作精神等,从而全面提高他们的综合素质。

(2)中职数学课程教育应该不断丰富和优化课程体系。随着产业结构的优化升级,传统的中职数学课程体系已经难以满足社会发展的新需求。因此,中职数学课程教育需要紧跟经济发展的步伐,关注产业发展的新趋势。在教学内容上,需要注重数学知识与产业实践的融合,增设与产业发展紧密相关的实践内容。同时,数学教师需要不断更新学科教学理念,优化和完善教学模式和方法,以适应产业发展的新趋势,进一步丰富和完善课程体系,激发中职生的创新意识,满足产业发展对中职数学课程教育的新要求。

(3) 中职数学课程教育还需要加强与企业和产业的紧密对接。中职数学课程教育还需要进一步加强与企业和产业的紧密对接。科技进步和产业升级对中职数学教育提出了更高的要求。中职学校应该积极与企业、产业建立深度合作关系,深入了解企业对数学课程教育的需求。通过将企业实践内容融入学科课程教学,不仅可以提高中职生运用数学理论和方法解决专业实践问题的能力,而且还可以让他们更深入地了解企业对人才的需求,使学科教学内容更加贴合市场需求。

总之,在产业升级的大背景下,数学课程教育肩负着培养中职生逻辑思维能力与创新实践能力的重要使命。面对人才需求发展带来的机遇,中职数学课程教育需要充分认识到市场对技能人才需求的变化,不断地丰富和优化课程体系,加强与企业及其产业的对接,更新学科教学内容和教学方法,更好地满足市场对技能型人才的需求。

2. 数智化技术的引进改变中职数学课程教育

数智化技术的引进正深刻改变着中职数学课程教育的多个方面,包括教学模式、教学方法和手段、教学资源的应用。这些变化不仅为教育者提供了新的教学工具,也为中职生的数学学习带来了更加丰富的学习体验。

(1) 数智化技术的应用改变了教学模式。在之前的课堂上,数学教师通常使用教材和黑板开展教学活动,这种方式较大程度上忽视了中职生学科学习的情感体验和自信心的培养。然而,在数智化技术的支持下,数学教师可以利用多媒体工具,如动画和视频,将抽象的学科知识以动态形式呈现,运用增强现实(AR)和虚拟现实(VR)技术进行沉浸式教学,从而帮助中职生更直观、更深刻地理解和掌握学科知识。

(2) 数智化技术的应用提高了教学效率。数智化技术的应用可以促进数学教学效率的提高。在数智化技术普及之前,教学资源很有限,数学教师主要依赖教材和教参进行教学准备和授课,而对中职生学习效果的评价也常依赖于主观判断,其客观性、准确度有待提高。在数智化时代,数学教师可以利用互联网获取和整合丰富的教学资源,运用数智化技术收集和分析中职生的学科学习数据,以便及时调整学科教学策略。中职生也可以通过智能化平台开展自主学习,打破了时间和空间的限制,极大地方便了他们的学科学习。

(3) 数智化技术的应用带来了新的发展机遇。数智化技术的引入还为中职数学课程教育带来了新的发展机遇。中职数学教师需要紧跟数智化教育的发展趋势,勇于打破传统的学科教学模式,乐于尝试新的学科教学方法,并善于利用数智化技术探索更好的学科教学策略。这样不仅可以激发中职生的学习兴趣,使之从畏学、拒学转变为乐学、愿学,而且可以从根本上提高学科教学效率和质量,进一步巩固数学课程在中职教育中的基础地位。

总之,数智化技术为中职数学课程教育注入了新的活力,带来了新的发展机遇。中职数学教师需要积极适应数智化技术带来的学科教育变革,不断探索和实践优化的学科教学方法和教学模式,从而适应中职数学课程教育发展的新要求,培养出更多具备综合素质的技能型人才。

3. 新职业教育法的颁布使职业教育得到重视

新职业教育法的实施标志着职业教育在国家教育体系中的地位得到了显著提升,为职业教育的发展提供了坚实的法律基础和政策支持,进而为中职数学课程教育创造了更为有利的发展条件。

(1)新职业教育法明确了职业教育的地位和作用。新职业教育法明确了职业教育的地位和作用,强调了它在培养高素质技能型人才方面的重要性,以及在社会经济发展中的关键作用。这一法律的出台有助于纠正社会对职业教育的传统认知偏差,提升社会公众对职业教育的认同度和重视程度,为职业教育的长远发展提供法律层面的有力支持。

(2)新职业教育法加强了政府对职业教育的支持和投入。新职业教育法进一步加强了政府对职业教育的支持和投入力度。法律规定政府需要在职业教育的规划和指导上发挥更加积极的作用,并通过增加财政投入改善和优化职业教育的办学条件,全面提高职业教育质量。同时,该法律还鼓励企业、行业组织和个人参与职业教育,推动形成政府、企业和社会力量共同参与的多元化办学格局,这将极大激发职业教育的活力和提升职业教育的整体水平。

(3)新职业教育法促进了普职教育的融通。新职业教育法有效促进了职业教育与普通教育之间的融通。这意味着学生可以根据自己的兴趣和职业规划更加灵活地选择教育路径,同时也确保了职业教育与普通教育在教育体系中具有同等重要的地位,为学生提供了更广阔的发展空间。

总之,新职业教育法的颁布为职业教育,包括中职数学课程教育,注入了新的活力。中职数学课程教育可以借此机会,通过改善课程体系、提升教学质量、加强师资队伍建设等措施,充分发挥数学学科在培养中职生的逻辑思维和问题解决能力方面的优势,为社会培养出更多高素质的技术技能人才。

4. 高职类高考的崛起提高了数学课程的地位

随着社会经济的持续发展,职业教育正逐渐成为家长和中职生追求更高层次教育的重要途径。高职类高考的兴起,不仅为中职生提供了升学的新机会,也对中职数学课程教育提出了更高的要求,从而使之教育地位得到了显著提升。

(1)数学课程已成为高职类高考的关键组成部分。高职类高考的普及及其认可度的提升,使得数学成绩对中职生未来的升学和职业发展具有决定性作用。因此,中职学校和中职生对数学课程的重视程度不断提高,相应的教学资源和投入也随之增加。

(2)数学是各专业学习的基础。数学是中职教育中不可或缺的基础学科。它不仅是高职类高考的必考科目,也是众多专业课程学习的基石。在机械工程、电子电器、计算机科学以及经济管理等领域,扎实的数学基础、精妙的思维方法和严谨的逻辑思维能力对于学习掌握专业知识至关重要。因此,中职数学课程在职业教育中扮演着基础性和工具性的重要角色,对于中职生的综合能力培养具有不可取代的作用。

总之,高职类高考的崛起为中职数学课程教育带来了前所未有的发展机遇。中职学校需要采取积极措施,加强数学课程教育的投入和建设。包括增加数学课时,加强师资队伍建设,丰富教学资源,并创新教学方法。通过这些措施的实施可以为中职生打下坚实的数学基础,同时提升他们的数学素养,进而为他们的升学和职业发展奠定坚实基础。

综上所述,面临机遇与挑战并存的中职数学课程教育,中职学校和学科教师均需要积极把握这一时机,勇于面对学科教育的挑战。中职学校可以加强学科师资队伍建设、改善教学设施等方面提供支持和帮助,而数学教师则从完善学科课程体系、优化教学方法和手段等方面着手,全面提升学科教学的实践效果,从而推动中职数学教育持续、快速发展。

三、中职数学课程教育面临的困境与挑战的应对策略

随着经济的不断发展和教育改革的持续深化,中职教育的重要性日益凸显。其中,数学课程作为基础学科,承担着培养中职生的基本数学素养和职业能力的重要任务。尽管如此,中职数学教育目前仍面临着诸多挑战。为了有效地应对这些挑战,中职学校和学科教师需要采取以下策略:完善数学课程体系,确保学科教学内容与实际需求相匹配;优化数学教学方法和教学模式,提高教学的互动性和实践性;加强师资队伍建设,提升数学教师的综合素养和教学能力。通过这些策略的实施,可以有效地应对中职数学课程教育面临的困境和挑战,并促进其稳步发展。

(一)合理设置中职数学课程内容

当前,中职数学课程内容设置存在诸多问题,包括过分强调理论知识、与生活实际脱节、缺乏与专业课程的融合等。这些问题不仅降低了中职生对数学学习的兴趣,也影响了他们数学素养的有效培养。因此,数学教师迫切需要对学科课程内容进行调整和改进,以提高学科教学的实用性和吸引力,从而更好地培养中职生的

学科素养和职业能力。

1. 合理设置中职数学课程内容的原则

在中等职业教育体系中,数学课程的设置对于中职生的学业成就和未来职业发展具有重大意义。为了满足中等职业教育的发展需求,数学课程内容的设置应遵循以下原则。

(1)遵循实用性与适度性原则。实用性与适度性原则是中职数学课程设置的基础。课程内容应紧跟社会经济发展的步伐,适应产业优化的新形势,以满足中职生的职业发展和岗位需求。同时,课程难度和数量应适中,旨在保证中职生的学科知识素养的完整性,同时满足其未来职业发展和继续学习的需求。

(2)注意逻辑性与连贯性原则。逻辑性与连贯性原则对于构建数学知识体系至关重要。数学知识体系的逻辑性和严密性要求课程内容设置应循序渐进,从易到难,从基础到高级,确保知识点之间的内在联系,为提升中职生的数学演绎推理和逻辑思维能力的培养打好基础。

(3)遵守多样性与创新性原则。多样性与创新性原则要求课程内容设置应关注跨学科融合,与物理、化学等其他学科内容相结合,并引入学科前沿的新理论和概念,摒弃陈旧内容,以培养中职生的创新意识和数学思维能力。

(4)注意实践性与应用性原则。实践性与应用性原则强调课程内容应与专业实践和实际生活紧密结合。通过构建与专业实践相结合的教学案例,培养中职生运用数学理论解决实际问题的能力,侧重关注数学在日常生活中的应用,提升他们解决生活问题的能力。

总之,中职数学课程内容的设置应综合考虑实用性与适度性、逻辑性与连贯性、多样性与创新性、实践性与应用性等原则,以构建符合社会需求、适应中职生的专业学习需求的学科课程体系。这将有助于提高教学效果,促进中职教育的整体发展,为社会培养更多高素质的技能型人才。

2. 合理设置中职数学课程内容的有效措施

中职教育在培养技能型、应用型人才方面扮演着关键角色,而数学课程作为其中一门重要的基础文化学科,对于提升中职生的数学综合素质至关重要。为了更好地满足中职生的专业学习需求和数学素质发展,需要采取以下措施合理地设置中职数学课程内容。

(1)贴近生活实际。目前,中职数学课程内容与实际生活存在脱节的现象,因此,学科教师需要将课程内容与现实生活场景相结合,引入中职生身旁发生的实际问题和场景,构建生动、有趣的数学问题情境。这样,中职生能够体会到数学知识的实际应用价值,增强他们运用数学方法解决现实问题的意识和能力。此外,课程内容还应涵盖社会热点,将数学理论与社会现象相结合,引导中职生用学科视角分析社会问题,提高他们对学科知识在现实生活中作用的认识和兴趣。

(2)契合专业需求。目前,中职数学课程内容与专业课程的脱节现象亟须解决。为此,课程设置需要紧密结合专业教学的需求。首先,需要深入分析各专业特性和人才培养的具体目标,有针对性地设计数学课程内容,使学科教育更好地满足中职生在专业课程学习中的需求,同时培养他们运用数学思维解决专业问题的能力。其次,课程内容的设置需要注重实用性,能够根据产业的最新发展趋势和岗位需求进行及时的更新和调整,确保教学内容与社会经济发展同步,从而为社会输送具备必要数学素养的技能型人才。

(3)融合思政教育。目前,中职数学课程内容需要融入思政教育元素,从而实现立德树人的根本任务。一方面,课程设置应该整合德育内容,通过情境教学案例、项目式教学案例等方式,潜移默化地影响中职生的品德修养,促进其综合素养的全面发展。另一方面,需要深入挖掘我国数学发展史的优秀传统,并将其巧妙地融入教学中,培养中职生的文化自信和民族自豪感。

总之,综合运用贴近生活实际、契合专业需求、融合思政教育的课程设置策略,有效地构建一个既可以满足中职教育目标,又可以适应中职生成长和发展需求的数学课程体系。这样的课程体系将为中职生的健康成长和未来职业发展奠定坚实的学科基础,并确保中职数学课程教育的实效性和质量。

综上所述,合理设置课程内容能够有效提升中职数学教学质量。中职数学教育者需要顺应数智化教育的潮流,紧跟产业升级的步伐,坚持实用性与适度性、逻辑性与连贯性、多样性与创新性、实践性与应用性相结合的原则。通过这样的学科课程设计,不仅能满足中职生升学考试的需求,又能为其未来的职业发展提供必要的数学知识和技能。

(二)重视中职数学师资队伍建设

尽管新职业教育法的实施和高职类高考的兴起提升了中职数学课程的教育地位,但是学科教育由于长期以来被轻视,导致教师队伍素质薄弱和教学实践能力不足的问题依然存在。因此,加强中职数学教师队伍建设,促进学科教师专业成长,是提升他们教学实践水平的关键所在。中职学校可以通过专业培训、教学研究和实践锻炼等措施,提高数学教师的综合素质和教学技能,从而更好地适应中职教育的发展需求。

1. 中职数学师资队伍建设的重要性

当今社会的中职教育正逐渐成为社会关注的焦点,而数学作为关键的基础文化课程,对于培养中职生的综合素质起重要作用。因此,加强中职数学师资队伍建设对于提升学科教育质量和推动其发展具有重大意义。

（1）中职数学师资队伍建设有助于提高学科的教育质量。加强中职数学师资队伍建设对提高学科教育质量很关键。优秀的数学教师不仅具备扎实的专业知识和丰富的教学经验，而且还尊重中职生的个体差异，采用恰当的教学方法和策略，可以极大地激发他们学科学习的主动性。通过构建一支高水平的中职数学教师队伍，可以有效地提升学科课程的教育质量，进而提升中职生的数学综合素养。

（2）中职数学师资队伍建设有助于提升学科教师的专业素养。中职数学教师专业素养的提升有赖于师资队伍建设的有效举措。通过定期培训和学术交流活动，教师可以不断更新教育观念，拓宽知识视野，提高学科知识和教学技能，从而更好地适应中职教育改革的要求，为数学教育注入新的活力。

（3）中职数学师资队伍建设有助于促进教育公平。加强中职数学师资队伍建设对于促进教育公平具有重要意义。优秀的中职数学教师能够关注每位学生的学科学习情况，并挖掘他们的学习潜力，激发其学习热情。同时，通过加强师资队伍建设，可以提高偏远地区中职数学教师的教学能力，缩小城乡、校际的学科教育差距，推动教育公平的实现。

（4）中职数学师资队伍建设有助于推动教育创新。加强中职数学师资队伍建设是推动教育创新的关键所在。优秀的数学教师能够基于自身教学实践，探索新的学科教学方法，培养中职生的创新意识和能力，为他们的职业生涯提供必要的学科知识和能力的支持，这将有助于推动中职数学教育的创新和发展。

总之，中职数学师资队伍建设对于提升学科教学质量、促进教师专业成长、推动教育公平和创新具有深远的现实意义。通过构建一支优秀的学科教师队伍，可以为中职数学教育的改革和发展提供人才支撑，培养更多高素质的技能型人才，并为社会输送更具创新精神和实践能力的技能之才。

2. 加强中职数学师资队伍建设的对策建议

数学课程教育在中职教育中占据着基础且关键的地位，其目标是培养中职生的数学综合素养，包括运算求解、演绎归纳、概括抽象、逻辑思维、实际应用和创新创造能力等。然而，当前中职数学师资队伍仍面临诸多挑战，如师资结构不合理、部分教师教学素质不高、教师数量不足等，这些问题制约了中职数学课程教育质量的持续提升。可以采取以下措施加强中职数学教师师资队伍建设。

（1）强化数智化技术培训，提高中职数学教师的信息化素养。在当今教育信息化的背景下，数智化技术已成为教学实践不可或缺的工具和手段，对提升教学效率和质量具有显著影响。然而，中职数学教师在信息化教学方面的知识和能力尚显不足，一定程度上限制了学科教育质量的进一步提升。为了适应教育数智化的时代要求，中职学校需要采取有效措施，强化数学教师数智化技术培训，提升他们的信息化素养。

首先,中职学校需要建立和完善数学教师信息化培训体系。教育主管部门和中职学校应该根据学科教师的实际需求及其数智化技术的现状,制定科学合理的培训计划。培训内容应该包括现代教育技术、信息技术与课程整合、教学改革等方面,以确保培训的全面性和实用性,从而提高学科教师的信息化素养。

其次,加强校际间的交流与合作。中职学校应该积极促进校际间的数智化教学交流与合作,通过共享优质的教育资源,组织数学教师参与研讨会、观摩课等活动,以促进学科教师之间的相互学习和经验分享,激发他们探索数智化教学模式的热情,从而不断提高学科教学质量。

再次,激发中职数学教师数智化技术培训的内生动力。教育部门和中职学校需要加大对学科教师的激励力度,鼓励他们积极参与数智化教育技术培训,提升数智化教育技能。此外,将学科教师数智化教育能力纳入职称评审和绩效考核体系,可以有效地激发他们提升个人数智化能力的内在动力,并促进其自我发展和教育创新。

最后,营造良好的数智化教学环境。中职学校需要增加基础文化学科教育设施的投入,完善智慧化教学设施,为数学教师营造一个和谐且高效的数智化教学环境。此外,中职学校还需提供持续的数智化教学针对性的培训和指导,帮助教师解决在数学教学实践中遇到的数智化技术问题,确保他们能够将相关的数智化技术融入日常教学活动中,从而提升学科的教学质量和中职生的学习体验。

总之,培养中职数学教师的数智化教育素养是新时代中职教育发展的重要任务。为此,中职学校需要制定合理方案和实施有效措施,提升数学教师的数智化教育能力,以提高他们的教育能力和水平,为培育具备数智化素养的技能人才奠定基础,从而更好地满足社会发展对高技能人才的需求。

(2) 强化数智化技术实践应用,提高中职数学教师的教学实践能力。当前,中职教育正朝着强化数智化技术实践应用的方向发展,旨在提升教师的学科教学实践综合能力。鉴于数智化技术在教学实践中的日益普及,中职数学教师亟需利用这些技术手段,不断更新学科的教学理念和方法,从而提升中职数学课程教育的品质和成效。

首先,中职数学教师应该充分利用数智化技术的特性与优势,熟练掌握并灵活应用各类工具与技术。例如,通过人工智能、大数据、云计算等技术,教师可以开发丰富多样的课程资源,创建互动性强的在线课程,为中职生提供高质量的学科网络学习材料。同时,这些技术还可以帮助数学教师智能分析中职生的学习数据,实现个性化教学,从而激发他们学科学习的热情,进而提升学科教学成效。

其次,中职数学教师需要积极探索将数智化技术融入实践教学的有效途径,并不断创新学科教学模式。例如,通过虚拟现实(VR)和增强现实(AR)技术,教师可以创设逼真的实验环境和情境,为中职生提供沉浸式的学科学习体验,帮助他们更深刻地理解数学理论。此外,教师还可以结合在线课程、翻转课堂和混合式教学等模式,为中职生提供多样化的学习资源和学习方式,以增加其学习数学的便捷性和灵活性,从而更好地提升他们的学科学习效果。

最后,中职数学教师还需要致力于提升自身的教学实践综合能力,主要包括教育理念的更新、教学方法的改进以及教学资源的有效整合。为了实现这一目标,中职数学教师应该不断地学习新知识和新技能,关注教育领域的最新动态和研究成果,积极参与教学研究和交流活动,并与同行分享教学经验和成果,共同推动中职数学教学实践的进步和创新。

总之,数智化技术的进步推动着中职数学教师不断地更新教育理念、改进教学方法和手段。因此,中职数学教师需要主动把握数智化技术与数学教学结合的机遇,不断提升自己的教学实践技能,从而提高中职数学课程教育的质量和效果,满足我国职业教育发展新趋势的要求。

综上所述,数智化技术的发展对中职数学课程教育产生了积极的影响。因此,中职学校应该在提升数学教师的信息化素养、教学实践能力等方面采取有效措施。具体来说,中职学校需要加强对学科教师的数智化技术培训并强化教学实践应用,以应对中职数学教育面临的新要求和新挑战。通过以上有效措施的实施,可以切实有效地提高学科教师的数智化教育能力,确保中职数学课程教育质量的稳步提升,更好地满足当下职业教育发展的需求。

(三)构建中职数学多元教学体系

数学在中职教育中扮演着基础性和工具性的角色,它不仅是中职生学习其他科目的基础,而且也是专业技能学习中不可或缺的应用工具。然而,目前中职数学教学面临诸多问题和挑战,包括教学内容与专业课程的脱节、教学方法的单一性,以及中职生学科水平的较大差异等。针对这些问题,建立一个多元化的中职数学教学体系显得尤为迫切和重要。数学教师可以采取以下措施构建中职数学多元教学体系。

1. 明确定位,确定教学结构和关系

构建一个多元化的中职数学教学体系,对于应对当前学科教学挑战、提升教育质量具有重要意义。该体系的建立需要从明确数学课程定位、优化学科教学结构、调整教学关系和加强政策与资金支持四个方面进行系统规划和有效实施。

(1)明确课程定位。中职数学教育需要紧密结合专业需求,突出数学知识在实际应用中的价值和功能。学科教师需要了解不同专业对数学知识的具体需求,使学科教学与专业学习、技能培养紧密结合。例如,对于机械专业中职生,学科教

学中应融入机械制图与几何知识；对于财经专业，则需要结合财务报表分析与统计学知识。通过明确数学课程的定位，使学科教学能够更好地服务于专业教育，促进中职生综合素质的提升。

（2）优化教学结构。优化教学结构是关键所在。中职数学教学应摒弃传统的单一讲授模式，转向多元化教学方法与手段的整合。教师可以采用项目教学法、案例教学法等互动性更强的教学模式，引导中职生运用数学知识解决实际问题。同时，利用在线课程、数学软件等信息化手段，提升学科教学的互动性和趣味性。此外，实施分层教学、小组合作等策略，以适应学科不同层次学生的学习需求，确保每位学生都能在数学学习中取得进步。

（3）调整教学关系。确立优质的教学关系是提升教学质量的核心。中职数学教学应该以学生为中心，强化师生互动，建立民主、平等的师生关系。数学教师应该尊重中职生的学科个体差异，采用启发式、引导式教学方法，激发他们对于学科学习的兴趣和积极性。通过建立良好的师生互动，创造一个和谐的数学课堂氛围，有利于培养中职生的自主学习能力和创新精神。

（4）加强政策与资金支持。构建中职数学多元教学体系是一项系统工程，不仅要求教师更新教学理念、创新教学方法，还需要学校提供必要的教学资源和支持，如教学设施的更新、教师培训的加强等。同时，教育行政部门也应该给予足够的重视和支持，为中职数学教学的改革和发展提供政策和资金上的支持。

总之，通过明确课程定位、优化教学结构、调整教学关系和加强政策与资金支持，可以构建一个符合现代职业教育需求的多元中职数学教学体系。这不仅能够提升中职数学教学的质量和效果，也有助于培养中职生的学科应用能力和创新精神，为他们的良性发展和未来的职业生涯奠定坚实的基础。

2. 丰富素材，拓展教学内容和资源

在中职数学教学实践中，丰富教学素材、拓展教学内容与资源对于构建多元化的学科教学体系、提升教学质量具有重要作用。

（1）利用数智化技术整合学科教学内容。中职数学教师可以合理利用数学软件、在线平台和模拟器等数智化工具，使抽象学科知识变得生动和形象。例如，动态几何软件能够直观、动态地展示几何图形的变换过程，而在线统计工具则能够让中职生体验数学在数据分析中的实际应用。这种融合方式不仅可以更好地提升了中职生学习数学的兴趣，而且也可以增强他们对数学知识的理解和应用能力。通过整合这些技术，数学教学将变得更加高效和吸引人，有助于中职生深入学习和掌握数学知识。

（2）引入生活实例，强化实际应用。在教学中，数学教师应该积极引入与中职生日常生活紧密相关的实例，以便更好地切入数学知识和原理。这种教学方式不仅可以帮助中职生轻松地理解抽象的数学知识,而且还可以让他们认识到学科知识在现实生活中的广泛应用,从而增强他们学习数学的动机。例如,通过讨论个人理财、市场调查或工程设计中的情景问题,中职生可以直观地感受到数学知识的实际价值。因此,在教学过程中融入实践项目,有助于培养中职生的数学应用能力,同时也可以提高他们解决实际问题的兴趣和信心。

(3)开展跨学科项目活动。中职数学教师需要积极与其他学科教师合作,共同设计并实施跨学科项目。例如,在机械制图或电子电路设计项目中,教师可以引导中职生将数学知识应用于解决实际问题,这样的实践活动不仅加深了他们对数学知识的理解,而且从中锻炼了其解决问题能力。此外,跨学科学习还能够激发中职生的主动探索精神,培养他们的创新思维和团队合作能力,为其将来的职业发展奠定坚实基础。

(4)利用丰富的教学资源。中职数学教师在教学中应该超越传统纸质教材的限制,积极整合和利用多样化的教学资源。通过引入网络资源、数学游戏和在线课程等现代化教学工具,为中职生打造更个性化和互动性强的学科学习体验。这种教学方式不仅丰富了学科教学内容,而且增加了学习的趣味性,有助于激发中职生的学科学习兴趣,提高他们的参与度和学习效果。同时,丰富的数学教学资源也为不同学习风格、不同学科层次的中职生提供了更多的选择,从而更好地满足他们的个性化学习需求,促进每位中职生的学科学习效果的提升。

(5)定期更新教学内容。中职数学教师应该持续关注社会的变迁和技术的演进,确保与职业教育的最新发展趋势保持同步。为此,中职数学教师需要定期审视和更新学科教学内容,确保课程与行业需求、时代脉搏相契合。通过引入最新的数学教育理论和应用实例,教师可以为中职生提供前沿的数学知识,帮助他们适应未来职场的挑战。这种更新不仅是数学知识的拓展,也是学科教学方法和学习资源的创新,从而更好地培养中职生的终身学习能力和适应快速变化世界的能力。

总之,通过以上措施的实施将极大地丰富中职数学的教学资源,拓展教学内容,同时构建一个多元化、开放性和创新性的数学教学体系。不仅有助于提升中职生的数学素养,而且更有力地推动中职数学课程教育向更高层次发展,从而满足技术进步和社会需求,为中职生的综合发展和未来职业生涯打好基础。

3. 整合资源,优化教学策略

在中职数学教育中,整合教学资源和优化教学策略对于建立科学的教育体系、提升学科教学质量具有重要意义。这样做不仅能够增加中职生的数学知识储备,而且还能够培养他们的综合素质。

(1)整合教学资源。提升中职数学教学的质量和效果,关键在于教学资源的有效整合,包括学科的教材、教师和教学设备三个核心要素。首先,中职数学教材的选择与编写应该与中职教育目标紧密结合,突出其实用性和专业性。其次,中职数学教师需要不断地提升自身的专业素养和教学技能,以满足不同专业中职生对学科学习的个性化需求。同时,数学教学设备的选择应该注重实用性和先进性,以支撑高效的学科教学。通过这些措施,可以为中职生提供更丰富、有效的学科学习资源,并增强学科教学效果。

(2)优化教学策略。优化教学策略对于建立中职数学的多元教学体系极为关键。教师应基于中职生的数学基础和学习能力,精选学科教学内容,并制定个性化教学计划。采用分层教学、情景模拟和案例分析等多种教学方法,可以更有效地满足不同中职生的学科学习需求,并促进他们主动学习数学知识和思考数学问题。这种策略不仅可以提升中职生学科课堂的参与度,而且还有助于培养他们运用数学知识解决实际问题的能力,从而更好地激发其创新思维和提升实践技能。

总之,整合资源和优化教学策略对于完善中职数学的多元教学体系至关重要,不仅可以提升数学学科的教学品质,而且还可以推动中职数学课程教育不断优化和进步。因此,中职数学教师需要不断探索和创新学科教学方法,以适应中职生的学习需求,进而促进中职数学课程教育的整体提升,为社会培育更多既专又能的高素质技能人才。

4.构建渠道,促进评价反馈和评估

构建有效的评价反馈机制和多元化的评估方式对于提升中职数学教学质量和促进中职生全面发展有积极的影响。良好的评价渠道是多元教学体系成功的关键,确保了教学活动的持续改进和优化。

(1)构建多元化的教学方式。在数学教育中,教师应该根据中职生的学科知识基础、能力水平和兴趣所在,采用多种教学策略以满足不同学科层次中职生的学习需求。对于学科基础不扎实且学习能力较弱的中职生,通过情境化案例分析,将抽象的数学知识具体化,可以使之更直观地理解学科知识。而对于学科基础扎实且学习能力较强的中职生,则采用探究式和项目式教学,激发他们的自主学习能力和创新思维。此外,教师还可以利用在线平台和虚拟仿真技术,提供实际应用情境,加深中职生对数学的兴趣和认识,从而更好地提升学科教与学的效果。

(2)建立多元评价反馈机制。在数学教育中,教师应采用多元化评价机制,包括考试、作业、互动和成果展示等多种形式,以便全面收集中职生的学习表现和态度。这种多角度的反馈有助于数学教师更深入了解中职生的学习需求,并据此调整学科教学方法。同时,数学教师应该及时向中职生提供准确的学科评价反馈建议,帮助他们实时调整学习策略,从而优化其学科学习效果。

(3)完善科学的评估方式。在中职数学教育领域,采用包括教师自评、同行互评、学生自评及学生互评等多种评估方式,可以科学、客观地评估教学成效。这种综合评估机制有助于中职数学教师识别并强化学科教学中的优势,同时发现并及时改进教学中的不足之处。通过这种方式,数学教师能够不断优化自身的教学方法和策略,提升学科教学质量,使中职数学的多元教学体系更加贴合中职生的个性化学习需求。

总之,为了构建中职数学多元教学体系,需要创建多元化教学方式、建立完善的评价反馈机制和科学合理的评估方式,以促进学科的教学质量和中职生的学科综合素养的提升。

(四)培养中职生的数学学习素养和能力

中职学校数学课程的设置旨在培养学生的逻辑思维、问题分析和解决能力。不过在学科教学实践中存在学生学习的畏难情绪很重、教学方法单一、评价体系不完善和学习目标不明确等问题,这些问题除了使数学教师面临着教学挑战外,还一定程度上降低了中职生学科学习的兴趣和信心,从而影响了他们学科学习成效,更阻碍了其综合素质的提升和学习能力的发展。数学教师可以采取以下措施提升中职生数学学习的动力。

1. 提高中职生的学科学习信心

提高中职生的数学学习动力是一项重要且富有挑战性的任务。由于许多中职生在小学和初中阶段在学科学习上连续遭受挫折,使之形成了对数学学习的畏惧心理,丧失了学科学习的信心,甚至产生了数学学习的抵触情绪。

首先,建立中职数学学习的信心。在教学过程中,教师需要通过了解中职生对数学学习的期望、目标及其产生畏难情绪的成因,定制个性化的学科教学方案。通过提供针对性的学习资源和支持,帮助中职生找到适合自己的学习节奏,逐步克服学科学习中的难关,逐渐重拾他们数学学习的自信心。

其次,营造积极的数学学习氛围。教师应该巧用数字化工具打造一个互动性强、引人入胜的学科学习环境,促进中职生对抽象数学知识的直观理解。同时,教师也需要尊重每位中职生数学学习的特点和不同需求,通过建立和谐的师生关系,鼓励他们积极参与课堂讨论,自由表达观点。这样不仅能提高他们的学科学习积极性,还能增强他们解决数学问题的动力。

此外,传授有效的数学学习方法和策略。数学教师应该向中职生传授有效的学科学习方法和策略,以提升他们的学习效率并点燃其学习热情。传授的主要方法和策略是:有效记忆学科知识点的方法和技巧、从知识理解错误和错误答题中吸取经验教训,以及合理安排学科学习时间和任务的方法。通过这些方法和策略,中职生能更好地掌握数学知识,提高解题能力,从而增强他们学科学习的自信和兴趣。

最后，提供及时的反馈和鼓励同等重要。数学教师应该根据中职生的学科学习表现、态度和进步情况，及时给予针对性的反馈和建议。在中职生表现出更积极的学习态度或成绩有所提升时，数学教师的肯定和鼓励尤为关键，不仅可以增强中职生的自信心，而且还可以强化他们学习数学的动力。通过这种正面的激励机制，中职生将更乐于参与数学学习活动，并不断追求进步。

总之，提升中职生数学学习动力需要师生共同努力。教师应该深入了解中职生的学习情况，通过制定和实施有效的教学策略培养其数学学习的信心；利用数智化技术营造积极、互动的学科学习环境；教授有效的学科学习方法和策略；及时提供有针对性的反馈与正面肯定和鼓励。这些措施有助于中职生克服数学学习的畏难情绪，增强学科学习的自信，点燃学习热情，从而有效提高他们学科学习的内在动力。

2. 锻炼中职生的学科学习毅力

学习毅力的薄弱较大程度上影响了中职生数学学习的成效。在教学中，可以通过设定明确学科学习目标、制定合理的学习计划、培养自我监督的良好习惯、塑造积极的学习态度等措施，有效增强中职生数学学习的动力和效果。

首先，设定明确的学科学习目标。在学习中，中职生需要设定清晰的数学学科学习目标指导学习活动。他们可以根据自身的实际情况，设定短期目标，如在学期末考试中获得良好的学科成绩；同时，规划长期目标，如在高职类高考中取得佳绩并上理想中的高职院校。通过设定明确的学习目标，有助于中职生保持数学学习的动力，从而确保学科学习活动有序进行。

其次，制定实际可行的数学学习计划。在明确了学习目标之后，中职生还需要制定切实可行的数学学习计划。在制定计划时，为确保每一阶段的计划扎实可行，可以详细列出每一步的行动方案，包括每天或每周的学习任务、复习计划等，为提高自身的学科学习毅力奠定基础。

再次，培养自我监督学习的良好习惯。中职生在确立学习目标并制定计划后，关键在于养成自我监督学习的好习惯。他们需要定期检查数学学习的进度，确保按计划执行每日和每周的学科学习任务。这种自我监督不仅有助于中职生扎实、系统地开展学科学习活动，而且还能培养他们自主学习的能力和毅力，从而为达成学习目标打好基础。

最后，培养积极主动的学科学习态度。在中职教育阶段，对中职生而言数学学习是一项极富挑战性的重任，需要他们持之以恒地投入和不懈地努力。为了提升学科学习动力，中职生应该有意识地培养数学学习的兴趣，并体验学习过程中的探索与发现的乐趣，从而自发地投入到学科学习中去，而非将其视为一项必须完成的学习任务。这样做才能使中职生形成数学学习的内在驱动力，有效增强他们学习数学的毅力和决心。

总之,通过锻炼中职生的数学学习毅力,不仅可以提高学科学习的自我管理能力,而且还可以提高他们的学习效果,并有益于其未来的职业发展。

3.培养中职生的学科学习能力

提升中职生的学科学习能力是中职数学课程教育中一项重要而紧迫的任务。由于中职生在数学学习上往往缺乏主动性,且学习能力也有待提高,因此,中职数学教师在教学过程中应该采取有效措施,培养和提高中职生的学科学习能力。

首先,提高中职生的学科课堂注意力是提升学习效率的关键。中职数学教师可以运用多媒体教学、在线互动平台等数智化教育技术,将枯燥的数学知识转化为生动的图像和动画,使学科课堂生动有趣。此外,开展小组讨论、角色扮演、案例分析等互动式教学活动,不仅可以激发中职生学习数学的兴趣,而且还可以提高他们的参与度和注意力。同时,教师需要密切关注中职生的数学学习状况,及时调整学科教学策略,以满足学科不同层次中职生的学习需求。

其次,培养自主学习能力是提高中职生数学学习能力的关键所在。数学教师需要引导中职生养成课前预习、课后复习、独立完成作业等良好的学习习惯。在数学教学过程中,教师可以提供丰富的学科学习资源,如参考书籍、在线课程、学习软件等,并传授有效的学习方法和策略,如时间管理、记忆技巧、笔记方法等,帮助中职生提高自主学习的能力。

此外,鼓励实践与创新是提高学科学习能力的重要方面。中职教师应该将数学知识与实际应用相结合,鼓励中职生运用所学学科知识解决实际问题,以培养其实践能力。同时,教师还需要鼓励中职生在数学学习中敢于尝试、勇于创新,以培养他们的创新思维和解决问题的能力。通过参与数学竞赛、项目实践等活动,可以帮助中职生在实践中锻炼自己的数学能力,同时也可以提高他们的团队合作能力和创新能力。

最后,培养良好的学习习惯是提高数学学习能力的基础。数学教师应该引导中职生养成定期预习和复习、合理安排学习时间、保持专注等良好的学习习惯,这些习惯有助于提高中职生的学习效率和学习成果。数学教师可以通过建立学习小组、开展学习竞赛、提供学习指导等方式,帮助中职生养成良好的学习习惯。

总之,通过以上措施的实施,中职生的数学学习能力不仅能得到明显提高,而且还能帮助他们培养终身学习的能力,为其今后的学习和职业发展奠定基础。

4.培养中职生的学科学习创新力

在中职教育阶段,培养中职生的学科学习创新力对于提升数学教育质量具有重要意义。创新力不仅是个人成长的关键,也是社会进步的驱动力。

首先,鼓励中职生对于数学知识的好奇心和探索精神。在数学教学中,教师应该保护并鼓励中职生的好奇心。当他们就数学知识提出问题、进行质疑或深入思考时,教师应及时给予认可和鼓励。这种正向反馈能够激发中职生的探索热情,培养他们的创新思维。此外,数学教师还可以通过提出开放性问题、组织探究活动等方式,引导中职生主动发现问题、提出假设并努力寻找答案。

其次,创造适合中职生数学学习的开放环境。在中职数学教学中,创造一个开放、包容的课堂学习环境至关重要。在这样的环境中,中职生被鼓励自由表达观点,与同伴进行学习交流和讨论。这种环境不仅可以促进中职生的创新思维和批判性思维的发展,而且还可以提高他们的沟通能力和团队合作能力。教师应该尊重每位中职生的意见,鼓励他们之间的相互尊重、相互学习,营造积极向上的数学学习氛围。

此外,培养中职生的创新技能。在数学教学中,教师可以通过设计富有挑战性的课堂活动和任务,帮助中职生将所学学科知识应用于解决实际问题。这些活动可以是解决实际问题的项目、参与数学竞赛、进行数学建模等。通过这些实践活动,中职生能够锻炼自己的创新能力和问题解决能力,同时也能够培养他们的创造力、批判性思维和团队合作能力等关键技能。

最后,为中职生提供丰富的学科学习资源。在数学教学过程中,教师应提供丰富多样的学习资源,如图书、学术文章、在线课程、微课、教育动画等,以满足学科不同层次中职生的学习需求和兴趣。这些资源可以为中职生提供不同的视角和思考方式,激发他们的创新思维。教师还可以引导中职生如何有效地利用这些资源,培养他们的信息素养和自主学习能力。

总之,在中职数学教育中,学科教师通过鼓励中职生适度的好奇心和探索精神、创造开放的学习环境、培养创新技能、提供丰富的学习资源等措施,不仅能够提升中职生的学科知识水平,而且还能培养他们成为具有创新精神和创新能力的高素质技能人才。

综上所述,面对中职数学课程教育的困境与挑战,教育工作者需要共同努力。通过合理设置中职数学课程内容、重视中职数学师资队伍建设、构建中职数学多元教学体系、培养中职生的学科学习能力等策略,提高中职数学课程教育的质量,进而促进中等职业教育的发展,为我国经济社会发展培养更多高素质的技能人才。

第二节　数智化背景下中职数学教育观的更新

随着我国科技的迅猛发展,新兴技术如大数据、云计算、人工智能正逐渐渗透到社会的各个领域,这标志着数智化时代的到来。在此背景下,中职数学教育既面临着挑战也迎来了机遇。为了培育满足时代需求的技能人才,中职数学教育观念亟须更新，以便更好地适应数智化时代的发展要求。

一、数智化背景下中职数学教育观更新的时代意义

数智化技术的进步正不断地重塑教育格局，对中职数学教育提出了新要求。中职数学教师需要不断地更新教育观念，以适应时代的变革，对于培育与时俱进的技能人才也具有重要的意义。这不仅可以提升数学教学的相关性和实效性，而且还可以确保中职数学课程教育与时俱进，从而更好地满足社会发展的要求。

（一）数智化背景下中职数学教育观的更新

在数智化背景下，更新中职数学教育观念不仅必要，而且迫切。这种教育观念的更新对于培养与时代发展相适应的技能人才具有十分重要的意义，并使数学教育在中职教育中充分发挥其应有的作用。

1. 中职数学教育发展观的更新

面对数智化时代对于教育的机遇与挑战，中职数学教育需要更新发展观，主要是教育手段的整合、以学生为中心观念的转变、教学以实践为导向、教学模式的创新，以培养适应新时代的技能人才。

（1）教育手段的整合。在数智化时代，中职数学教育可以借助于人工智能、大数据、云计算等先进技术，优化教学资源配置，实现个性化和精准教学，从而提升学科的教与学效率。为此，中职数学教育需要合理运用数智化技术，整合和优化数学知识的呈现手段和方式，革新学科传统的教学方法和手段，以激发中职生学习数学的能动性，提高其学科的学习效果。通过数智化技术与数学知识呈现的整合，中职数学教育可以更好地满足中职生的学科学习需求，并有助于他们成为适应时代的技能人才。

（2）以学生为中心观念的转变。在数智化时代，中职数学教育应该秉持以学生为中心的教学理念，以更好地满足中职生的个性化学习需求。教师可以充分利用增强现实（AR）、虚拟现实（VR）等数智化技术手段，提升数学课堂活动的互动性和参与度，增强中职生的沉浸式学习体验，进而激发他们的学科学习兴趣。此外，通过在线教学平台等数智化教学资源，数学教师可以引导中职生开展自主学习和合作学习，培养他们的自学能力和团队合作精神，为其今后继续学习深造打好文化基础。

（3）教学以实践为导向。实践教学对于培养中职生的实践能力和创新思维至关重要。在数智化时代，数学教师应该结合中职生所学专业需求，设计与专业课程内容密切相关的实践活动。通过这些活动，中职生可以将数学知识应用于解决所学专业的具体问题，从而培养他们的实践能力并增强其应用意识。不过，数学教师

需要引导中职生在实践中主动探索，并运用数学工具和方法解决实际问题。这样不仅可以提升中职生的数学应用能力，还可以激发他们的创造潜能，从而促进其今后的学科学习和职业发展。

（4）创新学科教学模式。创新教学是中职数学教育发展的关键。中职数学教师可以利用数智化技术，如翻转课堂、直播教学和在线课程等，打破传统教学模式的界限，创新教学模式。这种方法不仅提升了数学学习的灵活性和互动性，而且也促进了学科个性化学习。此外，教师还可以设计实际应用案例，引导中职生运用数学理论解决现实问题，从而培养他们的创新思维和解决问题的能力，为其未来在技术领域的成长奠定基础。

（5）培养适应新时代的技能人才。在数智化时代，中职数学教师应该不断地更新教学理念，提升专业素养和现代教学技能，以适应职业教育的新趋势。中职学校也需要紧跟产业升级的步伐，了解企业的需求，优化课程设置，以更好地培养符合时代要求的技能人才。此外，利用数智化技术强化校园网络建设，完善教学设施，丰富教学资源，是提高教学质量、促进中职数学教育持续发展的重要举措。这些措施将为师生创造更优质的教与学的环境，推动中职数学教育的长远发展。

总之，在数智化背景下，中职数学教育发展观的及时更新，使得学科教育更加注重教学手段的整合、坚持以学生为中心的教学理念、贯彻以实践为导向的教学方法以及持续创新的教学模式，从而确保中职数学教育与时俱进，使之更好地培养适应新时代的技能人才。

2. 中职数学教育思维观的更新

在数智化背景下，中职数学教育对于培养学生的学习能力和思维能力十分重要。下面将从逻辑思维、创新思维、实践思维、问题解决思维、系统思维、量化思维到抽象思维等多个维度，阐述如何更新中职数学教育的思维观，以适应新时代的教育需求。通过多维度的教育思维更新，数学教育将更加注重培养中职生的学科综合能力，使他们今后能够适应快节奏、高效率的工作。

（1）逻辑思维。在数学教育中，逻辑思维构成了中职生逻辑能力提升的关键，同时也是中职生必须具备的思维能力。在数智化时代，数学教育需要重视逻辑思维的培养，引导中职生使用数学语言和符号进行逻辑推理和证明，从而提升他们思维的严谨性和精确表达的能力。

（2）创新思维。在数学教育中，创新思维构成了中职生创造力发展的根基。在数智化时代，数学课程教育应该更加注重培育中职生的创新思维，鼓励他们探索解题的新方法和新途径，培养他们的创新精神和创造能力。

（3）实践思维。在数学教育中，实践思维是培养中职生实践能力的前提。在数智化时代背景下，数学教育应该重视培养中职生的实践应用能力，引导他们将数学知识与现实世界问题相结合,并锻炼他们解决具体问题的实际能力。

(4)问题解决思维。在数学教育中,问题解决思维的发展有助于提高中职生分析问题、解决问题的能力。在数智化时代,数学教师应致力于提升中职生的问题解决技能,并引导他们如何识别、分析并解决各类问题,包括数学问题和现实生活中的挑战。通过问题解决正确思维方式的培养,有助于中职生增强解决实际问题的能力,并增强自我学习和独立思考的意识。

(5)系统思维。在数学教育中,系统思维的发展有助于提高中职生学科综合素质。在数智化时代,数学课程教育应当关注中职生的全局视角和系统分析能力的培养。在教学中,教师需要引导中职生不仅要理解数学知识,还需要学会将学科知识应用于复杂系统的分析中,并形成对问题整体性的深刻理解。通过系统思维的培养,中职生可以更好地把握问题的内在联系,提升解决综合性问题的能力。

(6)量化思维。在数学教育中,量化思维的发展有助于培养中职生量化分析的能力。面对数智化时代,数学教育需要特别强调量化思维的培养,传授中职生如何使用数学工具和方法对数据进行分析和处理。这不仅有助于提升中职生对数据的敏感度,而且还能加强他们的量化分析能力,为将来在数据密集型领域取得成功打下坚实的基础。

(7)抽象思维。在数学教育中,抽象思维的发展有助于培养中职生数学建模的能力。在数智化时代,数学教育应该重点培养中职生的抽象思维,引导他们将具体情境抽象化并构成数学模型,进而解决问题。通过培养抽象思维,中职生可以更好地理解和掌握数学知识,并具备将实际问题转化为数学表达的能力,为今后学业深造和职业发展奠定良好的思维基础。

总之,在数智化背景下,中职数学教育的思维观念需要涵盖逻辑思维、创新思维、实践思维、问题解决思维、系统思维、量化思维和抽象思维在内的七种思维方式。通过全面培养中职生这些思维能力,数学教育能够更有效地满足数智化时代对技能人才的要求,为中职生的职业生涯和个人成长奠定良好的思维能力。

3. 中职数学教育能力观的更新

在科技迅猛发展和数字化时代的背景下,中职数学教育正经历着转型,面临着新的挑战与机遇。当前的教育能力观正逐步演变和升级,当代职业教育更加注重中职生的综合素质和实际应用能力的培养。

(1)数学基础知识。数学基础知识依然是中职数学教育中最重要的部分。中职生必须熟练掌握数学的基本概念、公式和定理,并具备必要的运算能力和数学表达技巧。这些基础知识不仅有助于中职生深入理解数学原理,而且为他们运用数学工具解决实际问题奠定良好的知识支撑。

(2)数学应用能力。在数智化时代,中职数学教育特别强调培养学生的数学应用能力。中职生能够将数学知识应用于解决现实问题,包括日常生活难题以及数据分析和处理等任务。通过实际操作和应用,中职生不仅能够更深入地理解数学知识,而且能够提升自身的数学应用能力,为今后的职业成长奠定良好基础。

(3)逻辑思维与分析能力。逻辑思维与分析能力对于中职数学教育非常重要。中职生需要掌握逻辑推理和分析技巧,才能有效地处理数学问题,并通过推理、判断和解析,探索解决问题的有效途径。这种能力的培养将促进中职生深入理解数学知识,强化他们解决数学问题的能力,从而提高学科学习的成效。

(4)创新与问题解决能力。在数智化背景下,中职生的创新与问题解决能力成为中职数学教育的关键培养目标。中职生应该具备独立思考的能力和创新精神,才能自主地应用数学知识解决各种复杂问题。此外,中职生还需要学会多角度审视问题,并运用多种数学思想与方法探索更多可能的解决方案,以提升创新思维和问题解决的能力。

(5)自主学习与终身学习能力。在知识迅速迭代的今天,自主学习与终身学习的能力对于中职数学教育也很重要。中职生应该培养自主学习的意识,掌握独立获取和吸收新知识、新技能的方法。此外,中职生还需要学会有效地管理并更新自己的知识库,以便更好地适应社会和职场的持续变化,确保在未来的职业生涯中持续成长和发展。

(6)团队协作与沟通能力。在数智化背景下,团队协作与沟通能力对于中职数学教育也很重要。数学教师可利用数智化技术,如在线协作平台和虚拟交流工具,设计小组合作任务,以促进中职生之间的互动交流。通过小组合作、讨论和共同解决问题,中职生能够在实践中提升团队合作精神和有效沟通的技巧。这些能力的培养对于中职生未来的社会适应和职业发展具有重要意义。

(7)数智化技术与数学整合能力。数智化技术与数学的整合能力在中职数学教育中占据了重要地位。中职生需要掌握基本的数智化技术,能够运用这些技术开展数学学习活动,并解决现实世界中的数学问题。通过将数智化技术融入数学教育,中职生不仅能够更深刻地理解数学的本质和实用价值,而且能够提升自己的综合素养。

总之,在数智化背景下,中职数学教育的能力观正发生着深刻的变化。中职学校和教师应该紧跟时代步伐,积极更新教育观念和方法,注重培养中职生的综合素质和应用能力。只有这样,中职数学教育才能更好地适应数智化时代的发展需求,并为中职生未来的成长和发展打下坚实的基础。

4. 中职数学教育教学观的更新

随着数智化时代的来临,中职数学教育面临着机遇与挑战并存的局面,其教学观也在经历着深刻的变化。以学生为中心、创新教学方式、整合知识技能、培养思维品质、强调合作交流等方面的要求日益凸显。

（1）以学生为中心。在数智化背景下，中职数学教育应该更加注重学生的主体地位，坚持以学生为中心的教学观。因此，数学教师应该充分考虑中职生的学习需求、兴趣与特点，在进行学科教学设计和实施教学的过程中，充分发挥他们的主观能动性，并激发其学习热情和创新精神。同时，数学教师还应该关注中职生的学科学习进程，并提供个性化的指导和支持，帮助他们解决学科学习中遇到的问题，提升其学习成效。

（2）创新教学方式。在数智化背景下，中职数学教育应该积极探索和创新教学方式，以适应时代发展的需要。随着数智化教育技术的不断深入，中职数学教学方法呈现多样化，学科教师可以采用启发式、探究式、项目式等教学方法，培养中职生的自主学习和合作学习能力。同时，中职数学教师借助数智化技术，充分利用数字化教学资源，开展线上线下相结合的学科教学活动，从而提高学科教学活动的互动性和有效性。

（3）整合知识技能。在数智化背景下，中职数学教育应该关注知识技能的整合，从而提高中职生的综合素质和实践能力。在教学过程中，数学教师需要将教学内容与实际应用相结合，更好地使中职生体会数学在解决实际问题中的应用价值。同时，中职数学教师还应该关注学科之间的交叉融合，将数学知识与其他相关领域的知识进行整合，拓宽中职生的知识视野，提高他们的跨学科思维能力。

（4）培养思维品质。在数智化背景下，培养中职生良好的思维品质是中职数学教育观的重要环节。在教学过程中，数学教师通过创设实际应用案例引导中职生运用数学思维和方法发现问题、分析问题和解决问题，从中培养他们的逻辑思维能力、批判性思维能力、创造性思维能力等，进而提高其思维品质和创新能力。

总之，随着数智化教育技术的不断进步，中职数学教育的教学观正逐步转向以学生为中心的教育理念。在这种教育理念下，教学方式更加侧重于启发性、探究性与互动性，旨在培养中职生的知识整合与融会贯通的能力，使他们能够将所学知识融会贯通，促进数学知识的应用。此外，中职数学教育更加注重培养中职生的思维品质，使得他们能够更好地适应今后职业发展的需要。

综上所述，在数智化时代背景下，中职数学教育的能力观正在经历显著转变。中职教育机构和教师均需与时俱进，不断更新教育理念与教学方法，并重视培养中职生的综合素质和实用技能。数智化时代下通过教育观的更新，数学教师能够为中职生提供更优质的学科教育，并为他们今后的成长和发展奠定坚实的基础。

（二）中职数学教育观更新的时代意义

在数智化时代背景下，中职数学教育观的更新具有重要的时代意义，不仅关乎教育自身的发展,更与国家的科技进步、产业升级和人才培养紧密相关。

1. 适应技术发展

随着大数据、人工智能、云计算等技术的快速发展,社会对数学能力的要求也在不断提高。中职数学教育观的更新,首先体现在对技术发展趋势的主动适应上。通过引入最新的学科理论和教育技术,如数据科学、机器学习等,中职数学教育能够帮助中职生掌握与时代发展同步的学科知识和技能。这不仅有助于中职生更好地理解数学在现代社会中的应用,而且能够提升他们解决实际问题的能力。

2. 满足行业需求

在经济全球化和产业信息化的背景下,各行各业对数学应用能力的需求日益增长。无论是金融、制造、物流,还是新兴的互联网行业,数学都发挥着至关重要的作用。中职数学教育观的更新,需要紧密对接行业需求,培养能够满足行业需求的应用型人才。这就要求中职数学教育在课程设置、教学内容和教学方法上进行革新,加强与企业的合作,开展校企合作项目,让中职生在真实的工作环境中学习和应用数学知识。

3. 促进教育的创新

教育创新是推动教育发展的重要动力。在数智化时代,中职数学教育观的更新,为教育创新拓展了无限的空间。利用数智化技术,如在线教育平台、虚拟现实(VR)、增强现实(AR)等,可以构建更加生动、互动的学科教学环境,提高中职生学科学习的兴趣和参与度。此外,通过翻转课堂、项目式学习等学科教学模式的创新,可以更好地激发中职生的主动性和创造性,培养他们的批判性思维和问题解决能力。

4. 提升人才培养的质量

职业教育的最终目的是培养高素质的技能人才。在数智化时代,社会对技能人才的要求更加全面和多元化。中职数学教育观的更新,需要从单纯的知识传授转变为综合能力的培养,并更注重中职生的综合素质和创新能力的培养。通过更新教育观念,中职数学教育可以更好地适应数智化时代的需求,培养出具有扎实数学基础、良好职业素养和创新精神的高素质技能人才。这不仅有助于中职生的个人发展,而且对于国家的科技进步和产业升级具有强大的支撑作用。

5. 推动教育公平

在数智化时代,教育资源的分布更加均衡,为推动教育公平提供了更多可能。中职数学教育观的更新,需要关注教育资源的均衡配置,利用数智化技术,如远程教育、直播教育、移动教育等在线教育,为不同地区、不同背景的中职生提供更加公平的教育机会。同时,通过个性化教学、差异化教学等手段,满足学科不同层次中职生的学习需求,让每位中职生都能够获得适合自己的数学教育,从根本上实现教育公平。

6. 促进终身学习

在知识更新速度日益加快的今天,终身学习成为每个人必备的能力。中职数学教育观的更新需要强调终身学习的重要性,培养中职生的自主学习能力和终身学习意识。通过更新教育观念,数学教育能够教会中职生如何学习、如何思考,并激发他们的学习兴趣和探索精神,为他们今后学业继续深造和职业成长打好基础。

7. 强化职业道德教育

在数智化时代,职业道德教育同样重要。中职数学教育观的更新,需要强化职业道德教育,培养中职生的责任感、诚信意识和团队精神。在中职数学教育实践中融入职业道德教育,不仅可以帮助中职生掌握数学知识和技能,而且还可以帮助他们树立正确的价值观和人生观,最终成长为德才兼备的技能人才。

总之,在数智化时代背景下,中职数学教育观的更新是一项系统工程,需要教育部门、学校、教师、企业和社会各方面的共同努力。通过更新教育观念,中职数学教育可以更好地适应时代发展的需要,为各行各业培养更多高素质的技能人才,进而促进产业升级。

二、数智化背景下中职数学教育观更新的策略

在数智化背景下,中职数学教育面临新的挑战,迫切需要更新教育观念,提升教育质量,以培养符合时代需求的技能人才。为此,中职数学教师需要积极探索切实可行的学科教育方法和有效策略,以推动中职数学教育的发展。

(一)利用数智化技术创建动态的数学史,培养中职生的数学发展观

在数智化教育技术不断进步的今天,中职数学教育正经历着一场深刻的变革。传统的教育模式、教学方法和手段正在被新的技术所改变,这对中职数学教育观的更新提出了新的要求。为了适应这一变化,数学教师可以利用数智化技术创建动态的数学史,以便更好地培养中职生的数学发展观。

1. 建立数学史教学资源库

建立数学史教学资源库是培养中职生数学发展观的有效途径。然而,传统的数学史的教学存在资源匮乏、教学手段单一等问题。利用数智化技术,中职数学教师可以快速搜集、整理、分类和筛选大量的学科史资料,构建一个内容丰富、系统完整的数学史教学资源库,包括数学家的传记、数学原理的演变、数学方法的革新等,为学科教师和中职生提供全面、准确的数学发展相关知识。

2. 丰富数学史教学的手段和形式

利用数智化技术丰富数学史的教学手段和呈现形式,可以提高学科教学的趣

味性和有效性。传统的数学史教学往往以讲授为主,中职生参与度并不高。而多媒体技术的应用,可以将数学发展的历史事件以图像、音频、视频、动画等多种形式呈现,使得数学史的学习更加生动、直观。这种教学方式可以激发中职生学习数学史的兴趣和参与度,并使之更深入地理解数学知识的发展脉络,从而提高他们学习数学的主动性。

3. 提供灵活个性化的学习路径

数智化技术还可以为数学史教学提供更加灵活、个性化的学习路径。通过智能推荐系统,教师可以根据中职生的学习情况和兴趣偏好,推荐合适的数学史资料和学习活动。而中职生可以根据自己的节奏和兴趣,选择数学史学习的不同内容和方式,更方便他们实现个性化学习。

4. 创造互动的学习环境

数智化技术也可以为数学史教学提供更加互动、协作的学习环境。通过在线讨论、协作任务等方式,中职生可以与同伴、教师进行交流和合作,共同探讨数学史的详细问题。这种互动、协作的学习方式,可以促进中职生的批判性思维和创新能力的培养。

5. 实现精准、有效地评价和反馈

数智化技术还可以为数学史教学提供更加精准、有效地评价和反馈。通过学习分析、智能测评等技术,教师可以实时了解中职生对于数学史的学习情况,及时发现他们学习中存在的问题和个体的不同需求,提供更有针对性地指导和帮助。此外,中职生也可以通过自我评价、同伴评价等方式,深入了解自身数学史的学习状况和进展,及时调整学习方法和策略。

6. 创设虚拟现实数学史场景

利用三维建模、动画、语音解说、增强现实(AR)、虚拟现实(VR)等数智化技术可以创设出虚拟现实的数学史场景,为中职生提供沉浸式学习环境,让他们感受不同历史时期数学的发展变化。在虚拟场景中,中职生可以亲身体验数学家们在历史长河中面临的各种挑战和问题,感受他们发现经典数学问题并努力寻找解决方法的过程,从而与历史中的数学家进行深入"交流",进而体会数学文化的博大精深。

通过以上策略,可以有效培养中职生的数学发展观,提高中职数学教育的质量和效果。这不仅有助于中职生的个人发展,而且对我国职业教育事业和技能更新具有重要的意义。学科教师应该善于运用信息教育技术,整合丰富的数学史教学资源,创设生动有趣的数学史教学情境,并根据中职生的数学学习特点开展个性化教学,以提高其数学素养和综合素质,进而帮助他们建立正确的数学发展观。

（二）借助数智化教学软件，训练中职生的数学思维观

在中职数学教育中，通过引入数智化教学软件，能够全面、深入地培养中职生的数学思维观。数学思维观不仅仅限于对数学知识的简单记忆与理解，而是涉及对数学世界的深入探索、对问题解决的策略性思考以及对数学逻辑的深度理解和运用。

1. 开展学情分析，进行学科个性化教学

在数学教育中，通过运用数智化教学技术收集中职生学科学习的数据，学科教师可以系统地开展学情分析，并制定符合中职生个性化需求的学科教学方案，有助于培养他们的创新思维能力。

（1）智能化收集、分析、反馈学习数据，为制定个性化教学策略提供支持。在中职数学教育中，智能化技术的应用为个性化教学提供了强有力的支持。通过教学平台的智能化工具，数学教师能够高效地收集和分析中职生的学习数据，包括学习需求、学习习惯及其成效。对这些数据的深入分析有助于学科教师更精准地识别中职生在学习过程中遇到的难题，并据此设计出符合他们学习特点的个性化教学策略和辅导方案。此外，通过数智化技术对学科教学效果的实时全面评估，教师可以及时调整学科教学内容、教学方法和教学进度，以更好地适应中职生的学习特点，从而激发他们的学习兴趣和积极性。

（2）丰富的线上学习资源可以满足中职生个性化学习需求。数智化教育技术还为中职生提供了丰富的线上学习资源，这些资源的多样性能够满足数学学科不同层次中职生的个性化学习需求。在实施个性化教学的过程中，数学教师可以引导中职生通过探究式、项目式等学习方式，培养他们的自主学习能力、团队协作能力和创新思维。这种教学方式不仅有助于中职生掌握数学知识，而且还可以促进他们数学思维的形成和发展。

总之，数智化技术在中职数学教育中的应用，为中职生提供了个性化的学习体验，创造了有利于培养创新思维能力更适宜的教学环境。通过智能化的学情分析和教学策略的制定，数学教师能够更有效地支持中职生的学科学习，并帮助他们建立牢固的数学思维观，为未来的学习和工作打下坚实的基础。

2. 模拟复杂教学情境，培养中职生数学逻辑思维

数学逻辑思维能力是中职数学教育的重要一环，是提升中职生数学综合素养的必备能力。在数智化背景下，教师通过运用信息化技术手段模拟复杂的教学情境，有助于培养中职生的数学逻辑思维能力。

（1）模拟现实情境，创造培养中职生逻辑思维的条件。在中职数学教育中，通过数智化技术模拟现实数学情境，学科教师可以变革传统枯燥乏味的教学模式，让

学科课堂活动变得更加生动、有趣。这样可以为中职生创造轻松愉快的学习氛围，激发他们数学学习的兴趣，为其逻辑思维能力的培养创造更有利的条件。

（2）模拟现实情境，在解决实际问题的过程中培养中职生的逻辑思维。在中职数学教育中，教师可以通过数智化技术模拟现实情境，让中职生在虚拟环境中接触到各类型的学科问题。这样不仅能够激发中职生的数学学习兴趣，而且能够培养他们运用学科知识解决实际问题的能力，有助于培养其逻辑思维能力。

（3）模拟实际问题情境，通过解决实际问题培养中职生的逻辑思维。在数学教育中，教师利用数智化技术构建模拟的实际问题情境，不仅可以让中职生在课堂上体验到类似真实工作场景的挑战，而且通过解决这些问题，他们的学科实践能力和逻辑思维都能得到明显提升。

总之，通过数智化技术模拟的教学情境，可以有效激发中职生对数学的兴趣，进而培养他们的逻辑思维能力，这对于塑造中职生的数学思维观，提升他们的整体素质至关重要。

综上所述，在数学教育中，利用数智化教学软件，教师能够有效地培养中职生的数学思维，进而促进其整体素质提升，为社会培养更优秀的技能人才。

（三）运用数学互动软件，培养中职生的数学能力观

在数智化教育的大背景下，数学课程教育越来越重视培养中职生的学科能力观。数学互动软件的运用，以其实用性、互动性和智能化特点，为中职生提供了一个全新的学习平台，更好地提升了他们学科学习的积极性和主动性，有助于构建正确的数学能力观。

1. 培养中职生驾驭知识的能力

数学互动软件在培养中职生驾驭学科知识的能力方面发挥着重要作用。教师可以利用软件创建动画和案例，使抽象的数学知识形象化，便于中职生理解和掌握。例如，几何画板软件可以帮助中职生通过图形的动态展示，使之更深入理解函数图像及其性质。此外，数学教师还可以上传丰富的练习题和测试题，帮助中职生巩固所学学科知识，并形成扎实的学科基础。

2. 提高中职生应用知识的能力

数学互动软件通过模拟现实生活场景，提高了中职生应用知识的能力。数学教师可以设计贴近生活的教学活动，如利用商场折扣进行资金规划，或规划旅行的最优路线等。这些活动不仅可以激发中职生的学科学习兴趣，而且还可以培养他们运用数学知识解决实际问题的能力。

3. 提升中职生创新知识的能力

数学互动软件丰富的资源库为中职生提供了自主学习和探究的机会，从而提

升他们创新知识的能力。中职生可以通过学科学习软件进行图形绘制、数据分析，甚至开展数学实验，这些活动有助于他们发现新的数学规律，培养独立思考和勇于探索的精神。

4.增强中职生更新知识的能力

数学互动软件的在线课程功能，使中职生能够根据个人情况开展个性化学习，并不断更新数学知识，从而增强他们更新知识的能力。这种学习方式既有助于中职生持续进步，又能够适应知识快速更新的需求。

总之，数学互动软件在中职数学教育中的应用，对于培养中职生的数学能力观具有积极的影响。它不仅可以帮助中职生更好地掌握和应用数学知识，而且还可以激发他们的创新精神和终身学习的能力，为他们今后成长和发展奠定良好的基础。

（四）采用混合式教学模式，构建以学生为主体的教学观

在数智化浪潮的推动下，中职数学教育正经历着一场深刻的变革。为了顺应时代潮流，中职数学教师可以采用混合式教学模式，构建以学生为中心的教学观。

1.个性化学习路径设计

在数智化平台的支持下，数学教师通过收集中职生的学科学习数据，分析他们的学习速度、兴趣和成效，为每位中职生定制个性化的学科学习计划。例如，智能学习系统能够实时跟踪中职生的学科在线学习活动，包括观看视频的进度和练习题的正确率，并据此自动调整后续推荐的学科学习内容和难度级别。这样的个性化教学方法，使得每位学生能够在自己适宜的学习节奏中逐步提升数学学习能力，并更好地实现个性化成长，从而凸显了以学生为主体的教学观。

2.翻转课堂的实施

翻转课堂打破了传统的教学模式，将课堂的主导权从教师转移至学生，更加注重他们的自主学习和课堂讨论。在数学教育中，教师可以提前录制讲解新知识的教学视频，让中职生于课前通过在线平台上的资源自学新的学科知识。课堂上，数学教师则可以组织中职生进行小组讨论、合作解决问题，并引导他们将所学知识应用于实际问题的解决中。这种教学方式不仅激发了中职生的主动性和创造性，而且还明显提高了课堂教学的互动性和参与度，是构建以学生为主体的教学观的有效策略。

3.项目导向学习

项目导向学习是指通过引入与现实生活紧密相关的项目，让学生运用数学知识解决实际问题，从而有效提升他们的实践能力和创新能力。在数学教育中，教师可以设计一些项目，如为学校制定预算计划、分析市场数据等，让中职生在完成项

目的过程中运用所学的学科知识,不仅能够增强学科知识的实用性和学习的趣味性,而且还能够提升他们的实践能力和创新思维。

4. 技术融入教学

随着数智化技术的不断发展,越来越多的先进工具被应用于教育领域。在中职数学教育中,教师可以利用模拟软件、在线协作工具等技术手段丰富教学内容和形式,提高教学的互动性和学生的参与度。例如,在讲解几何课程时,教师可以使用几何画板软件让中职生观察和操作几何图形,并通过动态演示加深对几何概念和性质的理解;在讲解概率统计课程时,教师可以利用数据分析软件帮助中职生理解数据分析的过程和方法,并从中培养他们的数据分析能力。

总之,混合式教学模式通过个性化学习路径设计、翻转课堂的实施、项目导向学习以及技术融入教学等策略,为中职数学教育构建以学生为中心的教学观提供了有力支持。在新时代背景下,这种以学生为主体的教学观将为我国中等职业教育的发展注入新的活力。

综上所述,在数智化的时代背景下,中职数学教育观的更新是必然的。中职数学教育工作者应该紧跟时代的步伐,转变教育观念,创新教学方法,提高教育质量,为培养更多具备数智化素养的高素质技能人才做出贡献。

由此可见,数智化背景下的中职数学课程教育既迎来了巨大的机遇,也面临着很多的挑战。中职数学教师需要不断更新教育观念和技能,充分利用数智化技术,提供个性化、智能化的优质教育服务。此外,教育设施和教育技能也需要与时俱进,为中职数学数智化教育提供有力支持。未来,数智化技术将继续推动中职数学课程教育的创新与发展,培养更多的优质技能人才,为社会的进步和发展做出更大的贡献。

第六章　数智化背景下
中职数学教学实践与评价

科技的迅猛发展推动了数智化技术与社会各领域的深度融合,这种以数字化、智能化和网络化为核心的技术革新,引领着中职数学教学实践的持续改革与创新。

首先,教学方式正在逐步走向多元化与个性化。通过开发和利用微课、动画、视频等数智化教学资源,中职数学教学内容的呈现形式变得日益多样化,从而极大地丰富了中职生的学科学习体验。同时,运用数智化教学软件可以实时且精确地收集中职生学科学习的行为数据,并对这些数据进行智能化和精准化地分析,为中职数学教师开展个性化学科教学提供宝贵的参考信息。

其次,教学内容实现了生动化与形象化。借助增强现实(AR)、虚拟现实(VR)等数智化手段,原本抽象的数学知识得以直观形式展现,为中职生营造出了一个真实、生动、形象的学科教学情境,有效地激发了他们对学科学习的兴趣和热情。

再次,教学实施变得更为便捷和实时。通过运用网络教学平台可以实时进行教学互动,数学教师可以即时为中职生提供在线答疑服务,中职生也可以随时随地开展自主学习,从而使得学科教学实施更加便捷。

最后,教学评价变得更为多元与客观。借助数智化技术,中职数学教师可以实施线上线下相结合的多维度评价体系,同时可以开展师生之间、生生之间的互评多样化。数学教师可以通过整合中职生使用线上资源进行学习、讨论、完成作业和测试以及在传统课堂上的表现数据,进行全面、综合分析,从而创建出学习过程的可视化评价图表,进而客观地评价学科教学效果。

因此,中职数学教师需要积极面对数智化教育带来的机遇与挑战,熟练掌握相关的数智化教育技能,不断创新学科教学策略,更新学科教学理念,从而推动中职数学课程教育实践迈向高质量发展的新阶段,如图 6-1 所示。

第一节　数智化背景下中职数学混合式教学模式

目前,数智化教育在现代教育体系中正日益显现出其核心地位。作为中职教育中不可或缺的文化基础课程,数学学科在教学实践过程中正面临数智化教育所带来的巨大挑战。而混合式教学模式则为中职数学教育提供了应对这一挑战的有

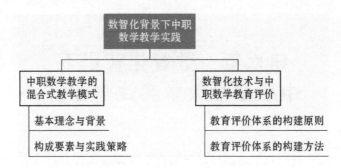

图 6-1　数智化背景下中职数学教学实践结构图

效途径,不仅推动了学科课程数智化教育的改革,还为更新学科教育理念、革新教育方法指明了新的发展方向。

一、混合式教学模式的基本理念与背景

混合式教学模式是一种突破性的教学方法,它巧妙地融合了传统面授教学的精髓与现代在线教学的优势。这种模式的核心理念在于充分利用信息技术,为学习者打造更加灵活且个性化的学习体验。通过实施这种混合模式,教师能够强化师生之间的互动以及学生之间的合作学习,从而更有效地促进学生对于知识的深入理解和能力的提升。采用混合式教学模式,不仅能够显著提高教学效率,更能有效地激发学生的学习热情,培养他们自主学习和终身学习的能力。

(一)混合式教学模式的概念界定与深层内涵

在数智赋能教育蓬勃发展的新时代背景下,课堂教学正经历着前所未有的变革。混合式教学模式,作为这一变革的杰出代表,将传统线下教学的互动性与网络课程的灵活性巧妙融合,为教育带来了全新的发展契机。这种模式不仅可以明显提升教育质量,而且还可以推动教学的个性化进程和高效运作,更好地满足了不同学习者的多元化需求。

1. 混合式教学模式的概念界定

混合式教学模式,又称混合学习的混合式教学(blended learning),其概念最早由国外的培训机构提出。Bonk 和 Graham 在《混合学习手册》中对"混合式教学"下了定义,他们认为,混合式教学实际上是一种集合了面授教学与多种技术媒介教学的新形式;印度 NIIT 公司在《混合式学习白皮书》中将"混合式学习"描述为一种全新的包含实体课堂教学、网络在线学习和学习者主动学习的学习方式;国内首次正式倡导混合式教学概念的是北京师范大学何克抗教授,他的观点是:混合式教学模式将传统教学方式的优势和网络化教学的优势结合起来,既发挥了教师引导、启

发、监控教学过程的主导作用,又充分体现了学生作为学习过程主体的主动性、积极性与创造性。

在混合式教学模式中,教师和学生通过网络平台进行实时或非实时的交流互动。教师可以将课件、讲义、案例和视频等教学资源上传至网络,供学生随时随地进行学习。学生则可以根据自己的学习进度和能力水平,自主选择合适的学习资料开展学习活动。同时,网络平台还提供了丰富的互动功能,如在线讨论、协作学习等,有助于增强学生的参与感和归属感,提高学习效果。

值得注意的是,混合式教学模式并非线下与线上教学的简单叠加,而是强调两者之间的有机融合和相互促进。它旨在发挥各自的优势,弥补彼此的不足,从而构建一种更加高效、个性化的教学新模式。在此模式下,学生可以借助网络平台,自主学习线上课程资源,并依据平台提供的详细评估方案进行自我考核,从而客观地审视自身的学习进度,确保学习成果的有效积累。此外,混合式教学模式高度重视师生间的面对面互动与交流,使得师生能共同应对在线学习过程中遇到的难题,有助于培养学生运用知识解决实际操作问题的能力,从而提升学科教学成果。

总之,随着数智化教育的深入发展,混合式教学模式的应用日益广泛。这种模式将传统的以教师为中心的讲授型课堂转变为以学生为主体的合作探究式学习环境,既能满足集体授课的需求,又能兼顾每位学生的个性化学习需求,为每位学生搭建展示自我、实现自我价值的舞台。

2. 混合式教学模式的深层内涵

混合式教学模式不仅保留了传统线下教学中师生间的深度互动,而且巧妙地融入了数智化技术的精髓。这种教学模式能够精准地满足学生多元化的学习需求,并适应他们个性化的学习风格,从而最大程度地提升教学效果。在数字化和智能化技术日益成为推动教育创新的核心动力的时代背景下,混合式教学得到了进一步的丰富与发展,展现出前所未有的生机与巨大的潜力,因此需要探讨混合式教学模式的深层内涵。

(1)教学方式的多元融合。混合式教学模式突破了传统单一的教学方式,实现了线上与线下、讲授与自学、互动与反思等教学方式的多元融合。这种融合不仅丰富了教师的教学手段,也增强了学科教学活动的趣味性和吸引力,有助于激发学生学科学习的兴趣和积极性。

(2)学习过程的个性化定制。在混合式教学模式下,学习过程可以根据学生个人的需求和特点进行个性化定制。学生可以根据自己的学习进度和能力水平,自主选择学习资源和学习路径,实现真正意义上的个性化学习。同时,教师也可以通过智能化数据分析手段,了解学生学科学习的情况和需求,为他们提供更加精准的学习指导。

（3）教学资源的丰富拓展。混合式教学模式充分利用了网络平台的优势，将各类教学资源进行数字化处理并整合到教学平台中。这使得教学资源更加丰富多样，涵盖了文字、图片、视频等多种形式。同时，教师能够确保这些教学资源进行实时更新和共享，为师生提供了更加便捷的学习途径。

（4）教学评价的全面优化。在混合式教学模式下，教学评价不再局限于传统的考试和作业等单一形式，而是更加注重对学生学习过程和学习能力的全面评价。通过收集和分析学生的学习数据，教师可以更加准确地把握学生的学习情况和进步程度，为教学改进提供有力支持。同时，学生也可以通过自我评价、同伴评价等方式，反思自己的学习过程和成果，促进自我提升和发展。

总之，混合式教学模式作为数智化教育背景下的创新实践，不仅改变了传统教与学的方式，也推动了教育的现代化和个性化发展。随着数智化技术的不断进步和应用场景的不断拓展，混合式教学模式将在未来发挥更加重要的作用，为培养更多优秀人才贡献力量。

（二）混合式教学模式产生的背景与原因

随着教育信息技术的飞速发展，教学资源变得更加丰富，教学方法也更加多样化，对人才的需求也日益多元化。这些进步同时催生了教学理念的持续创新。因此，传统的以知识传授为主的课堂教学模式已无法满足学习者个性化的需求，也无法适应社会对具有创新和实践能力人才的渴求。这些因素共同促进了教学模式的转型和创新，而混合式教学模式正是在这样的背景下应运而生并不断发展。

1. 混合式教学模式产生的背景

混合式教学模式的产生，源于现代教育体系对传统教学模式的深刻反思与创新尝试，这一变革是在科技进步的推动下逐渐形成的。下面将从多个角度详细剖析这种教学模式产生的背景。

（1）教育信息化浪潮的引领。随着人工智能、大数据等数字化技术的快速发展，教育信息化已成为教育领域的重要趋势。这一趋势不仅打破了传统线下教学的局限，还催生了诸如洋葱学院、中国大学 MOOC、职教 MOOC 和超星泛雅等一系列在线教育平台和应用程序。这些平台和工具为混合式教学模式提供了丰富的在线课程资源、高效的互动交流平台和智能的学情分析工具，为这种教学模式的发展提供了强有力的支撑。

（2）教育改革的内在需求。随着社会的不断进步与科技的快速发展，经济全球化和产业结构的优化升级，导致社会对人才的需求变得多样化，传统的教育模式已无法满足时代的要求。因此，教育改革的内在需求推动了教学模式的转型和创新。而混合式教育模式很好地解决了这些问题，它结合了线上自主学习和线下师生互动的优势,能够满足学生个性化、多样化的学习需求。这种教学模式不仅有助于培养学生的创新思维和实践能力,而且还可以培养符合社会多样化需求的人才。

(3)教育资源共享的时代要求。在信息化时代,教育资源的共享已成为触手可及的现实。中国大学 MOOC、职教 MOOC 等在线教育平台的兴起,极大地推动了优质的教育资源的广泛传播和共享。这一趋势为混合式教学模式的实施提供了坚实的资源支撑,使得教师能够根据学生的特点和需求,灵活挑选教学内容和方法,从而实现教学的个性化和差异化。

(4)社会人才需求的转变。随着社会的不断发展,对人才的需求也在发生变化。现代社会更加注重人才的综合素质和创新能力,而不再仅仅关注其知识储备。混合式教学模式正是为了适应这种人才需求的变化而产生。这种教学模式以学生为中心,注重学生的全面发展,通过线上线下相结合的教学方式,为他们提供更加灵活、自主的学习环境,有助于培养其综合素质和创新能力。

因此,混合式教学模式的产生是教育信息化、教育改革、教育资源共享以及社会人才需求转变等多方面因素共同作用的结果。这种教学模式不仅代表了教育领域的创新和发展方向,也为学生提供了更加优质、高效的学习体验,引领着教育的未来走向更加广阔的天地。

2. 混合式教学模式产生的原因

混合式教学模式的兴起,得益于面授课程与网络教学的优势融合,为深化教育改革注入了新活力。随着教育技术的飞速发展、互联网的广泛普及、学生学习需求的日益多样化、教育政策的积极引导以及疫情防控的现实需求,混合式教学模式应运而生,并逐步展现出其独特的魅力。下面将从以下五个方面深入剖析这一教学模式背后的成因。

(1)教育技术的飞速发展。教育技术的持续创新为混合式教学模式提供了强大的技术支撑。多媒体教学系统、网络教学平台以及 APP 移动学习终端等数智化教育技术,为混合式教学的发展提供了丰富多样的课程教学资源和信息化教学工具。混合式教学模式通过整合线上优质资源、利用强大的数据分析功能,并结合线下师生面对面的交流互动,有效提升了教育质量。因此,教育技术的不断进步为混合式教学模式的持续创新与发展提供了坚实的基础。

(2)互联网的普及和应用。随着全球互联网用户数量的不断增长和网络基础设施不断完善,师生可以突破时空限制,实现随时随地的网络学习。同时,优质教学平台的课程资源在全球范围内得到了广泛共享,这不仅促进了教育资源的优化配置,也推动了教育公平的实现。因此,互联网的普及为混合式教学模式的推广提供了有力的支持。

（3）学生学习需求的变化。在数字化、智能化教育环境的熏陶下，学生的学习模式发生了显著的变化。在混合式教学模式中，学生可以借助教学平台，根据自身学习能力和兴趣选择学习资源，实现个性化的学习路径。此外，网络平台上丰富的学习资源和智能化的数据分析功能也有助于引导学生主动思考问题、积极探索，适时调整学习进度，从而培养他们的自主学习能力和创新精神。因此，学生学习需求的变化是推动这一教学模式发展的重要因素之一。

（4）教育政策的推动。近年来，教育部门针对数智化技术与教育教学的深度融合出台了一系列重要政策。例如，2023年7月，教育部发布《关于加快推进现代职业教育体系建设改革重点任务的通知》，明确指出各学校应加强对国家职业教育智慧教育平台的应用，并鼓励优先采用全国性、区域性资源库，同时支持建设具有独特优势的校级资源库。2023年8月，教育部、国家发展改革委和财政部联合发布《关于实施新时代基础教育扩优提质行动计划的意见》，其中明确提出了"数字化战略行动，赋能高质量发展"等八项重大行动，为教育的数字化转型指明了方向。2023年12月，还成功举办了人工智能助推教师队伍建设试点交流活动，更是将人工智能在基础教育教师队伍建设中的融合应用推向了新的高度。

这些政策的出台，为混合式教学模式的发展提供了有力的政策保障和明确的指导方向。它不仅鼓励学校加强对国家职业教育智慧教育平台的应用和推广，还支持建设具有独特优势的校级资源库，为混合式教学模式提供了丰富的课程资源支持。同时，政策还着眼于教师队伍的数智化能力提升，为混合式教学模式的顺利实施提供了师资保障。

（5）疫情防控的需要。在疫情防控期间，为确保"停课不停学，停课不停教"，各学校积极采用网络教学方式开展教学活动。这种线上教学实践不仅提升了师生的信息化素养和数智化教学能力，也为混合式教学模式的有效应用和快速发展提供了有利条件。疫情防控的需要推动了混合式教学模式在教育领域的深入探索和应用，使其成为应对突发情况、保障教学质量的有效手段之一。

总之，混合式教学模式的产生是多方面因素共同作用的结果。随着教育技术的不断进步、互联网的普及应用、学生学习需求的变化、教育政策的引导和推动以及疫情防控的需要。混合式教学模式通过不断地创新和发展，将在今后继续发挥重要作用，更好地推动我国教育事业的发展。

二、混合式教学模式的构建要素与实践策略

在数智赋能教育蓬勃发展的时代背景下，现代教育正逐渐强化学生的主体地位和教师的引导功能。这一转变不仅凸显了教学质量的核心价值，更深化了对学生学习体验与学习满意度的持续关注。由此，混合式教学模式的构建与实践，正作

为教育领域的重要革新趋势,逐渐成为教育改革的瞩目焦点。

(一)混合式教学模式的构建要素

混合式教学模式融合了线下与线上教学的双重优势,然而,并非所有的教育环境和学科领域均能全面展现其优势。这种教学模式成功实施的关键在于构建科学合理且多要素协同作用的体系。主要构建要素包括:丰富优质的教学资源、成熟稳定的学科教学平台、教师数智化教学能力的提升,以及科学合理的评估体系。这些要素共同构成了混合式教学模式稳固且有效运行的基石。

1. 丰富优质的教学资源

在混合式教学模式的实践中,丰富优质的教学资源具有举足轻重的作用,不仅可以点燃学生的学习热情,而且还可以提高教学效果。因此,丰富优质的教学资源是这一教学模式的基础性构建要素。具体来说,这些教学资源在以下四个方面对混合式教学模式的效能有很大促进作用。

(1)丰富教学内容。丰富优质的教学资源不仅为教师提供了广阔的教学素材,而且还能够帮助他们精心设计出更为全面和深入的课程体系。这些资源涵盖了最新的学术研究成果、权威的教科书籍、丰富的研究案例、互动性强的模拟试题,以及形象生动的动画和视频资源等,极大地丰富了学科课程内容,使得教学内容能够满足不同层次学生的学习需求,从而确保混合式教学模式能够顺利有效地实施。

(2)提高学生参与度。教师需要巧妙运用引人入胜的教学资源,如精心制作的视频、富有挑战性的游戏、逼真的模拟实验等。这不仅可以极大地提升学生的课堂参与度,激发他们的学习兴趣,而且还可以以直观、互动的方式将抽象的学科知识生动地展现出来,帮助他们更容易理解和掌握学科知识,进而更好地应用学科知识解决问题。因此,在混合式教学模式的实践中,丰富优质的教学资源是提高学生课堂参与度的关键。

(3)支持个性化学习。丰富优质的教学资源能够为学生提供灵活多样的学习支持,使他们可以根据自己的学习节奏和兴趣,自主选择最适合的学习材料。例如,有些学生可能倾向通过阅读方式获取知识,而另一些学生则可能更倾向于通过观看视频或参与讨论的方式深化对知识的理解和应用。这种个性化的学习方式能够充分满足学生的多元化需求,并有效地提高学习效果。因此,在混合式教学模式的实践中,丰富且优质的教学资源对于学生个性化学习的支持至关重要。

(4)促进自主学习。丰富优质的教学资源为学生呈现了一个充满知识的宝库,使学生能够在任何时间、任何地点自由探索。这种学习方式不仅可以提升学生的自主学习能力,而且还可以培养他们终身学习的习惯。因此,在混合式教学模式的实践中,丰富优质的教学资源是驱动学生自主学习的不竭动力。

（5）提高教学效率。丰富优质的教学资源能够让教师迅速、有效地准备课程内容，极大地节省了他们备课所需的时间和精力。此外，借助在线测试和自动评分系统，教师可以更加高效、准确地评估学生的学习成果，进而灵活调整教学策略，确保每位学生都能获得与其个体特点相匹配的优质教育。因此，这些丰富且优质的教学资源，既能够提升教学效率，又能够实现混合式教学模式成效最大化。

（6）促进教育公平。无论学生身处何方，通过在线学习平台，他们都能够轻松访问到这些宝贵的资源。这不仅有效缩小了不同地区、不同背景学生之间的教育差距，更为社会的持续进步与和谐稳定奠定了坚实的基础。因此，丰富优质的教学资源不仅是确保混合式教学模式的顺利实施，而且还是推动教育公平的关键力量。

总之，混合式教学模式的成功实施离不开优质教学资源的支持。这些资源不仅极大地丰富了教学内容，提升了学生的参与度，而且还为其提供了个性化学习的平台，激发了他们的自主学习动力。同时，这些资源对于提高教学效率、推动教育公平也起到了至关重要的作用。因此，教师应该积极地发掘和利用各种教学资源，不断地优化教学方式，以提升教学质量和效果，满足学生的个性化学习需求，进而使混合式教学模式发挥其最大的优势，实现教学效果的最优化。

2. 成熟稳定的教学平台

混合式教学模式，凭借其独特的优势，正逐渐受到教育界的广泛关注。成熟稳定的学科教学平台则如同一座坚固的桥梁，将传统教学方法与现代化教学手段紧密相连，为混合式教学模式的顺利实施提供了坚实的保障。因此，成熟稳定的学科教学平台是构建混合式教学模式不可或缺的关键要素。这一教学平台主要从以下几个层面为混合式教学模式注入了强大的动力。

（1）汇聚海量的教学资源，为教师备课提供极大便利。在混合式教学活动中，一个成熟稳定的学科教学平台无疑是教师的得力助手。该平台提供了一站式的优质资源，包括教案、课件、视频和文献等，极大地节省了教师搜集和整理资料的时间，使他们能够更高效地备课。这一转变不仅可以减少教师的备课负担，而且还有助于点燃学生的自主学习热情，进而促进学习效果的稳步提升。以中国大学 MOOC 平台为例，它汇聚了各教育阶段和学科领域的丰富资源，为广大师生搭建了一个广阔且便捷的教与学平台。因此，成熟稳定的教学平台不仅集成了海量的教学资源，而且有效地推动了混合式教学模式的发展。

（2）实现师生之间的实时互动交流。在混合式教学活动中，一个成熟稳定的学科教学平台不仅可以为学生提供即时提问和参与讨论的便利，而且使教师可以在线为学生提供实时解答和反馈。这一平台不仅突破了传统课堂的时空限制，使得教学方式更加灵活高效，而且实现了师生间的实时互动交流，并极大地促进了学生的团队协作能力和沟通能力的提升。以超星泛雅网络教学平台为例，其班级互动交流群功能为学生与教师之间搭建了一个高效的沟通桥梁,让学生可以轻松交流,教师也可以通过查看群聊记录,及时掌握学生的学习动态。因此,一个成熟稳定的学科教学平台不仅是实现师生实时互动的关键,而且是推动混合式教学模式顺利实施的线上重要载体。

（3）具备精细化的教学管理功能。在混合式教学活动中,成熟稳定的学科教学平台,可以精确捕捉并记录学生的学习数据,从而进行科学详尽的分析,使教师可以全面洞察学生的学习状况,包括学习进度、作业完成情况以及成绩表现等。这一功能不仅有助于教师精准把握学生的学习需求与难点,而且还可以助力教师制定更具针对性的教学计划。此外,该平台又可以根据学生的学习特点,智能推送高度相关的学习资源,让学习更具有个性化。同时,也可以对教学过程和学习结果进行详尽且准确的评价,为教师提供客观全面的教学反馈。因此,在教学中成熟稳定的学科教学平台可以为教师提供更加精细化的教学管理支持,进一步推动了混合式教学模式的高效实施。

总之,成熟稳定的学科教学平台在混合式教学模式中发挥着重要作用。它汇聚了丰富的教学资源,为师生提供了实时互动和交流,并具备精细化的教学管理功能。为了持续推动教育事业的蓬勃发展,教育部门、学校、教师以及企业等各方需共同努力,不断优化和完善学科教学平台的功能和性能,从而使得混合式教学模式充分展现其独特优势,进而满足当前教育信息化日益增长的需求。

3. 提升教师数智化教学能力

在构建与实施混合式教学模式的过程中,教师的数智化能力尤为重要。这种能力不仅涵盖了教师对各种数智化教学工具的熟练运用,而且更在于他们能否自主开发和创造优质的课程资源,以及有效整合和优化数字化教学资源。因此,提升教师的数智化教学能力是构建混合式教学模式不可或缺的要素。

（1）熟练使用各种数智化教学工具。教师的数智化能力首先体现在他们对在线教学平台、多媒体教学软件及虚拟实验室等工具的熟练程度。这些先进的数智化工具不仅可以帮助教师高效制作课件、发布作业、组织在线测试等工作,而且还可以使远程授课与实时互动成为现实,极大地丰富了教学手段。例如,教师可以利用在线教学平台轻松创建虚拟课堂,使学生不受时空限制,随时随地参与学习。同时,多媒体教学软件也可以帮助教师巧妙整合文字、图片、音频、视频等多种教学元素,制作出更具吸引力和互动性的教学课件。因此,在混合式教学模式的探索中,教师对于各种数智化教学工具的熟练运用,为构建丰富教学资源、顺利推进混合式教学提供了坚实的技术支撑。

（2）自主开发创建优质课程资源的能力。教师的数智化能力还体现在他们自主设计和开发优质课程资源的能力上。这需要教师不仅具备扎实的学科基础,而且还需要具备敏锐洞察学生的学习需求和特点的能力,从而设计出符合学生认知规律的教学资源。此外,教师还可以通过精心打造教学案例、实验项目或实践活动等,让学生在亲身参与中深化对知识的理解和应用。因此,教师拥有强大的自主开发与创建课程资源的能力,将极大地推动混合式教学模式的深入实施。

（3）整合和优化数智化教学资源的能力。面对海量的网络教学资源,教师需要具备筛选、整合和处理的能力,以筛选出适合学生的优质教学内容。此外,教师还可以利用大数据和人工智能等技术对学生学习情况进行分析和评估,以便更精准地调整教学策略,实现个性化教学。因此,教师具备整合和优化数智化教学资源的能力,能够进一步促进混合式教学模式的发展。

综上所述,教师的数智化能力是混合式教学模式成功的关键所在,更是推动教育信息化迈向更深层次发展的关键驱动力。因此,我们应持续加强教师数智化能力的培养和提升,为培养具备高素质和全面发展的人才提供有力支持。同时,主管教育部门和教育机构需要关注教师在数智化教学实践中的成长与发展,为他们提供必要的支持和专业指导,携手推动教育领域的持续创新与发展。

4. 建立科学合理的评价体系

在当今教育信息化的背景下,混合式教学模式巧妙地将传统课堂教学与网络化、个性化的学习元素相融合,旨在达成知识、能力、素养三者协同发展的教育愿景。这就需要构建一套科学合理的评价体系,为混合式教学模式的实施提供支持。这一体系对于确保混合式教学的顺畅实施、促进学生综合素养的全方位提升,以及推动教学方法的革新与发展,具有举足轻重的意义。

（1）保障教学顺利实施。在混合式教学的实践中,通过构建科学合理的评估体系,能够对学生的学习过程和成果进行全面、多角度地评价,教师可以更准确地把握学生的学习状况,及时发现问题并调整教学策略。此外,科学合理的评价体系还能有效激发学生的学习积极性,帮助他们保持持久的学习态度。因此,科学合理的评价体系能够确保混合式教学的顺利进行。

（2）促进学生综合素质全面提升。在混合式教学模式的实践中,尤为注重学生在知识、能力和素养等多方面的全面发展。通过构建科学、合理的评价体系,教师能够准确评估学生在课堂互动、作业完成质量、团队协作能力以及创新思维等方面的具体表现,从而使教师可以全面、深入地了解学生的综合素质。因此,该评价体系的建立不仅促进了混合式教学模式的有效实施,进一步推动了学生的全面发展。

（3）推动教学方法改革与创新。教学方法的改革与创新是推动教育进步的重要动力,科学合理的评价体系可以极大地激发教师改进教学方法的热情和动力,进而提升教学质量。在混合式教学实践中,教师应该根据学生的实际学习需求,灵活运用多种教学手段和资源,如在线资源、小组讨论、案例分析等。因此,构建一个科学且合理的评价体系,对于教师积极探索并创新教学方法,实现教学的持续优化与升级,确保混合式教学模式可以更高效地实施,具有至关重要的意义。

总之,科学合理的评价体系对于混合式教学模式的成功实施至关重要。它不仅可以确保教学流程的顺畅无阻,而且还可以促进学生综合素质的全面提升方面发挥着关键作用,同时推动了教学方法的持续改革与创新。因此,在推行混合式教学的过程中,有必要高度重视评价体系的构建与完善工作,确保其能够充分发挥积极作用,为教育教学的改革与发展提供坚实的支撑。

综上所述,构建混合式教学模式需要综合考虑多个要素,包括丰富优质的教学资源、成熟稳定的教学平台的支撑、教师的数智化教学能力以及科学合理的教学评价体系等多个要素。这些要素在混合式教学模式的构建与实施过程中起着至关重要的作用,共同推动教学质量的提升,进而促进该模式的持续发展与创新。

(二)混合式教学模式的实践策略

混合式教学模式,作为对传统教学的深刻创新与优化,不仅坚守学生主体地位,更加注重教学活动的实践性。此模式巧妙融合线上与线下教学,线上教学平台汇聚丰富资源,打造互动空间,鼓励学生自主学习、协作交流,充分满足个性化学习需求;线下教学则提供直观且深入的实践机会,促进学生深度理解知识,提高问题解决能力,同时培养团队协作与沟通能力。这一崭新的教学模式,旨在激发学生学习的积极性和参与度,提升他们的学习效果与综合能力。通过以下有效措施深入剖析混合式教学模式的实践策略,以探寻其更广阔的应用前景。

1. 深化教学目标与内容设计

明确而具体的教学目标不仅能够为教师提供清晰的教学方向,同时也能够为学生指明学习的路径,确保整个教学过程能够有条不紊地展开。因此,在混合式教学模式的实践中,教师需要不断深化教学目标,精心设计并融合线上与线下教学内容,使得两者相辅相成,共同达成预期的教学效果。

(1)了解学生,确保教学目标既具挑战性又可实现。在混合式教学的实施过程中,教师需要全面深入地了解并分析学生的实际情况与学习需求,包括他们的知识基础、认知能力、心理特点,以及兴趣爱好等多个方面,从而结合教材内容,制定出符合学生特点的教学目标,确保这些目标既具备足够的挑战性,又在实际操作中切实可行。

(2)结合实际,注重教学内容的渐进性、实用性和趣味性。在混合式教学模式的实施过程中,教学目标的设定与教学内容的设计相辅相成,共同构成教学成功的两个关键要素。在进行教学内容的设计时,教师应该深入剖析学生的实际情况,确保在精准把握学情的基础上,充分考虑知识的系统性、连贯性,使教学内容呈现出由浅入深、由易到难的渐进性特点,确保学生能在这种循序渐进的学习过程中,逐步理解和掌握知识。

同时,在混合式教学模式的实施过程中,教师在规划教学内容时,还需要注重实用性与趣味性,以激发学生的学习兴趣和动力。在实用性方面,教师可以结合学生的生活实际和未来的职业需求,引入实际案例和项目,构建线上学习活动,让学生在解决实际问题的过程中学习并掌握知识。这种教学方式不仅能够提高学生的实践能力,还能够培养他们的创新意识和解决问题的能力。在趣味性方面,教师可以设计具有挑战性的线下学习任务,如小组合作项目、角色扮演游戏等,让学生在轻松愉快的氛围中学习。

总之,在混合式教学模式中,教学目标的设定和教学内容的设计是相互关联、相互促进的。通过既具挑战性又切实可行的教学目标指导整个教学过程,并注重教学内容的渐进性、实用性和趣味性,不仅可以树立学生的学习信心,激发他们的学习兴趣和动力,而且还可以实现线上与线下教学的有机结合,提高教学效果,进而更好地促进学生全面发展。

2. 有效整合教学资源

丰富优质的教学资源是混合式教学模式顺利实施的基础性构建要素。在这一模式的实施过程中,既有丰富多样、更新迅速的线上资源,为学生提供了海量的学习素材和多样化的学习路径。也有直观性、操作性强的线下资源,为学生提供了实践操作和亲身体验的机会。面对这些海量的教学资源,教师需要根据学情及教学需求进行有效的整合与利用,为混合教学模式的开展提供优质的资源配置,可以更好地提高教学成效。

(1)有效整合线上教学资源。在混合式教学模式的实施过程中,教师需要根据学生的兴趣所在、学习进度与需求,结合教学内容合理选择网络课程、教学视频、在线题库等线上资源,使得学生可以随时随地进行在线学习,打破传统课堂教学的时间和空间限制。同时,教师还可以根据线上资源的学科前沿动态,为学生整合最新的学习资料,并帮助他们进行知识更新。

(2)有效整合线下教学资源。在混合式教学模式的实施过程中,教师可以依据教学需要,对实体教材、实验设备、实践基地等线下资源进行优化整合,使得学生可以在实际操作中加深对知识的理解和掌握,提高学习的深度和广度。同时,教师通过线下资源的整合利用,使得学生不仅可以将理论知识与实践相结合,而且还可以培养他们的动手能力、创新能力和团队协作精神等能力和素质。

总之,在混合式教学模式的实施过程中,教师应该充分利用线上和线下资源,实现优势互补。通过线上资源的丰富性和便捷性,激发学生的学习兴趣和积极性;

通过线下资源的直观性和操作性,提升他们的实践能力和综合素质。同时,教师还应该根据学科特点和教学目标,精心设计教学活动和资源整合方案,确保线上与线下资源的有机融合和有效利用,从而提高教学效果,促进学生的全面发展。

3. 精心选择教学平台与工具

教学平台与各类数智化教学工具是构建混合式教学模式的关键要素,因此,精心选择教学平台与工具是该教学模式成功实施的有效策略,能够确保为学生提供和谐稳定的学习环境。

(1)筛选稳定性强、易于操作的教学平台。在混合教学模式实施的过程中,如果教师和学生使用教学平台进行线上学习和互动时,频繁出现卡顿、掉线等问题,不仅会严重影响教学的连贯性和效率,更可能让学生失去对线上学习的兴趣和信心。此外,界面清晰、操作简单的教学平台,不仅能够降低教师和学生的教学成本,还可以让他们更快地适应线上教学的节奏和方式。同时,具备丰富功能的教学平台,能够为教师和学生提供满足不同教学场景和需求的实时互动、在线测试、资源共享等线上活动。

因此,在混合式教学模式的实施过程中,教师需要精心筛选稳定性强、易于操作且功能丰富的优秀在线教学平台,这种平台不仅可以为教师和学生提供稳定、流畅的教学体验,而且还可以为他们创造高效、便捷的学习环境。

(2)运用具有互动性与实效性的数智化教学工具。在混合式教学模式实施的过程中,教师除了精心选择优秀的在线教学平台外,还可以利用各种数智化教学工具增强线上教学的互动性和实效性。例如,教师运用在线协作工具,让学生共同完成实践项目设计任务,从而培养他们的团队协作精神和沟通能力;教师还可以利用互动软件,设计投票、问答、讨论等课堂互动交流方式,使得每位学生都能积极参与到课堂中来,从而提升他们的学习主动性和参与度。

总之,教学平台与工具的选择是实施混合式教学模式的重要策略。教师不仅需要精心筛选稳定性强、易于操作且功能丰富的教学平台,而且还需要认真挑选互动性强且具备实效性的数智化教学工具,以确保线上教学的顺利进行,提高混合式教学的效果和质量,培养他们的创新思维和实践能力。

4. 创新与实践教学活动设计

混合式教学模式巧妙地将线上与线下教学的优势融为一体,在实施过程中,其教学活动设计既非传统线下授课的翻版,也非单纯满足线上教学需求的产物。因此,如何创新并实践教学活动设计,成为成功实施混合式教学模式的关键策略。

(1)创新与实践线上教学活动设计。在进行线上教学活动设计时,教师可以利用丰富的在线资源和数智化技术工具,营造一个互动性强且具有创造性的学习环境。例如,教师通过设置具有挑战性和启发性的讨论话题,引导学生积极参与讨论,分享观点和见解,从而培养他们的批判性思维和创新能力。又如,教师还可以通过设置在线测试等方式,检测评估学生的学习效果,不仅可以帮助学生发现自身学习的不足,而且还可以引导他们及时调整学习进度与策略。

因此,创新与实践线上教学活动设计,不仅可以有效提升学生的自主学习能力,而且还可以激发他们的探究精神,从而确保混合式教学模式中线上教学取得卓越的效果和质量。

(2)创新与实践线下教学活动设计。在进行线下教学活动设计时,教师需要根据课程内容和教学目标,设计一系列具有实践性和操作性的教学活动,如小组讨论、案例分析、实验操作等。这些活动不仅可以让学生在亲身体验中深化对知识的理解和掌握,而且还可以培养他们的团队协作能力和解决实际问题的能力。此外,教师还可以通过组织课堂展示、作品汇报等形式,让学生充分展示自己的学习成果,增强他们学习的信心和动力。

因此,创新与实践线下教学活动设计,不仅可以培养学生的实践操作能力,而且还可以锻炼他们的团队协作精神,从而确保混合式教学的线下教学的成效。

总之,在混合式教学模式的实施过程中,教学活动的设计需要兼顾线上与线下的特点与优势,不仅需要培养学生的自主学习能力、实践操作能力和团队协作能力,而且还需要激发学生的学习兴趣、提升学习效果。因此,教师通过创新与实践教学活动设计,为学生提供全面、深入、互动的学习体验,不仅可以帮助他们理解和掌握知识,而且可以促进他们的能力提升和个性发展,从而确保混合式教学模式的教学成效。

5. 完善和优化评价与反馈机制

在混合式教学模式的实践中,注重学生的学习体验,因此,教学评价与反馈相较于传统的线下教学模式,需更加关注学生学习的过程性和多元性。完善和优化评价与反馈机制,是推动混合式教学模式发挥更大优势的关键策略之一。

(1)注重评估的全面性与客观性。在深入剖析混合式教学模式的实践效果时,教师需要全面考查学生的知识掌握程度,并兼顾其思维能力、实践能力和创新能力的多维评价。通过精心挑选并综合运用各种评价方法和工具,如作业评分、课堂表现观察、在线测试反馈和项目实践考核等,教师可以更为精准地把握学生的学习动态,洞察其优势与不足。进而为学生提供更具个性化和针对性的指导,助力其全面发展。

因此,不断完善教学评价体系,确保其能够全面、客观地评估学生的学习成果,对于推动混合式教学模式的创新与发展至关重要。

(2)关注评价的过程性。在混合式教学模式的实施过程中,教师不应该以单一的结果性评价为导向,而应该更多地关注学生的学习过程。因为,过程性评价更能真实反映学生在线上线下学习过程中的态度、努力程度和进步情况。通过利用数智化工具,跟踪并分析学生的学习轨迹,教师可以及时发现学生的学习困难和问题,从而为他们提供针对性的指导和帮助,促进学生的持续进步。

(3)注重反馈和指导的及时性。反馈是评价体系的延伸,可以让学生及时了解自己的学习状况,明确下一步的学习方向。同时,教师可以通过线上平台或线下交流等方式,定期向学生提供个性化的学习建议和指导,帮助他们调整学习策略和方法,提高学习效果。这种双向的沟通与交流不仅可以增强学生的学习动力,而且还可以促进师生之间的情感联系,从而营造良好的学习氛围。因此,在混合式教学模式的实施过程中,及时给予学生反馈和指导也是完善和优化评价体系的重要组成部分。

总之,评价与反馈机制是混合式教学模式中不可或缺的一环。通过完善和优化评价与反馈机制,教师可以更好地了解和掌握学生的学习情况,并提供更具针对性的有效建议和指导,帮助他们更好地理解和掌握知识,全面提升自身的综合素质,从而确保混合式教学模式实现教学最优化。

6. 持续改进与优化实施过程

在混合式教学模式的实施过程中,定期评估与反思其实践效果至关重要。通过完善的教学评价系统,教师可以精准地收集学生的学习情况,进而对教学模式的有效性进行客观且全面的评价。此外,结合学生的直接反馈,如问卷调查、座谈会等多样化形式,教师可以更深入地洞察学生对混合式教学的接受程度,及时识别存在的问题,并采纳改进的建议。因此,持续对实施过程进行优化与改进,是确保教学效果最大化的有效策略,也是混合教学模式成功实施的关键所在。

(1)基于评估结果调整优化实施过程。基于教学评价系统的评估结果和学生的直接反馈,教师可以有针对性地调整和优化教学内容、教学方法和教学策略。例如,针对某些难以理解的知识点,教师可以增加在线学习资源或组织专题讨论,以帮助学生更好地理解和掌握;对于学生在课堂上表现出的兴趣点或疑惑,教师可以及时调整教学计划,增加或补充相关内容,以满足学生的学习需求。

(2)学习优秀案例调整优化实施过程。借鉴其他成功的教学案例和经验也是提升混合式教学质量和效果的重要途径。通过了解和学习其他教师或教育机构在混合式教学方面的优秀实践案例,教师可以从中汲取灵感和启示,不断完善和优化自身的教学实施过程。同时,教师也可以积极参与教学研讨和交流活动,与同行分享自己的经验和心得,共同推动混合式教学模式的发展和完善。

总之,混合式教学模式的实施需要不断地进行评估、反思和优化。从而确保这一教学模式能够真正发挥其优势,进一步促进教育改革的创新与发展。

综上所述,混合式教学模式作为一种新兴的教学模式,在信息化时代具有广阔的发展前景和巨大的应用价值。作为教育工作者,通过深化教学目标与内容设计、有效整合教学资源、精心选择教学平台与工具、创新与实践教学活动设计、完善和优化评价与反馈机制、持续改进与优化实施过程等实践策略,深入实施和不断优化这一模式,从而为学生提供更加优质、高效的学习体验,推动教育事业的持续发展和进步。

三、中职数学课程教育中混合式教学模式的典型案例与实践效果

教育信息化的浪潮推动了混合式教学模式在中职数学教育中的广泛应用。这一模式巧妙融合了传统面授教学与现代网络教学的优势,目的在于激发中职生学习热情、增强自主学习技能,并提升课堂教学的整体水平。

(一)中职数学课程教育中混合式教学模式的典型案例

随着教育信息化的推进,混合式教学模式因其创新性被教育界广泛采纳。这一模式通过增强师生互动,有效提高了学生的学习积极性和自主学习能力。在中职数学教育领域,混合式教学的应用同样普遍,以下将介绍两个典型案例,以展示其在实际教学中的成效和价值。

1. 基于微课的混合式教学案例及分析

混合式教学模式,结合了传统课堂与网络自主学习的灵活性,已成为教育改革的关键方向。微课,以其精炼和针对性强的特点,正成为受欢迎的网络教学资源。本案例通过一个基于微课的混合式教学实践,旨在评估其效果并分析其优势,为中职数学教育改革提供参考和启示。

案例 6-1　基于微课的混合式教学案例

课题	对数函数的概念
教学目的	知识目标:理解并掌握对数函数的概念. 能力目标: 1. 通过观察、分析,能够归纳出对数函数的定义; 2. 根据对数函数的概念,判断给定函数是否是对数函数; 3. 根据已知条件,求出对数函数的解析式及某点的函数值. 素养目标: 1. 通过实际案例,培养学生观察、分析、归纳总结的数学素养; 2. 通过解决细菌繁殖问题,增强学生的疫病预防意识,关注自身身体健康.
教学重点难点	重点: 1. 理解并掌握对数函数的概念; 2. 根据已知条件,求出对数函数的解析式及某点的函数值.

（续表）

课题	对数函数的概念		
教学重点难点	难点： 1. 通过观察、分析,能够归纳出对数函数的概念; 2. 通过解决细菌繁殖问题,增强学生的疫病预防意识,关注自身身体健康.		
教学环节	教师活动	学生活动	设计意图
课前预习	教师通过企业微信群或者QQ群发布微课视频以及预习测试题,并根据学生预习情况调整教学策略.	通过微课预习,完成预习测试题并拍照提交至作业收集小程序.	引导学生预习发现疑难点;通过评估学生的预习情况,及时调整教学策略.
导入新课	教师根据课前微课预习情况,引导学生思考:细菌繁殖次数 y 如何用细菌个数 x 的代数式表示? 表格如下 教师引导学生分析等式:$y=\log_2 x$ 的特点. 函数 $y=\log_2 x$（$x\in N_+$）中,真数 x 为自变量,底 2 为常数.	计算并填写表格,将指数式化为对数式得:细菌繁殖次数 y 与细菌个数 x 的函数关系式:$y=\log_2 x$. 思考未知数的位置特点以及底 a 的特点.	以健康问题——细菌繁殖的动画视频导入新课,动态地展示细菌的繁殖,更好地引导学生观察思考细菌繁殖的变化规律,激发他们的学习兴趣.
讲授新课	教师引导归纳对数函数的概念: 一般地,形如 $y=\log_a x$ 的函数叫做对数函数,其中底 a（$a>0$ 且 $a\neq1$）为常量.定义域为 $(0,+\infty)$,值域为 $(-\infty,+\infty)$.	思考总结归纳对数函数的概念.	引导学生总结归纳对数函数的概念,并深化其理解.
巩固新知	教师根据学生课前预习情况,针对性地设置例题与习题. **例题 1**　判断下列函数是否是对数函数: (1) $y=3\log_5 x$ (2) $y=\log_2(-x)$ (3) $y=\log_{-3}x$ 教师与学生一起完成例题 1.	学生与教师一起完成例题 1.	通过例题引导学生巩固理解对数函数的概念.

导入新课环节中的表格：

繁殖次数 y	1	2	3	…	y
细菌个数 x	$2=2^1$	$4=2^2$	$8=2^3$	…	$x=2^y$

241

(续表)

教学环节	教师活动	学生活动	设计意图
巩固新知	**练习1** 判断下列函数是否是对数函数： (1) $y=\log_{0.5}(x-1)$； (2) $y=\ln x$； (3) $y=\log_{\pi}x$； (4) $y=\lg x$. 教师指导学生完成练习1,之后学生代表讲解练习1,最后教师点评. **练习2** 在导入新课的实例中,感染人数 y 是传播次数 x 的函数关系为：$y=\log_2 x$，$x\in\mathbb{N}_+$. 请问：在繁殖规律不变的情况下,求第几次繁殖后,细菌数量增长至32个？第几次繁殖后,细菌数量是64个？ **解**：由 $y=\log_2 x$ 得 当 $x=32$ 时, $y=\log_2 32=\log_2 2^5=5$； 当 $x=64$ 时, $y=\log_2 64=\log_2 2^6=6$. 即第5次繁殖后,细菌数量是32个；第6次繁殖后,细菌数量是64个.	在教师的指导下完成练习1,然后学生代表进行讲解. 在教师的指导下完成练习2,然后学生代表上台演练并讲解.	设置练习,进一步巩固所学知识. 通过回应导入问题,引导学生初步应用对数函数知识解决实际问题,并掌握对数函数求值方法,以及培养他们函数建模的意识.
强化新知	教师指导学生完成练习2,然后请学生代表上台演练并讲解,教师给予针对性地点评分析. 教师根据学生课前微课预习情况,设置综合应用例题. **例题2** 已知对数函数 $f(x)=\log_a x(a>0$ 且 $a\neq 1)$,且 $f(9)=2$,求 $f(3)$、$f\left(\dfrac{1}{27}\right)$ 的值. **解**：由 $f(9)=2$ 得,$\log_a 9=2$, 即 $a^2=9$, 解得 $a=-3$(舍去),$a=3$. 因此,函数的解析式为 $f(x)=\log_3 x$；则 $f(3)=\log_3 3=1$, $f\left(\dfrac{1}{27}\right)=\log_3 3^{-3}=-3$. 教师指导学生完成例题,请学生代表上台演练并讲解,给予针对性地分析点评.	在教师的指导下完成例题2,然后学生代表上台演示并讲解.	设计综合应用例题,引导学生根据已知条件,求出对数函数的解析式及某点的函数值,培养学生发现问题、分析问题、解决问题的综合能力.

教学 环节	教师活动	学生活动	设计意图
小结 作业	教师引导学生复习回顾对数函数引入的实际案例,再次强调疫病预防的重要性,同时对本节课进行分析总结. 概念:形如 $y=\log_a x$ 的函数叫做_____,其中底 a 为常量需满足_____,定义域为_____,值域为_____. 判定:对数函数是形如_____的函数,其中底 a 为常量需满足_____. 希望大家能运用对数函数解决更多生活中的问题.	学生在教师的引导下,总结填空,进一步分析巩固所学知识.	呼应细菌繁殖的问题,融入关注健康预防疫病的思政教育. 设填空题,引导学生思考复习所学概念.
课外 作业	巩固复习:复习课前微课,完成拓展练习,上传至作业小程序. 操作练习:完成"对数函数的概念"练习,并提交至作业小程序. 检查与反馈:教师及时检查并反馈作业完成情况.	学生完成作业,并上传至作业小程序.	设计练习,进一步巩固所学知识.

案例6-1生动地展示了基于微课的混合式教学模式在中职数学课程中的有效应用。这一模式成功整合了传统授课与在线学习的优势,为中职生提供了个性化和灵活的学习体验。具体体现在以下方面:

首先,该模式在时间和成本上实现了显著的节约。中职生通过微课预习新知识,有效减少了课堂上的重复讲解时间,使教师能够更有针对性地进行教学。同时,教师也能根据中职生的预习情况及时调整教学策略,进一步提高教学效率。

其次,该模式增强了学习效果。微课预习采用视频、音频、图文等多种教学媒介,通过刺激中职生的多感官学习,提升了他们的学习体验和效果。

此外,该模式充分考虑了不同学习者的需求。它为需要强化理解和掌握知识的中职生提供了丰富的学习资源和灵活的学习时间,同时也满足了那些喜欢自主学习和探究的中职生的需求。

总之,基于微课的"对数函数"混合式教学案例充分展示了这种新型教学模式的多方面优势,为中职数学教育改革提供了宝贵的参考。在未来的教学实践中,中职数学教师应该根据中职生的具体情况,不断优化教学设计和方法,以提升教学质量,促进中职生的全面发展。

2. 基于网络平台的混合式教学案例及分析

随着信息技术的快速发展,网络平台在教育领域的应用越来越广泛。基于网络平台的中职数学混合式教学,结合了线上和线下教学的优势,为中职生提供了更加灵活、便捷的学习方式。以下通过案例展示和分析,探讨基于网络平台的中职数学课程混合式教学的实践和效果,以期为教育工作者提供更多的启示和思考。

案例 6-2   结合教学平台的混合式教学案例

课题名称	圆的标准方程	课程名称	数学
课时安排	1 课时(40 分钟/课时)	教学对象	中职物流专业 二年级学生
设计思路	在教学过程中以学生为主体,以网络化教学资源平台为载体,以问题启发引导方式,帮助学生探索本节课的知识;以小组合作方式探索知识重点并培养学生分析问题、解决问题的能力,同时增强他们的团队合作意识. 通过教学资源平台,动画视频等信息化手段,引导学生自主完成课前预习、实操演练等突出教学重点。利用几何画板操作演示,突破教学难点.		
教学目标	知识目标: 1. 理解和掌握圆的标准方程; 2. 理解用解析法推导圆的标准方程的过程. 能力目标: 1. 应用解析法推导圆的标准方程,并提高学生逻辑思维能力; 2. 能较熟练使用计算机操作几何画板软件,开展动画实验. 素养目标: 1. 通过圆的标准方程在专业课实际应用过程中的应用,培养学生的安全意识及其团队合作能力; 2. 会准确地自我评价和接受他人评价,并能从评价中吸取经验教训.		
教学重点难点	重点:理解和掌握圆的标准方程;理解用解析法推导圆的标准方程的过程; 难点:圆的标准方程在专业课学习过程中的应用.		
教学方法	教法:启发引导法、案例分析法; 学法:合作探究法.		
教学准备	教学环境:多媒体教室; 课堂组织:小组学习,5 个学习小组; 教具准备:多媒体课件、教学平台、教学视频、几何画板软件.		
学情分析	已有知识:学生已掌握圆的概念,且学过用解析法推导直线方程; 信息化经验:熟悉教学资源平台,初步了解几何画板的使用; 薄弱之处:逻辑思维能力、推理演绎能力不足.		

（续表）

教学环节	教师活动	学生活动	设计意图
课前准备	课前,教师将学习内容和课堂任务发布于教学平台。通过班级微信群通知学生预习并根据学习情况进行分组. 通过教学平台发布课前预习任务; 通过微信群布置课前作业.	通过微信群获取课前预习内容;根据自身情况进行分组.	让学生复习学过内容、预习新课内容,提前了解学习内容、带着疑问进入课堂.
新课导入	通过展示仓库中消防栓灭火的动画视频引导学生观察:为什么浇不灭着火点 5 和 6? 进一步引导学生思考:消防栓的保护范围是什么? 由圆的定义得出"到定点的距离等于定长的点的轨迹是圆",进而向学生提出:如何确定仓库中消防栓的保护范围,即如何确定圆,引入本课主题: 圆的标准方程.	观看视频,观察发现着火点5、6的距离比较远,超出了消防栓的保护范围; 还发现消防栓的保护范围:"到定点的距离等于定长的点的轨迹的内部".	视频结合了专业的实际问题,形象性、具体化地引入主题,激发学生的学习兴趣。初步了解圆与实际问题密切相关.
新知探索	教师引导学生从视频中抽象出具体的数学模型是:在平面直角坐标系中,一动点 $M(x,y)$ 绕定点 $C(a,b)$ 运动做等距运动所形成的轨迹是圆。假如此圆的半径是 r,如何求出圆的方程呢? 考虑到学生已经学习过用解析法推导直线的方程,设置如下三个问题: 1. 在如上图的圆中找出等量关系; 2. 依据等量关系建立方程; 3. 观察并总结所得方程的特点. 三个问题层层递进,引导学生积极主动地去探索,得出等量关系是:动点 $M(x,y)$ 到定点 $C(a,b)$ 的距离等于半径 r,依据两点间的距离公式建立方程.	思考回答,讨论交流.	通过设置问题,逐层递进,引导学生积极探索、思考、总结,帮助他们掌握教学重点内容.

教学环节	教师活动	学生活动	设计意图
新知探索	$\sqrt{(x-a)^2+(y-b)^2}=r.$ 教师引导思考:如何将根号去掉呢?学生发现只要将等号两边同时平方则可以去掉根号,得出圆的标准方程: $(x-a)^2+(y-b)^2=r^2$ 其中圆心 $C(a,b)$,半径 $r.$	通过观察,发现带有根号的方程规律不太明显.	
巩固知识	教师巡视答疑,针对性指导. 登录教学平台,批阅评价随堂测试情况.	通过例题演练,与正确答案对比. 登录教学平台,完成随堂测试.	通过例题巩固知识,随堂测试,帮助学生进一步掌握教学重点.
能力提升	展示课堂任务(教学平台):仓库消防栓的设置(圆的标准方程的应用). 长为 40 m、宽为 25 m 的仓库平面坐标图(模型如下图所示). 以小组为单位,利用圆的标准方程,并结合仓储实务知识,完成下列任务: (1) 设计消防栓的最佳安装位置,并求出此消防栓保护范围的边界的轨迹方程; (2) 判断该仓库是否在此消防栓的保护范围内. 教师观察指导,了解观察学生作品,并请每个小组代表上台展示讲解本小组的作品,教师给予点评. 所有组完成展示后,教师归纳点评.	小组合作、分配任务,通过网上搜集信息,利用几何画板画出圆,得出圆的标准方程,并分析其实际意义; 作品完成后,派代表上台展示讲解作品,并点评其他小组的作品.	通过创设实际应用情境,以实际案例引导学生将数学理论应用于专业课学习过程中的实际问题.培养学生团队协作的能力,锻炼学生的语言组织能力和临场应变能力,体现了师生评价、生生评价的原则.
归纳延伸	教师引导学生归纳总结: $(x-a)^2+(y-b)^2=r^2,$ 圆心 $C(a,b)$,半径 $r.$ 教师登录教学平台发布课后作业: 1. 根据课堂上设计的消火栓安装位置,网上查找资料或咨询专业课老师是否合理? 2. 思考:圆的标准方程在专业课学习中或实际生活中的其他应用. 3. 完成实操演练.	学生归纳、总结、登录教学平台、完成作业并上传至教学平台.	帮助学生进一步巩固本节课的重点难点。让学生进一步了解数学来源于生活又服务于生活的理念.
考核评价	登录教学平台,评价学生学习情况.	登录平台后,进行自评、互评。了解本人及他人的学习情况.	多元化的评价方式促使学生自我管理,提高学生学习主动性.

案例 6-2 深入剖析了基于网络教学平台的混合式教学模式在中职数学课程中的应用实践,该模式融合了传统课堂教学与线上自主学习的双重优势,显著提升了中职学生的学习成效。具体体现在以下方面:

首先,基于网络教学平台的混合式教学模式,运用丰富的学习资源,使得中职生实现了个性化的学习体验。中职数学教师借助在线平台,为中职生提供了包括微视频、互动课件和多样化习题在内的丰富学习资源。这些资源不仅涵盖了广泛的数学概念和解题技巧,而且根据不同难度层次呈现,以满足不同能力水平的中职生的学习需求。中职生可以根据自身学习进度和兴趣偏好,自主选择最适合自己的学习材料和方式,从而实现个性化学习。

其次,在教学中,实施基于网络教学平台的混合式教学模式,使得数学教师可以借助网络教学平台的智能收集与分析功能,收集中职生的知识储备、认知能力、心理特质等学情基础,并分析他们的学习能力及学习风格。这样可以为每位中职生量身定制个性化的学习路径,并提供精准的学习指导和支持,帮助中职生按照自己的节奏掌握数学知识,同时激发他们的学习兴趣,提升学习动力。

此外,在中职数学教学中,实施基于网络教学平台的混合式教学模式,使得师生互动与协作得到加强。这种教学模式通过线上线下相结合的方式,为师生提供了更多的互动机会。在线下教学活动中,数学教师可以通过组织讨论和小组合作活动,不仅可以增强中职生的团队协作能力,而且还可以锻炼他们的沟通技巧。在线上教学活动中,借助网络教学平台的实时互动功能,中职生可以与数学教师或者其他同学进行实时交流,共同探讨学科问题,从而营造互助互学的积极学习氛围。

最后,在中职数学教学中,开展基于网络教学平台的混合式教学模式,使得教学评价与反馈机制得到及时有效的实施。利用网络教学平台的数据分析工具,数学教师可以实时监控中职生的学习进度和理解程度,并为中职生及时提供反馈和指导。同时,这种及时的评价机制使得中职生能够比较快速、精准地识别自己的不足,并在学科教师的指导下调整学习方法,优化学习策略。

总之,实施基于网络教学平台的混合式教学模式,是一种适应教育信息化发展的创新教学策略。这种教学模式不仅为中职数学课程教育提供了丰富的学习资源,并为中职生提供了更好的个性化学习体验,而且还可以增强师生的互动与协作,为中职生提供及时有效的学习反馈与指导,从而满足了不同学科学习能力的中职生的学习需求,进而有效地提升了中职数学课程的教育质量。

(二)中职数学课程教育中混合式教学模式的实践效果

随着我国教育信息化进程的不断深入,混合式教学模式在中职数学课程教育中的应用日益广泛。这一教学模式的实践对教师的教与学生的学都产生了积极的作用,有效促进了中职数学课程教育的改革与创新。

1. 混合式教学模式的实施对中职生的影响

混合式教学模式在中职数学课程教育中的实施,正逐渐展现出其对中职生学习态度和能力提升的积极影响。这种教学模式通过结合线上自主学习和线下传统教学,不仅可以激发中职生的学习兴趣,而且还可以明显提升他们的自主学习能力。

(1)激发了学习兴趣。在中职数学教学中开展混合式教学模式,学科教师可以利用网络学习资源的多样性和线上线下互动交流的灵活性,使得原本枯燥的数学课堂变得生动有趣,从而激发中职生学习数学的兴趣。例如,数学教师可以设计互动性强的在线讨论和模拟实验,让中职生在解决问题的过程中体验到学科学习的乐趣。此外,数学教师还可以利用多媒体技术,如动画和视频,展示抽象的学科知识,使之变得直观易懂,进一步激发中职生对学科知识的学习热情和探索欲望。

(2)提升了自主学习能力。在中职数学教学中开展混合式教学模式,学科教师从传统的讲授者转变为中职生学习的引导者和促进者,引导中职生从被动的知识接受者转变为学习的主动参与者,可以促进他们积极主动的探索学科知识,并运用所学知识自主解决相关问题。同时,中职生可以根据线上学习平台的智能化学习数据及分析,及时主动地调整学习策略,从而有效地提升自主学习能力。

总之,混合式教学模式在中职数学课程教育中的实施,不仅可以激发中职生学习数学的兴趣,而且还可以提升他们的自主学习能力,进而明显提高他们学科学习的效果。

2. 混合式教学模式的实施对中职数学教师的影响

在中职数学教学过程中,实施混合式教学模式,将传统课堂教学与在线教学的优势相结合,不仅为学科课程教育带来了更加灵活、高效的学习方式,而且对学科教师的教学实践也产生了积极的影响。这一教学模式的实施,为中职数学教师提供了多元化的教学内容以及多样性的教学手段,并成为他们专业发展与成长的催化剂。具体体现在以下方面。

(1)为中职数学教师提供了多元化的教学内容。在中职数学教学中,引入混合式教学模式,极大地丰富了学科课程的教学资源库,为学科教师提供了多元化的教学内容。实施线上教学的网络平台,不仅可以为学科教师提供了传统的教材与教案,而且还可以为他们提供多样化的数智化教学资源,如教学视频、动画和实际案例等。中职数学教师通过合理选择这些多元化的教学内容,不仅可以帮助中职生直观深入的理解和掌握学科知识,而且还可以激发他们学科学习的兴趣。

(2)为中职数学教师提供了多样性的教学手段。在中职数学教育中,实施混合式教学模式,不仅可以为教师提供多元化的教学内容,而且还可以为他们提供多样性的教学手段。数学教师借助在线平台的教学工具,如互动问答、在线测试和实时数据分析等,实现师生、生生间的实时或延时互动,并实时监测中职生的学习进度和理解程度。同时,这些工具既可以提高评估的精准度,也可以为学科教师提供即时反馈的可能性,使教学更加贴合中职生的实际需求,从而提升了教学的有效性。通过运用这些先进的教学辅助手段,数学教师可以设计更具互动性和个性化的教学方案,从而提升教学的有效性并激发中职生的学习动机。

(3)促进了中职数学教师的专业发展与成长。在中职数学教学中,实施混合式教学模式,需要教师的数智化教学能力具备较高的水平。面对这一教学模式带来的变革,数学教师应该积极适应,通过持续的学习和实践,不断提升自身的数智化教学技能水平。在实践过程中,学科教师不仅需要熟练运用线上教学平台,制作并发布高质量的课程资源,而且在线上线下这种新的教学环境下,需要更加专业的教学实践能力引导中职生进行自主学习和评估学习效果。

因此,在混合式教学模式的实施过程中,中职数学教师可以学会如何巧妙设计互动性强、参与度高的在线学习活动,如何有效运用信息化技术工具进行精准的学习行为分析,以及如何根据中职生的个性化学习表现提供有针对性的反馈。这些技能的掌握,不仅极大地丰富了中职数学教师的教学策略,也加深了他们对教育技术的深入理解和应用,从而实现了专业发展和成长的显著突破与飞跃。

总之,混合式教学模式的推广对中职数学教师产生了积极影响。它为中职数学教师提供了多元化的教学内容和多样化的教学手段,并促进了他们的专业发展与成长。因此,中职数学教师应该积极运用这一模式,不断提高教学素养,以提供更高效、优质的教学服务。

3. 混合式教学模式的实施对中职数学课程教育的积极影响

在中职数学课程教育中,实施混合式教学模式能够有效地促进学科课程资源的持续优化与整合,不仅可以增强学科教学的灵活性,而且还可以提升学科教学的成效。同时,这一模式的实施也为中职生提供了更加公平的教育契机与丰富的教学资源,进一步促进了教育的公平性和提高学科教育的有效性。

(1)资源整合的优势显著。混合式教学模式在中职数学课程教育中的实施,充分利用了线上与线下两种教学资源,实现了教育资源的优化整合。这一模式既保留了传统面对面教学的优势,又发挥了线上教学的便捷性,不仅为中职生提供了更为丰富、全面的学习体验,更为中职数学教师提供了丰富多样的优质教学资源,为学科课程教育带来了深远的影响。

(2)教学灵活性得以提升。混合式教学模式在中职数学课程教育中的实施,为教学提供了更大的学习灵活性。中职生可以根据自己的时间安排和调整学习节奏,选择适合自己的学习时间和方式。线上学习平台的互动功能,如讨论区、即时通信等,使中职生可以与数学教师、同学进行实时交流,极大地增强了学科学习的互动性和实践性。这种个性化的学习体验,有效激发了中职生的数学兴趣,提高了他们的积极性和主动性。

(3)教学成效性得以提升。混合式教学模式在中职数学课程教育中的实施,结合了线上与线下教学的优势,使得教师不仅可以线上发布课程资料、布置和批改作业,而且还可以利用平台的数据分析工具监控中职生的学习进度,实现个性化教学。此外,中职生还可以根据自己的时间和学习节奏进行自主学习,灵活地利用零散时间开展数学学习活动,从而有效地提升学科学习效率。因此,混合式教学模式的实施可以极大地促进中职数学课程教育的成效。

(4)教育公平性得以彰显。混合式教学模式在中职数学课程教育中的实施,帮助教师通过线上教学平台,为所有中职生提供平等接触优质教育资源的机会。无论是身处偏远地区的中职生,还是因为其他原因无法到校学习的中职生,都可以通过线上学习获取知识,享受与城市学生同等的教育机会。因此,混合式教学模式在中职数学课程教育中的实施,在一定程度上缩小了城乡教育差距,促进了教育资源的均衡分配。

总之,混合式教学模式的实施,为中职数学课程教育实践带来了深远的影响。它不仅可以提高学科教学资源的利用效率,增强了教学的灵活性,而且还可以提升学科教学的成效性,并促进教育的公平性。未来,作为中职数学教育者,应该继续深入探索和完善这一教学模式,同时积极参加数智化教学技能培训,提高线上教学的质量,为中职生提供更优质的学科课程教育。此外,通过不断地努力和创新,实现更加公平、高效、个性化的中职数学课程教育,有效地实现高素质的技能人才的培养。

综上所述,混合式教学模式不仅有效整合了传统课堂与现代教学手段,还为中职生提供了更为丰富、灵活的学习体验,从而提升了中职数学课程教育的质量和效率,并进一步推动了其在教学领域内的改革与创新步伐。因此,中职数学教育者需要持续探索这一教学模式,从而使得中职数学课程教育有望实现信息化和高质量,进而为培育高素质技能人才奠定良好的基础。

第二节　基于数智化技术构建
中职数学课程教育评价体系

在数字化与智能化的浪潮中,我国教育事业,特别是中职数学课程教育,正面临前所未有的挑战与机遇。鉴于数学课程在培养中职生职业技能与数学基础素养中的核心作用,构建一个符合新时代需求的评价体系显得尤为关键。因此,中职数学教育评价体系亟须进行全面革新,融入信息化与智能化元素,以推动教育质量的全方位提升,从而满足现代职业教育的发展目标。

一、当前中职数学课程教育评价存在的问题及应对策略

当前,中职数学课程教育评价体系正面临一系列严峻挑战,包括评价方法的单一性、评价标准的功利化倾向、评价内容的片面性,以及评价过程的不合理性等。这些问题不仅严重削弱了中职生对数学学习的兴趣,还制约了学科教学成效的提升。因此,我们迫切需要对中职数学课程教育评价体系进行深入改革和完善,以激发中职生的学习动力,进而提升数学学科的教学质量。

(一)当前中职数学课程教育评价存在的问题

中职数学课程教育在我国教育体系中占据着举足轻重的地位,其评价机制存在的问题已引起教育界的高度重视。这些问题不仅制约了学科教学质量的提高,也对中职生的全面发展造成了不利影响。

1. 评价方法单一

在我国中职数学教育领域中,评价体系的单一性已成为制约学科教学效果的瓶颈。长期以来,传统的纸笔测试占据主导地位,这种评价方式未能充分考察中职生的实践应用、创新思维和综合解决问题的能力。这种局限性导致中职生难以有效地运用数学知识解决实际问题,进而影响了他们对学科学习的热情和兴趣。

(1)难以有效评价实践能力。当前的中职数学课程教育评价主要依托传统的纸笔测试,然而这种测试方式过分强调理论知识的记忆与重复,相对忽视了对中职生实践技能的有效培养和考察。例如,在解决建筑工程中的实际测量问题时,中职生可能缺乏必要的实践操作经验,无法将抽象的数学公式与具体的测量实操活动相结合。这种教学现况既限制了中职生将数学知识应用于现实生活的能力,也削弱了他们解决实际问题的能力。

(2)缺乏对创新能力的检验。当前的中职数学课程教育评价体系,未能充分重视中职生创新能力的培养。在数学教育实践中,中职生仅通过项目式学习或探究性活动很难充分挖掘其学科学习潜力和调动其学习的积极性。例如,中职生可能因为没有参与过设计数学模型应用于生产实践等活动中,从而丧失了创新能力的锻炼机会。

(3)难以激发学习兴趣。在当前的中职数学课程教育评价体系中,纸笔测试的局限性难以充分激发中职生的学习兴趣。当中职生在学习过程中无法体验到数学知识与现实生活的紧密联系时,他们的学习动力和积极性可能会受到负面影响。例如,在学习概率论时,若数学教师不将其应用于分析市场风险或体育比赛结果等

实际场景,则可能导致中职生觉得数学知识与自己的生活无关,从而不能充分调动他们学习概率知识的积极性。

总之,当前中职数学课程教育评价方法的单一性影响了对中职生学科学习成效的全面、客观地评估,一定程度上降低了他们学科学习的积极性,从而限制了其综合素质的有效提升。因此,改革中职数学课程评价体系,采用多元化的评价方法,不仅可以激发中职生学科学习的兴趣,而且还可以促进他们全面发展。

2. 评价标准功利化

当前中职数学课程教育评价体系存在功利化倾向,过分强调分数的重要性。这种以分数为中心的评价模式不仅导致数学教育教学实践趋于应试化,而且较大程度上忽视了中职生个性化发展的需求,对他们学科学习的兴趣和自觉性造成了不利影响。

(1)在当前的中职数学课程评价体系中,过度关注分数较大程度上会给中职生带来额外的学习压力。为了追求高分,中职生往往将大量时间投入到应试技巧的磨炼中,而忽视了数学知识的实际应用和深层次理解。例如,中职生可能在解决数学问题时,更倾向于死记硬背解题步骤,而不是理解背后的数学原理和内在的逻辑关系。这种应试教育的评价方式,既限制了中职生的创造力和批判性思维的发展,也削弱了他们解决实际问题的能力。

(2)给数学教师的教学方法带来了负面影响。当前中职数学课程教育评价标准的功利化对学科教师的教学方法产生了不利影响。为了迅速提高中职生的考试成绩,学科教师可能更倾向于使用填鸭式的教学方法,侧重于学科知识的灌输而忽略中职生的自主探索。这种做法不仅忽略了中职生的个体差异,也不利于培养他们的独立思考和自主学习能力。长此以往,由评价标准功利化导致的这种教学方式将会使得教学质量停滞不前,难以满足社会对创新人才的需求。

(3)导致家长过度施压。鉴于当前中职数学课程教育评价体系的核心导向作用,家长的教育观念也在潜移默化中受到分数导向的深刻影响。在一些家庭中,孩子的数学成绩被视为衡量学业成就的唯一标准,而学习过程和心理需求往往被忽视。这种单一的评价视角可能导致家长对孩子的数学学习施加过多的压力,不仅影响孩子的学科学习兴趣,还可能对孩子的心理健康产生负面影响。

总之,为培养具备创新精神和实践能力的优秀人才,中职数学课程教育评价体系进行根本性改革势在必行。中职数学教育者应摈弃以分数为导向的功利性评价,转而关注每位中职生的个性化成长和发展需求。通过这种改革,中职数学课程教育评价能够更全面地评价中职生的学科学习成效,激发他们的学习热情,为中职生的长远发展奠定坚实基础。

3. 评价内容片面化

在我国中职数学课程教育评价体系中,评价内容过于侧重对数学知识的掌握,而对中职生的数学素养、思维能力等综合素质的评价则相对不足。这种片面的评价倾向导致了中职生对数学的认知过于局限,不能充分认识到学科知识的深远价值和实际应用的广泛性。

(1) 制约对数学知识的理解。当前,数学课程教育评价方式的片面性,较大程度上会制约中职生对数学知识的深入理解。这种评价使中职生对数学知识的理解仅停留在表面上,只满足对知识点的机械记忆和重复操作,而无法体现通过学科知识的学习达到培养学科素质的目标。数学素养涵盖了数学知识、数学思维、数学方法等多个层面,是一种综合性的能力。例如,中职生可能较好地理解和掌握了几何证明的常规步骤,却不能很好地运用数学思维和知识解决实际问题,从而影响他们对学科知识的理解深度和应用广度。

(2) 限制思维能力的发展。当前,数学课程教育评价内容过分关注知识点的掌握,极大地阻碍了中职生思维能力的发展。数学教育的根本目的在于培养学生的逻辑思维、创新思维和问题解决能力。然而,当前学科课程教育评价体系的不全面、不合理导致了中职生在学科学习中过分追求分数,而忽视了对学科思维能力的培养。长此以往,中职生对数学的兴趣和热情可能逐渐降低,甚至可能产生抵触情绪。

(3) 影响对数学价值的认知。当前,中职数学课程教育评价方式的片面化也阻碍了中职生对学科价值和意义的全面理解。数学不仅是一门学科,更是一种语言,是认清世界的重要工具。它在自然科学、社会科学乃至日常生活中都有广泛地应用。例如,概率论在风险评估和管理中发挥着重要作用,而统计学则是数据分析不可或缺的工具。当前的学科课程教育评价体系未能充分展现数学的这些应用价值,从而影响了中职生对学科知识重要性的认识。

总之,为了促进中职生的全面发展,必须改变当前中职数学课程教育中评价内容片面化的弊端。通过建立一个全面、科学、客观的评价体系,使之不仅评价中职生对学科知识的掌握情况,而且还要评价他们的数学素养、思维能力和问题解决能力。这样的评价体系将有助于中职生深入理解数学的本质,激发他们学科学习的兴趣,切实提高中职数学课程教育的效率和质量。

4. 评价过程不合理

数学课程教育评价体系的根本目标在于全面、精准地评估中职生学科学习的过程和结果,并促进其学科核心素养与职业素养的全面发展。然而,现有的评价流程存在一定的问题,这些缺陷制约了中职数学课程教育的效果最大化。

(1) 过分注重结果性评价。当前的中职数学课程教育评价体系过分侧重于终结性评价，即仅在课程结束时通过考试评定中职生的学习成果。这种做法不能充分地反映中职生在数学学习过程中的持续成长和发展。例如，一名中职生可能在几何学习初期遇到困难，但随着时间的推移和自身的努力，其解题思路和逻辑思维能力有了明显提升，这种进步在终结性评价中却难以得到充分体现。

（2）未能体现个性化差异。当前中职数学课程教育的评价过程也未能充分考虑中职生学科的个体差异和学习的个性化需求。每位中职生的学习风格、认知水平和兴趣点都有所不同，评价体系应当能够适应这些差异，为每位中职生提供展示自己能力的平台。例如，对于视觉型学习者，可以通过图表和图像评估其对数学知识的理解；而对于动手操作型学习者，则可以通过实验和模型制作评价其数学应用能力。

（3）反馈机制缺乏及时性。当前中职数学课程教育评价过程的反馈机制缺乏及时性和时效性。中职生和数学教师在评价结束后才能获得反馈，这种滞后的反馈不利于中职生及时调整学习策略，也不利于学科教师改进教学方法。例如，如果中职生在一次测试中表现不佳，他们需要及时获得反馈，以便在接下来的学习中调整学习方法，优化学习效果。

总之，中职数学课程教育评价过程应注重中职生的学习过程，全面、客观地评价中职生的数学核心素养。通过改革中职数学教育的评价体系，激发中职生学科学习的兴趣和潜能，切实提升学科课程教育的成效，为他们后续学习和成长奠定良好基础。

（二）变革当前中职数学课程教育评价的策略

为了推动中职数学课程教育的深入发展并提升教学效果，关键在于对现有的评价体系进行革新。这就有必要调整现有的学科评价机制，以全面激发中职生学科学习的动力和热情，更准确地了解他们的学科学习状况，并为之提供更具个性化的学习帮助和指导，帮助学生克服学科学习中的困难，从而提高他们的学科学习能力水平。

1. 评价方式多样化

在中职数学课程教育中，评价方式的多样化是提升学科评价质量和教学效果的关键。传统的评价方式主要依赖于纸笔测试，但这种单一的评价手段难以全面、客观地反映中职生的数学综合素养和能力水平。为了更准确地评估中职生的数学综合素质和能力，需要引入包括面试、实践操作、课堂表现和作业完成情况在内的多维度评价方式，以更全面、更精准地评估他们的学科综合素质。

（1）纸笔测试。在数学课程教育评价中，采用纸笔测试虽然也能检验中职生对数学理论知识的掌握，但无法客观地评价他们的实践操作能力和创新思维能力。

基于这种局限性,纸笔测试不能成为学科课程评价的唯一方式,需要增加其他评价方式,以弥补这一不足。

(2)面试评价。在中职数学课程教育评价中,也可采用面试评价。这种评价方式能够通过直接交流,深入了解中职生的数学思维、表达能力和问题解决策略等数学综合素养。例如,通过模拟职场面试中的数学问题,可以更真实地评估中职生在现实工作环境中的应变能力,这种评价方式有助于培养他们的沟通能力和实际应用能力。

(3)实践操作评价。在数学课程教育评价中,实践操作评价也是检验中职生学科课程学习情况的重要方式。这种评价方式是通过设置具体的操作任务,考察中职生对数学知识的理解和实际应用能力。例如,通过观察中职生使用数学软件解决实际问题的过程,可以评估他们的动手能力和应用数学知识的能力。这种评价方式不仅能够检验中职生对理论的掌握,而且还能够促进他们的实际操作技能,提高其解决实际问题的能力。

(4)课堂表现评价。在数学课程教育评价中,课堂学习表现评价也是衡量中职生课堂参与度的重要指标,包括各项考勤情况、提问或回答问题的频率和参与小组讨论的情况等。通过这种既全面又客观的评价,数学教师可以及时了解中职生的学科学习态度和参与热情,更合理地调整学科教学策略,从而更好地提高学科课堂的互动性和吸引力。

(5)作业完成情况评价。在中职数学课程教育评价中,作业完成情况评价也是不可忽视的评价方式。这种评价方式侧重于中职生的日常学习表现。通过定期检查中职生的作业完成情况,数学教师可以发现他们在学习过程中存在的困难和问题,并及时为他们提供个性化的辅导和支持。

例如,对于在几何证明方面遇到问题的中职生,数学教师可以通过实践操作评价,观察他们使用图形软件进行几何图形的构造能力,并对存在的困惑和问题给予针对性的指导和帮助,促进几何知识的理解和掌握。同时,结合课堂表现评价,数学教师可以侧重鼓励部分中职生在小组讨论中积极发言,增强他们学科学习的自信心和交流能力。

总之,多样化的评价方式能够全面地评价中职生的数学学习,激发他们的学习兴趣,并促进教师更有效地改进和优化学科教学策略,从而提高学科教育的有效性。通过综合运用多种评价手段,数学教师可以更准确地把握中职生学科学习的进展,为他们学科的个性化学习和发展提供有力支持,提高中职数学课程教育的整体质量的效果。

2. 评价内容多维化

在中职教育体系中,数学课程教育不仅是传授数学知识的重要渠道,更是培养学生综合素质的重要途径。然而,当前数学课程教育评价往往过于偏重学科知识的理解和记忆,忽略了对中职生的逻辑思维、创新能力、实践技能以及学科的情感态度和价值观等方面的培养。为了克服这一弊端,在构建学科课程评价体系时,教师需要关注并实现学科评价内容的多维度,以促进中职生数学学习的持续进步和发展。

(1) 基础知识的掌握与评价。数学知识的识记能力是中职数学课程教育评价体系的重要基石。通过对数学公式、定理的理解和掌握程度的考核,教师能够洞察中职生对学科基础知识的学习情况,并据此为他们今后的学科学习方法和策略提供个性化的指导。例如,中职生在解决代数问题时,需要准确地记忆理解并运用相关公式。

这种考核方式不仅有助于中职生巩固基础知识,也是他们深入理解数学知识和进行复杂问题求解的前提。此外,通过定期的知识点测试,数学教师可以及时发现中职生学科知识的漏洞,并采取相应的补救措施,如提供额外辅导或组织小组讨论,以确保每位中职生都能跟上课程进度,不断进步。

(2) 逻辑思维能力的培养与评价。逻辑思维是数学学习的核心能力要求。评价中职生的数学逻辑思维能力,有助于数学教师了解他们分析问题和解决问题的能力。例如,在几何证明或函数分析中,中职生需要运用逻辑推理得出结论。数学教师可以通过设计具有挑战性的逻辑题,观察中职生如何运用已知信息进行推理,从而评估其逻辑思维能力。这种评价方式不仅可以揭示中职生的逻辑推理能力,而且还可以激发他们对逻辑推理的思考兴趣,培养他们解决问题的自信心和独立性。

(3) 创新与创造能力的激发与评价。创新是推动社会进步的关键动力。在数学教育中,激发并评价中职生的创新与创造能力至关重要。数学教师可以通过设置开放性问题,鼓励中职生探索多种解决方案,从而激发他们的创新思维。例如,面对一个实际的工程问题,中职生需要运用数学知识设计一个成本效益最高的方案。这种类型的问题不仅要求中职生具备扎实的数学基础,而且还需要他们发挥创造力,提出新颖的解决方案。通过这种评价方式,数学教师可以识别出具有创新潜力的中职生,并为他们后续创新的培养和支持提供了方向。

(4) 实践应用能力的检验与提升。实践是检验真理的唯一标准。在数学教育中,检验并提升中职生的实践应用能力,可以培养他们将学科知识应用于实际问题的能力。通过组织数学建模竞赛或项目实践,数学教师可以观察中职生如何将学科知识转化为解决现实问题。这种评价方式不仅可以促进中职生的职业素质的提升,而且还可以增强他们的团队合作能力和项目管理能力。例如,在一次数学建模竞赛中,学生团队需要合作解决一个关于物流优化的问题。通过这样的实践活动,中职生不仅可以深入理解数学模型的构建和应用,而且还可以锻炼他们的沟通协调能力和实际操作能力,从而在实践中提升自我。

(5)情感态度和价值观的塑造与评价。情感态度和价值观是学生个性的重要组成部分。在数学教育中,塑造并评价中职生的情感态度和价值观,有助于教师了解他们对学科学习的态度和兴趣。通过观察中职生在数学课堂上的表现,教师可以评估他们学科学习的积极性、课堂参与度以及对数学的热爱程度。此外,数学教师还可以通过小组讨论、课堂互动等方式,了解中职生在学科学习中的协作态度和合作精神。这种评价方式有助于数学教师发现中职生学科学习的个性特点,引导他们形成积极的学习态度和正确的价值观,并在情感和价值层面上促进其健康发展。

总之,通过这种多维评价方式,数学教师可以更全面地了解中职生的学科素养,从而为学科教学的改革提供有力的依据。同时,这种评价方式还有助于发现中职生学科学习的潜能,为培养他们在数学领域的创新能力奠定基础。因此,在中职数学教育实践中,教师应充分重视多维评价方式的重要性,切实加强对中职生数学学习的评价工作,以提高学科教育教学质量,从而促进中职生在学科知识、技能、情感和价值观等方面全面发展。

3. 评价过程科学化

在中职教育体系中,数学课程的教育评价体系对于保障学科教学质量和促进中职生全面发展具有重要意义。然而,当前实施的评价体系仍存在不太全面和不够合理的现象,这不仅削弱了学科教育评价的公正性和有效性,也制约了学科教育教学的改革和发展步伐。为了解决这些问题,学校和教师亟须对中职数学课程教育评价体系进行科学化改革,以实现学科评价的客观性和有效性。

(1)制定合理的评价标准。评价标准的合理性是评价体系的基石。在制定中职数学课程教育评价标准时,教育者需要综合考虑学科教育教学的目标、内容、方法等多方面因素,确保评价标准的科学性、全面性和可操作性。例如,针对不同年级的学生,评价标准应有所区别,以适应不同年级学生的认知发展水平和学习需求。此外,评价标准需要涵盖数学知识的掌握、逻辑思维能力、创新与创造能力、实践应用能力以及情感态度和价值观等多个维度,从而可以更全面地评价中职生的数学素养。

(2)借助数智化技术,提高学科评价的效率与准确性。随着科技的发展,评价技术和方法也在不断进步。构建中职数学课程教育评价体系时,教育者应该积极采用先进的评价技术和方法,以提高评价的效率和准确性。例如,利用信息技术手段进行无纸化考试,不仅可以减少人为因素对评价结果的影响,而且还可以通过计算机自动评分系统,快速、准确地评分。此外,大数据分析技术有助于中职数学教师从海量的学生学习成绩、行为表现等数据中,挖掘出有价值的学科学习信息,为学科教育决策提供科学的依据。人工智能技术的应用,还可以实现对中职生数学学习的个性化、智能化的评价,更好地满足他们学科学习的个性化需求。

(3)强化评价数据的收集和分析,确保评价数据的准确性和可信度。评价数据的准确性和完整性是评价结果公正、公平、有效的前提。因此,在构建中职数学课程教育评价体系时,需要建立健全评价数据收集和分析机制,以保障评价数据的准确性和可靠性。一方面,要加强评价数据的采集工作,确保涵盖教育教学的各个环节和方面;另一方面,要提高数据分析和处理能力,运用科学的统计方法和数据分析技术,深入挖掘数据背后的信息和规律。例如,通过对中职生数学成绩的长期跟踪分析,可以发现他们学习中存在的问题和不足,从而有针对性地进行教学改进,以保障学科教育质量。

(4)加强评价过程的监督和管理,确保评价的有效性。为保障中职数学课程评价的公正、公平和有效,在构建学科课程教育评价体系时,需要建立健全评价过程监督和管理制度,以确保评价活动的规范性和合理性。一方面,需要对评价过程进行全程监督,确保评价活动的合理性和规范性;另一方面,需要加强对评价结果的审核和公示,接受社会监督,提高评价的公信力。例如,学校可以成立专门的评价监督机构,负责对评价过程进行监督和评价结果的审核。同时,学校还可以定期向社会公布评价结果,接受社会监督,以提高评价的透明度和公信力。

总之,通过评价过程的科学化改革,可以更好地发挥评价的诊断和反馈作用,促进中职数学课程教育教学质量的提高。中职数学课程教育评价的改革策略应该围绕评价方式多样化、评价功能多元化、评价内容多维化和评价过程科学化展开。只有这样,才能不断地完善和优化中职数学课程教育评价体系,从而促进学科课程教育实践的优质化。

综上所述,中职数学课程教育评价体系的改革是一项系统工程,需要教师、学校、教育管理部门以及社会各界的共同努力。只有各方协同合作,才能构建一个科学、全面、有效的学科课程教育评价体系,有效地促进中职数学课程教育的改革与创新。

二、数智化背景下构建中职数学课程教育评价

在数智化时代背景下,中职数学课程教育在教学手段、教学方法以及教学理念上被赋予了新的内涵,并对学科教学目标提出更高层次的要求。为了满足学科教育高质量发展的需求,中职数学课程教育评价体系亟须创新和完善,以更好地展现出智能化、实时化和多元化的特征,进而更有效地开展学科课程教育。

（一）数智化技术与中职数学教育评价体系构建的原则

在信息化时代，数智化技术为中职数学教育评价体系的构建带来了前所未有的新机遇。因此，在构建过程中，为确保评价体系的科学、合理、有效，需要遵循发展性、导向性、激励性、实效性和多元性等五项原则。

1. 发展性原则

发展性原则强调数学课程教育评价体系应着眼于中职生个体的发展，重视他们在数学学习过程中的成长，主要包括基础知识、创新思维能力、实践操作能力以及自主学习能力等数学综合素养的提高和发展。通过数智化技术的应用，能够实时收集和分析中职生的数学学习数据，深入了解他们的学习需求、优势和不足，从而为学科教师提供有针对性的教学指导和干预。例如，通过智能教学系统，数学教师可以监测到中职生在解决函数问题的常见错误，以便设计专项练习和指导加强这一领域的理解。同时，评价体系也应该注重中职生的综合素质，如创新能力、实践能力、团队协作能力的培养，使他们在学科学习中实现全面且均衡发展。

2. 导向性原则

导向性原则强调数学课程教育评价体系应引导中职生朝着有益于个体成长和社会需求的方向发展。在构建学科课程评价体系时，运用数智化技术能够为中职生提供实时、动态的学习和评价资源，引导他们关注实际问题，培养解决实际问题的能力。例如，数学教师可以利用在线模拟软件，引导中职生参与模拟的商业项目，运用数学知识解决成本计算和利润最大化等实际问题。此外，通过大数据分析，可以了解社会经济发展对人才需求的趋势，使得中职数学教师能够及时调整课程设置和教学内容，使得学科课程评价体系更具现实指导意义，更好地服务于社会和个人的发展需求。

3. 激励性原则

激励性原则倡导数学课程教育评价体系应该激发中职生的学习兴趣和积极性。在构建学科课程评价体系时，运用数智化技术可以为中职生创设丰富的教学情境，提高课堂互动性，使他们在轻松愉快的氛围中理解和掌握数学知识。例如，借助游戏化学习平台，中职生可以通过完成数学任务——解锁新的游戏关卡。这种互动性强的学习方式能够极大提升中职生数学学习的动力，增强他们的参与感。在构建评价体系时，还可以运用数智化技术实时评价中职生数学学习的成效，并给予适当的奖励和反馈，有助于培养他们学科学习的自信心和成就感，从而进一步激发其学科学习动力。

4. 实效性原则

实效性原则强调中职数学课程教育评价体系应注重实际效果，提高评价的效率和准确性。在构建学科课程评价体系时,运用数智化技术可以实时收集和处理大量数据,为中职数学教师提供便捷、高效的评价工具。例如,利用智能测评系统,数学教师可以在课后立即获取中职生的测试结果,并根据这些数据及时调整教学策略。此外,通过对评价数据的深入挖掘和分析,数学教师可以及时发现教学中的问题和不足,从而调整学科教学策略,提高学科教学质量。

5. 多元性原则

多元性原则主张数学课程教育评价体系应全面、多角度地评价中职生的数学素养。在构建学科课程评价体系时,运用数智化技术可以提供多样化的评价方式,如定量评价、定性评价、过程性评价和终结性评价等。例如,数学教师可以通过在线论坛观察中职生应用学科知识解决问题的过程,通过项目报告评估他们的创新思维,通过小组合作任务评价他们的团队协作能力。通过综合运用这些评价方法,可以全面了解中职生的数学素养,为学科教师提供更为全面的反馈,有助于提高学科教育质量。

总之,在数智化技术背景下,构建中职数学教育评价体系时,需要遵循发展性、导向性、激励性、实效性和多元性原则,以实现评价体系的科学化、合理化和人性化,从而为提高学科教育实践的进一步优化提供有力支持,也为中职生学科综合素养的培养指明方向。

(二)中职数学教育评价体系的构建方法

随着数智化技术在中职数学课程教育中的深度融合,现行的学科课程评价体系已逐渐显露出与新时代教育需求之间的不匹配。为了改变这一不良现状,中职数学教育者必须构建一套更为合理的学科教育评价体系。可以通过以下措施构建科学的中职数学教育评价体系。

1. 在数智化背景下,建立多元化的学科评价目标

在当今社会,数智化浪潮正席卷各行各业,教育领域也在经历着深刻的变革。中职数学课程,作为培养职业技能的重要载体,同样需要与时俱进,积极探索适应新时代需求的评价体系。通过深度融合数智化技术,可以构建出中职数学教育多元化的学科评价目标体系,该体系将涵盖数学知识掌握程度、实际运用能力,以及中职生的综合素养等多个方面。

(1)知识目标是学科评价的基础。知识目标是中职数学课程教育评价体系的基石,它要求中职生理解和掌握数学基本概念、原理和技能。中职数学教师可以运用数智化技术构建学科课程知识考核内容以及考核方式,从而实现知识目标评价的高效化和个性化。

例如,利用在线学习管理系统,数学教师可以实时跟踪中职生的学习进度,并通过数据分析发现他们在理解数学概念上的难题。针对这些难题,数学教师可以设计针对性的练习题和复习课程,帮助中职生巩固知识基础。此外,通过智能推荐系统,中职生可以根据自身学习情况获得个性化的学习资源,如视频讲解、交互式模拟和在线测试,这些资源可以进一步加深他们对数学知识的理解。

(2)能力目标是学科评价的核心。能力目标是数学课程教育评价目标的核心,它着重于培养中职生的数学思维、问题解决能力和创新应用能力。为实现这一目标,数学教师在教学过程中需要注重培养中职生的动手操作能力和思维能力,创设实践性、探究性的学习情境,使他们在解决实际问题的过程中更好地掌握数学方法,并提高数学学科综合素养。中职数学教师可以运用数智化教学工具和平台构建学科课程能力目标的考核内容与方式,从而实现能力目标考核评价的便捷性与即时性。

例如,通过模拟仿真软件,中职生可以模拟复杂的数学实验,如股票市场的数学模型分析,这种模拟不仅提高了他们的实际操作能力,还增强了其对数学知识应用的理解。在线协作工具则促进了中职生之间的交流与合作,使之在解决数学问题时可以实时讨论和分享思路,这种协作过程有助于培养他们的沟通能力和团队协作精神。此外,通过参与数学建模竞赛,中职生能够将数学知识应用于解决实际问题,如优化物流配送路线,这种跨学科的实践活动是培养他们综合能力的重要途径。

(3)素养目标是学科评价的更高要求。素养目标是中职数学课程教育评价的高阶目标,它侧重于关注中职生的全面发展,包括严谨的科学态度、积极的求知欲、创新的思维方式和团队的协作精神。为实现这一目标,中职数学教师应该致力于培养中职生的情感态度和价值观,将德育、智育、体育、美育等多维度教育有机融入数学教学,引导中职生树立正确的人生观、价值观和世界观。中职数学教师可以运用数智化教学技术构建学科课程素养目标的考核内容与方式,从而确保学科素养目标考核评价的精准性与实效性。

例如,利用在线学习社区,中职生可以参与到数学话题的讨论中,这种参与感和归属感能够激发他们学科学习的兴趣。通过在线问卷和反馈系统,数学教师可以收集中职生对学科学习的情感态度反馈,从而及时调整学科教学策略,以提高他们学科学习的动力。同时,数智化技术还可以帮助中职生建立职业规划,通过模拟职业场景和提供职业指导,他们可以更清晰地认识数学知识在不同职业领域的应用,从而为未来的职业生涯做好准备。

总之,在数智化背景下,中职数学课程教育评价体系的构建需要综合考虑知识目标、能力目标和素养目标的有机融合。数学教育者借助数智化技术的运用,能够实现评价目标的多元化,进而为中职生提供更加个性化、高效且全面的学科教育体验。这不仅有助于提高中职数学课程教育的教学质量,而且还能够提升中职生的数学素养,培养他们解决实际问题的能力,最终为社会输送具备综合素质的技能人才。

2. 借助数智化技术,优化学科评价方式

数智化技术的飞速发展,为中职数学课程教育评价体系的革新注入了新的活力与思路,并提供了高效且精准的工具支持。运用先进的数智化技术,数学教师能够更科学、更精准地评估中职生的数学学习情况。这不仅能使学科评价更具多元化和个性化,还能进一步优化学科教学评价的方式,为中职生数学综合素养的培养和发展明确方向。

(1)线上与线下评价相结合。借助网络教学平台、学习软件等先进数智化教学工具,中职数学课程教学评价突破了传统时空的限制。这些工具不仅可以让中职生和学科教师随时随地开展线上学科评价,而且能够高效准确地检验中职生对数学知识的掌握程度,确保评价活动的便捷性和实效性。例如,通过在线测试,中职生可以即时了解自己在数学概念、公式应用等方面的掌握程度,这种即时评价和反馈方式,不仅能够激发他们学科的学习兴趣,同时还能够帮助他们及时调整学习策略。

中职数学课程教学的线下评价主要是通过实验、操作考核等形式实现。线下评价主要检验中职生的实际解决问题能力。例如,中职生在线上学习了几何证明的理论知识后,线下通过实际操作几何模型加深理解,这种理论与实践相结合的方式,有助于他们更深入地理解和掌握数学知识。

总之,中职数学课程教学的线上线下评价,二者相辅相成,可以全面评估中职生的数学素养,同时也可以激发他们学科学习的兴趣和积极性。

(2)形成性评价与终结性评价相结合。在数智化教育的背景下,中职数学课程的教育评价日益倾向于形成性评价与终结性评价的深度融合。形成性评价专注于中职生在学习过程中的具体表现,包括但不限于课堂互动的活跃度、作业完成的质量等,旨在捕捉中职生学习过程中的动态变化。而终结性评价则侧重于对学习成果的综合考量,如期末考试的成绩、项目的成果展示等,为中职生的学习结果提供客观的评价标准。

这种结合形式的评价方式,不仅全面、准确地反映了中职生数学的学习情况,而且为学科教师提供了更客观、更全面的学科反馈信息。具体而言,通过形成性评价,数学教师能够及时调整教学策略,针对中职生学科学习中的具体问题进行个性化辅导,帮助他们克服学习中的难题。而通过终结性评价,数学教师则可以全面地检验中职生学科学习的成效,并为后续的学科教学决策完善提供有针对性的依据,进而促进他们学科学习的不断进步。

（3）强化师生共同参与评价过程。运用数智化技术，中职数学课程教育的评价可以强化评价过程中师生互动的共同参与度。数学教师可以利用在线交流工具，与中职生进行实时沟通，了解他们学科学习的需求和困惑。同时，鼓励中职生参与评价过程，提高他们的评价积极性和主动性，并使之今后的学科学习方法更合理。这种师生双向互动，不仅增强了中职生学科学习的体验，而且也提高了学科评价的有效性。

总之，借助数智化技术，中职数学课程教育评价方式可以实现多元化和个性化，提高了评价的准确性和有效性。这不仅有助于提升中职数学教育的质量，也有助于培养中职生的数学综合素养和解决问题的能力。中职数学教师需要紧跟时代步伐，积极探索和熟练掌握数智化技术在教育评价中的应用方法，使学科教育评价更好地促进学科教育实践的变革和创新。通过这些技术在中职数学课程教育评价的应用，可以帮助学科教师更好地了解中职生的学习情况，实现学科课程教育的个性化和精准化，为他们提供更优质的学科教育。

3. 应用在线评价平台，构建智能化学科评价体系

在构建中职数学课程教育评价体系的过程中，教育工作者可以巧妙利用在线评价平台，实现评价系统的智能化变革，从而大大提高学科教育评价的效率和可信度。

（1）灵活生成评价试题。借助在线评价平台，实现中职数学课程教育评价智能化的核心优势之一在于其灵活性。在线平台能够根据预设的评价目标，自动生成各类评价试题，满足学科不同层次的教学需求。例如，针对中职数学中的几何部分，在线平台可以生成涵盖从基础到高级的多层次题目，以适应学科不同层次中职生的能力水平。这种灵活性不仅使学科评价更具个性化，而且还极大地激发了中职生学科学习的兴趣。在实际应用中，一位数学教师通过在线平台为学科不同水平的中职生设计了个性化的测试，平台可以自动显示每位中职生的测试结果和参与度。

（2）实时监控评价过程。中职数学课程教育评价智能化的另一优势是在线评价平台的实时监控功能，为确保评价的公正性和准确性提供了有力保障。通过实时监控，数学教师可以及时发现中职生在答题过程中学习的困惑和存在的问题，并提供即时反馈。此外，实时监控还能有效地预防作弊行为，培养中职生的诚信意识。例如，在一次在线期末考试中，系统检测到异常答题模式，使教师及时介入处理，确保了考试的公平性。

（3）智能分析评价结果。在开展中职数学课程教育评价的过程中，在线评价平台的智能分析功能，使教师能够利用大数据和人工智能技术对评价结果进行深入挖掘。这样的分析结果不仅可以揭示中职生对某一数学知识学习的共性问题，而且还能够识别个体的个性化需求。此外,数学教师还可以根据这些分析结果,更合理地调整学科教学策略,有助于今后中职生的学习和理解。例如,通过分析某位中职生对特定函数知识的学习行为数据,数学教师发现该生在解决特定类型的函数问题时存在一定的困难,随后设计了针对性的辅导内容,从而有效地提升了这位中职生对这类函数知识的理解和应用能力。

总之,在线评价平台在中职数学课程教育中的应用,不仅可以提高学科评价的灵活性、高效性和智能化水平,而且还可以为数学教师的教学和中职生的学习提供强有力的支持。通过灵活生成评价试题、实时监控评价过程、智能分析评价结果,在线评价平台已成为提升中职数学教育质量的重要工具。面对技术更新快、用户需求日益多样化等挑战,教育部门和相关企业需要共同努力,不断优化平台功能,更好地推动学科教育评价体系的智能化,以便更好地服务于中职数学教育。

4. 根据学生个性化评价结果,开展及时反馈和针对性指导

在数学课程教育评价的过程中,重视中职生的个性化差异是提升学科教学质量的关键。每位中职生学科学习的风格、能力和兴趣点都有所差异,因此,学科课程教育评价应根据每位中职生的特点提供定制化的反馈和指导。

(1) 依据在线评价数据,实施个性化教学。数学教师可以通过在线评价平台的学习数据,分析中职生的个性特点和学习需求,从而制定个性化的学科教学计划。对于数学基础薄弱的中职生,学科教师可以提供额外的辅导时间和补充材料;对于数学基础好的中职生,则可以设置更具挑战性的题目,以激发他们的学习兴趣。通过这种方式,每位中职生都能够在自己的基础上获得有效成长。例如,在某次教学实践中,数学教师通过在线评价平台发现,中职生李明在解决几何问题时表现出色,但在解决代数问题上却屡屡碰壁,学科教师为李明提供了个性化的代数学习计划,几周后,他的代数成绩有了较明显的提高。

(2) 在线分析评价结果,引导学生自主调整学习策略。在数学教学实践中,教师应鼓励中职生根据学科评价结果自主调整学习方法。中职生可以通过在线评价平台的学习情况反馈,识别自己在数学学习中的强项和弱点,之后还可以有针对性地选择学习资源和适合自己的练习题,促进学科学习成效的提升。这种根据评价结果开展自主学习的方式不仅可以提高中职生的学科学习效率,而且还可以培养他们的自我管理能力。例如,中职生王芳通过在线评价发现自己在学习某些数学概念上存在不足,便主动选择了在线课程进行反复巩固复习,并通过参与讨论板中的互动交流,加深了对这些数学概念的理解和记忆。

(3) 关注心理健康,培养团队合作能力。在教学过程中,中职数学教师通过观察中职生平时的学习表现,关注他们的心理健康状态,帮助他们建立积极的学习态度和自信心。例如,在一次团队数学建模竞赛中,中职生张强最初因为担心自己的计算错误而不愿与队友分享想法。在学科教师的鼓励和团队成员的支持下,张强逐渐克服了心理障碍,最终在团队合作中发挥了关键作用。

总之,关注数学课程教育评价的个性化结果,不仅能够提升中职生的学习效果,还能帮助他们养成良好的学习习惯,并提升学科核心素养。通过实施个性化教学、引导中职生自主学习、关注心理健康和培养团队合作能力等有效措施,数学教师可以为中职生学科学习的成长和发展提供更好的支持和帮助。

5. 建立监督机制,确保学科评价公平公正

在数智化时代背景下,构建一个健全且高效的监督机制对于确保中职数学教育评价的规范、公平、公正至关重要。这一机制的建立,不仅关乎评价的公正性和准确性,更直接影响到中职数学课程教育质量的提高和人才的有效培养。

(1)加强评价过程的监督。构建中职数学课程教育评价的监督机制,核心所在是评价过程的公正性和准确性。加强评价过程监督的具体措施如下:

首先,数学教师需要确保评价标准的科学性和合理性,使之能够全面覆盖数学知识与技能,并适应不同中职生的个性化需求。例如,通过智能教学系统,数学教师可以为不同水平的中职生设计不同难度的评估题目,以确保每位中职生都能在适合自己的学科能力上得到公正的评价。

其次,评价方法的选择应多元化,结合笔试、口试、实践操作等多种方式,全面评估中职生的数学学习过程和成效。这种多元化的评价方法有助于学科教师、中职生更全面地了解学科学习的情况。例如,在某次数学竞赛中,除了传统的笔试部分,还加入了团队合作和现场解题的环节。这样的设计不仅考察了中职生的个人能力,而且还评价了他们的团队协作和应变能力。

此外,评价过程的严格、规范执行也是确保评价结果真实性的关键。评价人员需要严格按照既定的评价标准和流程进行操作。为此,中职学校可以定期组织培训和研讨会,以确保所有评价人员都能清晰理解并遵循评价标准和流程,从而确保评价的公正性和准确性。

(2)加强评价结果的应用和反馈。评价结果的有效应用和及时反馈对于提升中职数学课程教育的质量具有重要意义。具体体现在以下方面:

首先,必须确保学科学习评价结果的准确性和完整性,以便进行有效地分析和应用。例如,中职学校可以利用在线评价平台自动收集和整理评价数据,减少人为输入错误,不仅可以提高学科学习数据处理的效率,而且还可以确保提供信息的准确性,也为后续的教与学分析和应用做好准备。

其次,学科评价结果的展示应清晰易懂,以便中职生、数学教师和家长都能直观地了解学生的数学素养和能力水平。通过可视化的报告或图表,可以帮助各方更好地理解评价结果及其原因。例如,在某次期中评价后,数学教师利用图表展示了每位中职生在不同数学领域的表现情况,使家长能够一目了然地看到孩子的进步和需要改进的地方。

此外,评价结果的运用应紧密结合教育实际,为教学改革、课程设置、教学方法等方面提供有力的参考依据。例如,通过分析评价结果,数学教师能发现中职生在概率统计方面的理解普遍较弱,使之后续概率知识教学中增加更多的相关实例、练习和讨论,以提高中职生对这个模块知识的理解。

最后,评价结果的反馈应及时,确保中职生、数学教师和家长能够根据评价结果调整学习策略、教学方法和教育期望。这种反馈机制有助于中职生及时了解自己数学学习的状况,并调整学科学习方法和策略,同时也帮助数学教师优化学科教学内容和方法。

通过上述两个方面的共同努力,可以确保中职数学课程教育评价的公平、公正与规范,并有效地促进学科课程教育质量的不断提高。

总之,在数智化背景下,中职数学课程教育评价体系的创新与完善至关重要。通过设定多元化评价目标、采用优化的评价方式、建立智能化评价平台、实施个性化指导以及构建健全的监督机制等措施,不仅可以有效地提升中职数学课程教育的质量,而且还可以更好地培育具备综合素质和创新能力的技能人才。

综上所述,在数智化背景下,构建中职数学课程教育评价体系需要综合考量信息化和智能化的多重影响,其核心在于采用多样化的评价方式、多维度的评价内容及智能化的评价工具,以打造一个全面、客观且公正的评估系统。此外,加强过程评价和反馈机制的建设同样重要,这不仅可以完善评价系统的功能,而且还可以促进中职数学课程教育实践的不断优化。

第七章　数智化背景下
中职数学教师的专业成长

　　随着科技的飞速发展,数智化技术在教育领域的应用越来越广泛,使得中职数学课程教育发生了新一轮变革。在这样的背景下,对中职数学教师也提出了更高的要求,学科教师需要通过更新教育观念、提高数智化教育能力、拓展学科知识结构等策略,才能适应时代发展的新趋势。然而,数智化技术的应用也为中职数学教师带来了更多的机遇,如教学方法的创新、教学资源的丰富、教学模式的优化等。因此,中职数学教师需要积极应对数智化教育技术带来的挑战,抓住机遇,以更好地促进自身教育教学能力的提高,实现专业的高效成长。

　　在数智化背景下,中职数学教师的专业成长被赋予了新的内涵。首先,需要实现学科教师观念的转变与更新。数智化技术的应用,能够充分尊重中职生的个性特点,促进教师成为中职生学习的引导者而非主导者;其次,中职数学教师需要不断提升自身的信息化素养,积极主动参加各级各类数智化技能培训,不断拓展学科知识结构、创新学科教学方法与教学模式,使得自身的数智化教育技能能够更好地满足学科教育的需要。因此,中职数学教师只有不断地学习、实践和反思,才能够更好地适应数智化时代对学科教学的新要求,并实现自身专业能力的快速成长,如图 7-1 所示。

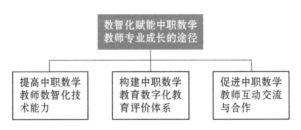

图 7-1　数智化背景下中职数学教师的成长

第一节　中职数学教师观念的更新与转变

　　数智化赋能教育的背景下,对中职数学教师教育观念的更新与转变具有重要影响,也促使中职数学课程教育迎来了新的机遇与挑战。为了适应新时代中职数学课程教育变革和发展的需要,学科教师的教育观念应该赋予新的思想,需要从传统的知识传授者转变为中职生学科学习导向的引导者和合作者。具体来说,学科教师需要意识到中职数学课程教育不仅仅是传授学科知识和技能,而且需要培养中职生的数学思维能力和创新能力。要求他们能够熟练地运用数智化技术和教学工具,开展更生动、更直观的学科教学实践活动,引导中职生进行实践探究、合作学习和项目研究等活动,使之更好地理解数学知识和原理,培养他们的问题解决能力、批判性思维和创造性思维,同时激发其探索精神和创新意识。此外,中职数学教师需要深刻认识到数智化技术可以为中职生的学科学习提供更丰富的学习资源和工具,促进他们的个性化学习和合作学习,并通过数据分析和反馈建议更合理地调整教学策略和支持中职生学科学习的个性化需求。

总之,数智化赋能教育对中职数学教师观念的更新与转变产生了积极的影响。使数学教师更注重中职生学科学习过程中的主动参与和发展,重视培养他们的创新能力和问题解决能力,并能够运用数智化技术丰富学科的教与学资源,提供个性化学习的支持和帮助。中职数学教师这种教育观念的转变有助于培养中职生学科的综合素质,并获得适应后续学习和工作的能力。

一、数智化背景下中职数学教师观念转变的现实意义

在数智化背景下,产业结构进一步优化升级,因此,社会对人才的需求发生了极大的变化,尤其对于高素质的技能人才的需求尤为迫切。中职数学教师需要认识到,传统的职业教育观念已经不适应新时代中职生的成长和发展需求。数智化时代要求中职数学教育更加注重中职生核心素养的培养,关注其学科综合素质的提高,使他们具备数智化时代生存和发展所需的能力。因此,中职数学教师观念的转变具有现实意义,是适应新时代中职教育的现实需求,更是推动职业教育创新和技能人才培养的关键所在。

(一)数智赋能促使中职数学教育理念的转变

随着数智技术在教育领域的广泛应用,中职数学课程教育面临前所未有的机遇与挑战。中职数学课程教育要想跟上时代的发展变化步伐,即使在学科课时量有限的客观情况下,也需要努力地转变传统的以教师为中心的教学理念,探索更加适合新时代中职生发展的学科教育新理念。数智化技术的赋能促进了中职数学教育理念的转变主要体现在以下三个方面。

1. 数智技术赋能,助力职业教育培养技能人才

目前,科技发展迅猛无比,数智技术更是以惊人的速度渗透到了职业教育领

域。中职数学教育需要积极地融入数智化技术,改变传统教育手段,实现实践教学与理论教学的充分结合,从而培养中职生的创新精神、实践能力以及职业技能,使他们能够在未来的职业生涯中更具竞争力。数智技术赋能助力职业教育培养技能人才具体体现在以下方面。

(1)数智技术的引进,改变了传统中职数学的教育理念。数智技术的引进给职业教育注入了新的能量,改变了传统中职数学的教育理念,对技能人才的培养起促进作用。一方面,中职学校在数智化教学手段上不断创新。比如,在线教育系统的广泛运用,虚拟现实与增强现实技术的巧妙结合、动画视频的生动呈现,使中职数学课堂教学活动变得更具生动性和趣味性,为中职生提供沉浸式的学习体验,极大提高了他们学习数学的积极性。另一方面,在数智化专业技术人才的支撑下,数学教师队伍数量在不断壮大、结构在逐步优化,为培养综合素质和职业技能的中职生提供有力保障,并使之学有所成。因此,在职业教育中引入数智技术,对中职数学教育教学方式的创新,以及学科教师队伍的建设给予了有力的支持。

(2)数智技术赋能中职数学教育,促进了学科理论与实践结合、产业融合。数智化技术的赋能,促进了中职数学教育的理论与实践结合的教学模式,并有机地融合了当下产业的实际需求。得益于数智化教育技术的推动,中职学校与企业、社会的合作愈发紧密,使中职数学教育在新时代职业教育改革的大背景下,更加符合当前企业和社会的实际需求。例如,中职数学教师在教学过程中,可以根据企业岗位工种对数学知识的具体需求,有针对性地设计学科操作项目活动,使中职生在企业实践中学会运用数学思想和方法更好地解决实际问题,并从中培养了他们的动手能力和应用能力,并促进其综合职业素养的提高。

(3)数字智能技术的整合,促进了具有创新精神的技能型人才的培养。数字智能技术的整合,对于培养具有创新精神和动手能力的技能型人才具有重要意义。例如,中职生可以通过数学建模软件,在实际生活中探索解决成本最优化问题的数学思想和方法,既能够锻炼他们的动手能力,又能够提高他们的创造思维,以及运用数学思想和方法解决实际生活问题的应用能力。因此,数智技术的融合,不仅有利于培养中职生的创新精神和动手能力,而且有助于提高他们的专业素养。

总之,数字智能技术赋能中职数学课程教育,不仅促使学科教育理念发生转变,而且实现了实践教学、理论教学与产业需求相结合,进而帮助培养了具有创新精神和实践能力的优秀技能人才,实现了中职生的职业技能全面发展。因此,数智化技术赋能教育,促进了中职数学教育理念的变革、推动了学科教师教育观念的转变,也为经济产业的优化注入了新动力,进而为中职数学课程教育改革创新注入了新鲜血液,并开启了职业教育的新篇章。

2. 融合数智化技术，引领中职数学课程教育方法与手段的革新

数智化教育技术的迅速发展，引领了中职数学课程教育方法与手段的革新，促使学科教师教育理念发生根本性的转变。在数智化背景下，中职数学课程教育将以教师为中心的传统教育理念转变为以学生为主体的教育理念，这种转变体现在个性化教学、互动式教学以及学生自主学习的多样化教学方法上，而这一切的实现，都离不开数智技术的强大支持。数智化技术引领中职数学课程教育方法与手段的革新具体体现在以下方面。

（1）运用数智化技术实现中职数学课程教育的个性化。在中职数学教学过程中，教师可以应用数智化技术收集中职生学科的学习行为、学习态度、学习成效等数据，并通过智能化技术的数据分析功能，准确地了解每位中职生的学科学习情况，为他们量身设计个性化的学习策略，并通过实施个性化教学落实因材施教。这不仅有助于激发中职生数学学习的积极性与主动性，而且还可以提高数学学习的效率。

（2）融合数字智能技术促进中职数学课程教育的互动性。在中职数学教学过程中，教师通过平台互动功能，可以实时了解中职生的学科学习情况，及时给予有针对性的指导和帮助，并利用智能教学平台进行互动教学；中职生还可以利用平台互动功能，对数学学习的疑惑及时请教教师并得到帮助；数学教师还可以利用教学平台营造互动性的教学环境，例如，通过设置在线讨论、小组合作等开放性教学活动，鼓励中职生积极参与学习讨论，开展团队协作学习，进而培养中职生的交流互助能力和团队协作意识。因此，采用数智化技术组织实施教学活动，能够有效地促进师生交流、生生互动，充分激发中职生数学学习的兴趣和热情，有利于培养他们的批判性思维和创造性思维，也有利于培养其团队协作能力。

（3）利用数字智能技术为中职数学课程教育提供丰富的教学资源。数智技术的发展还为中职数学教育带来了大量的学科教学资源，各种在线教育平台将各类电子教材、教案、习题、动画、微课视频等优质教学资源集合起来，供中职数学教师根据具体教学内容和需求灵活地选择使用，既能节省教师的备课时间，又能使学科教学质量得到较大幅度的提高。同时，对中职生而言，能够根据自己的学习进度选择适合自己的数学学科资源进行学习，既打破了时间和空间的制约，又能提高他们的学科学习效果。

（4）使用数字智能技术促进中职数学课程教育管理工作的高效性。数智技术还能促进中职数学教育教学管理水平的不断提高，特别是借助智能化教学系统，中职学校在教学数据的实时收集、分析和处理，既能为数学教师进行教学设计提供数据支撑，又能为教学管理提供科学依据，从而促进学科教育教学改革不断取得新成效。此外，还能够促进数学教育教学改革不断发展，让中职学校教学管理者在学科

教学政策的制定上做到有据可循。

总之，数智技术赋能教育为中职数学课程教育注入了新的活力，使得学科教育理念得到了进一步的更新，学科教学方法和手段得到了不断地优化。因此，在数智化的背景下未来的中职数学课程教育，鼓励中职生从被动地接受学科知识转变为主动地探究、实践，更突显了学生的主体性。同时，中职数学教师需要成为中职生学习的引导者和推动者，帮助他们建立自己的学科知识体系，并努力提高数学教育教学质量，为培养新时期需要的高素质人才贡献自己的一份力量。

3. 应用数智化教育，推动学科教学资源共享

数智化教育的广泛应用，使中职数学课程教育获得丰富的学科教学资源，实现了跨区域资源共享，为学科教师的在线合作交流提供了强大的技术支撑，从而有效地促进了学科教学质量的提升。数智化教育推动学科教学资源共享具体体现在以下方面。

（1）利用数智化网络平台获得丰富的中职数学教育资源。中职数学教师可通可以通过网络平台获得教学视频、教学课件、教学案例、在线题库等丰富的优质学科教育资源。在中职数学教学实践中，学科教师能随时随地访问和使用这些资源，使得学科课堂教学内容得到进一步的丰富，教学方式也更加多样化。此外，教师还能够根据中职生的实际情况和需求，对数学教学内容进行灵活组合和调整，设计出更具针对性的个性化教学方案，从而使得中职生对学科知识的理解和运用能力进一步提高，对其学科学习的兴趣和效果也有明显的促进作用。

（2）使用数智化网络平台实现中职数学教育资源共享。数智化教育平台的应用和推广打破了地理界限，实现了教育资源的广泛共享，使不同地区的中职学校可以共同分享和使用优质的学科教学资源，相互借鉴、共同进步，并有效地提升我国中职数学教育的整体水平。此外，数智化技术在教育领域中的应用还有助于缩短地区间的教育水平差异，让优质教育资源惠及更多地区的中职学校，尤其是边远地区职业教育不太发达的中职学校，为中等职业教育的公平性贡献力量。

（3）借助数智化网络平台灵活地开展中职数学教育交流和合作。中职数学教育实践的数智化可以突破地域和时间的限制，使得学科教师可以随时与同行展开在线交流与合作活动。通过数智化教育平台，中职数学教师可以分享教学经验、教学方法和教学资源，共同探讨和解决学科教学中的疑难杂症，共同促进学科教育能力的提升。这种跨区域的交流合作，不仅可以推动中职数学教育实践的创新，而且还可以促进学科教学模式的不断改良和优化。

（4）运用数智化教育平台创造更好的中职数学教育环境。数智化教育对中职数学教育的发展带来了新的契机，使中职数学教师不断更新教育观念，提升自身的数智化技术素养，以符合新时期教育发展的要求，并在此基础上为更好地在中职数学教育中应用数智化技术创造更良好的教学环境。同时,在数智化教育方面,政府教育有关部门和中职学校管理层面均加大了扶持力度,以促进中职数学课程教育的数智化发展。

总之,数智化的开展给中职数学课程教育工作带来了丰富的教学资源以及便捷的授课工具,使学科教学效率得到不断提高,教学质量也得到明显提高,而且数智化教育教学资源的共享与合作还可以有效地推动了中职数学课程教育实践的改革和创新。随着数智化教育的不断发展,中职数学课程教育实践活动必将不断地创新与突破,并朝着更加科学有效的方向发展。

综上所述,数智化技术对中职数学课程教育带来了前所未有的机遇,对学科教育理念的转型与升级起到了推动作用。运用数智化技术赋能于中职数学课程教育,一方面能够培养出更多具备创新精神和实践能力的中初级技能人才,对当地的经济发展具有不可估量的推动作用。另一方面,数智化教育的融合与运用,也将促进中职数学课程教育方法与手段的革新,并实现学科教学资源共享,为促进中等职业教育的公平性和质量的提高奠定坚实的基础,因此,在数智化的大背景下,中职数学教师教育理念的转变具有十分重要的现实意义。不过也需要看到,数智化背景下的中职数学课程教育,在技能人才培养模式上仍需要不断地探索和实验,这需要学科教师在实践中勇于创新,同时不断地总结学科教育经验,以适应数智化时代对中等职业教育的新要求。

(二)数智技术的应用促进中职数学教学模式的变革

随着科学技术的日新月异,对中职数学教学模式产生深远影响的是数智技术在教育领域的应用逐步深入。在中职数学课程教育实践中,将高质量的数智化资源融入其中,不仅可以创新学科教学模式,而且还可以有效地提高学科教学效果,进而培养中职生的数字化素养和创新能力。而数智化技术的应用,推动了中职数学课程教育实践数智化的进程。此外,中职数学课程教育还可以通过在线教育网络平台,实现区域教学资源的共享。数智技术促进中职数学教学模式的变革主要体现在以下三个方面。

1. 将优质的数智化资源融入学科教学,创新中职数学教学模式

数智化教育技术的发展,不仅为中职数学课程教育提供了丰富的优质教学资源,而且促进了学科传统教学模式的变革和创新,并极大地提高了中职生数学学习的兴趣和效率。数智化教育推动中职数学教学模式具体体现在以下方面:

(1)利用数智化技术创建更生动的中职数学教育实践活动。通过整合优质的数智化资源,数学教师可以开展形象化的教学活动。在实施中职数学教学的过程中,学科教师可以运用几何画板、GeoGebra 等软件设计动态图像、三维模型等,将

抽象的数学概念直观形象地展示出来，让课堂活动更具生动性和趣味性，从而有效地激发中职生学科学习的热情，并提高其学科学习的效果。

（2）借助智能化网络平台提升中职数学教育的互动性。借助数智化资源创建数智化网络课程，并通过开展互动式教学，进一步提升中职生数学学习的兴趣和效果，帮助他们检验自身的学习情况，及时发现知识薄弱点并加以强化学习，从而促进中职生学科学习的深度，有利于培养他们的自主学习能力。例如，中职生可以随时进行在线练习和提交作业，并可以得到智能批改和反馈建议等；同时，数学教师也可以利用在线平台或应用程序对中职生的学习情况实施监控和评价，并提供针对性的指导和帮助。

（3）运用数智化资源丰富中职数学教育实践的形式。数智化资源拓展了数学教学内容，促进了跨学科融合教学活动的开展。数智化资源对数学知识能够展开更深入地挖掘和更生动地展示，使中职生对数学知识有更全面、更深刻地认识，并使他们能够站在更广阔的视野中，对数学知识的内涵与其他学科知识实施有效融合，促进更深入地理解。通过这种跨学科的教学模式，可以更好地培养中职生的综合素质和思维能力。例如，中职数学教师在讲授统计和数据分析时，可以引入实际的商业案例或社会问题，让中职生学会运用数学知识解决现实中的实际问题，既拓宽了他们的知识视野，又训练其实际运用能力。

（4）使用数智化资源促进中职数学教育的个性化。数智化资源对开展个性化教学起着至关重要的作用。传统的数学课堂教学很难满足每位中职生的个性化学习需求，而数智化资源能够为每位中职生设计和定制个性化的学习路径和资源，满足其不同的学习风格和进度，从而使他们根据自己的实际情况和兴趣选择适合自己的学习内容，提高数学学习的有效性和针对性。在这种数智化的教学模式下，中职生成为主动的探索者而非被动的知识接受者。数智化资源不仅为中职生提供了自主探究的平台，而且还帮助他们在探索实践中掌握数学知识并提高解题能力。因此，数智化资源对数学学科的个性化教学活动起有力的推动作用，也为中职生的学科学习提供了更为丰富的学习资源和多元的学习途径。

总之，数智化资源在中职数学课程教育实践中的融入，是对学科传统教育模式的一次创新，有望使中职数学课程教育焕发出新的生机，为培养新时期的优秀技能人才打下坚实基础。在中职数学教育实践活动中不断地探索和研究数智化资源在其中的应用，可以有效地促进中职数学教育质量的提高。

综上所述，在中职数学课程教育实践中融入优质的数智化学科资源，在提高学科教学效果的同时，还能够激发中职生学科学习的兴趣和动力，进而培养他们应用学科知识解决实际问题的能力。随着数智技术的不断发展和完善，结合数智化资源的教学模式将会得到更广泛地应用与推广，在中职数学教育教学中也会发挥更加重要的作用。

2. 运用数智化技术，推进中职数学课程教育实践智能化

中职数学课程教育实践中应用数智化技术，在改变学科教学模式的同时，教学实践的数智化也得到了推广。利用数智化技术，根据中职生数学学习的需要和进度，对教学内容进行调整，开展个性化教学，做到有的放矢。此外，数智化技术还能够为中职数学教师的学科教学质量的提升，提供丰富的教学诊断和评价工具，帮助他们更好地实时收集和分析中职生学科学习的数据。在此基础上，还应该加强教师队伍的数智化技术培训，增强教师运用数智化技术的能力，更好地适应新时代中职数学教育发展的需求。数智化技术推进中职数学课程教育实践智能化具体体现在以下方面：

（1）数智化智能技术的应用，推动了中职数学教学模式的创新。数智化智能技术在中职数学课堂的应用，对于学科教学模式的创新发展起很大推动作用。在以往传统的学科教学模式，数学教师对每位中职生学科学习的需求和进度把握难度较大，数智化技术的运用则有效地破解了这一难题。运用数智化技术可以促进中职数学课堂向线上、线下混合式教学模式转变，使中职生的个性化学习得到充分发挥，学科教学内容也能做到有的放矢，并可以根据中职生数学学习的实际需求进行适当调整，从而使得学科教学效果得到最大幅度的提高，真正实现学科教学的个性化和精准化。

（2）数智化智能技术的应用，变革了中职数学课程教育的考核方式。数智化技术的应用改变了中职数学课程教育的考核方式，为学科教学带来了革命性变化。传统中职数学课程教育的考核方式通常是以教师的经验和主观判断为主，而数智化技术能够帮助学科教师实时收集并分析中职生的学习数据，为学科教学诊断和考核评价提供了科学客观的依据。这样既能帮助学科教师在中职生学习过程中及时发现并解决问题，又有助于提高学科教学效果。因此，在中职数学教学中运用数智化技术，可以获取更加科学合理的教学活动分析数据及评价结果，为提高中职生数学学习效果的正确教育决策奠定基础。

（3）数智化智能技术的应用，加强了中职数学教师队伍的建立。数智化技术在数学教学中的应用，不是一朝一夕的事情，在探索学科教学实践的基础上，对中职数学教师队伍开展数智化技术方面的专项培训，就显得格外重要。经过专业培训，中职数学教师对数智化技术的掌握和运用将得到逐步提升，同时也促进自身学科教学能力的提高，以应对新时代教育发展的需要。因此，数智化技术在中职数学课程教育中的应用，有必要加强学科教师队伍的建设，切实提高他们的数智化教学能力，这也是中职学校提高数学课程教育质量的重要举措。

总之，数智化技术应用于中职数学课程中，是对学科教学模式的革新，是对学科教学质量提升的重要举措。既要充分利用数智化技术的优势,促进中职数学课程教育再上一个台阶,也要关注学科数智化教育实践过程中的伦理道德问题,确保中职生学科学习的安全性和公平性。在新时代的背景下,只有不断创新中职数学课程教育模式,才能更好地满足社会对教育发展的新要求,并为我国培育出更多优秀的技能人才。因此,数智化技术在中职数学课程教育中的合理运用能够创新学科教师的教育理念、教学方法与教学手段,为中职数学教育注入新的活力。

3. 利用在线教育网络平台,实现区域之间数学教学资源共享

在线教育网络平台作为一种新的教育教学模式为我国中职数学教育领域开辟了一条新思路。在新的时代背景之下,有必要充分利用这个平台所体现出来的优越性,为区域之间学科教学资源提供了共享的可能,使教师与学生都能在不同的时间和地点获得丰富的教育资源和学习资源。通过资源共享,不仅可以促进教师与学生的互动交流,而且还可以促进我国中职数学教育的平衡发展和协作创新。智能教育网络平台实现区域之间学科教学资源共享具体体现在以下方面:

(1) 利用在线教育网络平台,构建中职数学课程教育资源数据库。依托在线教育网络平台并运用数智化技术建设中职数学课程教育的数据资源库,可以有效地提高学科教师的教学能力和中职生学科学习的效果。教师可以将各类授课资料以数字化的形式存储到网上数据库中,使中职生随时查阅各类学科资源并开展学习活动。既为教师节约了查找教学资源所花费的时间和精力,也为中职生提供了个人化的学习资源,以便随时随地开展学科学习。

(2) 借助在线教育网络平台,构建中职数学课程教育互动平台。借助在线教育网络平台建立互动交流的平台,使数学教师与中职生能够在网上开展讨论,相互提问和解答,以激发其学科学习的兴趣,培养他们的团队协作能力和解决问题能力。同时,还有利于中职数学教师及时了解中职生的学习进度和需求,做到有的放矢地开展学习指导活动,更好地帮助他们克服学科学习的困难,增加学好数学的信心。通过建立互动交流的平台,既有利于中职生的数学学习,又培养了他们的思维能力,对其综合素质和学科成绩的提高都有积极的作用。

(3) 依托在线教育网络平台,为中职数学课程教育提供优质的教学资源。依托在线教育平台开展远程教学,以互联网作为媒介,无论中职生身处何地,只要有网络连接,随时随地能够接触到优质的数学教育资源,这对身处偏远地区的中职生而言,无疑又是一次教育公平的进步。远程教育既能有效避免地域上的差异带来的中职数学教育资源不均衡问题,又能使中职生突破时间空间上的限制,对学科学习进度和内容进行灵活安排,在满足自身个性化学习需求的同时,提高学科学习的效率和效果。

总之,把区域之间的学科教学资源整合起来,借助在线教育网络平台进行教学资源共享,对中职数学课程教育质量的提高有极大地帮助。这就要求中职数学教师不断地进行理论学习与实践探索,及时更新和优化在线教育平台中的学科教育资源,把中职数学课程教育实践与信息化手段有机结合起来。

综上所述,数智化教育技术的深入发展,不仅引起了中职数学课程教育理念的转变,更好地推进了学科教学实践的数智化进程,而且借助在线教育平台实现了学科教学资源的区域共享,有效地缩小了区域之间中职数学课程教育的差异性,同时促进了区域之间学科教育的公平性。因此,数智赋能中职数学课程教育具有十分重要的现实意义和深远的影响。

(三)数智化技术驱动中职数学教育评价体系完善与优化

数智化技术在教育领域的应用,为中职数学教育评价制度的创新和完善提供了可能性。通过运用数智化技术构建多模块的教师评价体系,借助网络智能化的统计数据进行分析,不仅使中职数学教育评价体系得到进一步的改进和优化,而且更全面和客观,对改进学科教育决策具有十分重要的参考价值。数智化技术驱动中职数学教育评价体系完善与优化主要体现在以下两个方面。

1. 构建数据驱动的多模块教师评价体系

在目前的教育改革背景下,建立数据驱动的教师评价制度在中职数学课程教育中显得尤为关键。这套体系可以对教师的综合素质进行全方位多角度考核,为教育决策提供有力的数据支撑。构建数据驱动的多模块教师评价体系需要从以下方面入手。

(1)建立完善中职数学教师的基础信息库。数据驱动的教师评价体系的建立首先需要在数据库中详尽地记录教师学科教育的各个方面的情况,如中职数学教师的教学经历、学术成果、学生的评价等信息。中职数学教师在课堂上的教学能力与教学方法,可以通过学科教学经历体现;中职数学教师的科研水平和创新能力,可以通过学术上的成就体现;教师在中职数学课程教育实践中的亲和力和影响力,可以通过中职生的评价体现。这些数据可以给学科教师提供比较全面的评价依据。

(2)制定中职数学教师的多维度考核评价指标。在制定中职数学教师的多维度考核评价指标时,需要覆盖学科教师的教学效果、科研能力、师德师风等方面,确保考核制度的全面性和客观性。教学效果包括学生的学科成绩、学科素养以及学科综合素质的发展等方面;科研能力包括论文发表、科研项目及专利申请等方面;而师德师风包括师德品质、职业操守和育人情怀等方面。通过这些指标对中职数学教师的综合素质进行全面评价。

（3）发挥数智化技术的数据分析和处理功能。充分发挥数智化技术的大数据分析和处理功能,挖掘中职数学教师教学能力的优势或不足。这有赖于对数智化技术对于这一庞大数据的深入挖掘和深层次分析,能够更好地揭示中职数学教师在教学实践中的关键行为举止以及他们的课堂教学节点。这对于考核评价具有重大意义,有助于更深入地了解中职数学教师的授课特点和优势、弱势,为其学科教学实践的改进和发展提供了精准的依据。

（4）建立智能化中职数学教师的考核系统。建立智能化中职数学教师的考核系统是很重要的,这一系统能够实时采集评价信息并加以分析展示,有助于教育部门和学校掌握中职数学教师的工作情况与发展需求,并有针对性地对其开展专项培训与业务指导,从而有效地促进中职数学教育实践的开展。

总之,制定以数据驱动的考核体系对中职数学课程教育的改革具有深远的意义。要形成比较客观公正的中职数学教师综合素质考核办法,就有必要建立完善的学科教师基本信息数据库,建立多维度考核指标,并运用大数据分析技术搭建智能化考核平台。在建立教师评价体系的过程中,需要引导中职数学教师积极主动地参与到考核体系的制定与改革中,并不断地增强自身综合素质提升的意识,为我国中等职业教育事业的繁荣发展添砖加瓦。

2. 基于网络统计,改进和完善评价机制

随着科技的飞速发展,网络统计已成为获取和分析数据的重要工具,在中职数学教师评价机制的改进和完善过程中发挥了巨大作用。下面将从网络统计的角度,探讨如何进一步优化和提升中职数学教师的评价系统。基于网络统计改进和完善评价机制需要从以下方面入手:

（1）建立多方参与的中职数学教师评价机制。引入家长、社会等多方评价与反馈机制,建立一整套客观公正的网络评价体系。在针对中职数学教师的考核评价中,广纳社会各界的评价与反馈机制既可以提高其评价的公正程度,又可以让更广泛的群体参与进来,使评价结果更加客观、更具代表性,从而为促进中职数学课程教育的改革与发展建立起完善的教师评价与反馈机制。

（2）确保测评资料数据的可信度与分析的准确度。基于网络的智能化数据统计分析功能,深度挖掘网络测评资料数据的可信度与分析的准确度。在深入挖掘网络评量数据的基础上,针对中职数学教师考核中出现的问题与不足进行科学地剖析,从而做到有目的、有计划地收集材料,有效地进行测评数据的汇总、加工和分析,为制定与完善考核评价办法提供参考。

（3）推动教育部门与互联网企业的深度合作。运用数智化先进技术进一步优化中职数学教师的评价系统时,有必要推动教育部门与互联网企业的深度合作。借助数智化技术对中职数学教师的网络评价数据进行实时监测分析,确保评价过程的透明性和公正性,及时发现问题并加以解决。同时,借助数智化先进技术,为中职数学教师的评价提供更为精准的数据支撑,使评价工作取得实效性并对后续的学科教育实践更具针对性的指导作用。

(4)动态优化中职数学教师评价体系。根据网络评估结果,有必要对中职数学教师评价体系进行动态与优化。需要特别注意的是,鉴于教育环境和教师队伍的不断变化,对中职数学教师评价体系进行动态调整,可以确保它的科学性和合理性。而且这一动态调整可以使学科教师更好地对中职数学课程教育的改革和发展作出相应的反应,并为他们提供更为精准的指导和支持。

总之,数智化技术驱动的中职数学教师评价体系,在提高评价的精确性和公正性的基础上,能够为学科教师提供了更强大的提升业务水平的动力和更多的专业发展空间,对中职数学教师的专业成长和提高学科教育质量起促进作用。因此,不断地完善和优化中职数学教师的评价机制,可以促进中职数学课程教育实践活动更合理并更能满足中职生学科学习的需求,从而大幅度地提高学科教育效果。

综上所述,先进的数智化技术驱动的中职数学教师评价体系不仅可以提高学科教育评价的准确性和公正性,而且还可以增强学科教师专业成长的动力。通过持续完善和优化这一考核评价机制,可以更好地促进中职数学教师的专业成长和学科教育效果的提升。

二、数智化背景下中职数学教师角色的新定位

当今社会的数智化浪潮席卷了各行各业,教育领域也不例外。数智化背景下,中职数学教师角色也发生了重大变革,面临着全新的角色定位。下面将从三个方面对中职数学教师角色的新定位进行探讨,旨在为我国中职数学课程教育改革提供有益参考。

(一)传统中职数学教师的角色定位

传统的中职数学课程教育中,教师的定位是多元化的,不仅是知识的传授者,而且是学生学习的引导者以及学科知识的创造者。传统中职数学教师的角色定位主要体现在以下三个方面。

1. 知识的传授者是传统中职数学教师的核心角色

数学教师在中职教育领域一直承担着传授知识的任务。不仅要讲授代数、几何等数学基础知识,还要引导中职生应用这些知识解决实际问题。在此过程中,教师需要充当学术导师的角色,向中职生传授数学领域的宝贵经验,帮助他们学科学习打下扎实的基础。中职数学教师成为中职生学科学习潜能的引导者具体表现在以下方面。

首先,中职数学教师需要向中职生讲授包括代数、几何的数学基础知识。代数主要研究数量关系,具体包括数的分类、函数、方程、不等式、概率与统计。几何主要研究空间形式,具体包括常见几何图形与性质、几何定理。以及代数与几何的结合,具体包括坐标系、向量、解析几何。中职数学教师需要将基础的知识与技能、过程与方法传授给中职生,帮助他们奠定可持续发展的学科学习基础。

其次,中职数学教师在传授知识的同时,还应该注重引导中职生应用所学学科知识解决实际问题。在教学过程中,教师为了增强中职生运用所学数学知识解决实际问题的能力,以他们运用所学知识解决实际问题的经验为基础,达到提高其运用所学知识解决实际问题的能力。例如,学科教师在讲授代数知识时,可以将有关实际问题引入课堂,并鼓励中职生灵活地运用代数知识解决相应的实际问题,从而在实践中深化对代数知识的理解。

此外,中职数学教师在传授知识时,也扮演着学科学习指导者的角色,将学科领域的宝贵经验传授给中职生。具体而言,数学教师需要把学科学习方法教给中职生,培养他们的解题能力和技巧,并引导他们开展针对性的研究性学习。教师还需要对学科不同层次的中职生进行因材施教,使他们在数学学习上就近取得更好的成绩。另外,对于中职数学教师而言,需要不断地提高自身的专业修养,对数学领域的发展动态有深入地了解和把握,并为中职生提供更丰富的学科资源为最终目的。

总之,数学教师在中职教育领域承担着传授学科知识的重任。既要对中职生传授数学基础知识,同时还要对他们进行学科学习方法和解决实际问题策略的指导,并在数学教育中扮演学习导师的角色传授宝贵的学习经验。换言之,既要帮助中职生打下扎实的数学基础,又要为其今后的职业发展奠定良好的基础。

2. 学习的引导者是激发中职生数学学习潜能的关键角色

传统意义上的中职数学老师,在学科教学过程中,不仅是知识的传授者,更是学生学习的引导者。他们善于发现中职生的潜能,激发他们对数学学习的兴趣。数学教师成为中职生学科学习潜能的引导者具体表现在以下方面:

首先,教师在我国中职数学教育中所起的作用,不仅是数学知识的传递者,更是激发中职生学习潜能的引导者,并引领他们深入探索数学学科的奥秘。具有敏锐洞察力的数学教师,能够通过有效的教学方法,发现中职生潜在的学科学习能力,并有针对性地激发他们对数学知识的热爱。

其次,在教学实践中,中职数学教师所起的作用更多的是充当一位指导者。通过精心设置的学习目标和任务,带领中职生深入地了解和认识数学知识,培养他们学科的独立思考能力和解题能力,使他们面对复杂的问题能够有自己的思路和解题方法,并通过不断地练习和反思达到融会贯通的学习境界。

此外,教师应该注意观察中职生数学学习的进度和存在的困难,对他们个体特点均有深入地了解,这样才能针对每位学生的不同情况,制定最适合的学习计划,并根据学科不同层次学生的学习需求进行个性化辅导,使之在学科学习中不断取得进步。

在中职数学课程教育的道路上,教师是中职生的引路人,是他们探索数学世界的导师。以激发中职生潜能、培养其独立思考能力和解决问题的能力为目标,数学教师是中职生在学科学习过程中的良师益友,是他们取得学科学习成果的见证者。这就是我国中职数学教师的角色,也是学科教育舞台上一道亮丽的风景线,更是推动中职生学科学习潜能发展的重要力量。

3. 知识的创造者是推动中职数学课程教育发展的动力

在传统中职数学课程教育中,教师还是知识的创造者。他们不仅需要不断地丰富自己的知识体系,还需要将最前沿的研究成果融入学科教学实践中,使学科教学内容更具时代性。同时,教师还需要关注中职生数学学习的实际需求,开发具有针对性的学科教学资源和创新更适合的学科教学方法,以提升学科教育质量。在这个过程中,教师需要不断地探索、创新,为提升中职数学课程教育质量贡献自己的智慧和力量。学科教师成为推动中职数学课程教育发展的动力具体表现在以下几个方面。

首先,中职数学教师需要不断更新和储备自己的学科知识,成为知识的创造者。在数智化时代背景下,中职数学教师不仅需要了解在科技、经济、社会等各领域的应用,而且还需要掌握丰富的数学教育理论知识。在中职数学课程教育实践中,教师能够灵活地运用所学学科知识,将更多的实际案例呈现给中职生,并采取有效措施激发他们学科学习的兴趣。

其次,数学教师需要关注中职生学科学习的实际需求,有针对性地开发教学资源,创新教学手段。中职生的数学基础一般参差不齐,兴趣爱好也是千差万别,为激发他们的学习潜能,数学教师需要根据其学科学习特点,设计富有挑战性、感染力的教学内容。同时,数学教师还需要从不同角度引导中职生思考问题、提高解题能力,进而培养他们的创新思维。

此外,在中职数学课程教育中,教师为了培养中职生的团队协作精神和沟通交流能力,需要充分利用学科课程本身具有的逻辑性和抽象性的特点,组织他们开展小组讨论、合作探究等多种形式的活动。这不仅加深他们对学科知识的理解,而且还可以培养他们的思维能力及其社交技能,为其将来的职业生涯奠定了坚实基础。因此,中职数学课程教育是培养中职生的团队协作精神与沟通技巧的有效途径。

在中职数学教育实践过程中,教师需要勇于开拓与创新,以促进我国中职数学教育质量的提高为己任,从而为国家输送更多适应社会发展所需的具有创新能力的优秀技能人才。因此,中职数学教师需要将自身的特长和优势充分发挥出来,并将优质的学科教育提供给中职生,为我国中职教育事业的发展添砖加瓦。

综上所述,传统中职数学教师在知识传授、学习引导、知识创造等方面发挥着重要作用。面对未来我国中职教育的发展态势,他们将要继续拓展自己的角色,为培养具有创新精神和实践能力的中职毕业生而努力。

(二)数智化背景下中职数学教师角色的新定位

中职数学教师的角色正在数智化的大背景下发生着根本性的变化。传统教师的作用主要局限于知识的传授者和学科教育的管理者,在数智化时代背景下,中职数学教师的作用则被赋予了更加多元的内涵。

1. 在数智化背景下中职数学教师角色需要重新定位

随着数智化教育技术的日新月异,促使中职数学教育的授课方式与教学手段日趋多样化。因此,为了更好地适应这种变化,对于中职数学教师而言有必要进行相应的角色转换,成为数智化教育技术的应用者,并将这些技术应用到日常教学实践中,从而提升学科教学质量。数智化背景下中职数学教师角色的新定位具体体现在以下方面。

(1)中职数学教师应该具备较高的数智化教育技术水平。网络授课以及混合式授课等新型教学方式已经成为教育领域的主要趋势。而数智化教育教学方式则要求中职数学教师具有更高的信息技术素养,即学科教师需要熟练应用网络授课平台以及教育大数据分析工具等软件开展学科课堂教学实践活动。这样既可以提高数学学科教学效果,又可以激发中职生学科学习的兴趣。因此,中职数学教师需要有效地将数智化教育技术融入学科课堂教学活动中。

(2)中职数学教师需要提高自身的学科数智化教育教学技能。中职数学教师需要有紧跟时代发展的眼光和对教育技术应用的重视程度;密切关注教育信息化领域的最新发展动态;了解并熟练应用新技术和新理念开展教育工作;在学科教学实践中还需要不断提高自身的教育教学水平和技能。如此,中职数学教师才能在教育信息化日新月异的时代背景下,与时俱进,把中职生学科综合素养的培养与发展放在首位,并不断地提高自身的教育能力。

(3)中职数学教师需要以数智化技术为依托提供更精准的教育服务。中职数学教师需要不断地学习适应教育信息化的发展潮流。在数智化教育的大背景下,数学教师不仅需要过硬的业务素质和教育技术能力,而且更需要转变学科教育观念。数学教师应该以促进中职生全面发展为出发点,重视他们学科学习的个性化需求,以数智化技术为依托,针对性地为其提供更精准化的学科教育服务。同时,数学教师应该重视培养中职生的创新意识和实践能力,帮助他们更好地适应社会的发展和变化,将其创新意识和实践能力的培养作为中职数学教育的一项重要内容。

总之,在数智化背景的教育时代下,作为中职数学教师需要持续不断地学习和进步,将先进的数智化教育技术应用到日常教学实践中去,为中职生创造更优质的育人环境,为我国中职教育事业的繁荣与发展贡献自己的一份力量。因此,只有不断地学习、进取和创新,中职数学教师才能在数智化背景的教育时代下开创更佳的学科教育新局面。

2. 成为中职生学科学习中的引导者和合作者

在数智化的背景下,中职生应该成为主动探究和发现问题的学习者,不仅仅是被动接受数学知识的容器,而是变成了积极探索和发现问题的主动学习者。这就导致了中职数学教师的角色发生了深刻变化,特别是在数智化时代的背景下,传统知识传授者的角色需要转变为适应新时代教育的引导者和合作者。中职数学教师成为中职生学科学习中的引导者和合作者具体表现在以下方面。

(1)中职数学教师需要成为中职生主动学习和探索数学知识的引导者。教师需要将中职生培养成具有主动探研和学习能力的学习者。这要求数学教师对中职生个体的学科情况有较全面地了解,不仅是知识的传授者,而且是引领他们自主获取答案的指导者。学科教师需要注重中职生的学习方法和策略,帮助他们找到更适合自己的学科学习方法,从而有效地提高其学科学习效果。

(2)中职数学教师需要成为中职生数学知识探求欲的激发者。教师需要进一步调动中职生数学学习的兴趣爱好与潜能。中职数学教师针对每位中职生不同的兴趣爱好和特长进行教学组织方式的革新与教学内容的丰富,以点燃他们对学科知识的探求欲和学习热情。另外,数学教师还需要鼓励中职生敢于提问、勇于发表见解,使之养成独立思考和批判思维的良好习惯。

(3)中职数学教师需要成为中职生学科学习需求和困惑的倾听者和指导者。数学教师应该善于与中职生交流,并将有效地沟通贯穿于学科教学的全过程。数学教师需要建立听取中职生学科学习的需求和困惑的意识,对其学科学习过程中提出的任何问题均需予以重视,并鼓励他们在学科课堂上勇于表达自己的见解。此外,数学教师还需要根据教学实践中的沟通状况,及时合理地调整学科教学策略,以满足中职生对学科学习的个性化需求。

总之,在数智化时代的背景下,数学教师需要成为中职生学科学习的引导者和合作者,应该重视他们学科学习的个体差异,激发其学习兴趣和潜能,与之建立良好的教与学的沟通桥梁。这种数学教育模式将有利于中职生获得更具创新精神和批判性思维,为他们今后的成长和发展所需的综合素养奠定良好基础。同时,也要求中职数学教师不断地提高自身的专业素质和教育技能,以应对新时代我国中等职业教育的不断变革和发展,在师生的共同努力下,进一步提升中职数学课程教育质量。

3. 需要成为教育数据的使用者和分析者

在当今教育领域中,数字化和智能化技术的快速发展正在深刻地改变着教育教学的模式,同时教师的角色也发生了重大的变化。中职数学教师不仅需要成为学科知识的传授者和学科学习的引导者,而且也需要成为教育数据的使用者和分析者。中职数学教师成为教育数据的使用者和分析者具体表现在以下方面。

(1)中职数学教师需要成为学科教育数据的使用者。中职数学教师需要清楚地认识到:数智化教育环境下,教育数据的产生、积累与分析是常态。这些数据以各种形式被记录、存储和传输,包括但不限于学生的学习成果、学习行为、学习习惯等方面。数学教师作为教育数据的使用者,有必要全面深入地了解中职生的学科学习状况,并充分地利用这些数据有效地开展学科教学实践活动。这样既可以帮助数学教师更好地把握学科授课进度,又可以更精准地为中职生提供优质的学科教学服务。

(2)中职数学教师需要成为学科教育数据的分析者。中职数学教师需要通过挖掘和分析学科教育数据的方式发现中职生的学习需求和薄弱环节以及潜在的学习问题,并有的放矢地提供相应的学科教学资源与针对性的指导,使中职生在学科学习过程中的能力真正得到提升。因此,教育数据的挖掘和分析是提高中职生数学学习效果的有效途径。

(3)中职数学教师需要成为学科教育数据的利用者。中职数学教师需要清醒地认识到教育资料既是一种教学工具又是一笔巨大的教学资源。中职数学教师需要通过运用教育资料促进学科教育的改革和教学质量的提高,并提升他们处理学科教育数据的水平和能力。因此,中职数学教师需要紧跟新时代的发展步伐,适应教育智能化的新形势,通过不断地提高自身的教育数据分析和处理的能力,与时俱进,并引领学科教育的潮流。

总之,中职数学教师既为教育资料的使用者又是分析者,既要充分认识教育数据的重要意义,又要积极主动地运用教育数据促进学科教学水平的提高,并切实抓好自身教育数据素养的提高。只有这样,中职数学教师才能更好地适应我国中等职业教育的发展,同时有效地促进中职数学课程教育实践的改革和创新,从而给中职生提供更优质的育人环境,并更高效地开展中职数学课程教育实践活动。

综上所述,数智化技术的产生和发展已经使中职数学教师的角色发生了翻天覆地的变化,教师必须随着时代的发展及时由单一角色转换为多元角色,为培养具有创新意识和实践能力的新时代技能人才作出应有的贡献。同时,教育主管部门也需要对中职数学教育的改革和创新给予更多重视、更多投入，在提高学科教师的业务水平基础上，加大对他们数智化专业素养的培训与扶持力度，以促进中职数学课程教育的深入改革与健康发展。

第二节　数智化背景下中职数学教师专业成长

随着我国社会和经济的快速发展，科技创新能力不断提升，以及数智化时代的来临。在数智化的背景下，中职数学教师面临着前所未有的挑战与机遇。如何在新时代中实现专业成长，成为每位中职数学教师必须思考的问题。

一、数智化技术对中职数学教师专业成长的意义

随着科技的不断进步，数字化浪潮的席卷，包括教育领域在内，数智化技术在我们生活的各个方面都得到了深入的应用。数智化技术的应用，不仅为中职数学教师开辟了一条专业成长的新思路，而且为学科教学带来了新手段、新工具。因此，数智化技术的应用对于中职数学教师专业成长具有重要意义。

（一）数智化技术为中职数学教师提供了丰富的教学资源及工具

数智化技术可以为中职数学教师提供了丰富的学科教学资源和工具，使之能够更好地开展中职数学课程教育实践活动。首先，数智化技术为中职数学教师提供了在线练习、教学视频、模拟实验等丰富的学科教学资源，这些教学资源可以帮助他们更好地为中职生创造互动性和个性化的学科学习体验。然后，数智化技术还提供了计算器、几何软件和数据分析工具等教学辅助工具，这些教学辅助工具可以帮助中职数学教师更有效地展示和解释学科知识和原理，从而培养中职生的运算能力和观察分析能力。最后，数智化技术还支持数学教师开展学科学习数据分析和处理工作，帮助他们及时了解中职生学科学习的进展和困难所在，并根据学科个体差异性实施个性化的学习指导。数智化技术为中职数学教师提供了丰富的学科教学资源和辅助工具具体体现在以下两个方面。

1. 为中职数学教师提供了丰富的教学资源

现在的中职数学教师所用的教学资源不再是单一的教材与教辅资料，随着数智化技术的迅猛发展，使得学科教学资源日益丰富起来。这样可以让中职数学教师有了更多的选择空间，帮助他们运用创新的教学方式和信息化的教学手段去提高学科教学效果，不仅可以培养中职生学科学习的能力，而且还可以促进教师自身的专业成长。数智化技术为中职数学教师提供了丰富的教学资源具体表现在以下方面。

（1）数智化技术助力中职数学教师获得丰富的教学资源。大量的网络教学平台如雨后春笋一般涌现，这些平台为中职数学教师提供了大量的在线教学资源，使之不必亲自费时费力去搜集和整理繁杂的学科教学资料，而只需轻点鼠标就可以获得丰富的教学视频、课件、教案等学科资料。这些教学资源不仅为中职数学教师提供了备课的参考资料，而且帮助他们及时了解最新的教学方法和理念，从而更有效地促进学科教学质量的提高。同时，网络教学平台也为中职生数学的自主学习和互动交流提供了极大的便利。

（2）数字化课本助力中职数学教师实施个性化教学。数字课本的诞生，使中职数学教师不再受传统纸质教材的束缚。数字化课本具有很强的交互性和更新快的特点，使之对中职生的实际情况能够做到心中有数并采取相应的个性化教学手段。例如，对数学基础薄弱的中职生，教师可以充分利用数字化课本中的交互功能对教学内容进行深入浅出地讲解；对数学基础较好的中职生，教师则可以针对他们的学习情况提供更合适的学科资料，以满足他们的学科学习需求。这样既能激发中职生学习数学的兴趣，又能使学科教学效果得到有效的提高。因此数字化课本是中职数学教师实施个性化教学的有效手段之一。

（3）数智化技术为中职数学教师提供了丰富的教学素材库。数智化技术还为中职数学教师提供丰富的教学素材库，使之在教学过程中能够运用形式多样的素材，帮助中职生更深层次地认识和理解学科知识。例如，在讲授几何知识时，教师可以运用图形和图像的素材，使中职生对几何图形的性质和变化更直观地认识；在讲授代数知识时，教师可以运用音频和视频的素材，使中职生对代数的运算过程及其实际应用更深入地认识和理解，从而使他们学科学习的兴趣和效果得到明显提高。这些素材的运用不仅可以使教学内容生动活泼起来，而且还能够激发中职生数学学习的积极性和主动性。因此，数智化技术在中职数学教学中具有十分重要的意义。

总之，数智化技术的发展，使中职数学教师得到了丰富的教学资源，这些资源不仅为之提供更多的选择，而且还帮助他们改进和创新教学方式，提高学科教学效果。因此，数学教师需要充分利用这些资源，既可以为中职生提供更加优质的学科教学服务，又可以不断地提高自身的教学水平和能力，从而实现学科教与学的共同成长。同时，教育主管部门也需要加大力度对数智化教育技术的投入和支持，为数学教师提供更多的教学资源和硬件支持，整体上提高中职生的学科综合素养，以促进中等职业教育的快速发展，为社会培养出更多具有创新精神和实践能力的高素质技能人才。

2. 为中职数学教师提供了高效的教学工具

数智化技术的飞速发展，在教育领域得到了逐步的渗透，为中职数学教师带来了很多高效的教学工具,这些工具不仅可以使学科教学变得更为便捷和高效,而且可以激发中职生学科学习的兴趣,并提升其学习成绩。数智化技术为中职数学教师提供了高效的教学工具具体表现在以下方面。

(1)智能教学软件是个性化教学的得力助手。智能教学软件是中职数学教师不可或缺的教学工具,这些软件通过收集中职生的学科学习数据,为教师提供个性化的学科教学建议。例如,根据中职生的答题情况、学习进度和兴趣爱好,智能教学软件能够智能化推荐适合他们的教学内容和方法。这样,教师就能更好地满足中职生数学学习的个性化需求,并提高学科教学效果。

此外,智能教学软件还能够实时跟踪中职生的学习进度,为教师提供他们的学科学习数据。这些数据不仅包括中职生的答题情况,还包括他们的学习时长、学习频率等多维度信息。通过分析这些数据,教师能够更全面地了解中职生数学学习的情况,及时发现他们学习中存在的问题,为之提供更具针对性的指导和帮助。

(2)互动教学工具是激发学生学习兴趣的重要武器。互动式教学工具如电子白板、互动投影等为中职数学课程教育带来了一场革命性的变革,使教师与学生之间的互动和学生的学习兴趣都得到很大程度的提高。数学教师可以通过电子白板的运用,对授课内容随时作出相应调整,并与中职生进行实时交流。另外,中职生也可以运用电子白板进行交互式操作,在课堂中主动参与讨论,对学科学习有极大的促进作用。因此,中职数学教学活动中运用互动式教学工具显得尤为重要。

互动投影可以帮助数学教师在课堂上向中职生更形象、更生动地传授数学知识,同时也可以帮助中职生更好地认识学科知识的性质和特点,从而进一步激发他们学科学习的兴趣和效果。以几何图形为例,互动投影可以使中职生对图形的动态变化过程有更深入地了解和认识,从而对几何图形的性质特点有更深入地、更全面的认识和理解。

(3)数字化考核评估系统是快速准确评估学科学习效果的有力工具。数字化评价系统是中职数学教师评价中职生学科学习成效的一项重要工具。这些系统能够根据中职生数学学科的答题情况,为教师提供详尽的评价报告。这些报告不仅给出了中职生的得分情况,而且呈现了他们的答题思路。通过分析这些报告,数学教师对中职生的学科学习状况有更全面、更客观的了解,从而为今后正确的学科教育决策提供有价值的参考和有力支撑。此外,数字化考核系统不仅可以为中职数学课程教育决策提供数据与信息的支持,并使对应的教育实践更加科学有效,而且还可以帮助教师及时发现中职生在学科学习中存在的问题,并有针对性地进行辅导。

同时,由数字化技术支持的考核制度还具有快速准确的特点。相对于传统的方式如纸笔考试、人工评阅等,数字考试系统能够提高评阅效率,从而一定程度上减轻中职数学教师教育的工作负担。不仅如此,数字化考试系统还能够为每位中职生的数学学习提供个性化反馈与建议,帮助他们全面、客观地进行自我认识,并有针对性地改进和完善学科的学习计划和规划。

总之,数智化技术为中职数学课程教育带来了许多有效的教学工具,这些工具既提高了学科教学的便捷性和效率,又增强了中职生学科学习的兴趣,并明显地提高了他们的学科成绩。随着数智化技术的不断发展,中职数学课程教育也随之不断提升和优化,数智化技术对中职数学课程教育的推动作用是不可估量的。

综上所述,数智化技术给中职数学教师带来了丰富的教学资源与实用的教学工具,使学科教育实践变得更为高效和便捷。因此,中职数学教师应该主动学习和熟练掌握数智化技术,运用这些教学资源与工具,不仅可以更好地改进和创新学科教学模式,而且可以帮助中职生更容易参与学科教学活动,从而促进数学知识的理解和应用,进而提高他们的学习成效。此外,数学教师也需要有意识地培养和提升自身的数智化素养,以适应数智化教育时代的发展需求。换言之,教师需要主动接近数智化教育,不断提高自身的学科教育技能和水平,为中职生提供更好的学科教育服务,并促进我国职业教育的高质量发展。

(二)数智化技术有利于中职数学教师提高课堂教学效果

在中职数学课程教育实践中,数智化技术的应用日益显得重要了。数智化技术不仅为中职数学教师提供了更多样化的学科教学手段,而且还有助于提高学科课堂的教学效果,从而使中职生更好地理解和掌握数学知识。数智化技术促进中职数学课程教育效果提高的具体体现在以下两个方面。

1. 数智化教育技术有利于中职数学教师降低学科知识的抽象性

中职数学课程教育实践中一直面临中职生的学科基础薄弱、学习兴趣不高、学习能力不强等问题。由于数学知识的抽象性,一定程度上导致了许多中职生在学习过程中感到困惑和无力。传统的学科教学方法往往只注重数学知识的传授,而忽视了中职生学习的主体地位和兴趣的培养,导致教与学的效果均不佳。数智化教育技术以其直观性、互动性和丰富性等特点,有效地降低了数学知识的抽象性,激发了中职生学科学习的兴趣,自然而然提升了学科教育效果。数智化教育技术对数学知识抽象性的降低作用具体体现在以下几个方面。

(1)直观地展示数学知识。数智化教育技术可以通过图表、动画等方式将抽象的数学知识具象化,让中职生更直观地感受学科知识的形成过程。例如,在解析几何的教学中,通过动画演示点的运动轨迹,中职生能够更容易理解曲线的生成过程以及曲线所具有的性质。

(2)增强个性化学习体验。数智化教育技术可以让中职生根据自己的学习进度和需求,随时随地开展数学学习和研讨活动。中职生可以通过计算机、手机等设备观看数学教学视频、做练习题、巩固复习学科知识等学习活动,真正实现个性化的学科学习体验。这种学习方式可以引领中职生更加主动地参与数学学习活动,从而提高他们学科学习的兴趣和效果。

(3)丰富的教学资源和素材。数智化教育技术可以为中职数学课程教育提供丰富的教学资源和素材,包括教学视频、教学案例、在线测试等学科资源。这些资源和素材可以满足学科不同层次中职生的学习需求,帮助他们更加深入地理解和掌握数学知识。

总之,数智化教育技术对于中职数学教师降低数学知识的抽象性具有重要作用。通过直观地展示数学知识、个性化学习体验和丰富的教学资源和素材,数智化教育技术可以帮助中职生更轻松、更容易地理解和掌握数学知识,进而提高他们学习数学的兴趣和效果。因此,中职数学教师应该积极探索和应用数智化教育技术,为中职生提供更加优质的学科教学服务。

2. 数智化教育技术有助于中职数学教师学情探研以及跟踪指导

对于中职数学教师而言,数智化技术不仅仅是提高了学科教学效率,而且是使得学情分析、反馈和跟踪指导更加精确和高效。数智化教育技术助力中职数学教师学情探研以及跟踪指导具体体现在以下几个方面。

(1)数智化技术助力学情分析。在传统的中职数学课程教育活动中,学情分析往往依赖于学科教师的经验和观察,难以做到全面、精准分析和客观评估。而数智化技术的应用,使得学科学情分析变得更为细致和深入。例如,借助大数据分析技术,教师可以收集和分析中职生在数学课堂上的学习表现数据,如参与度、互动频率、学习成绩等,从而使之更全面掌握中职生的学科学习状况。同时,通过对中职生数学学习状况相关数据的挖掘和分析,教师还可以发现他们学科学习的特点和潜在问题,为后续的教学策略的合理调整提供有力依据。

(2)数智化技术优化反馈机制。及时反馈是中职数学课程教育中不可或缺的一环。数智化技术的运用,使得教师能够更及时、更准确地给予中职生的数学学习反馈建议。例如,通过在线教学平台,教师可以实时查看中职生的数学作业完成情况,对于出现的问题可以实时讲解并指出问题的根源。此外,借助智能化教学系统,数学教师还可以根据中职生的学科学习相关数据,自动生成个性化的学习报告,帮助他们更清晰地了解自己学科学习的状况和进展。这种及时的反馈机制不仅提高了中职生的学科学习效率,而且还有助于激发他们学科学习的动力。

(3)数智化技术可以强化跟踪指导。跟踪指导是中职数学课程教育中至关重要的环节。数智化技术的应用,使得数学教师能够更加精准地对中职生学科学习进行跟踪指导。通过对中职生数学学习数据的实时监测和分析,帮助教师及时发现他们学科学习的困难和问题所在,从而提供有针对性的学科学习指导和帮助。同时,数智化技术还可以帮助数学教师制定个性化的教学计划,根据中职生学科学习的实际情况更合理地调整教学策略,确保每位中职生都能够得到最适合自己的学科教学资源和个性化指导。

（4）数智化带来的其他优势。除了上述三个方面外,数智化技术还为中职数学教师带来了诸多其他优势。例如,通过数字化教学资源的广泛应用,数学教师可以丰富学科的教学内容和形式,提高中职生学科学习的兴趣和参与度。同时,数智化技术还可以帮助中职数学教师打破时间和空间的限制,实现远程教学和在线辅导,为中职生提供更加灵活和便捷的学科学习途径。

总之,数智化技术在中职数学教学中发挥着重要作用。它不仅助力中职数学教师进行学情分析、反馈和跟踪指导等方面的革新,而且还带来许多其他优势。随着科技的不断进步和应用领域的扩大,数智化技术将在中职数学课程教育实践中发挥更加重要的作用,为我国中等职业教育事业的变革和发展注入新的活力。

（三）数智化技术有助于促进中职数学教师的专业发展

数智化技术为中职数学教师提供了个性化、实用、高效的教学支持和资源,以提供他们在专业发展中发挥更大的作用。数智化技术可以为中职数学教师提供丰富多样的教学资源和工具辅助教学,不仅可以及时发现中职生学科学习的问题并给予个性化的反馈和指导,而且还可以建立教师之间的资源共享,同时促进教学理念和方法的交流与合作,从而更好地促进他们的专业成长和职业发展。数智化技术促进中职数学教师的专业成长和发展具体体现在以下两个方面。

1. 提升中职数学教师的数智化教学技能

当前教育信息化的大背景下,必然要求中职数学教师不断提升数智化教学技能,既包括熟练掌握各类数学教学应用软件,又包括如何把数学知识与信息化手段相结合,进而用创新的教学方式促进学科教学效果的提高。中职数学教师通过专业培训、自主学习等方式能够更好地运用现代信息技术,为中职生的数学学习创造更丰富的学习资源,从而一定程度上促进学科教学质量的提高。

2. 拓宽了中职数学教师学习交流的途径

随着互联网的普及,中职数学教师的学习交流方式也拓宽了。他们既可参加线下学术研讨会,观摩优秀教学案例,又可以与同行在各种教育平台上在线交流研讨,分享彼此教学经验和心得。这些交流活动不仅可以提高中职数学教师的专业素养,激发教学创新,而且还可以促进其在实践中不断成长,从而逐步实现自我超越。

在数智化时代的大背景下,中职数学教师的专业发展迎来了新的机遇与挑战。唯有不断努力地提高自身教学技能,拓宽学习与交流渠道,促进教学手段的智能化,才能为中职生提供更好的优质教育,为我国中等职业教育事业的发展贡献力量。这不仅仅是教师个人能力的提升,而且是对我国职业教育事业的一份责任和担当。

(四)有助于促进中职数学教师创新学科教学方法

在数智化时代的背景下,中职数学教育正面临着前所未有的机遇与挑战。数学教师需要不断探索新的教学方法和手段,以便更好地培养具有创新精神和实践能力的中等职业学校毕业生。通过推动中职数学教学手段的智能化和促进中职数学课程教学内容的实践化,可以促进学科教学方法的创新,同时也给予学科教师提供有价值的参考和启示。数智化技术促进中职数学教师创新学科教学方法的具体体现在以下两个方面。

1. 推动中职数学教学手段智能化

处于数智化时代的背景下,信息技术的飞速发展为教育带来了诸多便利,中职数学教学实践中运用智能化教学手段已成必然趋势。数学教师需要积极主动地将新技术运用于日常教学实践中,运用人工智能助手、大数据分析等多种手段,为中职生提供个性化的学习路径和资源推荐。此外,中职数学教师还需要对智能教学手段的发展动态充分地认识,并不断地更新自己的教育观念和教学方法,从而更好地适应教育信息化发展的需求。因此,数智化教育技术的运用,推进了中职数学教学手段的信息化、智能化,使之教育实践更有效。

2. 促使中职数学课程教育内容实践化

教师需要注重实践教学,将学科理论知识与实际应用紧密结合,才能提高中职数学课程教育的实用性和针对性。在教学过程中,数学教师需要引入实际案例,组织实践活动,促进中职生在实践中更好地理解和掌握学科知识,并培养他们的创新能力和动手能力。此外,为适应社会对中职毕业生技能的新要求,数学教师不仅需要提高中职生对学科知识的掌握程度,而且还需要关注行业动态,及时调整学科课程内容,确保教学内容的时效性和前瞻性。

总之,在数智化时代背景下,中职数学教师应该紧跟时代发展步伐,不断地创新学科教学手段和丰富实践教学内容。通过推动数学教学手段智能化和课程内容实践化,为培养具有创新精神和实践能力的中职生而努力。同时,教育主管部门也应该加大对中职数学课程教育的支持力度,鼓励学科教师参与更多的专项培训和学术交流,从而促进中职数学课程教育整体水平的提高。只有这样,我国中职数学教育才能在新时代背景下焕发出新的活力,并为当地经济增长和社会发展输送更多、更高素质的技能人才。

综上所述,数智化技术对中职数学教师的专业成长具有重要的现实意义。它不仅可以为中职数学教师提供丰富的教学资源和手段,并促进学科教学效果的提升,而且还可以促进他们的专业成长和发展,帮助他们更好地适应数智化教学的新要求。因此,中职数学教师应该主动学习数智化技术,不断地提升自己的专业素养和教学技能,为中职生的健康成长和更好发展做出更大的贡献。

二、数智化技术赋能中职数学教师专业成长的有效策略

随着我国教育信息化步伐的加快,数字化与智能化已经深入地渗透到教育领域,成为推动教育行业发展的核心动力。中等职业教育作为整个教育体系的重要枢纽,数学教师的专业素养对于提升整体教育质量具有不可或缺的作用。在此时代背景下,数智化技术的赋能对于中职数学教师而言,不仅仅意味着学科教育教学方法的优化与更新,更是他们专业快速成长的重要途径。因此,数智化技术的赋能不仅助力于中职数学教师更好地适应新时代的教育要求,而且也为他们的专业成长开辟了新的发展空间。

(一)提高中职数学教师数智化技术能力

随着我国教育信息化不断地深入,数智化技术在中职数学课程教育实践中扮演着愈发重要的角色,提高中职数学教师的数智化教育能力很有必要,以适应当代教育环境的新变化和中职生学科学习的新需求。中职数学教师的数智化技术能力的提升,不仅有助于更好地制定和调整学科教学策略并提升教学效果,而且使之更好地利用教学资源和工具,给中职生提供更丰富的学习体验和个性化的支持和帮助,从而促进学科教育合作与共享。此外,还帮助中职数学教师更好地组织和管理学科教育实践活动,并提升他们的教育工作效率。提高中职数学教师的数智化技术能力有以下三种有效措施。

1. 掌握智能化技术理论

需要提升中职数学教师的教育能力首先有必要掌握数字化与智能化技术的基础知识和相关信息。中职数学教师需要了解并掌握最前沿的教育新观念与教学新策略,保持着对数字化与智能化技术最新发展动态的敏锐洞察,不断地学习并掌握最新的数学知识及其教学方法和技能。此举不仅有助于充实与拓展中职数学教师的专业知识架构,而且还确保他们能够较熟练地驾驭数字化与智能化的教学环境。

2. 熟练运用数智化教学平台与工具

对于中职数学教师而言,熟练掌握并运用数智化教学平台与工具,是提升他们数智化教育能力的核心要素。教师需要灵活地运用几何画板、数学建模软件等各

类数学教学软件及在线平台,以适应现代教育技术的发展趋势。同时,数学教师还应该积极探索如何有效整合互联网资源,将之融入学科教学设计中,帮助他们实现数智化技术与传统教学方法的有机结合,为中职生提供丰富、多元的学科学习体验。

3. 积极参加各类数智化技术专项培训

积极主动参与数智化教育技术培训是提升中职数学教师的数智化技术能力的一条切实可行的有效途径。教育主管部门与中职学校应该定期策划并组织数智化技术专项培训,为中职数学教师提供专项培训活动和实践机会,帮助他们掌握与学科教育相关的数智化技术的基础知识和相关的应用工具。同时,中职数学教师也需要主动参与并投入到数智化技术培训中,尽可能把握更多学科教学能力提升的学习与成长的机会。

这些专项培训可以是线上、线下或线上线下结合的培训形式,以满足不同教师提升数智化技术的需求和兴趣。此外,针对中职数学教师的不同需求和水平,教育主管部门和中职学校应该提供个性化的支持与指导。这包括一对一的辅导、小组合作、远程指导和教学观摩等多种培训方式,帮助中职数学教师解决数智化技术培训过程中遇到的各种问题,从而更好地促进他们学习数智化教育技术并不断地提升相应的素养和能力,确保专项培训的有效性,从而使之更好地为中职数学教育服务。

总之,提升中职数学教师的数智化技术能力是一项长期且充满挑战的任务。这需要教育主管部门、中职学校及学科教师的共同参与和协同合作,共同推动中职数学教师的数智化教育素养和技能的提升。尤其重要的是,中职数学教师应当通过积极主动参加数智化技术的专项培训,有意识地致力于数智化技术的理论学习和实践操作,掌握数智化教学平台与工具的使用方法和技巧。通过不懈的努力,中职数学教师将能更好地实施学科教育实践活动,为新时代培养出更符合岗位要求的高素质技能人才。

(二)构建中职数学教育数字化教育评价体系

随着我国教育信息化的深入推进,中职数学教育领域的数字化教育评价体系的价值日益显现。构建科学、合理、高效的智能化教育评价体系,不仅能有效地促进中职数学课程教育质量的提高,而且对中等职业教育高效发展有推动作用。

1. 数字化教育评价体系的内涵与特点

随着数智化技术的快速进步,智能化教育评价体系在中职数学课程教育中起举足轻重的作用。这种具备时代特征的新型教育评价方式,凭借其数据驱动、个性化定制、实时反馈、多维度评估和智能化应用等内涵和特色,可以更科学地不断优化和完善中职数学课程教育实践过程,并使中职数学课程教育踏上新台阶,为我国中等职业教育注入了鲜活的力量。

(1) 数字化教育评价体系的内涵。在中职数学教育中,智能化教育评价体系可以使中职生数学学习的过程、成绩和能力变得可见、可量、可评。这一智能化评价体系使得数学教师不仅需要着眼于中职生的学科成绩,而且还需要着眼于他们审视学科学习的全过程、综合素养培养和学习能力提升的培养。它像客观、公正的裁判员为中职生搭建一个更科学、更公正、更全面的考核评估平台,对学科的教与学具有十分明显的促进作用,既可以使中职生的数学学习过程和成绩得到具体量化和有效地评估,又可以促使他们朝着正确的方向并采取更合理的方式努力学习数学,从而提高其学科学习的成效。

智能化教育评价体系还是位信息化、智能化和数据驱动的"小天才"! 它能够实时收集和分析中职生数学学习的数据,仿佛赋予了数学教师一双超级眼睛,使之对学生的学科学习了解得更准确、更清晰,并能够根据具体学情更好地指导中职生开展学科学习活动。与此同时,还能够帮助中职数学教师发现自己学科知识和教学能力的短板,从而更有效地实现学科的个性化教学。

也可以说,智能化教育评价体系就像是一个魔法工具箱,可以实现对学生学习情况、教师教学效果以及教育机构整体表现的全面监测和评估,为教育决策提供客观依据;根据学科不同层次中职生的学习特点和需求,为其量身定制个性化评价方案,从而更好地指导他们开展学科学习;可以实现对学科的学习状态和教学效果的实时监测和反馈,及时发现问题并采取针对性措施,有助于提高学科的学习效率和教学质量;从情感态度、社交能力等多个维度对数学教师和中职生进行评估,更全面地反映个体教与学的状况;能够实现自动化评估和个性化推荐,提高评价效率和准确性,并为教育者提供科学决策的支持,从而逐步推动中职数学课程教育实践活动更完善、更有吸引力。

(2) 数字化教育评价体系的特点。智能化教育评价体系已成为新时代教育评价变革的重要推动力。在中职数学课程教育中,智能化教育评价体系不仅具有其独特的优势,而且还呈现出以下显著特点。

智能化教育评价体系更具实时性。智能化教育评价体系能够实时收集中职生数学学习的数据,包括课堂表现、作业完成情况、在线测试成绩等,并通过数据分析,学科教师可以及时发现他们学科学习的困难和需求。这种实时反馈机制有助于中职数学教师调整学科教学策略,为中职生提供更有针对性的个性化学习支持,从而提高学科的教学效果和学习效率。

用数智化技术建立的教育评估体系更具客观性和公平性。它以量化的客观评价方式减少了人为因素的干扰,使评估结果更具公正性和客观性,并借助大数据分析和云计算技术,对中职生数学学习的数据进行精准分析和处理。在提高保障评价的信度和效度的同时,有效地避免了可能出现的主观臆断和以偏概全的不良评价现状发生,从而提高了数学学科评价的有效性。

智能化教育评价体系更具全面性。它不仅关注中职生对数学知识的掌握情况,而且考核他们思维能力、动手能力、学习态度的形成过程中所接受的培养和训练程度,及其发展情况。这种全面性的评价方式能够帮助中职数学教师对中职生学科学习的情况深入了解,从而更有针对性地提供学科学习指导和帮助,并促进他们更好地发展。因此,智能化教育教学评价体系的全面性对于促进中职生学科综合素养的培养具有十分重要的意义。

数字化教育评价体系更具精准性。教育评价体系将更多地采用 AI 技术进行智能化的自动分析学科学习数据,提供个性化的学习方法、制定学习建议、考核实施情况并进行反馈等诸多工作。这样既能提高中职数学教学考核的精准性和全面性,也能更好地激发中职生学科学习的兴趣和动力,为他们学科的学习成长和能力提升起到推波助澜的正面效应。

总之,数智化技术引发了中职数学课程教育评价方式的革命性变化。智能化教育评价方式具备的实时性、评价主体的全面性、评价方式的客观性、评价方式的智能化等特点,不仅提升了中职数学教育评价的效度和信度,而且使其评价工作更加有的放矢,为促进教师的学科教学和中职生的个性化学习提供了强有力的支持。在日益进步的数智化时代背景下,相信智能化教育评价方式在今后的中职数学课程教育中扮演着更加举足轻重的角色,能够更好地促进学科教育实践活动的改进和创新。

2. 智能化教育评价体系的构建原则

随着信息技术的飞速发展,智能化教育评价体系的建立已成为教育改革的必然趋势。智能化教育评价体系的应用不仅能够有效地提升中职生数学课程教育的品质,而且还能够促进中职生学科综合素养的发展,使之培养成为具有创新精神和实践能力的新时代技能人才。不过,在构建中职数学数字化教育评价体系过程中,需要遵循以下原则。

(1)坚持以学生为本的评价原则。评价体系的核心是关注学生的成长和发展,因此,必须坚持以学生为本的原则。在构建中职数学教育评价体系的过程中,教师需要全面评估中职生学科知识、能力、素质等多方面因素,尊重他们学科学习的个性差异,并关注兴趣和特长,以激发其学科学习的内在潜能和动力。例如,在评价中职生的数学学习能力时,除了考查他们学科学习的基础知识和解题技能外,还需要关注其数学建模、数学实验等实践中的思维和行为表现,这样可以更全面地考查和了解中职生的数学素养和创新能力。

（2）评价学生的公平公正原则。公平公正是教育评价的根本准则。在中职数学智能化教育评价体系的构建过程中，需要充分考虑中职生学科知识、能力、素质等各方面因素，尊重他们对于学科知识的兴趣特长，激发他们学科学习的潜能，并从多个角度去考核其学科综合能力。除了考察数学基础知识、解题技巧外，还需要对中职生的数学建模、数学实验等方面的实际表现给予足够的关注，并采用多种考核方式使之更客观、更全面。智能化教育评价体系在全面反映中职生的数学素养和创新能力的同时，对其学科综合素养的培养也起有效的促进作用。可以根据中职生数学学习的实际情况，采用多样化的考核方式，以确保评价的全面性和公正性。

（3）突出评价过程的实用性原则。中职数学智能化教育评价体系重视学科有效评价的实际运用，力求做到简明扼要、易于操作，并充分考虑了各所学校、每位学科教师的实际情况，使这套体系能够在学科教育评价实际操作中得到广泛地应用。此外，在学科评价体系的构建上还需要重视它的可操作性和可延续性，以确保其持续和有效。对中职生学科的动手能力的考核可以结合一些实际项目或案例分析开展，这样既可以真实地反映他们学科的动手能力，又可以促进其学科操作能力的进一步培养。如考核中职生能否较好地完成某一实际项目或案例分析的能力，这样做既能了解和促进他们学科的动手能力，又能为学科教学的可延续性起到良好的导向作用。

（4）增强评价的可持续性原则。智能化教育评价制度并非一成不变，需要结合当前的教育改革和中职数学教育的发展需求不断地调整和完善。在评价制度的实施过程中，数学教师需要密切关注中职生数学学习的实际情况和反馈意见，对学科的评价内容和方式进行及时调整，以便因势利导地对他们的学科学习和成长发展起正面促进作用。另外，数学教师还需要善于跟踪我国教育改革的最新相关动向，对中职数学教育评价的理论与办法进行不断的更新和完善，确保评价制度始终保持与时代发展相适应的状态。因此，在数字化教育评价体系的推行上，需要定期开展考核与修订工作，并通过多途径地收集中职生、教师和家长的反馈建议，进行修订和优化，以保证智能化教育评价体系的合理性和适应性，更好地服务于中职数学课程教育实践。

总之，建立中职数学智能化教育教学评价体系，是促进学科教育质量提高、中职生全面发展的一项重要工作。在建立中职数学教育评价体系时，应本着以学生为中心，促进公平公正、注重实用性和持续优化的原则，真正发挥考核体系的作用，使之成为中职生的综合素养培养的有力支撑，有利于中职数学数智化教育工作的开展。

3. 数字化教育评价体系的构建措施

随着信息技术的迅猛发展，数字化教育评价体系的建设已经成为教育改革的重要方向。智能化教育评价体系不仅能够提高中职数学教育评价的效率和准确性，而且还能够更好地适应中职生学科学习的需求，促进学科教育质量的提升和结果公平的评价。构建有效的中职数学智能化教育评价体系，可以采取以下措施：

（1）完善智能化教育评价体系的政策法规。推进教育智能化评价体系建设，政策法规是重要保障。为我国中职数学教育评价信息化进程的推动提供有力的法律支持，政府应该制定相关政策法规，明确智能化教育评价的目标、原则和标准。同时，还需要加大政策法规的宣传贯彻力度，确保政策执行力度。

（2）提升中职数学教师的信息化素养。构建教育智能化评价体系，教师是核心力量，因此中职数学教师的数智化教育素养的提升不可或缺。一方面加大对中职数学教师的数智化教育技术培训力度，提高他们开展学科教育实践的能力和运用数智化技术进行学科教育评估的能力。另一方面，还需要通过教育实践不断提升中职数学教师的数智化教育素养，鼓励他们积极参与数智化学科教育评价的实际操作活动。

（3）建立健全教育智能化评价数据库。教育智能化评价体系的基础是评价数据库。建立健全包括数学学习的成绩、行为、态度等多方面信息在内的评价数据库，对中职生学科学习的数据进行分类收集和整理分析。这些数据能为数学教师全面了解中职生学科学习的情况和正确的教育决策提供科学的依据，也为提高学科教学水平的诊断提供有力的评价依据。

（4）开发合适的中职数学教育评价工具。教育评价工具是智能化教育评价体系的重要内容之一。中职数学教育相应的评价软件和平台，可以对中职生学科学习的学习能力和成效进行全面客观地评价。此外，具有易操作性和实用性的中职数学教育评价工具，便于学科教师全面深入地了解学科教与学的实际状况，以及中职生开展学科学习的自我评价和反思活动，更有利于今后师生学科更有效的教与学。

（5）加强中职数学教育评价结果的分析和应用。中职数学教育评价结果的分析应用是智能化教育评价体系中的重要环节，有利于深入挖掘和分析评价数据，并从中发现中职生学科学习的优势和不足，为学科教学的改进和中职生学科综合素养的培养提供有力的数据支持。此外，将学科评价的结果及时反馈给学生和家长，帮助他们更好地了解他们的学科学习状况，并有针对性地指导他们制定合理的学科学习计划和发展目标，更有效地促进其数学学习。

总之，中职数学智能化教育评价体系的建设是一项长期而艰巨的工作，需要教育主管部门、中职学校、学科教师、中职生和其家长等多方面的共同努力。通过完善教育政策法规、提升中职数学教师数智化教育素养、建立健全评价数据库、开发适用的评价工具和加强评价结果的分析和应用等系列策略的实施，可以构建更加科学、高效、公平的智能化教育评价体系，从而更好地促进中职数学教师的专业成长，为中职生学科综合素养的培养以及教育质量的提升提供有力保障。

综上所述，构建中职数学教育智能化评价体系，对促进学科教师队伍的专业成长具有十分重要的意义和较大的促进作用，有利于促进我国中等职业教育事业的发展。中职数学教师需要围绕理论与实践两个层面进行积极探索和创新工作，努力培养学科类中职技能人才的创新能力和动手操作能力，以应对目前我国中等职业教育面临的实际问题和主要困境。在此过程中，也需要多方通力合作共同促进中职数学教育评价体系的改进和优化，从而更深入地促进学科教师的综合素养和教学能力的提升，进而加快他们的专业成长。

（三）促进中职数学教师互动交流与合作

为了进一步提升我国中职数学教育质量，强化中职数学教师的专业素养，有必要搭建一个高效、便捷的互动交流与合作平台。如建立教师社群或专业网络，供中职数学教师彼此间交流学科教育经验、分享教学资源、互相启发和支持。在这个交互平台上，中职数学教师可以共享教学资源、探讨教学方法、研究学科课题，从而相互促进学科教学水平和能力的提升，并为中职生提供更丰富、更优质的学科教育。这种合作和共享也能够促进中职数学教师对数智化技术应用的深入讨论和反思，进而提升他们的学科教育技能并促进其专业高质量发展。有效地促进中职数学教师互动交流与合作，可以采取以下三种有效措施。

1. 搭建中职数学教师的在线互动研修平台

随着信息技术的迅猛发展，网络研修平台在教育领域的应用日益广泛。根据中职数学教师的学科特点和专业成长特色，搭建一个专业、便捷、高效的在线互动研修平台，能够更好地促进学科教师的专业成长和教学质量的提升。搭建中职数学教师的在线互动研修平台的功能具体体现在以下方面。

（1）通过定期发布新的教育政策法规和研究成果，可以明确学科教育方向并激发教育灵感。中职数学教师的在线互动研修平台能够及时发布相关政策法规、教育新动态和中职数学教育最新研究成果。这意味着中职数学教师能够随时了解相关行业的发展和教育的新趋势，从而紧跟时代的教育步伐，保持学科教学内容的时效性和前瞻性。通过定期发布最新的教育政策法规，中职数学教师还可以明确教育方向，避免学科教学实践过程中的偏差和误解。同时，这种在线互动研修平台的交流活动又可以彼此分享当今中职数学教育的最新研究成果，激发学科教师的教学灵感，从而共同推动学科教学方法的优化和创新。

（2）通过在线互动研修平台的资源共享区域，实现学科教学资源的优化配置。中职数学教师的在线互动研修平台提供了一个便捷的资源共享区域。教学资源是学科教师教学实践的重要支撑，而资源共享则能够打破信息壁垒，实现优质教学资源的优化配置。在这个区域中,中职数学教师可以自由上传或下载电子教案、教学课件、习题库等相关的教学资源,实现彼此之间的互补和共享。这不仅有助于减轻中职数学教师的备课负担,而且还能够促进教学资源的高效利用,使之共同提升学科教学质量,并相互促进他们的专业成长和发展。

(3)通过在线互动研修平台的论坛区域,强化学科教学交流互动。中职数学教师的在线互动研修平台还可以设立论坛和讨论区,为中职数学教师提供一个随时随地沟通交流的便捷途径。在线互动研修平台上,中职数学教师可以就学科教学问题进行深入研讨,分享各自的教学心得和经验,共同探讨解决教学难题的有效策略。这种互动式的研修方式有助于激发中职数学教师的思维火花,拓宽他们的教学视野,提升其学科教学水平。此外,通过与其他教师的业务研讨和交流,中职数学教师还可以感受到同行的支持和鼓励,从而更好地激发他们教学工作的积极性和主动性,进而提升其学科教学的能力和水平。

此外,为了进一步提升中职数学教师的专业素养和教育教学能力,可以定期邀请专家、学者在线互动研修平台对他们开展相关专项培训或讲座、学术论坛。这些专项培训和讲座内容应该涵盖教学理念、教学方法、教育心理等多方面,旨在帮助中职数学教师不断提升自己的教育教学能力。通过参与这些活动,中职数学教师可以接触到最新的教育理念和教学方法,进一步拓宽学科的教学思路,进而提升学科教育的综合能力。

(4)通过在线互动研修平台的教育个性化推荐,促进学科教师的专业成长。中职数学教师的在线互动研修平台还可以根据他们教育的兴趣和需求,为其推荐相关课程、资源和研究课题。这种个性化的推荐方式有助于满足中职数学教师的个性化需求,促进他们的专业成长。通过参与适合自己的课程和资源的学习,中职数学教师可以针对自身学科教育的薄弱环节进行提升,从而实现学科教育的自我超越。

总之,搭建中职数学教师的在线互动研修平台对于促进他们的专业成长、提升教学质量具有重要意义。通过信息发布与通知、资源共享、论坛与讨论区、线上培训与讲座以及个性化推荐等功能模块的设置,这种互动研修平台将为中职数学教师提供一个全面、便捷、高效的研修环境。在此互动研修平台上,中职数学教师彼此之间可以不断地学习、交流和成长,共同推动中职数学教育的创新和发展,为培养更多高素质技能型人才贡献力量。

2. 构建中职数学教师的网络学习共同体

在当今数字化时代,构建中职数学教师的网络学习共同体显得尤为重要。这一学习共同体不仅可以为中职数学教师提供一个更为便捷的学习平台,而且还可以促进教师之间的学术交流与项目合作,共同推动中职数学教育的发展。构建中职数学教师的网络学习共同体的功能具体体现在以下方面。

（1）共同体的构建有助于中职数学教师实现自我提升。在网络学习共同体中，教师可以随时随地访问丰富的教学资源。这些教学资源不仅涵盖了数学学科的前沿知识，还包括了教学方法、教育心理学等多维度的专业知识。通过自主学习和互动交流，中职数学教师可以不断地更新自己的专业知识体系，并逐步提高自身的教育水平和能力。

（2）网络学习共同体为中职数学教师提供了一个交流与合作的平台。在网络学习共同体的平台上，中职数学教师可以分享自己的教学经验和心得，共同探讨教学过程中遇到的各种问题和困惑。通过集思广益、相互学习，中职数学教师可以在较短的时间内找到解决问题的有效方法，从而不断地优化并提升自身的教学水平和技能。此外，网络学习共同体还能够促进中职数学教师之间的团队合作，共同开展学科教学研究和课程开发，推动中职数学教育的创新与发展。

（3）网络学习共同体的构建有助于中职数学教师拓展自己的职业发展空间。在网络学习共同体中，中职数学教师可以通过参与在线研讨、发表教学研究论文等方式展示自己的教学成果和专业素养，并获得更多的关注和认可。这样不仅能够激发中职数学教师的工作热情和创新精神，而且还能够为他们的职业道路带来更多的挑战和机遇，进一步促进其职业成长和发展。

总之，构建中职数学教师的网络学习共同体是一项具有重要意义的工作。通过自主学习、交流合作和职业发展等多方位的支持，这种网络学习共同体将成为中职数学教师的专业成长和发展的重要平台。有理由相信，在这种网络学习共同体的助力下，中职数学课程教育将迎来更适合中职生的教育服务。

3. 建立中职数学课程教育的教学资源平台

中职数学课程教育的教学资源平台的建立，可以提供丰富多样的学科教学资源和案例，供教师参考和灵活使用。这些教学资源可以涵盖学科课程的电子教材、教学大纲、教学视频、数字练习题、实践活动等，可以帮助中职数学教师更好地设计和实施数智化技术支持的教学实践活动，从而使学科教学实践更具活力和生命力。搭建中职数学课程教育的教学资源平台的功能具体体现在以下方面。

（1）整合和开发优质教学资源。中职数学课程教育的教学资源平台的建立需要整合电子教材、教学视频、习题库、案例研究等各种优质的教学资源，并通过与教师合作或委托专业机构进行开发，确保学科教育资源内容的准确性和专业性。

此外，学科教学平台还应该支持个性化学习，根据中职生学科不同层次的学习需求和能力水平，提供不同难度和类型的学习资源。同时，根据中职生学科学习的反馈和表现，促使中职数学教师及时调整学科的教学内容和组织教学方式，实现更具针对性的个性化指导。

（2）提供多样化的教学工具以及实践活动和案例研究。中职数学课程教育的教学资源平台可以提供在线计算器、几何软件、数据分析工具等多种学科教学工具。这些教学工具可以帮助中职数学教师更好地呈现或讲解数学知识和原理,激发中职生学科学习的兴趣并提高其参与度。

此外,还可以帮助中职数学教师的实践探索与研究提供丰富的实践活动和案例研究,促进他们深入开展学科实践探索和研究活动,并将数智化技术应用于学科教学实践活动中去,及时反思和评估教育实践效果,从而增加学科教育实践的深度和有效性。通过开展行动研究、教学案例研究、教学实验等方式可以不断改进教学策略和提升教学效果,从而实现中职数学教师的专业发展,并为中职生提供更优质的数学学习体验。

(3) 提供教师之间共享和合作的更多可能性。中职数学课程教育的教学资源平台鼓励教师之间的共享和合作,让他们可以分享教学资源、教学经验和最佳实践。建立教师社群或专业网络,提供交流和互动的平台,以促进教师之间的合作与共享。

此外,根据数学教师和中职生的反馈,中职数学课程教育的教学资源平台需要定期更新和改进,不断优化学科教师的教学体验和教学效果。同时,这个教学平台的更新和改进需要密切关注数智化技术的发展趋势,并不断引进新的教学工具和方法,确保这一平台的前沿性和创新性。

通过以上功能的实施,中职数学课程教学资源平台为学科教师提供了丰富多样的教学资源和工具,同时更好地支持了中职生的学科个性化学习,促进学科教师之间的合作与共享,并提升了数学课程教育的质量和中职生的学科学习成果。

总之,数智化技术赋能中职数学教师的专业成长需要采取多种有效的策略,包括提供专业培训与学习机会、个性化的支持与指导、丰富的教学资源和案例、鼓励合作与共享,以及进行实践探索与研究。这些策略的综合应用将有助于中职数学教师有效地掌握数智化技术,提升其专业能力和学科教育技能,并为中职生提供更优质的数学学科教育。

综上所述,数智赋能给中职数学教师专业成长带来了前所未有的机遇与挑战,只有及时把握机遇和积极应对挑战,才能真正实现中职数学教师的专业成长和发展,为我国中等职业教育的改革和发展添砖加瓦。而数智化技术的赋能对中职数学教师自身素质的提高起着举足轻重的作用。通过多元化的教育培训途径,建立丰富的教学资源库,推广数智化教学手段,加强数智化管理与评价,以及营造良好的数智化教育环境,能够更好地促进中职数学教师实现专业高效成长。因此,应当不断地提高中职数学教师自身的专业素质,提升他们的数智化教育教学水平和技能,并多管齐下地为实现中职数学教师的专业高质量成长提供有力的外部支撑。

参 考 文 献

[1] 孙晔.人工智能的研究现状及发展趋势[J].价值工程,2013(28):5-7.

[2] 陈铭.基于深度学习的浮选过程智能控制研究[D].徐州:中国矿业大学,2020.

[3] 韦灵,倪志平.基于自然语言处理和机器学习的文本分类及其运用[J].科技视界,2019(27):88-89.

[4] 杨智蛟.基于意义理解的问答系统设计与实现[D].武汉:华中科技大学,2010.

[5] 李成彬.计算机图形图像处理的关键技术[J].电脑编程技巧与维护,2020(9):141-142,149.

[6] 毛俊杰,刘国栋.基于先验知识的改进强化学习及其在 MAS 中应用[J].计算机工程与应用,2008(24):156-158.

[7] 邵兴旦.易用型增强现实系统开发工具的设计与应用[D].杭州:浙江大学,2010.

[8] 海宇娇.学习分析框架的应用研究[D].大连:辽宁师范大学,2016.

[9] 沈建荣.具有自适应能力的学生自助学习系统的设计与实现[D].苏州:苏州大学,2011.

[10] 吴会刚.《几何画板》对数学教学的影响[J].新课程·下旬,2014(12):127.

[11] 梁艳红.基于"几何画板"的中学数学课堂"探究学习"的实践[J].赤子,2019(6):59.

[12] 吴婷.利用 GeoGebra 优化中职数学教学的课例研究[D].苏州:苏州大学,2016.

[13] 郑学蓉.使用 GeoGebra 培养中学生数学核心素养的实践探索[D].上海:上海师范大学,2020.

[14] 张艳松.人工智能技术在教学中的应用研究:以高职数学教学为例[J].信息记录材料,2019(6):129-130.

[15] 李倩楠.基于网络学习空间的中学创客教学模式研究[D].新乡:河南师范大学,2019.

[16] 胡旺,陈瑶.自适应学习:大数据时代个性化学习的新推力[J].中国教育信息化·高教职教,2018(11):42-47.

[17] 曹海军.《高等数学》混合式教学改革的实践与思考[J].教育现代化,2018(48):62-63.

[18] 杨玲,杨春华.多媒体教学手段在高校数学教学中的应用分析[J].电脑知识与技术,2017(31):207-208.

[19] 李婷婷.19 年中职数学一体化教学设计分析[J].文渊(中学版),2019(10):536.

[20] 霍建彬.基于生本教育理念的中职数学课堂教学改革[J].素质教育,2019(10):228.

[21] 曹敏.如何在中职数学教学中培养学生的数学思维能力[J].中学课程辅导(教学研究),2020(17):94.

[22] 丁家旺.对新课程视野下数学教师角色的理论基础分析[J].池州师专学报,2004(3):100-102.

[23] 毛莉珍.中职数学教学的主体性理论实践探微[J].海峡科学,2017(10):89-90,94.

[24] 邓磊,钟颖.智能化时代教师教育生态的反思与重构[J].教师教育学报,2020(5):1-10.